発展途上国の保育と国際協力

浜野隆・三輪千明 著

東信堂

はじめに

第1節　研究の背景と目的

　人生の最初の数年間の重要性は私たち誰もが理解している。十分な食事と栄養、適切な生活環境とケア、そして無条件の愛情とコミュニケーションの機会を与えてくれる他者の存在がなければ、幼い子どもは生存も成長も望めない。しかし、現実には世界で1日あたり22,000人を超える子どもが5歳の誕生日を迎える前に命を落としており、その99％が発展途上国の子どもたちであるという事実がある (UNICEF 2011)。栄養不良の問題はこれらの死因の約35％に関係しており (Black et al. 2008)、死に至らない場合でも、子どもの成長を妨げ、認知的発達にも悪影響を及ぼすことが知られている。最近の研究は、途上国の5歳未満児の約4割にあたる2億人以上が劣悪な発育環境のなかで潜在的な学習能力を伸ばすことができないでいると推定している (McGregor et al. 2007)。こうした途上国の幼い子どもの窮状を救う1つの方法として保育分野の国際協力がある。

　本書は、発展途上国の保育とその国際協力について、途上国や開発援助機関で一般的な Early Childhood Development (以下、ECD) という視点からとらえ、効果的な支援のあり方を探ることを目的としている。ECD とは、受胎期もしくは出生から初等教育就学前後までの幼い子どもの身体的、認知的、社会的、情緒的発達を包括的に促すために、乳幼児やその保護者に対して行われる教育、保健、医療、衛生、栄養、保護などの複数の分野にわたる活動を指し、フォーマル、ノンフォーマル、インフォーマルな環境を通して支援されるものである。

ECD はつぎの 3 点で日本語の保育よりも広い概念となっている。第 1 に、ECD では子どもの発達の多面性や異なる発達領域の相互作用が強調され、複数の分野にわたるマルチセクターの支援が重要視されている。むろん、日本語の保育も子どもの養護と教育の双方を包含する概念ではあるが、基本的な社会サービスの提供もままならない途上国では日本以上に包括的な支援が必要とされ、分野の垣根を越えた調整が重要とされる。第 2 に、ECD では支援対象が多様で、支援の提供方法も多岐にわたる。途上国において ECD の活動は子どものみならず、妊婦や保護者を対象としたり、政府や非政府組織 (Non-Govermental Organization: NGO) の支援でコミュニティの参加を通して実践されたりすることが多い。保護者やコミュニティの活用は限られた資源で支援を拡大するための戦略であり、地域社会の活性化にもつながる利点がある。最後に、ECD では学習理論上、類似点の多い 6 ～ 8 歳児も対象に含め、小学校への円滑な移行やそのための就学の素地の涵養ならびに小学校低学年への支援を範疇に加える場合が多い。なお、ECD の定義は第 2 章で敷衍して説明するが、本書における用語の使い分けは次のとおりとしたい。すなわち、上述のマルチセクター、多様なアプローチ、小学校への移行期のいずれかの特徴が加わり、日本語でいう保育よりも広い範囲を扱っている場合には「ECD」の用語を使い、そうでない場合は「保育」とする[1]。

　本書がこのような研究を行う背景には、以下に述べるような近年の国際的潮流がある。まず、約半世紀にわたる開発援助の歴史のなかで、一部の国や機関を除けば、保育分野への協力はこれまで低い優先順位しか与えられてこなかった。国家の経済成長が開発の中心課題とされた 1950 ～ 60 年代はもちろんのこと、人間の基本的ニーズの充足が新たな開発課題とされた 1970 年代でさえ、そうしたニーズは食糧確保や基本保健医療・初等教育の提供と理解され、幼い子どもの保育支援がその中核を成すことはなかった。もちろん、これらは保育本来の重要性を否定するものではなく、途上国の限られた財源のなかでは、貧困削減などの、より政策的優先度の高い課題が選択されてきたということにすぎない。

　ところが、1990 年代後半より、一部の国連機関を中心に ECD を優先課題

の1つに取り上げる傾向が見られた。たとえば、世界銀行は1999年に発表した教育部門の開発戦略において、ECDを4つの優先課題の1つに掲げた。1990～2006年の累計ではすでに当該分野で16億米ドルに達する融資を行っている。世界銀行は多額の融資を通して途上国の教育政策のあり方に大きな影響力を有するだけに、その動向は注目に値する。また、国連児童基金(United Nations Children's Fund: UNICEF)も1998～2005年にはECDを組織全体の優先課題の1つに掲げた。なぜ、これらの機関は90年代後半になってECD支援を重視するようになったのだろうか。

　それには、いくつかの理由があるだろう。第1に、途上国におけるECDの普及は国際社会が協力して取り組んでいる開発課題の達成に深くかかわるという見識をこれらの機関が持つようになったことが考えられる。課題の1つは2000年9月に国連で定められた「ミレニアム開発目標(Millennium Development Goals: MDGs)」であり、もう1つは同年4月に合意された「万人のための教育(Education for All: EFA)ダカール行動枠組み」である。貧困削減と基礎教育の普遍化は長年の世界的な努力にもかかわらず、未解決の課題となっているが、ECDの普及は幼児を抱えた女性の就労を可能にするだけでなく、小学校就学に向けた幼子の学習の素地を向上させ、初等教育の修学率向上にも貢献し、長期的には就学年数の増加と所得向上をもたらすことが知られるようになった。

　第2に、昨今、そのような効果の論拠となる実証研究結果が数多く得られるようになったことも指摘されよう。たとえば、1960年代半ば、米国のジョンソン政権下の「貧困との闘い」のなかで展開された貧困層幼児向けの就学前教育(ヘッドスタート・プログラム)は、当初、その効果を疑問視する評価を受けた。しかし、近年では本プログラムの再評価を含め、貧困家庭の幼児を対象とする数々の実証研究を通して、貧困層の子どもへの就学前教育は他の教育施策に比べてもより多くのリターンをもたらす投資であることが周知されるようになった。学力向上、留年や中退の減少、非行や犯罪回避などに効果があり、しかもこれら効果の持続性も確かめられた。途上国においてもまた同様に、ECDの効果を示す実証研究の結果が蓄積されるようになった。

第3に、1990年のEFA宣言において「乳幼児期のケアと早期の教育は基礎教育の一環である」と明記されたことは、ECD支援に対する人々の認識を高めるうえで大きく貢献した。同宣言の初案では基礎教育の概念にこの段階は含まれていなかったが (Black 1996, p.234)、それが変更されたのは複数のNGOからの圧力と地域別会議での討議を反映した結果であったという。現在も乳幼児期のケアと教育の拡大と質の向上は「EFAダカール行動枠組み」のなかで2015年までに達成すべき目標の1つに挙げられている。

　第4に、ECD支援の重視の傾向は、1990年代以降、「人間開発」や「人間の安全保障」という新たな開発の概念が人々の共通認識となったこととも無関係ではない。「人間開発」とは、人間を開発の中心に置き、人々の潜在的能力を伸ばし、人生の選択肢と選択の自由を拡大する過程こそが開発であるとする考え方である。他方、「人間の安全保障」という考え方は、安全保障の主たる担い手をこれまでのような国家ではなく、人間ととらえるものである。そこでは個人の安全保障を地球全体の課題と考え、自然災害や犯罪などといった脅威や、貧困などによる欠乏から人々を解放するために、個人やコミュニティの能力強化や保護に力を注ぐ。人々を中心に据え、子どもや保護者の能力向上を図り、地域住民の連携も図るECD支援は、いずれの開発の概念にも合致している。

　第5に、ECD支援は子どもと女性の権利保障の観点からもきわめて重要である。1990年に発効した「児童の権利に関する条約」は世界のほぼすべての国が締約国となっているが、ECDの普及は同条約に示された子どもの生存や発達、保護や教育などに関するさまざまな権利の保障につながる。また、ECD支援を通して育児中の母親の働く権利を保障し、日々の保育を通して男女平等を進めることは女性差別撤廃を謳った国際条約の遵守にもつながる。世界的にも民主化が進む今日、子どもを含む社会構成員一人一人の人権を擁護することは以前にも増して重要な課題となっている。

　以上の点を再考するに、これらの理由は特定の国際機関のみに説得力をもつものではない。貧困削減や初等教育の普遍化は国際社会の共通課題であることから、今後は二国間援助機関においてもECD支援の必要性が増すこと

が予想される。しかしながら、これまでの日本の政府開発援助おける保育分野の支援実績はボランティア事業による保育士や幼稚園教諭の派遣が中心となっている。そのうえ、現代日本の子どもを取り巻く環境は途上国の子どもの現状とは大きく異なっており、日本の保育知識や経験がそのまま途上国に適用できるわけではない。国際的にみても保育分野の国際協力における知見の蓄積は特定かつ少数の援助機関に限られており、これまで効果的な支援のあり方が十分に検討されてきたとは言いがたい。しかし、この分野の国際協力は、たとえば富裕層の子どもたちの通う幼稚園のみに支援を行うなど、その方向性を誤れば、既存の格差の助長につながってしまう難しさもはらんでいる。本書がECDという視点にもとづき、発展途上国における保育分野の国際協力のあり方を問うのはこのような背景による[2]。

第2節　研究内容

　前述のとおり、本研究は発展途上国の保育とその国際協力について、途上国や開発援助機関で一般的なECDという視点からとらえ、効果的な支援のあり方を探ることを目的としている。具体的には、本研究は以下の6つの課題を明らかにするものである。

1) 途上国の乳幼児を取り巻く状況と保育の現状は、開発という文脈からみた場合、どのような構造的問題を抱えているのか。また、途上国を地域別にみた場合、各地域の保育の特徴と課題は何か。
2) 途上国の保育内容や方法にはどのような特徴があり、それは日本の保育と何が異なっているのか。
3) ECDという概念はどのような考え方にもとづくものであり、その支援の特徴と留意点は何か。
4) 途上国におけるECDの普及は受益者個人に短期的・長期的にどのような効果をもたらし、国家や地域社会の開発にはどのような意義をもつのか。
5) ECD支援に積極的な援助機関の支援方針や実績、支援事例から得られ

る学術的知見は何か。

6) 保育分野における国際協力の動向と今後の課題は何か。

研究方法としては、いずれにおいても文献調査と資料収集、データの分析を基本的方法とし、必要な場合には援助機関の担当者との面談などを通して情報の収集・補完に努めた。

本研究は以下の3つの点で独自性を有している。まず、途上国の保育ならびに途上国の保育に対する国際協力に関する研究は日本においては希少である。途上国の教育開発や国際教育協力に関する調査研究は日本の教育協力の実績増とともに近年幅広く行われるようになってきたが、その多くは世界的にも関心の高い初等教育や中等教育に偏る傾向が見られる。しかし、既述のとおり、途上国の人間開発や人間の安全保障を進めるうえでもECD支援の重要性は枚挙に暇がない。本研究を嚆矢として、日本においても、この分野における今後の研究の広がりが期待される。

本研究のもう1つの独自性は、その包括性にある。本研究では就学前教育という限られた内容ではなく、ECDというより広い視点にもとづき、先進国の子どもにも増して多岐にわたる途上国の乳幼児の発達ニーズを包括的にとらえている。また、研究対象を途上国全般だけなく地域別にもとらえて包括的な理解の促進に努めている。

最後に、途上国の保育政策や支援のあり方を考えるうえで重要な国家開発という視点を常に保持している。一般的に、途上国の研究では、経済や社会インフラの整備が不十分で、かつ財源にも乏しい国家や地域のかかえる問題を構造的に理解することなく問題の本質に迫ることはできない。そのため、本研究では乳幼児を取り巻く状況の理解、ECDサービス提供の意義や手法の研究を行ううえでも常にそうした視点を失っていない。

第3節　本書の構成

本書は4部構成をとっている。第Ⅰ部発展途上国の保育と開発では、まず途上国の乳幼児を取り巻く状況を概観し、国際協力が必要とされる背景の理

解を図る。つぎに、ECDという概念について、関連用語の整理を含めて明らかにした後、ECDという視点の重要性についてアクセスの現状と認知的発達の観点から述べる。次章では途上国の保育内容や保育方法について、日本との違いに触れながら、その特徴を探る。最後に、ECDの効果と意義をまとめる。効果についてはECDへの参加が個人に与える効果を直接的なものと長期的なものに分けて説明し、意義については国家や地域の開発の観点から項目別に扱う。

第Ⅱ部保育の現状と課題では、まず国際教育協力の中心的枠組みであるEFAについて、目標1の「乳幼児のケアと教育の拡大と完全」を含めて途上国全体の現状を分析する。続く各章ではサブサハラアフリカ、アジア、ラテンアメリカの3つの地域に分け、地域的特徴にもとづいた保育の現状分析を行う。

第Ⅲ部保育分野の国際協力においては、UNICEF、世界銀行、国連教育科学文化機関（United Nations Educational, Scientific and Cultural Organization: UNESCO）の3つの多国間援助機関とオランダやカナダなどの二国間援助機関、さらには国際的財団やNGOについて援助動向や実績を探る。日本については政府開発援助と民間組織による支援に分けてまとめる。その後、本書に記す複数の事例から途上国で有効とされる実践アプローチの類型化を行い、支援方法の体系的な理解へとつなげる。

第Ⅳ部保育分野の国際協力における課題では、これまでの各章で明らかにされた点を踏まえて国際社会での日本による今後の支援のあり方を検討する。

なお、本書は独立行政法人日本学術振興会の平成23年度科学研究費助成事業、研究成果公開促進費学術図書（課題番号235242）による補助金の交付を受け、刊行されたものである。ここに記して深く感謝の意を表する。

注
1 本書の題目にはわかりやすさを優先して「ECD」ではなく、「保育」の用語を用いている。

2　著者の一人である三輪は2003年度国際協力機構客員研究員の研究成果として『Early Childhood Development の支援に関する基礎研究』をまとめた。本書の執筆にあたってはその内容に加筆修正を加えるだけでなく、新たな書き下ろしも行っている。

参考文献

Black, M. (1996) *Children First: The Story of UNICEF, Past and Present*, Oxford University Press: Oxford.

Black, R. et al. (2008) "Maternal and Child Undernutrition: Global and Regional Exposures and Health Consequences," *The Lancet*, (371) 9608, pp.243-260.

McGregor, S. G., Cheung, Y. B., Cueto, S., Glewwe, P., Richter, L., Strupp, B. et al. (2007)"Developmental Potential in the First 5 Years for Children in Developing Countries," *The Lancet*, (369) 9555, pp.60-70.

UNICEF (2011) *The State of the World's Children 2011*, UNICEF: New York.

目　次／発展途上国の保育と国際協力

はじめに ……………………………………………………………… i
　第1節　研究の背景と目的 …………………………………………… i
　第2節　研究内容 …………………………………………………… v
　第3節　本書の構成 ………………………………………………… vi

第Ⅰ部　発展途上国の保育と開発

第1章　途上国の乳幼児を取り巻く状況 ……………………………… 4
　第1節　社会の状況 ………………………………………………… 6
　第2節　家庭の状況 ………………………………………………… 7
第2章　ECD という概念 ……………………………………………… 13
　第1節　ECD と関連用語 …………………………………………… 13
　第2節　ECD という視点の重要性 ………………………………… 26
第3章　途上国の保育内容と保育方法 ……………………………… 39
　第1節　保育内容・方法のモデル ………………………………… 39
　第2節　途上国の保育内容・方法 ………………………………… 45
　第3節　途上国の保育内容・方法：カンボジアの事例 ………… 48
　第4節　ECD プログラムの内容と有効性 ………………………… 55
第4章　ECD の効果と意義 …………………………………………… 62
　第1節　ECD の効果 ………………………………………………… 62
　第2節　ECD の意義 ………………………………………………… 84
　第3節　主な実証例 ………………………………………………… 99

第Ⅱ部　保育の現状と課題

第5章　EFA の現状と課題 …………………………………………… 120
　第1節　国際教育協力の歴史と動向：
　　　　　ジョムティエン・インパクト ………………………… 120
　第2節　EFA ゴールの評価指標と達成状況 ……………………… 125
　第3節　教育財政と国際援助 ……………………………………… 137

第4節　課　題……………………………………………………139
第6章　サブサハラアフリカ………………………………………………141
　　第1節　サブサハラアフリカにおける子どもの発達……………141
　　第2節　サブサハラアフリカにおける保育………………………143
　　第3節　ECD の政策動向と行政機構・国際
　　　　　　イニシャティブ………………………………………………152
第7章　アジア ………………………………………………………………160
　　第1節　アジアにおける保育………………………………………160
　　第2節　ベトナムにおける幼児教育………………………………161
　　第3節　アジアにおける保育の課題………………………………176
第8章　ラテンアメリカ……………………………………………………178
　　第1節　教育拡大と不平等…………………………………………178
　　第2節　ラテンアメリカにおける保育……………………………182
　　第3節　ラテンアメリカにおける保育の課題……………………195

第Ⅲ部　保育分野の国際協力

第9章　国際協力の動向と事例 …………………………………………202
　　第1節　多国間援助機関……………………………………………202
　　第2節　二国間援助機関……………………………………………230
　　第3節　財団・国際 NGO …………………………………………238
　　第4節　関連諸機関のネットワーク………………………………244
　　第5節　日本の支援…………………………………………………246
第10章　実践アプローチと立案上の留意点 ……………………………260
　　第1節　実践アプローチの類型化…………………………………260
　　第2節　立案上の留意点……………………………………………267

第Ⅳ部　保育分野の国際協力における課題

第11章　国際教育協力の意義と歴史 ……………………………………274
　　第1節　保育協力と国際教育協力…………………………………274
　　第2節　国際教育協力の意義………………………………………275
　　第3節　BEGIN と拠点システム …………………………………281

第12章　国際教育協力の潮流と保育・幼児教育 ……………………286
　　第1節　UNESCOと保育・幼児教育　………………………286
　　第2節　EFA Global Monitoring Report 2007の概要 …………287
　　第3節　ECD分野の国際協力　………………………………290
第13章　日本のECD支援の課題 ………………………………292
　　第1節　ECD分野の国際協力における課題 …………………292
　　第2節　ECD分野への日本の協力：研修員
　　　　　　受け入れ事業の事例 ……………………………………295
　　第3節　日本の協力の可能性 …………………………………298
おわりに ………………………………………………………………301
事項索引 ………………………………………………………………307
人名索引 ………………………………………………………………314

発展途上国の保育と国際協力

第 I 部
発展途上国の保育と開発

第1章　途上国の乳幼児を取り巻く状況
第2章　ECD という概念
第3章　途上国の保育内容と保育方法
第4章　ECD の効果と意義

第1章　途上国の乳幼児を取り巻く状況

　本章では、途上国の貧困層や農村地域の幼い子どもを中心に、それら乳幼児を取り巻く状況を概観する。いうまでもなく、貧困という苦境はもっとも脆弱な社会的弱者層に対して最大の弊害をもたらすが、乳幼児期の子どもはそうした集団の筆頭に挙げられよう。実際、途上国の貧困層の乳幼児は、早くは受胎期から、生存や成長を妨げるさまざまな危機的状況に晒されている。**図1-1**は、子どもの保健、医療、衛生、栄養、教育、分野横断的な領域の各観点から、途上国の社会や貧困家庭におけるどのような一般的状況が乳幼児の窮地を招いているのかを示したものである。

　本図の全体的流れは以下の通りである。まず、子どもが置かれた状況の根元には途上国の社会（国家またはコミュニティ）が抱える一般的問題が存在している。それらを解決するための財的・物的・人的な資源は限られており、その配分は政治的、経済的、社会的、文化的、宗教的文脈に基づいて判断される。通常、もっとも少ない分配に甘んじなければならないのは社会的弱者、つまり本図でいうところの貧困家庭となる。家庭のレベルでは、社会の諸問題に起因するさまざまな問題が具体的事象となって人々の生活に悪影響を与える。結果的に、保健、医療、衛生、栄養、教育、分野横断的な領域に挙げられた直接原因によって乳幼児の最善の発達は著しく阻害される。運良く、死亡という最悪の事態が回避されたとしても、その後の順調な発達に不安要因を抱えたまま新たな学校生活へのスタートが切られることとなる。

第1章 途上国の乳幼児を取り巻く状況　5

図1-1　途上国の貧困層の乳幼児を取り巻く一般的状況

領域		保健・医療・衛生	栄養	教育	分野横断的な領域
結果	主な指標	・高い妊産婦死亡率 ・高い乳児死亡率 ・高い5歳未満児死亡率	・栄養不良 ・微量栄養素欠乏症（ヨード、ビタミンA、鉄、亜鉛） ・乏しい身体的発達	・低い認知的能力 ・低い社会的情緒的能力 ・低い運動機能 ・低い就学能力	・権利保障の対象外 ・女児の最善の発達に不利な状況 ・将来の問題行動発生の潜在性
原因	直接原因	・罹病（下痢、急性呼吸器感染症、破傷風、はしかの悪化、エイズなど） ・低い予防接種率（三種混合、結核など） ・寄生虫感染 ・障害の早期発見の遅れ	・不十分な栄養摂取	・保護者から乳幼児への不十分な発達促進 ・保護者との愛着関係の脆弱性 ・教授言語や文化に不慣れな状態	・不十分な保護 ・乳幼児の出生登録の欠如 ・女児に対する差別的扱い
	貧困家庭	・専門技術者の補助に乏しい出産 ・不衛生な生活環境 ・不衛生な水源の利用 ・不衛生な生活習慣（排泄物処理など） ・母親以外による育児 ・保護者の基本的保健・衛生知識の不足 ・保健サービスに関する情報の不足 ・保健サービス（母子の健康診断、乳幼児の発育観察、保健所、病院など）への限られたアクセス ・利用可能な保健サービスの質の低さ ・避妊法の低い普及率（大家族） （国によっては）女性性器切除など、生命を危険にさらす慣習の継行	・栄養不十分な母体（貧血症など） ・低体重での出生 ・母乳以外による育児 ・不十分な量で栄養バランスに欠く食事内容 ・栄養添加食品への限られたアクセス ・保護者の栄養知識の不足	・非識字率または限られた教育年数の保護者 ・乳幼児の認知的、社会的、情緒的発達に関する保護者の知識不足 ・保護者から乳幼児への乏しい働きかけ ・発達促進のための遊具の不足（絵本など） ・教授言語と異なる言語の使用・文化とのコミュニケーションの育児（乳幼児との愛着構築が困難な育児） ・乳幼児に対する保育の低い期待	・ECDへの限られたアクセス ・低額での不定期な収入 ・高い失業率 ・単親家庭または両親のいない家庭 ・社会の基本的制度に対する保護者の知識不足 ・女児より男児が好まれる傾向 ・女児に対する固定観念 ・母親の過重労働 ・女性世帯主の増加 ・家庭内暴力や乳幼児虐待
社会		資源の配分（階層間・民族間・人種間・人口資源の配分決定・人的資源の配分決定（政治的、経済的、社会的、文化的、宗教的文脈にもとづく判断） 限られた財的・物的・人的資源配分の諸問題（政治的、経済的、社会的、文化的、宗教的文脈にもとづく判断） 途上国社会が抱える諸問題（低水準の人間開発、貧困、不平等、人口増加、都市への人口流入、紛争など）			

注：図中では明示されていないが、原因と結果の関係は領域を越える場合があり、各領域の原因または結果の間にも因果関係がある。
出典：筆者作成。

第1節 社会の状況

　途上国社会が抱える問題は多岐にわたるが、ここでは国家レベルの問題を中心に、低水準の人間開発、貧困、不平等、人口増加、都市への人口流入、紛争について簡単に触れておこう。人間開発とは1990年代より人口に膾炙した開発の捉え方であって、人間を開発の中心に置き、人々の潜在的能力を伸ばし、人生の選択肢と選択の自由を拡大する過程こそが開発であるとする考え方である。その発展度を示す人間開発指標 (Human Development Index: HDI) は、経済指標のみならず、健康や教育の状況を表すデータを合わせて算出され、0～1の値で示される[1]。2010年数値によると、先進国から成る経済協力開発機構 (Organization for Economic Co-operation and Development: OECD) 加盟国のHDI平均は0.879と高い水準にあるが、サブサハラアフリカは0.389と最低に位置し、それに続く南アジアは0.516である。サブサハラアフリカは経済、健康、教育のいずれの領域でも他の地域に大きな遅れをとり、基本的な社会サービスの整備さえ未完であることがわかる (UNDP 2010, p.146)。

　同様に、マクロ経済と所得分配にみる途上国の状況もまた深刻である。2009年1人あたり国民総所得 (Gross National Income: GNI)[2] は、先進国から成る高所得国の平均が36,473米ドルであるのに対し、途上国のうち、中所得国で6,357米ドル、中低所得国で5,586米ドル、低所得国では1,199米ドルでしかない (World Bank 2011, p.345)。一方、所得分配の不平等を測るジニ係数[3] によれば、先進国は0.25～0.41の幅に収まっているが、途上国では0.50を超える国が28カ国に上り、それが0.60以上にも及ぶ国はボツアナ、ナミビア、コモロ連合といったサブサハラアフリカの国々となっている (UNDP 2010, pp.152-155)。1日1.25米ドル未満で暮らす絶対的貧困層の割合は、1990年に途上国全体の45％を占めていたが、2005年時点では27％へと減少が見られる (United Nations 2011, p.6)。しかし、その改善幅には地域差があり、東アジアでの改善が顕著であるのに対し、サブサハラアフリカや南アジアでの改善は限定的である。1990年時点でのサブサハラアフリカの絶対的貧困層の割合は58％であったが、2005年でも依然51％がそうした貧苦に喘いでおり、南ア

ジアでは同じ期間に49％から39％へと減少したに過ぎない。

　途上国の高い人口増加率と若年層の多い人口構成は、第三世界の開発努力をさらに困難なものにしている。なかでも、サブサハラアフリカは年間人口増加率が2.8％（2000〜09年）と高い水準にあり、18歳未満の子どもが総人口に占める割合は49％にも上っている。同じ値が先進国では0.7％と21％、途上国全体でも1.6％と35％であることから、この地域の窮状が見てとれる（UNICEF 2011, pp.91, 111）。つまり、これはサブサハラアフリカ諸国にとって子どもに対する社会サービスの現状維持でさえすでに困難な仕事であることを意味している。

　人々が職を求めて農村から都市へ大量に人口流入する傾向もまた途上国に顕著であって、これは都市周辺での貧困地区形成や社会サービスの悪化を誘発している。たとえば、1975年時点で途上国の都市人口割合は26％であったが、2009年には45％にも膨らんでいる（UNICEF 2011, p.111）。父親が単身で都市への出稼ぎに出るケースも少なくなく、農村部での女性世帯主の家庭の増加につながる。近年の世帯調査によれば、サブサハラアフリカでデータのある35カ国のうち、離婚や未婚、死別なども含めた女性世帯主の世帯の割合が4割を超える国は4カ国、3割を超える国は7カ国にも上っている[4]。

　多くの途上国では絶え間ない紛争の存在も開発の大きな阻害要因となっている。データのある国のうち、国内総生産に占める軍事支出の割合が3％を超える途上国は中東諸国を中心に29カ国も存在している（UNDP 2010, pp.202-205）。また、世界の1,420万人いるとされる難民の41％、国内避難民2,450万人の36％は18歳未満である（UNICEF 2007, p.48）。

第2節　家庭の状況

　上述のような途上国社会にあって、貧困家庭では子どもの出産や育児を具体的にどのような環境で行っているのだろうか。サブサハラアフリカや南アジアの子どもを想定しながら、その典型的な例を受胎期から順を追って述べていこう。以下の記述に示す数値のほとんどは、乳幼児の発育環境に関する

8　第Ⅰ部　発展途上国の保育と開発

表1-1　途上国の乳幼児の発育環境に関する地域別統計

分野	指標		サブサハラアフリカ	中東と北アフリカ	南アジア	東アジアと太平洋諸国	ラテンアメリカとカリブ海諸国	CEE/CISとバルト海諸国	開発途上国	先進工業国
保健・医療・衛生	出産前ケア(最低1回)を受けた妊婦(%) 2005〜09年		72	78	**70**	90	95	95	79	----
	専門技術者の補助による出産(%) 2005〜09年		**45**	77	48	90	89	97	64	----
	妊産婦死亡率(出生10万人あたり) 2008年調整済		**640**	170	290	88	85	34	290	14
	乳児死亡率(1歳未満)(千人あたり) 2009年		**81**	32	55	21	19	19	47	5
	1歳児の予防接種率(%) 2009年	三種混合	**70**	89	72	93	92	95	81	95
		結核	**78**	92	88	95	94	96	88	----
	5歳未満児死亡率(千人あたり) 2009年		**129**	41	71	26	23	21	66	6
	改良飲料水源の利用者(%) 2008年		**60**	86	86	88	93	94	84	100
	改良衛生施設の利用者(%) 2008年		**31**	80	35	60	80	89	52	99
	合計特殊出生率[1] (人) 2009年		**5.0**	2.8	2.8	1.9	2.2	1.7	2.7	1.7
	HIV感染の子ども(0〜14歳)の推定数(千人) 2009年		**2,300**	19	110	48	58	19	2,500	1.3
栄養	低出生体重児(2,500g未満)(%) 2005〜09年		14	10	**27**	6	8	7	15	----
	完全母乳で育つ生後6ヵ月未満児(%) 2005〜09年		33	32	**45**	28	43	29	36	----
	中・重度低体重の5歳未満児の割合WHO(%) 2003〜09年		22	14	**42**	11	4	4	22	----
	ヨード添加塩を使う世帯(%) 2003〜09年		61	60	55	87	89	**51**	72	----
教育	成人識字率(%) 2005〜08年	全体	63	74	**62**	93	92	97	79	----
		男女比[2]	75	80	**69**	94	98	97	86	----
	初等教育の純就学率(%) 2005〜09年	女児	**75**	86	83	97	94	92	87	95
		男児	**81**	91	88	98	95	93	90	95
	初等教育の最終学年の修了率(%) 2005〜09年		**62**	93	65	92	85	96	77	96
横断的状況	1日1.25米ドル未満で暮らす人々(%) 1994〜2008年		**53**	4	40	18	7	5	28	----
	出生登録者(%) 2000〜09年		38	77	**36**	71*	90	96	51*	----
	成人女性(15〜49歳)への家庭内暴力(%) 2002〜09年		**58**	----	51	36*		27	49*	----

注1) 女性が出産可能年齢の終わりまで生き、年齢ごとに通常の出生率にしたがって子どもを産むとした場合に、その女性が一生のうちに産むことになる子どもの数。
　2) 成人男性の識字率の数値を100と仮定した場合の女性の数値。
　　 ---- はデータなし、*は中国を除く。地域ごとの集計はデータのある国々のみの平均値になっているため、正確さに欠くところもある。もっとも深刻な状況の地域の数値は太字。
出典) UNICEF (2011)

地域別統計データ（**表1-1**）をもとにしている。

　まず、南アジアの妊婦の3割は出産前に必要なケアを受けていない。不衛生な場所での出産には母子ともに生命の危険が伴うため、妊婦は早期に破傷風の予防接種を受け始める必要があり、また不足する鉄分の補給や最低4回の診断を受けることが重要であるが、これらの妊婦はそうした機会もなく出産日を迎える。そして、途上国での出産の36％（サブサハラアフリカは55％）が、助産士などの専門技術者の補助なしで行われている。本来ならば必要な出産直後の12時間や産後6週間目の検診もない。このような状況下、周産期の問題は妊産婦や乳児の主な死因の1つとなっており、いずれもサブサハラアフリカがもっとも深刻な状況にある。同地域で妊産婦が死亡に至る確率は先進国に比べて46倍、乳児の場合は16倍も高くなっている。

　そのような状況にも関らず、子どもが無事生まれたとしよう。しかし、未発達な保健行政システムや保護者の知識不足などにより、南アジアの新生児の64％が出生登録されないままとなる。出生時の体重では、南アジアの新生児の27％が2,500グラム未満の低体重である。そのうえ、この地域で生後6ヶ月までの間、完全母乳で育つ乳児の割合は半数を下回っており、南アジア以外の地域ではさらに低い割合となっている。出産後数日間の初乳は肺炎や下痢、その他の病気から新生児を守る機能があり、ビタミンAなどの栄養価にも富む。また、生後6ヶ月間の完全母乳育児は母体に対する避妊効果もある。そのような利点にも関らず、母乳育児の実施率が低い理由の1つは、先進国や企業からの影響を受け、哺乳瓶を使った人工乳育児が母乳育児に比べて近代的であるとの誤った認識が広まったことにある。人工乳に使う水が衛生的でない場合は乳児の下痢性疾患を引き起こしたり、人工乳の使用で乳児が栄養不良に陥ったりする場合もある。また、母乳育児が行われない別の理由として、専門家の助言や指導、母体への栄養が不十分なために母乳が出なくなってしまう場合や、HIV感染者の母親が母乳育児を通した新生児への感染を恐れて避ける場合である[5]。

　自宅周辺でECDを含めて保健サービスを提供する施設がなく、適切な時期に発育観察や予防接種が行われないこともまた、子どもの生存を脅かす要

因となっている。たとえば、生後2年間は毎月、乳幼児の体重を量って発育が順調かどうかの観察を続ける必要があるが、個人ではそのような定期的観察もなおざりになる。また、生後1年間に乳児が受けるべき予防接種には、結核、三種混合（ジフテリア、百日咳、破傷風）、ポリオ、はしか、そして場所によっては黄熱病やB型肝炎、おたふく風邪や風疹などがあるが、接種に関する情報が自動的に届くことはない。サブサハラアフリカでは結核の実施率が78％と比較的高いものの、三種混合の3回接種も80％台に届かない。結果、本来ならばワクチンで予防可能な病気が幼い子どもの主な死因の1つとなっている[6]。保護者が予防接種日に子どもを連れて来ない理由の1つに、子どもが栄養不良や軽い病気に罹っている場合に予防接種はできないなどの誤った考えをもっている場合がある（UNICEF 2002）。はしかの予防接種は栄養不良児にこそ必要性が高いのであるが、このような保護者の正確な保健・衛生知識の不足も子どもの生存や成長に大きく影響している。

　サブサハラアフリカの女性の5割弱は非識字であり、母親が乳幼児の発達を促す働きかけの知識や技能をもたない場合も多い。そうした育児支援を受けられる安価なサービスも容易には見つからない。一部の母親は乳幼児が言葉を発するまではこちらから話しかけたりしてもわからないだろうと考えている。また、読み聞かせをするにも本人が字を読めないし、絵本や図書も家庭にない。国や地域によっては就学年齢になれば子どもは家庭での使用言語とは異なる公用語を学ぶこともあり、積極的な働きかけの必要性も感じにくい。何より家事負担の多い母親にとっては、ゆっくり乳幼児の相手をしている暇もなく、育児の大半は年長の娘に任せることも多い。場合によっては、そうした育児負担で小学校の中途退学を余儀なくされる女児もいるが、娘の教育は最低限で十分と考える母親も少なくない。こうした事情も反映して、サブサハラアフリカにおける初等教育の女児の純就学率[7]は75％と世界でもっとも低い水準にあり、初等教育の最終学年を修了する児童の割合も男女合わせて62％と最低水準にある。

　サブサハラアフリカの幼児が5歳の誕生日を迎えるまでに死に至る確率は先進国の21倍にも上る。実際、2009年に死亡した5歳未満児のうち、49％

がサブサハラアフリカ諸国の子どもであった。中・重度の低体重の5歳未満児の割合は南アジアでもっとも多く（42％）、その栄養不良の多くは食事量の不足や栄養バランスの悪さ、不衛生な生活環境にその原因があるものと考えられる。栄養面の問題は保護者の栄養知識の不足だけでなく、栄養素添加食品が一般化していない点にもある。さらに、不衛生な生活環境は寄生虫感染症や下痢症の罹病につながっている。サブサハラアフリカで安全な飲料水を利用できる者の割合は6割でしかない。多くの場合、母親が毎朝早くから重い水がめを頭に載せて水汲みのために家から遠く離れた水場まで通うが、その水でさえ衛生的とはいえない。自宅にトイレを作って利用する者も全体の31％でしかない。下痢症が引き起こす脱水症状の予防や治療には経口補水療法（Oral Rehydration Therapy: ORT）と呼ばれる家庭でも対応可能な安価な処方があるが、こうした病に罹った5歳未満児がORTを与えられる割合はサブサハラアフリカでは33％に止まっている（UNICEF 2011, p.99）。なお、サブサハラアフリカでエイズや紛争などによって孤児となる18歳未満児は5,610万人にも上り、保護者となるべき親のいない子どもも多い（UNICEF 2011, p.103）。

　以上、途上国での子どもの生存、成長と発達の問題について、社会全体としての諸問題やそれらを原因として生起する家庭レベルでの問題について、サブサハラアフリカや南アジアを中心に概観してきた。これらの問題は、最終的には保護者の健康や乳幼児の発達遅滞を示す具体的指標や事象となって表面化する。すなわち、保健面では高い妊産婦死亡率、乳児死亡率、5歳未満児死亡率という指標に、栄養面では栄養不良（低身長や低体重）、栄養素欠乏症などの指標に、教育面では認知的、社会的、情緒的発達の遅れ、運動機能や就学の素地の低さとなって表出する。結果的に、本来なら守られるべきすべての子どもの生存や発達、保護の権利が保障されないという事態に陥ってしまっている。

注
1　HDIの算出方法は途上国の実態をより正確に反映するため、2010年に変更され

た。健康を表す指標として出生時平均寿命を用いる点は従来と同じであるが、経済指標は従来の1人あたり国内総生産（GDP）から1人あたり国民総所得（GNI）に変更され、途上国に多い海外出稼ぎ者からの国際送金や国際援助も数値に反映されることとなった。また、教育指標では、より正確な数値として、就学年数の平均値と期待値を用いて算出される指標が従来の成人識字率と小・中・高等教育普及率をもとにした指標に取って代わることとなった（UNDP 2010）。
2　為替レートではなく、購買力平価（Purchasing Power Parity: PPP）による換算。PPPとは、通貨の購買力が等しくなるように計算された各国通貨の交換比率を指す。
3　ジニ係数はある国や地域における所得階層間の不平等を示す数値で、0が完全な平等を、1が完全な不平等の状態を示す。なお、ここに示した数値はデータのある国のみで調査年も異なっている。
4　途上国の人口保健調査のデータから（http://www.measuredhs.com/Data/）。ただし、女性世帯主の家庭が男性世帯主の世帯より貧しいとは一概には言えない。出稼ぎ中の夫や成人した子どもから収入を得ている場合は男性世帯主の世帯よりも所得が高い傾向にあり、他方、そうした収入がなく、農業に従事する場合はより貧しい傾向にある。
5　世界保健機構（World Health Organization: WHO）は、HIV感染の母親に対して、母乳に代わる適切かつ安全で、安価で継続可能な方法がある場合には母乳育児を避けるように勧めているが、実際には多くの途上国の貧困地域や農村部でそのような代替物の入手が困難であり、難しい選択が迫られている（Fonseca et al. 2008）。
6　世界の5歳未満児の主な死因（2008年）は、新生児死亡（41％）、肺炎（14％）、下痢（14％）、その他の感染症（9％）、マラリア（8％）、非感染症（4％）、怪我（3％）、エイズ（2％）、はしか（1％）、その他（4％）となっている（Black et al. 2010）。
7　純就学率とは、就学年齢にある就学者の総数を就学年齢人口で割ったもので、すべての就学年齢人口が就学していれば100％となる。

参考文献

Black, R., Cousens, S., Johnson, H. L., Lawn, J. E., Rudan, I, Bassani, D. et al. (2010) "Global, Regional and National Causes of Child Mortality in 2008: A Systematic Analysis," *The Lancet*, (375) 9730, pp.1969-1987.
Fonseca, J., O'Gara, C., Sussman, L. and Williamson, J. (2008) "New Threats to Early Childhood Development: Children Affected by HIV/AIDS," in Garcia, M. et al. eds., *Africa's Future, Africa's Challenge*, World Bank: Washington, D.C.
United Nations (2011) *Millennium Development Goals Report 2011*, New York: United Nations.
UNDP (2010) *Human Development Report 2010*, Oxford University Press: New York.
UNICEF (2002) *The State of the World's Children 2003*, UNICEF: New York.
UNICEF (2007) *Progress for Children: A World Fit for Children Statistical Review*, UNICEF: New York.
UNICEF (2011) *The State of the World's Children 2011*, UNICEF: New York.
World Bank (2011) *World Development Report 2011*, Oxford University Press: New York.

第2章　ECD という概念

　途上国の乳幼児の発達支援においては、Early Childhood Development または Early Child Development（ECD）という用語が広く使われている。ECD とは、どのような考えにもとづくもので、日本語の保育や幼児教育とは何が違うのだろうか。また、英語の類義語とはどこに違いがあるのだろうか。本章では ECD という概念について関連用語との違いを含めて説明する。そのうえで、ECD のアクセスの現状と特徴、貧困家庭の幼児の認知的発達とその影響要因を知り、ECD という視点の重要性を理解する。

第1節　ECD と関連用語

　乳幼児に対する養護や教育の活動に関連する日本語としては「養護」と「教育」、「保育」、「幼児教育」、「就学前教育」、「早期教育」などがある。また、後述するように、途上国や国際援助機関で使われる英語の関連用語はさらに多様なものとなっている。これは国や地域によって乳幼児期の何を重視するのかの考え方が異なっており、養護や教育の目的と対象児の年齢、管轄機関や実施団体などが義務教育段階以上に多様であることによる。そのため同じ用語にも広義と狭義の解釈があったり、使用する人や組織によって定義が異なったりする場合も多く、理解を困難にしている。本節ではこれらの用語を整理しておきたい。

　日本の場合、上記6つの用語のなかで「保育」は乳幼児に対する「養護」と「教育」の双方が一体となった行為を示す概念として広く用いられている。実際、保育という用語は保育所と幼稚園の目的を定めたいずれの法文でも、その制

定当初より用いられてきた。たとえば、幼稚園での教育課程の基準を定めた「幼稚園教育要領」が1956年に初めて制定される前には、幼稚園教育の規準として「保育要領」(1947年) が定められており、「保育」という言葉が使用されている。また、現行の法律においても、「児童福祉法 (2007年改正)」第39条では「保育所は、日日保護者の委託を受けて、保育に欠けるその乳児又は幼児を<u>保育する</u>ことを目的とする施設とする」とあり、「学校教育法 (2007年改正)」第3章第22条では「幼稚園は、義務教育及びその他の教育の基礎を培うものとして、幼児を<u>保育し</u>、幼児の健やかな成長のために適当な環境を与えて、その心身の発達を助長することを目的とする」と記されている (下線は筆者加筆)。さらに、「児童福祉施設最低基準 (2011年改正)」第35条では「保育所における保育は、養護及び教育を一体的に行うことをその特徴とし、(以下、省略)」と定められている。同様に、上述の学校教育法における保育の用語の使用は、幼児期の子どもの発達段階に沿った教育活動には一定の養護が必要となるという方法上の特徴を踏まえたものとされる (鈴木 2009)。

　したがって、「保育」という用語を「教育」の対抗概念であるかのように用いることは誤用であるが、一般社会や制度上での使われ方は上述の解釈とは異なる場合もあり、混乱を生じてきた。たとえば、保育現場においては「教育」という言葉から教師による一律一斉の教化過程ともいうようなニュアンスを感じ取り、そのアンチテーゼとして個々の子どもへの愛情にもとづく「保育」というような使い方がされる場合もある (藤永 1990, p.193)。また、制度上は学校教育法にもとづく「学校」としての幼稚園では満3歳以上の子どもに「教育」を保障し、児童福祉法にもとづく保育所では保育を必要とする子どもに「保育」を保障するという表現が可能である。そのため、幼稚園と保育所の両方の機能をまとめて表現したい場合に「保育」だけではなく、「教育・保育」や「幼児教育・保育」のように併記することも多い。

　保育所における「養護」と「教育」の定義は、保育課程の基準を定めた「保育所保育指針 (2008年改正)」のなかに記されている。「養護」とは子どもの生命の保持、および情緒の安定を図るために保育士などが行う援助や関わりであり、「教育」とは子どもが健やかに成長し、その活動がより豊かに展開さ

れるための発達の援助となっている(厚生労働省 2008)。そのため、保育の内容は養護に関わるねらいと内容、教育に関わるねらいと内容で構成されている。なお、一般的に「保育」は保育所や幼稚園などにおける専門家によって行われる養護と教育活動を指しているが、広義の解釈では個人宅で他人の子どもを複数預かり、報酬を受ける家庭的保育や、家庭での親による幼い子どもの子育ても含む(森上・柏女 2006, pp.1, 41)。

最近、これらの用語の定義については、幼保一体化を含めた包括的・一元的な保育システムの構築を検討する「子ども・子育て新システム検討会議」のなかの「こども指針(仮称)」ワーキングチームにおいて活発な議論が交わされた(内閣府 2010)。というのも、幼稚園と保育所の機能を一体化させた「こども園(仮称)」を対象とする新たな保育内容の基準に、どの用語を用いるのかを検討していたためである。2011年6月現在の案によれば、討議の結果、「こども指針」の名称は「総合施設保育要領(仮称)」となり、「保育」という用語が使用されることとなっている(内閣府 2011)[1]。

さて、「幼児教育」は幼児を対象とする教育活動を指すものとしての共通理解がある。ただし、この「幼児」が何歳児を指すのかについては、乳児(1歳未満)を除いた小学校就学までの幼児と考えることが一般的であるが、広義に解釈して、出生から小学校就学までととらえる見方もある(森上・柏女 2006, p.3)。また、「幼児教育」は幼稚園における教育だけでなく、保育所などにおける教育、家庭での教育、地域社会における教育も含みうる広がりをもった概念としてとらえられている(中央教育審議会 2005)。

森上によれば、「幼児教育」は「就学前教育」という用語と内容的には一致しており、名称の違いは言葉を規定する際の重点の違いに起因するものであって、「幼児教育」は教育の対象に、「就学前教育」は教育の時期にそれぞれ重点が置かれているという(森上・柏女 2006, p.3)。しかしながら、「就学前教育」は古くは社会主義諸国における乳幼児のための集団主義教育や、1960年代に欧米諸国で始まった貧困層幼児向けの補償教育プログラム[2]に限定して使用されてきた経緯がある(藤永 1990, p.193)。現代においても、「保育」や「幼児教育」のように、日本国内の保育実践に言及する際に「就学前教育」の

言葉が使用されることはほとんどなく、途上国をはじめとする諸外国での幼児期の教育実践に触れる際に使われることが多い。そのため、「就学前教育」は一般的には小学校の準備教育という側面をより意識した場合の用語と考えられる。

「早期教育」については、広義には人生の初期から年齢に応じた働きかけをする教育と理解される（森上・柏女 2006, p.115）。しかし、一般的には特定の技能習得や目標達成のために、そうした能力の本来の発達段階よりも早くに施される教育活動を指すものとして用いられることが多い。

英語では日本語以上に多くの用語が混在している。たとえばECDのほかにも、Early Childhood Care、Early Childhood Education、Pre-primary Education、Preschool Education、Infant Education、Nursery Education、Early Childhood Care and Education、Early Childhood Education and Care、Early Childhood Care and Development、Early Childhood Care for Development、Educareなどの用語があり、上述のChildhoodの代わりにChildを用いた名称も存在する。

異なる見解はEarly Childhoodの定義から存在する。乳幼児期の解釈としては、出生から1歳未満までの乳児期と、満1歳から小学校就学前までの幼児期とを合わせたものとする理解が一般的であった。前述のとおり、日本語による幼児期の広義の解釈もこれに同じで、こうした定義を継続する国や機関は多い。しかしながら、近年は、この解釈に就学前段階後の小学校への移行期を含めた解釈も存在する。たとえば、「児童の権利に関する条約」の一般的意見7号として2005年に国連子どもの権利委員会で採択された「乳幼児期の子どもの権利の実施」のなかには、以下のような記述がある。

「4. 乳幼児期の定義。乳幼児期の定義は地域の伝統や初等教育制度によって国や地域ごとに異なる。4歳を迎えてすぐに就学前から学校への移行が行われる国があれば、7歳でこうした移行が行われる国もある。本委員会は、乳幼児期における権利を検討するにあたって、出生と乳幼児期、就学前段階と学校への移行期を含むすべての幼い子どもを含めることとしたい。したがって、本委員会は出生から8歳未満の期間を乳幼児期の適切な作業的定義として提案する（以下、省略）」(UN Committee on the

Rights of the Child 2006, p.2)。

　上述のように、乳幼児期の始まりについてはほとんどの国が出生時としている。ただし、「児童の権利に関する条約」の草案時にはこの点が論点となったため、児童の定義を「18歳未満のすべての者」とし、あえて始点を示さなかったが、条約締約時に受胎期を始めとすると宣言している国も少数ながら存在する。他方、乳幼児期の終了時期を6歳未満とするのか、8歳未満あるいは8歳児とするのか、すなわち小学校への移行時期を含むのかどうかについては国や地域、機関で意見が異なっている。

　Early Childhood Care（以下、ECC）は、先進国では幼い子どもを抱えた母親の就労支援を行う社会福祉サービスとして理解されるが、途上国では子どもの保健衛生や栄養改善に関連して用いられる傾向があり、認知的発達を促すための教育活動を必ずしも含まない。また、ECCの名称のつくプログラムは、実際には3歳未満児向けの養護活動を指すことが多く、Early Childhoodが厳密に何歳児を指すのかは文脈によっても異なる。対照的に、Early Childhood Education（以下、ECE）は教育的観点からの認知的発達の促進に重点を置いた見方であり、どちらかといえば教育関係者の間で使用される傾向がある（UNESCO 2002）。ちなみに、このECEの和訳は「幼児教育」となっている（森上・柏女 2006, p.2）。

　Pre-primary Educationは、UNESCOが教育統計の国際比較のために定めた国際標準教育分類（International Standard Classification of Education: ISCED）のなかで小学校入学前の段階と位置付けられ、つぎのように定義されている。「0段階のプログラム（初等前）は組織的な学習の最初の段階であり、家庭環境と学校環境の間の橋渡しとして、幼い子どもに学校様式の環境を経験させることを主目的とする。プログラム修了後に子どもは第1段階（初等教育）へと進む」（UNESCO 2006, p. 20、筆者和訳）。この段階と幼い子どもの養護や初等教育との違いを明確化する主な基準として、①家庭ではなく、学校やセンターなどの施設で教育が行われること、②少なくとも3歳児以上を対象とすること、③上限年齢は国・地域によって異なるものの、いずれにおいても小学校入学年齢までとすることを挙げている。

この0段階の定義に該当する教育段階を示す用語は国や地域によって多様で、Preschool Education、Infant Education、Nursery Education、Early Childhood Education、Kindergarten などがあるという（UNESCO 2006b, p.351）。当然ながら、これらの用語にも広義と狭義の解釈があり、同じ言葉を使っていても異なる内容を指すことがある[3]。たとえば、Preschool Education は広義には乳幼児に対する教育を意味するが、狭義には ISCED 0段階のように3歳児以上の入学準備教育を指しており、どちらかといえば後者の意味合いで用いられることの方が多い（Bennett 1994, p.4670）。なお、Pre-primary Education は直訳すると「初等前教育」、Preschool Education は「就学前教育」であるが、初等前教育という言葉は日本語での馴染みが薄いため、本書ではいずれも「就学前教育」と訳すこととする。

既述の ECE、Pre-primary、Preschool Education が「教育」を指しているのに対し、教育のみならず、養護も含めた概念をもつ用語として Early Childhood Care and Education（以下、ECCE）がある。近年では乳幼児の発達の各領域が互いの発達の促進と抑制に深く関係していることや、養護と教育の間にも相乗効果のあることが広く知られるようになったため（第4章参照）、ECCE ならびにその類義語は乳幼児の発達の包括性を重視する際に好んで用いられている。ちなみに、森上・柏女（2006, p.1）は ECCE を日本語の「保育」の英訳としている。

ただし、ECCE にも広義の解釈がある。たとえば、UNESCO は ECCE を主たるテーマとする EFA の進捗状況報告書を2007年に作成したが、先進国と途上国の双方の状況を包含するものとして、以下のような定義を行っている。

「ECCE の正式な定義は様々であるが、本報告書では包括的なアプローチを採用する。ECCE は、子どもの保健、栄養、衛生、そして認知的、社会的、身体的、情緒的発達を含んだ、誕生から小学校就学までの子どもの生存、成長、発達、学習を、フォーマル、インフォーマル、ノンフォーマルな環境において支援するものである。ECCE のプログラムは、保護者の子育て支援から、コミュニティ内での子どもの養護や、施設でのサー

ビス提供、多くは学校施設で提供されるフォーマルな就学前教育にいたるまで、非常に幅広い取り組みを包含する。通常、プログラムの対象は3歳未満児と3歳から小学校入学まで（普通は6歳、最長でも8歳まで）の2つの年齢層である」(UNESCO 2006a, p.3、筆者和訳)。

すなわち、本定義によれば、幼稚園や保育所のような組織化、体系化された制度のなかで意図的な教育活動や養護を行う場合（フォーマル）のみならず、意図的ではあるが、フォーマル教育ほどには組織化、体系化されていない教育活動や養護（ノンフォーマル）、さらには家庭での道徳的しつけや手洗いの慣行などのように、日常のなかで特に意識することなく行われる教育活動や養護（インフォーマル）もその対象に含まれる。ノンフォーマル教育の一例としてはNGOなどの支援によってコミュニティ内に設置されるプレスクールがあり、インフォーマル教育の一例としては育児中の保護者に有益な保育知識を与え、小グループを作って活動を持続させるプログラムがある。くわえて、本定義では対象者に乳幼児だけでなく、保護者やコミュニティにも働きかける点をみても、日本語の「保育」や、「保育」と同様の概念として主に先進国の文脈で用いられるECCE（以下、狭義のECCE）に比べていっそう包括的と言える。なお、対象児は「最長でも8歳まで」とあるが、これはいずれの国においても就学前段階の終わりまでを含むための文言であって、小学校への移行段階は含んでいない (UNESCO 2006a, p.15)。

ECDはECCEと同様、養護と教育を含んだ概念であるが、両者にはどのような違いがあるのだろうか。結論を先に言ってしまえば、ECDは狭義のECCEに比べればより広い概念となっているが、UNESCOの定義にみるような広義のECCEとの差は小さい。ECDの言葉に含まれるDevelopment（発達）は、子どもが複雑な動作や思考、感情、そして他者や事物と関わりを扱えるようになる発育過程を意味しており (Myers 1992, p.39)、子どもの多面的な発達を強調する概念として使用されている。子どもの発達は本来、多面的であり、その発達促進には教育のみならず、保健、衛生、医療、栄養、子どもの保護などといった分野間の垣根を越えた包括的な取り組みが必要となる。前章で詳述したとおり、そうした傾向は社会サービスの整っていない途上国におい

てより顕著である。ECDは、そのような考え方にもとづき、狭義のECCEに比べて発達の多面性や発達支援の包括性をよりいっそう強調し、複数の分野（マルチセクター）にわたる支援の必要性を説いている点に1つ目の特徴がある。

　ECDのもう1つの特徴は、支援の対象が乳幼児のみならず、しばしば妊婦や保護者も含めて働きかけたり、公立・私立幼稚園のようなフォーマル教育のみならず、コミュニティにある人的・物的資源を活用してノンフォーマルまたはインフォーマルな方法でサービスを提供したりする点である。すなわち、多様なアプローチをとる点にもその特徴がある。実際、途上国においてECDを効果的に実践するための戦略として家族やコミュニティの役割を重視する援助機関は多い。なぜなら、多くの途上国では行政区の末端にある政府機関が効果的に機能していない場合が多く、そうした機関に代わって、子どもの生活に直接的にかかわる人々が乳幼児と保護者をどのように支援できるのかが問われるからである。言い換えれば、これは前述の広義のECCEの定義にあったノンフォーマルやインフォーマルな環境での支援と同じことを指している。このようなマルチセクターと多様なアプローチという2つの特徴は、以下のUNICEFによるECDの定義にも見てとれる。

　　「ECDは出生から8歳までの子どもとその親や保護者のための政策とプログラムに関する包括的なアプローチを指し、子どもがもって生まれた認知的、情緒的、社会的、身体的な潜在能力を十分に開花させる権利を保障することを目的とする。乳幼児のニーズを満たすためのコミュニティを中心としたサービスはECDに不可欠であり、そうしたサービスは家庭やコミュニティでの保健、栄養、教育、水と環境衛生に配慮したものでなければならない」(UNICEF 2000, p.15、筆者和訳)。

　ECDの3つ目の特徴として、上述の定義にあるように、この用語を用いる多くの機関が小学校低学年の8歳までをその対象に含めている点がある(Naudeau et al. 2011a, p.10)。これは8歳児までが自己体験や具体物の操作を通した学習を中心とする発達特性をもつことや、就学前から小学校への移行が途上国で多発する小学校低学年での留年や中途退学の問題解決に与える影響

を重視した考え方である (Evans, Myers and Ilfred 2000, p.2)。この解釈にもとづけば、就学前段階には子どもの「就学レディネス(学校環境での学習に対する素地)」を高めておくことが重要な課題となるだけでなく、小学校側が異なる背景をもって入学する子どもの多様なニーズに沿った学習環境を提供できるようなレディネスを備えることもまた ECD で対処すべき課題となる (Naudeau et al. 2011a, p.10)。

したがって、狭義の ECCE に比べた ECD の特徴としては、マルチセクター、多様なアプローチ、小学校への移行段階の3点を指摘することができるが、UNESCO の定義にみるような ECCE の広義の解釈に比べると、異なる点は小学校への移行段階を含むかどうかのみとなる。しかしながら、機関によってはまれに ECD を就学前段階終了の6歳までに限定する定義もあり、結果的に ECD が広義の ECCE の同義語になっているケースもある。その1つは UNICEF や UNESCO とともに途上国への国際教育協力に多大な影響力をもつ世界銀行である。世界銀行は ECD の定義として一般的には8歳児までを含むことを認めたうえで、組織として就学前段階の子どもに焦点を当てていることを理由に、対象年齢を0～6歳までに限定している (Alderman 2011, pp.1, 7)。

以上のような複数の解釈を踏まえ、本書では ECD をつぎのように定義しておく。「ECD は受胎期もしくは出生から初等教育就学前後(6～8歳)までの幼い子どもの身体的、認知的、社会的、情緒的発達を包括的に促すために、乳幼児やその保護者に対して行われる教育、保健、衛生、医療、栄養、保護などの複数の分野にわたる活動を指し、フォーマル、ノンフォーマル、インフォーマルな環境を通して支援されるものである」(図2-1参照)[4]。なお、本書においてこれ以降、小学校低学年も含めて議論を進めることには複雑さを伴うため、ECD の特徴の一つである小学校への移行時期を重視しながらも、原則は就学前段階修了までを対象とする。また、ECD を「保育」と訳してしまえば、これまで述べてきた特徴を必ずしも含有せず、また適訳も見当たらないため、本書では ECD をそのまま用いることとする。

図2-1 ECDの概念図

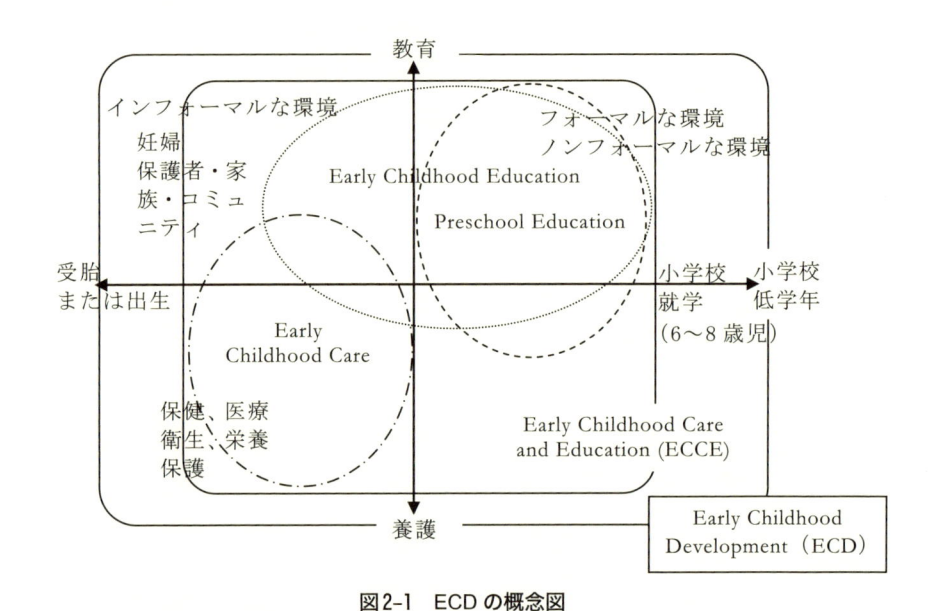

注）各用語が示す範囲は一般的傾向を示したものであり、その用語を使用する国や地域、機関によっては定義が異なる。本図はECDをUNICEFの定義に、ECCEをUNESCOの定義に沿った。フォーマル教育、ノンフォーマル教育、インフォーマル教育については本文の説明を参照。
出典）三輪（2004）p.7に加筆修正を加えた。

　ECDは途上国において一般的な用語と言えるが、既述のとおり、異なる国や地域、機関では幼い子どもの発達の何を重視し、誰にどのような支援を提供するのかについて独自の見解があり、それにもとづき選択される用語が異なっている（表2-1）。たとえば、ECDはUNICEFや世界銀行以外にも、途上国の乳幼児支援に積極的な国際的な財団やNGOが使用している。国際的NGOのなかにはECDの代わりに、Early Childhood Care and DevelopmentまたはEarly Childhood Care for Development（以下、いずれもECCD）を用いるところがあるが、いずれのECCDも前述の3つの特徴を備えており、ECDの同義語と考えてよい。先進国と途上国双方の教育に携わるUNESCOはECCEを選択しているが、先進諸国の集まりであるOECD（経済協力開発機構）は教育機能をより重視してEarly Childhood Education and Care（ECEC）を用いている。

表2-1　ECDと関連用語の整理

名　称	養護機能	教育機能	特　徴
Early Childhood Care (ECC)		×	育児中の母親の就労支援ととらえられる傾向にあるが、途上国では子どもの保健、衛生、栄養の改善に重点がある。通常、保健省が管轄。
Early Childhood Education (ECE)	×		教育活動を通した乳幼児の認知的発達の促進に重点を置く。通常、教育省が管轄。
Pre-primary Education, Preschool Education	×		3歳児以上から小学校入学までの子どもを対象に、学校などの施設で行われる教育（就学前教育）を指す。
Early Childhood Education and Care (ECEC)	×	×	上記ECEに養護機能を加えたもの。どちらかと言えば、教育機能をより重視。OECDが使用。
Early Childhood Care and Education (ECCE)	×	×	日本語の「保育」に相当するが、広義の解釈によれば、下記のECDやECCDと同義か、近い内容となる。UNESCOが使用。
Early Childhood Development (ECD)	×	×	マルチセクターの支援を多様なアプローチで提供し、幼い子どもの発達を包括的に促進する。一般的には就学前段階後の小学校への移行期も対象に含める。UNICEFや世界銀行、国際援助財団や国際的NGOなどが使用。
Early Childhood Care and Development (ECCD)	×	×	ECDの同義語。子どもの養護と教育活動が分離し、ECDが就学前教育と同義と考えられていた1980年代に、養護と教育を統合した支援の必要性を主張したもの。ECD支援を行う援助機関のネットワークであるECCD諮問グループの名称に使用。
Early Childhood Care for Development (ECCD)	×	×	ECDや上記のECCDの同義語。子どもの最善の発達を促進するような養護のあり方により着目している。

出典）UNESCO (2002), Evans, Myers and Ilfeld (2000) pp.1-4 を参考に作成。

　なお、ある国や地域、機関がECDの用語を採用している場合、その国や機関で発表される統計やプログラムのすべてがECDの全要件を満たしているとは限らない点にも注意が必要である。たとえば、養護もしくは教育に偏った活動や、対象児の年齢が定義に示されたものの一部である場合にも、ECDの一環としてデータに含められることが多々ある。

　幼い子どもに対する養護と教育という2つの機能とその分離については、それが用語の多様化にもつながり、問題視されてきたことが窺えた。そもそもなぜそのような分離が生じたのだろうか。その歴史的経緯を理解することがECDの強調するマルチセクターの支援の重要性への認識にもつながるであろう。そこで、本節の主題からは少し離れるが、以下に乳幼児向けのサー

ビスが養護と教育という2つの系譜を持つようになった背景について簡単に触れておきたい。

　乳幼児に必要なものは養護なのか教育なのか、そしてそれは福祉施設、学校のいずれにおいて与えられるべきものなのかという議論は世界各国で長らく続いてきた。そうした議論は、育児や乳幼児期の教育における家庭や保護者の役割、女性の社会参加などについての考えが、個人や社会の価値観によって大きく異なることと無関係ではない。結果的に、現在も北欧諸国などを例外に多くの国では、社会福祉の一環として保健省が管轄する養護目的の施設と、教育省が管轄する教育目的の施設とに保育が二元化された状態にある。

　幼い子どもの養護を主目的とする乳幼児向けサービスの系譜は産業革命の頃、宗教団体や慈善団体などが中心となって貧困層女性とその子どものために開いた託児所にあり、他方、教育的活動に重点を置く乳幼児向けサービスの系譜は1779年にオーベルラン (Oberlin) がフランスの片田舎に設立した編物学校にまで遡ると言われる[5]。後者については、1840年にドイツのフレーベル (Fröebel) によって提唱された「幼稚園」が世界各地に広まり、幼児教育の拡大に大きく貢献した。フレーベルは遊びの教育的意義を重視して恩物と呼ばれる遊具を考案し、大人の遊戯指導による遊びや作業を通して子どもの生活と発達の保障を目指した。

　これら乳幼児向けサービス創設期の施設は養護と教育の双方の機能を有していたことが注目される。たとえば、オーベルランの編物学校をはじめ、1816年に英国のオーエン (Owen) が労働者階級の子弟のために紡績工場に開設した「幼児学校」や1907年にモンテッソーリ (Montessori)[6]がローマの貧民街の一角に築いた「子どもの家」はいずれも社会福祉的な養護機能のみならず、革新的教育理念にもとづく教育機能も兼ね備えたものであった。

　養護と教育の分離が明確になるのは冷戦の頃であると言われる (Haddad 2002, p.18)。ソビエトや中国などの社会主義国が乳幼児への集団主義保育を拡大するようになると、資本主義諸国では乳幼児を家庭から切り離すことは子どもの健全な発達に深刻な害を与えると反発し、家庭での育児・保護や母性の重要性を強調するようになった。その後、英米両国の政府は教育機能中心

の就学前教育を貧困やその他危機的状況にある子どもに対象を絞って提供するようになった。

　さて、日本の場合はどうだろうか。わが国で最初の幼稚園は1876年に創設されたが、それは欧米の幼稚園が有していた養護と教育のうち、養護機能を含まない純粋な教育施設として成立した経緯がある。湯川 (2001, p.378) によれば、「小学校の普及を最重要課題としていた文部省には、幼稚園は政策的には重要度の低い存在であり続けた。そうしたなかで、幼稚園は小学校の準備教育機関としての有用性を認識した人々によって設立され、官吏や商業者などの富裕層による支持を得て、中上流層のための就学準備教育機関として発展した」という[7]。一方、貧困層のための常設託児所が民間人によって開設されたのは1890年のことで、当時すでに幼稚園の数は全国で100園以上にも達していたという。つまり、日本の保育界においては教育と養護という分離の構造が乳幼児向けサービスの誕生当初より顕在していたことになる。

　現在、幼稚園は学校教育法にもとづく文部科学省所管の学校教育施設として満3歳以上の幼児を原則1日4時間預かり、保育所は児童福祉法にもとづく厚生労働省所管の児童福祉施設として「保育に欠ける」0歳から就学前までの乳幼児を原則1日8時間預かっている。しかし、供給側の都合によって分離されたこのような保育システムは利用者の多様化するニーズに対応できず、近年では女性就労者の増加も伴い、幼稚園を中心に定員割れが続いている。一方で、3歳未満児を中心に、保育所に入りたくても入れない待機児童の問題が特に都市部で未解決の課題となっている。そのため、幼稚園と保育所の機能を統合させる幼保一体化や所管機関の一元化は日本の保育界の急務となっており、認定こども園の導入や子ども・子育て新システムの検討を通して進められている。要するに、保育実践の長い歴史をもつ日本においても利用者のニーズに照らせば養護と教育を分離して考えることに無理がある。それが途上国や開発援助機関におけるECDの概念と同じ方向性を指しているという事実は、今後の支援のあり方を考えるうえでも示唆的である。

第2節　ECDという視点の重要性

途上国の乳幼児を取り巻く一般的な状況については第1章で述べた。本節では、それに加え、途上国におけるECDのアクセスの現状と特徴、そして低所得の途上国に暮らす貧困家庭の幼児の認知的発達やその影響要因を知ることを通して、ECDという視点の重要性への理解を深めることとする。

1. ECDのアクセスと不平等

UNESCOはEFAの進捗状況を報告する2007年の報告書のなかで、世界の就学前教育（原文ではPre-primary Education）ならびにECCEの総就学率[8]を、推定値を含めて算出している（図2-2）。既述のとおり、本報告書でのECCEの定義は広義のものであり、小学校への移行期を含まない点にのみECDとの違いがあるが、就学前と小学校の移行段階を合わせた統計データは存在しないため、ECDの概念にもっとも近いデータとして話を進めたい。

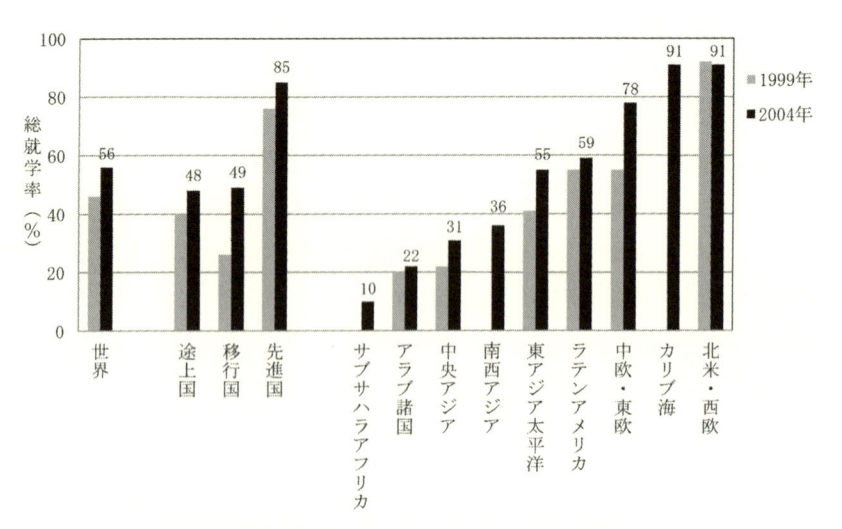

図2-2　就学前教育とその他のECCEプログラムの総就学率（中央値）

注）「就学前教育（原文ではpre-primary education）」は国際標準教育分類（ISCED）の0段階を指す。その他のECCEプログラムの参加についてはデータのない国も多く、2004年はUNESCO分類による世界203の国と地域のうち、データのある146の国・地域のなか央値となっている。なお、出典文献のデータではECCEを養護と教育に分け、養護の部分では子どもの生存や成長、保健医療に関するデータを載せている。

出典）UNESCO (2006a) p.253 より作成。

図2-2によると、途上国におけるECDの普及はそれがもっとも必要とされる地域においてもっとも限られた状態にあることがわかる。途上国全体でのECDの総就学率は1999年の40％から2004年に48％へと増加しているが、同じ期間に先進諸国では76％から85％へとさらなる増加を遂げている。これを地域別に見てみると、北米・西欧に並んでカリブ海地域の数値が91％ともっとも高く、それを中欧・東欧（78％）、ラテンアメリカ（59％）が追う形となっている。対照的に、前章の表1-1で幼い子どもの置かれた環境が比較的厳しいとされた南西アジアで36％と比較的低く、さらにもっとも厳しい状況下にあるとされたサブサハラアフリカの子どもたちの総就学率はわずか10％となっている。しかも、サブサハラアフリカ45カ国のうち、データがあるのは25カ国のみで、その約半数では数値が1桁台にとどまっている。

2004年に総就学率データのある146カ国のうち、33カ国では対象年齢人口の30％以下にしかサービスを提供できていないが、このほぼ半数はサブサハラアフリカ諸国となっている（UNESCO 2006a）。ただし、どの年齢層を対象とするかによって就学率の値は大きく変化するが、他の諸国に比べてサブサハラアフリカ諸国がとくに幅広い年齢層を対象としているわけではないことから、ECDにおいてもサブサハラアフリカがもっとも普及の遅れた地域と言えるだろう。反対に、途上国でECDの普及がもっとも進んでいるカリブ海地域（スペイン語圏を除く）ではジャマイカ92％をはじめ総就学率の高い国が多く、中欧・東欧の移行国でも同様に、ベラルーシ121％、エストニア114％などと高い数値を示している。

年齢別の就学率は、国別にみたデータしか見当たらないが、それによると、一般的にはどの国でも小学校入学年齢に近い年齢になるほど就学の割合が高くなる傾向がある（UNESCO 2006a, pp.140-141）。途上国177カ国のデータによると、就学前教育の入学年齢は全体の71％が3歳であり、就学期間は全体の46％が3年間、30％が2年間となっている。また、乳児を含む3歳未満児向けのフォーマルなプログラムは、データのある途上国170カ国の42％のみに存在しており、教育活動を含むものもあるが、養護中心となっている（UNESCO 2006a, pp.126, 129）。すなわち、子どもの発達段階においてとくに重

要な3歳未満児においてECDの普及が遅れていることが推測される。

　いずれにせよ、ECDの就学率は小学校就学前までに限定した場合でも正確な数値の把握が困難である。たとえば、図2-2の総就学率はフォーマル教育である就学前教育の就学者数にノンフォーマル教育の就学者数を加えたものであるが、多くの国は対象年齢を3〜5歳児に限定しており、また、どの年齢層を対象とするのかは国によっても異なっている。さらに、1カ国のデータの場合でも政府発表の就学率の正確さには疑問が残る。というのも、ECDは民間団体やNGOなど公的支援を受けずに実施されているものも数多く、サービス提供の方法は多様であって、必ずしも学校のような施設での提供に限らない。そのため、データ収集の作業が教育省だけでなく、複数の省庁に関係することも少なくなく、多くの途上国ではそのための情報収集システムも整っていないのが実情である。実際、前掲図のデータでも就学前教育では176カ国の数値が揃っているのに対し、ECCEを含めた場合には146カ国へと減少している。

　さて、アクセスにみる特徴には上述のような複数の国から成る地域間での格差のほかに、国内における都市農村間格差や所得階層間格差という2つの不平等がある。言い換えれば、これは今後、ECDのアクセス拡大を政策介入なしに進めれば、結果的に不平等の再生産の温床となりうる危険性を警告するものである。

　図2-3は2005〜07年に途上国51か国がUNICEFの支援を受けて実施した世帯調査（第3回複数指標クラスター調査、Multiple Indicator Cluster Survey: MICS Round 3) をもとに3〜4歳児の教育プログラムへの参加率を分析した結果から (Nonoyama-Tarui and Ota 2010)、数カ国を取り上げて図式化したものである。MICS 3のサンプル数は全国にわたる約2,500〜14,000世帯であり、本図に関係する質問項目では、私立や公立の施設、幼稚園またはコミュニティ内のチャイルドケア施設などにおける組織的な学習または幼児教育プログラムへの参加の有無を尋ねる内容となっている。すなわち、幼稚園のようなフォーマル教育のみならず、ノンフォーマルなコミュニティでの学習活動も含まれており、ECDの概念に沿ったものと考えられる。本図からは、バングラデシュ

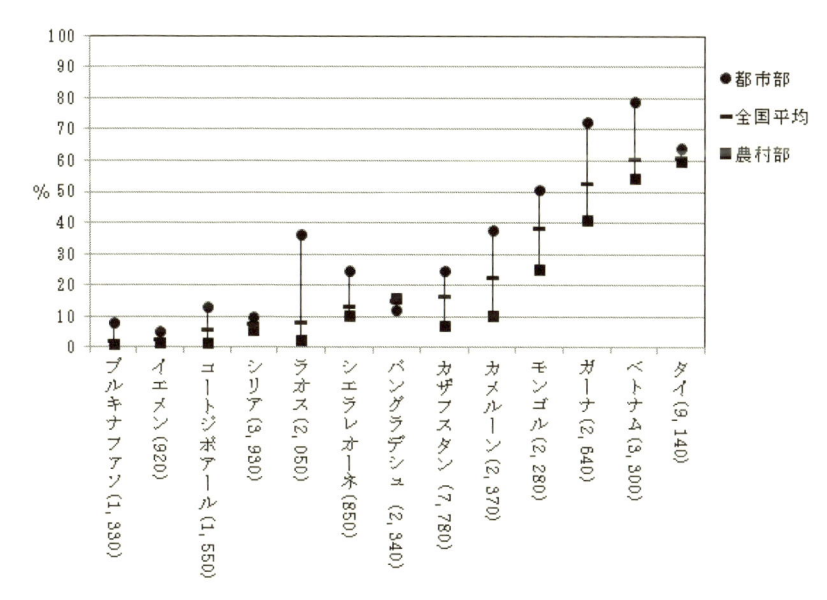

図2-3　3〜4歳児の組織的な教育プログラム（コミュニティ内のチャイルドケアセンターを含む）の参加率にみる都市農村間格差

注）2005〜07年にUNICEFの支援を得て途上国が実施した第3回複数指標クラスター調査（MICS 3）の分析結果にもとづく。国名の後の数値は2006年国民1人あたりGNI（国民総所得，PPP換算の米ドル）の値。
出典）Nonoyama-Tarui and Ota (2010)、World Bank (2008) より作成。

を例外に、都市農村間の参加率の格差が観察され、特にガーナやカメルーン、ラオスやモンゴルでは都市と農村で25〜35％もの開きが見られる[9]。また、国名の下に記した経済指標を含めて比較すると、全国平均値にみる就学率の高さや都市農村間の格差の大きさは、国の経済的豊かさとは無関係であるように思われる。たとえば、シリアとベトナムは国民1人あたりGNIがほぼ同水準であるが、全国平均でのアクセスの拡大には大きな開きがある。また、タイやバングラデシュ、シリアやイエメンの国々は国民1人あたりGNIの数値が大きく異なっているが、いずれにおいても都市農村格差は少ない。

図2-4は、同じMICS 3のデータから分析された所得階層5分位のうち、上位20％と下位20％の3〜4歳児の教育的プログラムへの参加率について、前掲図と同じ国々を取り上げて比較したものである。いずれの国でも階層間格差が認められるが、もっとも格差の小さいバングラデシュで5％、もっとも

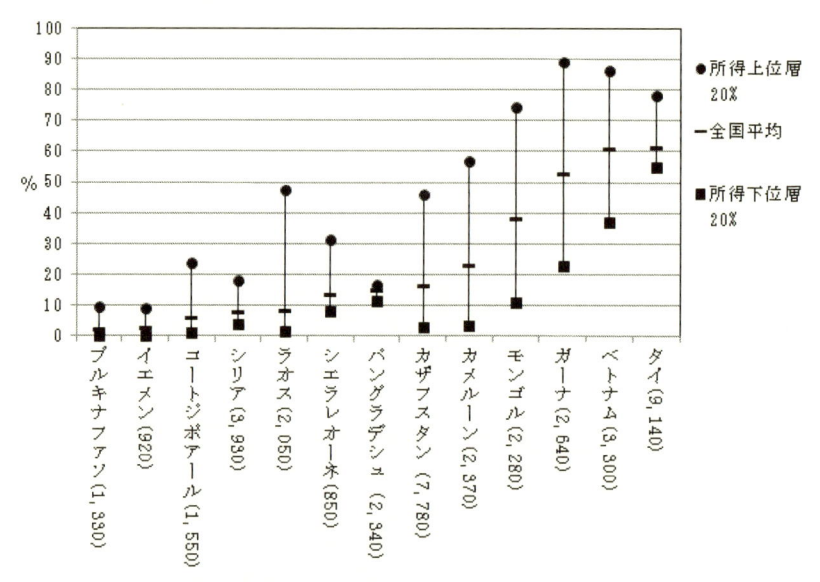

図2-4 3〜4歳児の組織的な教育プログラム（コミュニティ内のチャイルドケアセンターを含む）の参加率にみる所得階層間格差

注) 2005〜07年にUNICEFの支援を得て途上国が実施した第3回複数指標クラスター調査 (MICS 3) の分析結果にもとづく。国名の後の数値は2006年国民1人あたりGNI（国民総所得、PPP換算の米ドル）の値。
出典) Nonoyama-Tarui and Ota (2010)、World Bank (2008) より作成。

　格差の大きいガーナでは66％もの開きがあり、モンゴル(63％の差)やカメルーン(54％の差)などを見ても階層間に大きな格差のあることが見てとれる。また、都市農村格差と同様に、各国の経済的豊かさと階層間格差の大きさには何らかの関係があるようには見受けられない。モンゴル、カメルーン、バングラデシュはほぼ同水準の一人当りGNIの値にあるが、バングラデシュでは階層間格差が小さい。また、コートジボアールとブルキナファソも似通った経済的水準にあるが、階層間格差では前者の方がより深刻と言える。
　農村部や低所得層の間でECDの参加率が低い点は、政府による供給不足の問題であると同時に、利用者側からの需要不足の問題でもあると考えられる。供給側の問題として、ECDの拡大が推進されにくい最大の障害は政府の政策的優先度の低さと財源不足にあるが、政府関係者がECDの効果と意義を十分に理解していないことの影響も看過できないだろう。また、利用者

側の問題については、途上国62カ国の世帯調査データを用いて3〜4歳児のECD参加の決定要因を国別に分析した結果がある (UNESCO 2006a, p.143)。それによると、子どもの年齢が4歳であること、母親の学歴が中等教育以上であること、そして所得階層が上位層20％にあることの3点が、多くの国でECD参加につながる有意な決定要因となっていた。言い換えれば、保護者は子どもが3歳の場合はECDサービス利用の必要性を感じていないことになる。また、居住地が都市部かどうかは25カ国ではECD参加につながる要因であったが、30カ国では参加の決定に影響がなく、どちらかといえば居住地よりも個々の家庭の社会経済的要因による影響がより強いことが明らかとなっている。

　アクセスにおける不平等の観点から興味深いのは、途上国の教育へのアクセスでしばしば問題となる男児優先の傾向がECDでは顕著でない点である。2004年データによれば、途上国146カ国の半数以上にあたる76カ国で女児の就学者数が男児に同じか、もしくは上回っている (UNESCO 2006a, pp.246-253)。残りの国々でも就学率の男女差はわずか0〜2％台に留まるところが多い。その理由を探った研究は見当たらないが、おそらく、つぎの2つが関係しているものと推察される。1つは幼児期のECDサービスの利用は保護者の育児負担の軽減につながることが多く、費用面との折り合いがつけば、対象児の性別に関係なく就学への動機づけとなる。もう1点は、幼児期では男女ともに就学に伴う機会費用が発生しにくい点が挙げられる。たとえば、小学生以上の場合、就学が無償の場合でも、就学にあてる時間を家庭内外での労働に費やせば得られる所得（機会費用）や家計への貢献というものがある。保護者はこうした機会費用と自らの教育観に照らして、子どもの不就学や中途退学を判断するわけであるが、幼児の場合はその幼さから、どの地域や所得階層においても男女ともに機会費用が発生しにくいと考えられる。

2. 貧困家庭の幼児の認知的発達とマルチセクターの重要性

　途上国の貧困家庭に育つ幼児の認知的発達はどのような水準にあるのだろうか。途上国のなかでも低所得国に分類されるカンボジアとモザンビークで

貧困地域の幼児を対象に、TVIP 検査 (Test de Vocabulario en Imágenes Peabody、西語話者向けピーボディ絵画語彙検査)[10]の現地語版を2008年に実施し、認知的発達の水準を測定した研究結果を参照しよう (Naudeau et al. 2011b)。サンプルはカンボジア4,015人、モザンビーク2,000人で、世界銀行の支援による ECD プログラムに参加する前の満3歳から4歳11カ月までの幼児である。幼児はいずれも貧困地域に居住し、保護者の平均学歴はカンボジアで2.9年、モザンビークで3.3年であり、カンボジアの47.6％、モザンビークの43.1％の幼児は栄養不良による低身長と診断された。低身長 (stunting) とは、標準的な子どもの基準値の中央値から2標準偏差下回った状態を指し、栄養不良による発育不全の状態を示す代表的な指標となっている。

　調査結果は、途上国の貧困家庭に暮らす幼児の認知的能力の遅れを示すものであった。TVIP では平均点を100、標準偏差 (以下、SD) を15とするメキシコとプエルトリコの幼児の結果を基準値としており、それをもとに標準化された得点はカンボジアの平均値が82.7 (SD 10.9)、モザンビークは78.7 (SD 11.3) と、いずれも基準値を下回った。ただし、標準サンプルは中米の子どもの結果であり、異なる文化圏では同じテスト項目でも難易度が異なることもあるため、標準化得点での比較には問題も残る。そこで、カンボジアとモザンビークの素点での結果を月齢別にみると、36カ月児から59カ月児の間にカンボジアでは約7点 (正解の回答数)、モザンビークでは5点弱の増加と、上昇幅が小さかった。同時期に、標準サンプルでは約20点もの上昇幅があり、カンボジアやモザンビークの素点と標準サンプルの得点差は月齢が上がる程に広がった。もちろん、これはある一時点での異なる月齢児の横断的調査の結果であり、その解釈には注意が必要であるが、他の途上国を扱った先行研究でも同様の結果が出ており、幼児期の認知的発達の遅れは時間の経過とともに深刻化することを示唆している。

　さらに、カンボジア、モザンビークともに家庭の所得水準や保護者の学歴が高いほど、素点はわずかに増加傾向にあることもわかった。認知的発達の素点の散らばりは、子どもの栄養状態や家庭での言語的働きかけの程度によってある程度は説明される。たとえば、カンボジアの素点を従属変数とす

るモデルでは、家庭の所得水準や保護者の学歴のほか、身長にみる幼児の栄養状態や家庭での言語的働きかけの指数[11]、図書の有無や市販玩具の有無が有意な説明変数となった。しかし、こうしたモデルで説明されない部分も多く、家庭の社会経済的要因は子どもの栄養や家庭の教育的環境以外の事象を通しても幼児の認知的発達に影響していることが窺える。すなわち、貧困家庭における幼児の認知的発達の促進には、長期的には家庭の社会経済的水準の向上が望まれるが、短期的には家庭の人的・物的環境の充実による効果も期待できる。教育や栄養に関する知識や技術について保護者へ働きかけるとともに、人的・物的環境の整ったECDサービスの提供も有効な対策となることがわかる。

　ところで、カンボジアやモザンビークのみならず、一般的に我々は途上国の農村部や貧困層の家庭が都市部や富裕層の家庭に比べて幼い子どもの発達を促進する適切な人的・物的環境に乏しいという考えをもっているが、それははたして正しいのだろうか。前述のMICS 3では各世帯での教育的資源の分量や0〜4歳児への教育的働きかけについても調査しているが、その分析結果はそうした前提に確証を与えている（Nonoyama-Tarui and Ota 2010）。たとえば、図2-3と2-4に示した13カ国では、子ども向けの本（教科書を除く）を3冊以上備えている世帯の割合は都市部が農村部の1.5〜10.9倍も多く、所得上位層20％が下位層20％よりも2.6〜13.0倍も多い。また、MICS 3では教育的働きかけに関する質問として6つの活動を挙げ[12]、過去3日間で同じ世帯で暮らす15歳以上の者が3〜4歳の子どもに働きかけたかどうかを尋ねている。このうち4つ以上を行っていると答えた場合を積極的な働きかけを行っている世帯とすると、その割合はコートジボアールを例外に、都市部が農村部の1.1〜2.0倍も多く、所得上位層20％が下位層20％よりも1.1〜3.3倍も多かった。

　では、途上国の子どもの栄養不良における都市農村間や所得階層間の格差の実態はどうだろうか。**図2-5**は途上国3カ国の5歳未満児の低身長児の割合を都市農村別、所得階層別に示したものである。全国的な発生割合が高いマラウイでも、比較的低いコロンビアでも程度の差はあれ、農村部と低所得

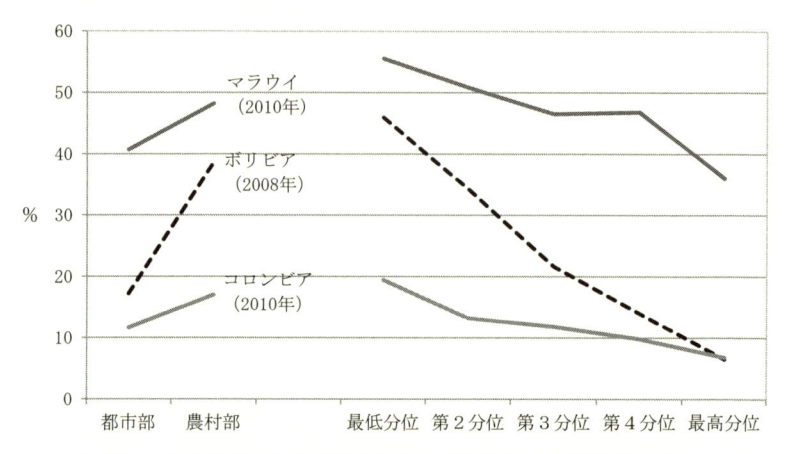

図2-5　5歳未満児の低身長児の割合と都市農村・所得階層間格差（3カ国）

注）米国国際開発庁の支援を受け、途上国が実施する人口保健調査（世帯調査）の結果。低身長児は世界保健機構の基準値の中央値から2標準偏差下回った者を指す。
出典）米国国際開発庁支援による人口保健調査（http://www.measuredhs.com/）の各国データより作成。

層に低身長児の発生割合が高く、最高分位の所得階層では急激に発生割合が低下するというように不平等の状態が観察される。こうした特徴をもつ国々では低所得層に対象を絞った政策の実践が重要であるという（Van de Poel et al. 2008）。

　栄養不良の子どもに対しては、栄養改善プログラムを提供する場合と、栄養改善を含めたECDプログラムを提供する方法とがあるが、子どもの認知的発達促進の観点からはどちらが効果的なのだろうか。ベトナム農村部での事例研究によれば、後者の方が子どもの認知能力の向上に長期的な効果を得られることが立証されている（Watanabe et al. 2005）。この事例では1999～2000年に0～3歳児対象の栄養改善プログラムのみが実施された村（以下、栄養群）と、その後も2002～03年に4～5歳対象のECDプログラムが継続的に実施された村（以下、栄養・ECD群）から、社会経済的水準の似通った1村を選んで調査が実施された。6歳半～8歳半（小学1～2年生）の313人について属性と身長、「レーヴンの色彩マトリックス検査」[13]を通した認知能力水準のデータが収集された。結果、世帯所得や母親の学歴などの背景要因を考慮した後

の認知力得点を比較したところ、栄養・ECD群の平均得点は栄養群よりも1.55点、有意に高かった。また、現在の栄養状態に照らして低身長群と標準群の2グループに分けて比較した結果では、低身長群のなかで栄養・ECD群の平均得点が栄養群よりも4.08点も有意に高かった。すなわち、子どもの認知的発達の向上には、ECDのマルチセクターのアプローチが単独の栄養改善プログラムの実施よりも効果的であり、なかでも栄養不良(低身長)の子どもに対する効果はよりいっそう高いことが明らかになっている。

　以上、本章ではECDという概念について関連用語との違いを明らかにしながら詳説してきた。ECDのアクセスについては地域間の不平等や途上国国内での都市農村間、所得階層間での不平等、さらには貧困家庭の人的・物的環境の乏しさが幼児の認知的発達に与える影響の大きさを知ることを通して、途上国の乳幼児を取り巻く状況がよりいっそう理解されたものと考える。また、そうした現状に合わせて、子どもの多面的で相互に関係する発達を子どもや保護者にも働きかけて包括的に支援するECDという視点の重要性にもある程度の理解が得られたであろう。途上国におけるECDの普及はすべての子どもの生存、発達、保護の権利を保障するだけでなく、不平等で不公正な社会の是正にも貢献するものである。この点を含め、ECDの効果や意義については第4章でさらに詳しく述べる。

注
1　2011年7月発表の中間報告によれば、こども園(仮称)を、幼保一体化を図る総合施設(仮称)、幼稚園、保育所などの総称とし、乳児保育所(3歳未満児のみ対象)を例外として保育所はすべて一定期間内に総合施設へと移行する案となっている(少子化社会対策会議2011)。
2　補償教育とは社会経済面や教育環境面において不利な条件にある子どもに対して行う小学校入学準備のための教育を指し、米国のヘッドスタート・プログラムにその典型をみることができる。佐藤(2002, p.232)はこの系譜を「就学前教育」と呼んでいる。
3　たとえば、日本の幼稚園(kindergarten)は0段階の定義に沿っているが、米国のkindergartenは日本の幼稚園とは異なり、初等教育の第一段階に位置づけられ、

州によっては就学が義務化されている。多くは5歳時に全日もしくは半日のキンダーガーテンに通う。キンダーガーテン入学前に通うプレキンダーガーテンが幼児教育機関とされる。
4 近年になって示されたUNESCOや世界銀行によるECCEやECDの明確な定義を踏まえ、三輪（2004, p.6）に加筆修正を加えた。
5 研究者によってはオーベルランではなく、オーエンまたはフレーベルにその起源を位置付ける場合もあるが、オーベルランの編物学校は託児施設の1つではあったが、単なる保護にとどまらず、年齢に応じた教育に重点を置いていた（Haddad 2002, p.17）。
6 フレーベルの恩物が結果的には子どもの自発性や創造性抑制を招いたことへの批判として、モンテッソーリは子どもの自由や自発性、相互学習力を尊重し、感覚訓練や日常生活練習などを重視した。異年齢保育や独自の教具を用いた活動などに特徴をもつこの保育方法は、途上国を含む世界各地で実践されている。
7 湯川（2001）は日本の幼稚園成立時期を1900年頃としている。
8 総就学率とは、年齢に関らず就学している者の総数を就学年齢人口で割ったものである。就学者のなかには就学年齢外の者も含むため、100％を超えることがある。
9 バングラデシュの結果については、BRAC（Bangladesh Rural Advancement Committee）のような大規模な国内NGOの存在と、それによる農村部の貧困層を対象にさまざまなサービスの提供も影響しているものと推察される。
10 英語版「ピーボディ絵画語彙検査」を貧困地域の西語話者向けに修正し、標準化したもの。4つの絵が描かれたシートを見せ、検査者の問いに対して、被験者が正しいと思う絵を指して答える。連続する8つの項目で6回誤答の場合、検査を終了する。
11 家庭での言語的働きかけの指標は、家庭で誰かが時々、以下の3つを行ったかどうかを尋ねるもので、回答を合計した0〜3までの数値をとる。1）子どもと一緒に本を読んだり、絵を見たりする、2）子どもに素話を聞かせる、3）子どもに歌を歌う。
12 6つの質問は以下のとおり。1）子どもと一緒に本を読んだり、絵本を見たりしたか、2）子どもに素話を聞かせたか、3）子どもと歌を歌ったか、4）子どもを屋外や庭などに連れ出したか、5）子どもと一緒に遊んだか、6）子どもと物の名前を言ったり、または数を数えたり、絵を描いたりしたか。
13 被検者が言葉を介さず、図案の欠如部分に合うものを6つの選択図案のなかから1つだけ選ぶ検査で、計36の問題から構成される。

参考文献
厚生労働省編（2008）『保育所保育指針解説書』フレーベル館
佐藤学（2002）「子どもが幸福に育つ社会を求めて―幼児教育の現在と未来」小田豊・榎沢良彦編『新しい時代の幼児教育』有斐閣

少子化社会対策会議(2011)「子ども・子育て新システムに関する中間とりまとめについて」内閣府
鈴木勲編(2009)『逐条 学校教育法 第7次改訂版』学陽書房
中央教育審議会(2005)「子どもを取り巻く環境の変化を踏まえた今後の幼児教育の在り方について」文部科学省
内閣府(2010)「子ども・子育て新システム検討会議作業グループこども指針(仮称)ワーキングチーム第3回会合 議事録」内閣府政策統括官(共生社会政策担当)付少子化対策担当
内閣府(2011)「子ども・子育てに関する指針について(案)第6回こども指針(仮称)ワーキングチーム資料1-1」内閣府政策統括官(共生社会政策担当)付少子化対策担当
藤永保(1990)『幼児教育を考える』岩波書店
三輪千明(2004)『Early Childhood Developmentの支援に関する基礎研究』平成15年度客員研究員報告書、国際協力機構・国際協力総合研修所
森上史朗・柏女霊峰編(2006)『保育用語辞典 第3版』第4刷 ミネルヴァ書房
湯川嘉津美(2001)『日本幼稚園成立史の研究』風間書房
Alderman, H. ed. (2011) *No Small Matter: The Impact of Poverty, Shocks, and Human Capital Investments in Early Childhood Development*, World Bank: Washington, D.C.
Bennett, J. (1994) "Preschool Education: Worldwide Trends," in Husen, T. and Neville P. eds., *International Encyclopedia of Education*, Pergamon Press: Oxford.
Evans, J. L., Myers, R. G., and Ilfeld, E. M. (2000) *Early Childhood Counts: A Programming Guide on Early Childhood Care for Development*, World Bank: Washington, D.C.
Haddad, L. (2002) *An Integrated Approach to Early Childhood Education and Care*, Early Childhood and Family Policy Series No.3, UNESCO: Paris.
Myers, R. G. (1992) *The Twelve Who Survive: Strengthening Programmes of Early Childhood Development in the Third World*, Routledge: New York.
Naudeau, S., Kataoka, N., Valerio, A., Neuman, M., and Kennedy Elder, L. (2011a) *Investing in Young Children: An Early Childhood Development Guide for Policy Dialogue and Project Preparation*, World Bank: Washington, D.C.
Naudeau, S., Martínez, S., Premand, P., and Filmer, D. (2011b) "Cognitive Development among Young Children in Low-Income Countries," in Alderman, H. ed. *No Small Matter*, World Bank：Washington, D.C.
Nonoyama-Tarui, Y. and Ota, Y. (2010) "Early Childhood Development in Developing Countries; Pre-Primary Education, Parenting, and Health Care," Background Paper for the EFA Global Monitoring Report 2011, UNESCO: Paris.
UN Committee on the Rights of the Child (2006) "General Comment No. 7, Implementing Child Rights in Early Childhood," (CRC/C/GC/7/Rev.1).
UNESCO (2002) "Early Childhood Care? Development? Education?," *UNESCO Policy Briefs on Early Childhood* No.1, UNESCO: Paris.

38　第I部　発展途上国の保育と開発

UNESCO (2006a) *Global Monitoring Report 2007: Strong Foundations, Early Childhood Care and Education*, UNESCO: Paris.
UNESCO (2006b) *International Standard Classification of Education ISCED 1997*, UNESCO: Paris.
UNICEF (2000) *The State of the World's Children 2001*, UNICEF: New York.
USAID, Measure DHS (Demographic and Health Surveys) http://www.measuredhs.com/
Van de Poel, E., Hosseinpoor, A. R., Speybroeck, N., Van Outri, T., and Vega, J. (2008) "Socioeocnomic Inequality in Malnutrition in Developing Countries," *Bulletin of the World Health Organization*, (86) 4, pp. 282-291.
Watanabe, K., Flores, R., Fujiwara, J., and Huong Tran, L. T. (2005) "Early Childhood Development Interventions and Cognitive Development of Young Children in Rural Vietnam," *Journal of Nutrition*, (135) 8, pp. 1918-1925.
World Bank (2008) *World Development Report 2008*, World Bank: Washington, D.C.

第3章　途上国の保育内容と保育方法

第1節　保育内容・方法のモデル

　本章では、保育内容と保育方法について検討する。途上国開発の文脈でECDや保育の効果が議論される際、保育・ECDプログラムへの参加有無によってその効果が分析されることが多く、保育の内容や方法についてはあまり詳細な検討がされないことが多い。しかし、実際には保育の内容や方法も子どもの発達に大きく影響するため、その検討は重要である。

　保育の実践形態はさまざまであり、類型的な把握は一見困難なように見える。しかし、一定の観点を入れることによって、保育カリキュラムはいくつかの型に分類することができる。たとえば、Weikart (2000) によれば、世界の幼児教育カリキュラムのモデルは、**表3-1**のように分類できるとされている。つまり、子どもの主導性が高いか低いか、教師の主導性が高いか低いか、によって、保育は4つのタイプ（①プログラム型、②オープン・フレームワーク型、

表3-1　幼児教育カリキュラムのモデル

		子どもの役割・主導性	
		低い（Low initiative）	高い（High initiative）
教師の役割・主導性	高い	プログラム型	オープン・フレームワーク型
	低い	養護型	子ども中心型

出典）Weikart(2000) より作成。

③養護型、④子ども中心型) に分類できるという。

　それぞれの型は次のように説明されている (Weikart 2000)[1]。プログラム型 (programmed approach) とは、教師が教育活動を主導するもので、ここでの教師の主な役割は、必要な学習活動を決定し、それらを実行していくことにある。プログラム型における子どもの役割は、教師により提供される教育内容・教育活動に対して受動的にそれを学習することである。子どもの主体性は少なく、基本的に、学習や活動を子どもたちが自発的に行うことはない。このカリキュラムには明確に定められた目標がある。そして、子どもたちをこれらの目標へと導くために一連の学習項目が構成される。ここでの学習は、正答を答えられるようになるためになされる。明確な行動目標が示され、それにしたがっていかに子どもが行動を修正するかの方針が明確にされる。プログラム型の幼児教育は、教育者が意図した通りに子どもたちが教育内容を身につけることが可能であるという考え方に基づいている。

　プログラム型に対して、オープン・フレームワーク型 (open framework approach) では、学習は教師と子どもの双方の主導によって成立すると考える。学習活動を行う役割は教師と子どもの両方に委ねられており、その意味ではプログラム型に比べ、子どもの主体性が相対的に強くあらわれる。特定の技能や能力を身につけることが強調させるというよりはむしろ、子どもの全般的な発達を促進させることが志向されている。学習は、子どもの自発的な環境へのかかわりと、その経験に関する振り返りから生じる。ここでの学習とは、プログラム型のカリキュラムに見られるような特定の知識技能の蓄積とは異なるものである。教師についていうと、プログラム型が教師が何をどのように教えるかを強く拘束するものであるのに対し、オープン・フレームワーク型カリキュラムでは、教師に対しても学習指導の裁量権を与えるものである。学習は、教師により構築される環境に、子ども自身が主体的に関わることによって成立するとされる。

　子ども中心型 (child-centered approach) は、教師の主導性が低く、子どもの主導性が高いものであり、子どもの主体性や積極性を最大限に強調するものである。通常、学習は子どもによる遊びという形で始まり、子ども一人一人の

関心や活動へ対応することが教師の役割になる。子ども中心型は、オープン・フレームワーク型と同様に子どもの総合的な発達を志向するものであり、特定の知識・技能の習得をめざすものではない。社会性や情緒的発達や、自己表現力の育成などの全般的な発達の支援が中心となる。保育の環境は開放的なことが多く、そこに刺激が豊富であることが良好な環境とされる。教師は子どもの行動に寛容であり、学習内容は、子どもの主体性や自発性を軸に決められる。それによって総合的な発達、文化の内面化、子ども自身の自発的

表3-2 就学準備型と生活基盤型

	就学準備型	生活基盤（ホリスティック）型
子ども観、子ども期の理解	形成されるべき子ども、未来社会への投資対象としての子ども	権利主体としての子ども
保育施設	個人の要求に基づくサービス	個々の保護者の利益と同時に共同体の利益が考慮される
カリキュラムの展開	目的と結果を詳しく示した指示的・画一的カリキュラム	カリキュラムの詳細や実施が分権化されている。保育施設の職員による裁量が認められている。
プログラムの焦点	就学準備のための学習・技能に焦点化されている	子ども中心。保育施設での生活の質が重視されている。
教育方法	教師による教授構成。国が決めた標準カリキュラムの忠実な実施。	国の標準カリキュラムは、選択のための手引き。教師の足場かけを通した学び。
言葉と読み書きの発達	話すこと、文字能力などの個人の言語能力の発達を重視	コミュニケーション能力を重視
子どもに対する目的と目標	到達すべき国の基準が設定されている	幅広い方向性が志向されている。
幼児のための空間	室内は第一義的には学習の場で、屋外はレクリエーションの場ととらえられている	室内も屋外も等しく重要な教育の場である
評価	学習の成果が評価される。	発達目標は一人一人の子どもに対して設定される。成果の評価はとくに要求されない。
質の管理	事前に定められた目標達成ができたかどうかが管理される	質の管理は参加型で、教育者、チームの責任に基づく。

出典）OECD (2006) より作成。

な創造的活動、仲間関係の構築、などの機会を与えることが子ども中心型の特徴である。養護型 (custodial care approach) は、教師の主導性も子どもの主導性も低い型である。保健や栄養改善など、特定の目標に重点が置かれているプログラムに関連したものであることもある。子どもはベビーベッドや囲いの中で受け身の状態で置かれ、トイレの時間やおやつの時間を待ち続ける場合もある。保育者と子どもとの間にはあまり交流はなく、保育者が子どもを単に「預かる」という性質のものである。養護型においては、子どもが積極的に活動に取り組む機会もほとんど与えられないため、子どもの主導性も非常に弱い。

　Weikart (2000) のように、教師の主導性と子どもの主導性という観点からカリキュラムを分類する視点もあるが、これとは違う分類の方法もある。OECD (2006) は、保育のカリキュラムを「就学準備型」と「生活基盤 (ホリスティック) 型」の二つに分けている (**表3-2**)。就学準備型は小学校以降での学校での学習を強く意識したものであり、特定の知識や技能の取得に焦点を当てていることから、前述の「プログラム型」に近い。それに対し、生活基盤型は、子どもの全面的な発達を志向し、子ども一人一人の違いや主体性が重視されるという点で、上述の「オープン・フレームワーク型」や「子ども中心型」に近いものである。

　このように、保育の内容や方法はいくつかの型 (モデル) に分類されるが、いかなる型がその後の子どもの発達に最も良い効果をもたらすのだろうか。**表3-3**は米国で行われた研究であるが、上記の「プログラム型 (表3-3では直接指導型と表現されている)」「オープンフレーム型」「子ども中心型」のそれぞれの保育を受けた子どもを23歳になるまで追跡調査をして、どのような学業生活・人生をたどったかを見たものである。

　これを見ると、まず、知的発達 (IQや学力) では、プログラム直後は直接指導型の IQ は一時的に高くなるものの、その効果はすぐに消滅し、その後は IQ、学力とも他のカリキュラム集団との差がなくなることがわかる。

　このように、知的発達を目的とした直接指導教育が一時的な効果しかもたらさないという研究結果は、日本でも見られる。たとえば、幼稚園の早い段

第3章 途上国の保育内容と保育方法 43

表3-3 保育カリキュラムによる効果分析

	直接指導型	オープンフレーム型（ハイスコープ）	子ども中心型
① 知的能力			
5歳時のIQ	104	97	92
6歳時のIQ	99	97	93
8歳時のIQ	91	92	90
7歳時の学力（CAT）	100	102	106
8歳時の学力（CAT）	160	167	154
15歳時の知的能力（APL）	15.1	17.7	18.4
② 非行（15歳時点）			
器物破損	1.72	0.28	0.39
薬物乱用	3.17	1.06	1.89
③ 犯罪（23歳時点）			
平均逮捕回数	3.2	1.5	1.3
重大犯罪による逮捕歴がある者の割合	48%	10%	17%
④ 結婚（23歳時点）			
既婚者の割合	0%	18%	31%
⑤ 社会的行動・態度（15歳時点）			
「家族は自分のことをあまり思ってくれない」	33%	0%	6%
「スポーツに参加しない」	56%	6%	28%
「最近、本を読んだ」	31%	69%	59%
「学校での委員や係に選ばれたことがある」	0%	12%	33%

出典）Weikart (2000)、大宮 (2006)、加藤・平松・北川 (1987) より作成。

階から読み書きを先取り学習させた子どものと、そのような先取り教育はしなかった子どもとの小学校入学後の成績を比べると、はじめのうちは前者のほうがいい成績を示すものの、しだいに後者の子どもたちが追いつくとされている（内田 1999）[2]。

表3-3からは、また、直接指導型には非行や犯罪が多く、結婚率は低く、人間関係や積極性において低い得点を示していることも注目される。これは、早期からの直接指導教育により社会性の育ちが十分ではなかったことの表れとも解釈することができる。この研究をまとめたワイカートは、次のように政策的な示唆をまとめている。

「公共政策への教訓は明らかである。良質の能動的学習プログラムに参加している2歳から6歳までの子どもは、その具体的な環境（家庭、家庭育児施設、施設中心）にかかわらず、活動を選択し、計画し、自ら自主的に選択肢を作成する機会を与えられれば、より成績の良い生徒として、また、より生産能力の高い市民として成長することができる。**この年齢の子どもに対して「教え込む」教育を行うことは、それが教育計画・行政官にとってどんなに論理的に感じられるとしても、子どもにとっては逆効果なのである。**」(Weikart 2000, p.67)（強調は引用者による）

ただ、ここで注意しておかねばならないのは、表3-3の研究は、あくまでも米国における長期研究の結果だということである。他の文化や社会では、別の結果が出るかもしれない。これまでのところ、こういった研究はまだあまり広くは行われていないが、最近は途上国も含め、17カ国[3]が参加して、子どもが4歳で受けた経験がその後7歳の時点での言語的、知的発達にどのような影響を与えるのかを調べた研究が発表されている。

その結果は、「すべての国で、4歳の時にその子の興味や関心に沿って活動する保育を受けた子どもは、基本的な読み書き能力や計算能力を高めることをねらいとした保育を受けた子どもよりも、7歳になった時に、読み書きの能力が高かった」というものであった(UNESCO 2006)。どうやら、途上国を含めても、早期の知識志向教育は、自由遊びに比べ長期的効果という点では劣る傾向にあるようである。

いうまでもなく、国によって文化や社会が異なる以上、どこの国でも効果が高い普遍的な保育モデルというのは存在しない。日本も、欧米から学びつつ、欧米の保育理論を日本の風土に合わせて現地化するという努力をずっと続けてきているし、現在もその努力は続いている。途上国の人々が日本の経験に学ぶ点は、そのような現地化の過程にこそ存在するのかもしれない。保育効果に関するこれまでの研究では、どうやら、直接指導型（プログラム型）は分が悪そうである。しかしながら、「オープンフレーム型」や「子ども中心型」が万能かといえば必ずしもそうではない。オープンな教育においては、あら

かじめ計画を立てる力、自分の課題に集中する力が要求されるが、これらの能力には階層差があるため、オープンな教育のもとでは学力の階層差が拡大しやすいことが明らかになっている（東 1979）。オープンな教育が貧困層ではなく中間層や富裕層にとって有利に働くとすれば、闇雲に途上国にオープンな教育を移植するのは危険である。いずれにせよ問われなければならないのは、なぜ多くの途上国は直接指導型になっているのかという点である。途上国においては、幼児教育が直接指導型になりやすい文化的・社会的背景があるものと思われる。それは、幼児教育に対する親の期待かもしれないし、保育者養成の仕組みや学級規模かもしれない。幼児教育の国際協力に携わる場合、そのような文化的・社会的な要因をよく理解しておくべきである。協力活動や実績を焦るよりも、まずは協力対象となる幼児教育や子どものことを良く観察し、理解することが重要であろう。

第2節　途上国の保育内容・方法

　途上国の保育内容・方法の特徴はどのようなものだろうか。むろん、一口に途上国といっても国によって保育の内容や方法は異なるが、一般的な傾向としては以下のようにまとめることができる。

(1) 国によるカリキュラムの規定の強さ

　日本の場合、幼児教育の内容に関しては、国による規定は大まかな方向付けに留まっていて、その具体化は個々の幼稚園と個々の教師に委ねられている。たとえば、幼稚園教育要領に定められている「健康」「人間関係」「環境」「言葉」「表現」などを具体的にどう教えるかは、個々の園によってまちまちである。
　しかし、多くの途上国では、カリキュラムや指導要領が明確で、月案・週案、時には日案や時間割までもが政府によって厳格に決められており、それにしたがって進めなければならない。「遊び」も組み込まれていることは組み込まれているが、子どもが自由に遊ぶ「自由遊び」ではなく、政府が決めた月案・週案・日案に書かれている遊びを書かれている手順で実行しなければならな

い。また、造形や描画も、子どもが自由に製作するのではなく、お手本通りにうまく模倣できたかどうかが評価の観点になることが多い。

(2) 養育環境の違い

　一般的に途上国では、（少子化政策をとっている途上国は別として）きょうだいの数が非常に多いのが一般的である。一人の女性が産む子どもの数も多く、また、国によっては一夫多妻制のところもあり、きょうだいの数が全部合わせれば10人以上ということも稀ではない。さながら、家庭内に幼稚園1クラスあるようにも見える。このように小さいころから大人数の子どもたちに囲まれて育つので、子ども同士は日常の生活の中で同年齢や近い年齢の子どもとの人間関係を自然に学ぶ。日本では幼稚園での教育領域として「人間関係」が重視されているが、途上国の場合は幼児教育に期待されることとして「人間関係」は相対的に比重が少ない傾向にある。

(3) 日本に比べ知育・知識習得の比重が大きい

　一般的に、途上国で幼児教育に期待されているのは、小学校準備のための知的発達を促し、就学準備を促すことである。幼稚園から読み書きや計算などを教え、小学校の準備とする教育が中心である。親も幼稚園には就学準備教育を期待することが多い。幼稚園は「ミニ小学校」のような雰囲気で、国によっては、幼稚園教諭という資格が明確ではなく、小学校教諭が幼稚園の教育もしているところもある。このような傾向は多くの途上国に見られるが、とくに、フランスの植民地だった国において顕著である。フランスでは、幼稚園のことを école maternelle というが école とはまさに「学校」であり、幼稚園は「学校」教育の最初の段階として捉えられていることがわかる。そして、フランスの支配を受けた国々もこの影響を受け、教育内容面でも教育方法面でも幼稚園が「ミニ小学校」化している場合が多い。

(4) 多言語状況における主流言語教育

　日本は言語的にも文化的にも同質性の高い社会である。全国どこへ行って

もほぼ日本語が通じるし、学校教育も基本的には日本語で行われている。しかし、多くの発展途上国は多民族・多言語国家であるため、教育現場で用いられる教授言語は重要な問題である。言語環境が複雑な地域では、極端な場合、家庭、近所、市場、学校でそれぞれ使用言語が異なるという場合さえあり、学校で使われている言語が児童にとってはまったく分からない言語である場合も少なくない。このような多言語状況は、子どもたちの就学を妨げ、中退を引き起こす大きな要因となっているため、教授言語として何を採用するかは教育における重要な課題である。一般的には、小学校低学年までは母語で行う国が多いが、教材や教員の確保が困難な課題である。

多言語社会においては、その社会における主流言語（英語、フランス語、スペイン語など）をマスターすることが、上級学校への進学や就職にとっては不可欠である。そのため、早期から主流言語を子どもに身につけさせようとして、親たちは幼稚園に対して主流言語の教育を期待する。かりに子どもにそれほど高い学歴は望まない場合でも、小学校に入学してから少しでも有利に学習を進められるよう、早期からの主流言語教育を期待する親はあとを絶たない。

(5) 「教師中心」の教育

日本の幼児教育では教師の指導は上から指示を与えるというより、子どもの自発性を引き出すために、活動の示唆を与え、活動に対して助言し、また園での環境に子どもが遊びたくなるものをおくといったやり方がとられている。しかし、多くの途上国では、教え方も教師主導で、子どもの自発性や遊びを重視するような教育活動は非常に少ないのが現状である。これは、先にも述べたように、カリキュラムが柔軟性に乏しく、教師がやらねばならないことが厳格に規定されている（そのうえ、それを監視する視学までしばしば行われる）ため、教師の側にはその通りにやらねばならないという意識が強く働いているためである。園によっては、かなり厳しいやり方で子どもに言葉や数字を「暗記」させようとする。日本の幼稚園では、文字を系統的に教えるというよりは文字に対する関心を育てることが重視されているが、途上国では、系統的な学習指導がかなり広く行われている。

以上をまとめると、日本の場合は、「子ども中心」、「子どもの自発性」、「自由遊び」、「環境を通しての学び」、「知識より興味形成」、「人間関係」などがキーワードとしてあげられるのに対し、途上国の場合は「教師中心（教師主導）」、「国によるカリキュラムの規定の強さと厳格な指導要領」、「教師による指導」、「知識や共通言語の習得」、「暗記中心主義」、「型の模倣」などがキーワードとなる。このように見てくると、途上国の保育は、OECDの分類でいえば「就学準備型」の性格が強いことがわかる。

第3節　途上国の保育内容・方法：カンボジアの事例

　次に、途上国の保育内容・方法を具体的に理解するために、一つの事例を見ていこう。ここでは、カンボジアにおける保育内容・方法を見ていくことにする。

　カリキュラムを見る前にまず、カンボジアの幼児教育全般についてみておこう。カンボジアの幼児教育には、(1) 公立幼稚園、(2) 私立幼稚園、(3) コミュニティ・プレスクール、(4) 家庭内教育プログラム、の4つの形態があり、日本と同じく、幼稚園は3−5歳を対象としている。公立幼稚園は、政府によって設置・運営される（保育料は無料）が、カンボジアではその数は少ない。2004・5年時点で、公立幼稚園数は全国で1,365校、就園率は5歳児で12.9％、4歳児で5.0％、3歳児で1.2％程度である。公立幼稚園の多くは小学校に付設されており、保育内容も小学校への就学準備教育が中心である。一斉授業による知識伝達が中心で、情操教育やグループ活動などは限定的である。予算不足や需要過剰により、公立幼稚園の教育の質は必ずしも良くない（お茶の水女子大学グローバルCOE 2008）。

　このように公立幼稚園の質に問題があるため、都市部では私立幼稚園が増加している。私立幼稚園は、日本とは少し事情が異なっている。私立幼稚園の設置には政府からの認可が必要であるが、認可を受けている私立幼稚園は全体の3割程度で、多くの幼稚園は無認可である。私立幼稚園は政府からの助成金は受けておらず、高額な授業料を親から徴収している。また、保育内

容に関しては、英語教育を中心とする「早期英語塾」といったところも中にはある（浜野 2008）。

　このように、経済力のある都市部では私立が増加しているが、農村部では私立が増加するわけではない。農村部では、「コミュニティ・プレスクール」が重要な役割を果たしている。コミュニティ・プレスクールとは、文字通り地域によって設立・運営されている幼稚園である。小学校の一部、寺院、村民の家、木の下などを活用して行われている。保育料は無料で、教員の給与は UNICEF の支援を受けている。カンボジアにおいて公立の幼稚園を大幅に拡大するのは財政的に容易ではなく、農村部ではコミュニティ・プレスクールが重要な保育の担い手になる。また、農村部では「家庭内親教育プログラム」という、村の5世帯くらいが集まってグループをつくり、リーダーの母親がコアマザーとして教育省の研修を受け、その母親がグループの各家庭内での子どものケアを行うといった取り組みも広がりをみせている。カンボジアの幼児教育は拡大傾向にあるが、その内容や質は園のタイプによってさまざまである（浜野 2008）。

　カンボジアでは、ECCD（Early Childhood Care and Development）に「保健」、「栄養」、「教育」、「ケア」の4つの領域を設定しているが、このうち「教育」がその中でも中心となっている。保健、栄養、ケアはあまり重視されておらず、幼児施設が「preschool」と表現されていることにもあらわれているように、幼児教育のための「学校」という面が強調されている。教育内容・方法の面での問題としては、①教授法が一斉授業中心であること、②知識の伝達が中心であること、③遊びを通じて子どもの発達を促進する努力が不足していること、④幼児期という発達段階を考慮した教育課程ではなく、小学校の教科を意識したカリキュラムとなっていること、⑤幼児の総合的な発達（知識、情緒、社会性）への志向が弱いこと、⑥カリキュラムに保健・衛生などのライフスキルに関する科目が含まれていないこと、⑦カンボジアの文化に根ざしたカリキュラムが開発されていないため、先進国のカリキュラムが直輸入されており、人びとの子育ての文化的な習慣を考慮していないこと、などがあげられている（お茶の水女子大学グローバル COE 2008）。

教育省幼児教育局が2007年に改訂したナショナル・カリキュラム（5〜6歳レベル）によれば、ナショナル・カリキュラムは、5歳から6歳の発達基準として、①身体的発達と健康、②道徳的・文化的発達、③社会的・情緒的発達、④知的・思考能力面の発達、⑤言語の発達、という5つの側面を掲げている。そして、これらそれぞれについてその達成を確認するための指標を掲げている。たとえば、「身体的発達と健康」であれば、「水をこぼさずにコップを手のひらにのせて5から10メートル歩ける」「なわとびを3周バランスを崩さずにできる」「食べ物を分類できる（果物、肉、野菜など）」「食前食後、トイレの使用後、手が汚れたときに手を洗う習慣が身についている」「火事や電気、農薬、ナイフ、ガラスといった危険なことがらやものをあげることができる」など、具体的な達成目標が掲げられている（お茶の水女子大学グローバルCOE 2008）。この例からも明らかなように、「……することができる」といった達成の基準が明確に設けられていることが特徴であり、OECDの分類でいう「就学準備型」の特質を有しているといえよう。

公立幼稚園で行われているカリキュラムは**表3-4〜7**に示す通りである。表3-4は1日の指導計画、表3-5は年間指導計画、表3-6はテーマ・週毎の指導計画の一部を示している。表3-7はカンボジアのコンポントム州での2007年の時間割である。時間割は3歳（年少）、4歳（年中）、5歳（年長）クラスすべてこの時間割に基づいて授業が行われている。

表3-4　カンボジア公立幼稚園の1日の指導計画

セッション	時間	活動
1st	15 分	登園、国歌斉唱
2nd	20 分	体操
3rd	20 分	朝礼／朝食 (注)
4th	30 分	算数の基礎／国語の基礎
5th	10 分	*休憩*
6th	30 分	理科（観察、実験）／芸術（絵画、習字、工作）
7th	30 分	詞／おはなし・読書／歌／ゲーム
8th	25 分	終礼／評価／そうじ

注）国連世界食糧計画（World Food Programme: WFP）の支援により朝食が支給されている州がある。
出典）お茶の水女子大学グローバルCOE（2008）

第3章　途上国の保育内容と保育方法

表3-5　カンボジア公立幼稚園の年間指導計画

月	テーマ	指導日数	1st 登園、国歌斉唱	2nd 体操	3rd 朝礼/朝食/良い習慣	4th 算数の基礎	4th 国語の基礎	5th 休憩	5th 観察	5th 実験	6th 絵画/習字	6th 工作	6th 詞	7th おはなし・読書	7th 歌	7th ゲーム	8th 終礼
10	学校と私	18	18	18	18	9	9	18	5	1	6	6	4	5	5	4	18
11	祭りと私	17	17	17	17	9	8	17	4	2	6	5	5	4	4	4	17
12	家族と私	21	21	21	21	10	11	21	4	4	7	6	5	5	5	6	21
1	野菜と果物	21	21	21	21	11	10	21	4	3	7	7	5	6	5	5	21
12	食べもの	19	19	19	19	9	10	19	3	3	6	7	5	4	5	5	19
3	動物	22	22	22	22	11	11	22	4	4	7	7	5	6	6	5	22
4	季節	11	11	11	11	6	5	11	2	1	4	4	3	3	2	3	11
5	村	18	18	18	18	9	9	18	6	0	6	6	5	4	5	4	18
6	職業	21	21	21	21	10	11	21	7	1	7	6	5	5	5	6	21
7	乗り物	22	22	22	22	11	11	22	4	4	7	7	6	6	5	5	21
	合計	190	190	190	190	95	95	190	43	23	63	61	48	48	47	47	189

出典）お茶の水女子大学グローバルCOE (2008)

表3-6　カンボジア公立幼稚園のテーマ・週毎の指導計画（10月第一週の例　テーマ：学校と私（18日間））

時限	1日目	2日目	3日目	4日目	5日目
1st	登園、国歌斉唱				
2nd	教室で幼児を1列に並ばせる。	子どもをたて、よこ、円形に並ばせる。円形のままで「駅」という歌を歌う。	子どもをたて、よこ、円形に並ばせる。円形のままで「駅」という歌を歌う。	普通に歩く、ゆっくり歩く、早く歩く	音楽「学校に行く蝶」にあわせて運動
3rd	朝礼：－グループごとに子どもの出欠をとる。名札をチェック。－今日は何の日。 良い習慣：－挨拶、衛生習慣について。歌「はじめまして」を歌う。				
4th	国語の基礎：クラスの名前と先生の名前を知る。	算数の基礎：思考能力「寺と学校」	国語の基礎：クラスの名前、友達と先生の名前を知る。	算数の基礎：色（青、赤、黄色）についての魔法の袋ゲーム	国語の基礎：観察ゲーム
5th	休憩				
6th	観察：学校	絵画：縦と横の線	工作：積み木で人の体をつくる	観察：教室	絵画：前後に傾いた線を描く
7th	おはなし：学校に行くウサギ	歌：幼稚園に入ったよ	詞：学校に行く	ゲーム：身の回りのいろんな音を聞く	おはなし：ネアリは学校に三人の友達と行く
8th	終礼では今日行った活動をふりかえる。 - 子どもの学習達成度、態度を評価する（良い子どもに旗、カードをつける） - 顔や手足を清潔に保つように指導する。				

出典）お茶の水女子大学グローバルCOE（2008）

表3-7 コンポントム州公立幼稚園カリキュラム

午前時間	期間	月	火	水	木	金	土
7:00-7:10	10分	国歌斉唱			・計画会議 ・技術会議と教材製作 ・公開授業 ・月次報告、幼児の記録作成	国歌斉唱	
7:10-7:35	25分	運動				運動	
7:35-7:50	15分	朝礼と出欠				朝礼と出欠	
7:50-8:00	10分	休憩				休憩	
8:00-8:30	30分	観察	ゲーム/国語基礎	算数		観察	算数基礎
8:30-8:40	10分	ゲームと遊び				ゲームと遊び	
8:40-8:50	10分	休憩				休憩	
8:50-9:20	30分	おはなし	お絵かき	詞		ゲーム/国語基礎	歌と舞踊
9:20-9:30	10分	ゲームと遊び				ゲームと遊び	
9:30-9:40	10分	休憩				休憩	
9:40-10:10	30分	ゲームと遊び/図書室				ゲームと遊び/図書室	
10:10-10:20	10分	子どもの学習評価				子どもの学習評価	
10:20-10:30	10分	掃除				掃除	

午後時間	期間	月	火	水	木	金	土
14:00-14:15	15分	出欠			・計画会議 ・技術会議と教材製作 ・公開授業 ・月次報告、幼児の記録作成	出欠	
14:15-14:45	30分	観察	ゲーム/国語基礎	算数基礎		観察	算数基礎
14:45-14:55	10分	休憩				休憩	
14:55-15:25	30分	おはなし	お絵かき	詞		ゲーム/国語基礎	歌と舞踊
15:25-15:35	10分	休憩				休憩	
15:35-16:00	25分	ゲームと遊び/図書室				ゲームと遊び/図書室	
16:00-16:25	25分	運動				運動	
16:25-16:35	10分	子どもの学習評価				子どもの学習評価	
16:35-16:45	10分	掃除				掃除	

出典) お茶の水女子大学グローバルCOE (2008)

各授業の実態について、公立幼稚園で活動した青年海外協力隊員は、以下のとおり報告している（お茶の水女子大学グローバルCOE 2008）。

- 「観察」は、野菜、果物、動物、虫、乗り物などを観察し、知る時間である。絵を見せたり、黒板に書いたりして、教員が説明する。果物、野菜の授業は、教員が市場で実物を買ってきて、見せて教える。果物は最後に食べるので幼児は喜ぶ。しかし、飛行機の授業は、絵がなく、見たことのない教員にとって教えるのは難しい。
- 「絵本」は、カンボジアの絵本は教訓めいたものが多く、かつ数が少ない。園に10冊程度しかなく、校長室の棚に鍵をかけて入れてあるケースもある。教育局からの絵本の配布は一切ない。教員の読み方も説明が多く、読み聞かせの研修が必要である。しかし、幼児は集中して聞いている。絵本を配布する際は、各クラスに1冊配布する必要がある。
- 「文字」は、黒板に教員が書き、幼児はノートに鉛筆で書き写し、暗証する。クメール語表はある。ノート、鉛筆は親の負担なので、持っていない子どももおり、そういう子どもは空中に書くので、達成度が当然のことながら低下する。
- 「絵画」は、予算不足のため、教材（紙、色鉛筆）が不足しており、十分な指導ができない。また、教員のトップダウン的な指導のため、子どもの自由な発想が無視されている。
- 「算数」は、数の表がある。ゲームを取り入れるともっと楽しく指導できると考えられる。
- 「歌、詩」は、教員が歌って教える。観察の時間の歌、下校時の歌、教員の歌といった教訓めいた歌が多い。
- 「踊り、ゲーム」は、踊りを教える教員自身がクメールダンスを見たことがない。ゲームは椅子取りゲームなどをしているが、部屋が狭いうえ人数が多いので、全員で楽しむのが難しい。また教員の中には、騒がしいのが嫌という人もおり、盛り上がらない。
- 休み時間も幼児教育においては重要な時間であるが、教員がともに遊ぶという意識ではなく、子どもが勝手に遊んでおり、教員が子どものケア

表3-8 コミュニティ・プレスクールのカリキュラム

セッション	時間	活動
1	20分	体操／良い習慣づくり（道徳）
2	20分	朝礼／出欠
3	30分	詞／おはなし・読書／歌／ゲーム
4	10分	*休憩*
5	30分	算数の基礎／国語の基礎
6	30分	観察／実験／絵画、習字／工作
7	25分	終礼／評価／そうじ

出典）お茶の水女子大学グローバルCOE（2008）

をするのは、事故が起きたときだけである。

　コミュニティ・プレスクール（CPS）のカリキュラムは、公立幼稚園と同様に、①身体的発達と健康、②道徳的・文化的発達、③社会的情緒的発達、④知的・思考面の発達、⑤言語の発達が目標として掲げられており、コミュニティ・プレスクールの1日の指導計画(時間割)は**表3-8**ようになっている。「登園、国歌斉唱」の有無、学習活動の順番が公立幼稚園との違いである（お茶の水女子大学グローバルCOE 2008）。

第4節　ECDプログラムの内容と有効性

　ここまでは、主として幼児教育・保育施設で実施されている保育の内容・方法についてみてきた。しかし、ECDプログラムの中には、教育よりも子どもの栄養改善や予防接種など、より直接的に健康への介入を行うものも多い。次に、そのような介入プログラムの内容と有効性についても見ておこう。

　一口に、「プログラムの有効性」といっても、あるプログラムが効果をあげたかどうかを判断するのは容易ではない。厳密に言えば、プログラムの前後で子どもに何らかの変化があったからといって、それがプログラムの結果であるとはいえない。なぜなら、プログラムがなくてもその子には同様の変化が起こったかもしれないからである。プログラムの効果を特定するには、

対照群をおいた実験的方法を行う必要があるが、そのような評価研究は意外に少ない。Engle（2007）らは、1990年以降に発展途上国で実施された（a）無作為対照実験もしくは対応対照群実験による、（b）介入時の年齢が6歳未満の児童を対象とし、（c）有効性もしくはプログラムに関する評価を含み、（d）児童の発達に関する評価を含み、（e）恵まれない児童を対象としているプログラムを検証対象とした研究をレビューしている。その結果、20の研究がこれらの基準を満たしており、基準を満たしていたプログラムは、（1）施設を拠点とする乳幼児学習プログラム（8件）、（2）保護者を対象とする育児・母子プログラム（6件）、（3）保健・栄養介入を含む包括的プログラム（6件）、の三種類に分類された。

　この分類に従って、プログラムの効果分析をしたものを検討した結果、次のような傾向があることがわかってきたという（Engle, et. al. 2007）。

　①施設ベースのプログラムは、8件すべての研究で、児童の認知能力の発達への実質的な効果が認められた。ギニア、カーボベルテ、バングラデシュ、ミャンマー、ネパール、ベトナム、コロンビア、アルゼンチンでは幼稚園が拡大され、社会性、自信、大人との会話意欲、やる気などの非認知能力の向上が報告されている。長期追跡研究（ネパール、アルゼンチン、ビルマおよびコロンビア）では、小学校に入学する児童数、就学開始年齢、就学継続率ならびに学力の改善がみられた。

　②育児・母子プログラムについては、すべての育児プログラム（6件）が、児童の発達へのプラスの効果を確認している。ジャマイカでは、児童および保護者が家庭訪問プログラムに積極的に参加した場合に保護者の育児習慣が改善することが確認されたが、保護者を対象とする事業が情報交換に限られていた場合、そうした効果は認められなかった。ボリビアでは、保健、衛生、栄養ならびに発育に関する情報の提供、先住民の女性を対象とする識字教育・家庭訪問プログラムに参加した保護者の子どもの成績が、その他の条件を統制しても非参加者の子どもの成績を上回っていた。母親に子どもとの遊び方を学ばせたトルコのプログラムでは、児童の発達に対する短期的な効果と長期的な効果がどちらも確認された。バングラデシュでは、情報交換を目的と

するグループセッション後に、児童の発達や育児に関する母親の知識の向上が確認されたが、（おそらく技術的な実践指導が行われなかったために）児童の発達への効果はみられなかった。

③包括的プログラムについては、6件の乳幼児発育プログラム（**表3-9**）のうち5つで、プログラムによる効果が確認された。最近のプログラムでは、地域に密着した既存のシステムにプログラムを統合させたり、より効果的に家族を取り込んだりする傾向が見られる。しかし、ウガンダでの結果に示されているように、児童への直接的なサービス提供を行わない、介入の程度が低いプログラムによる児童の発達への効果は限定的である。

④プログラムの効果は、単に保護者に情報を提供するよりは、児童に直接サービスを提供した方が高くなる。また、効果的な育児手法を実演したり、そうした手法を習得できる機会を設けたり、保護者を交えて育児を実践したりする取り組みも、プログラムの効果を高める。

⑤介入プログラムは、富裕層の児童よりむしろ発育不全の子どもを含む「恵まれない児童」に多くの利益をもたらすことができる。

⑥低年齢の児童(2～3歳)への効果は、参加期間に関係なく、年長児(5～6歳)に対する効果を上回る傾向があるが、参加期間が長ければ長いほど、一貫して大きな効果が得られるようになる。4年間の介入を受けたコロンビアの恵まれない未就学児のテスト得点は、中産階級の児童の得点とほぼ同じだったのに対し、より短い期間にわたって介入を受けた児童の得点は、その数値を下回っていた。

⑦ギニア、カーボベルテ等の調査では、幼稚園の質を表す複数の指標と、児童の認知能力との関連性が認められている。国際教育到達度評価学会(International Association for Educational Assessment: IEA)による、10か国（発展途上国3カ国を含む）1,500人の児童を対象とした幼児教育プログラムに関する評価では、プログラムの質（子どもによる自発的な活動、大人数ではなく少人数でのグループ活動など）が、認知能力の発達を左右する重要な要因として特定された。プログラムの質に関する要素の中でも、プログラムの構造（子どもと職員の比率、職員研修の有無、物理的環境など）とプロセス（保育者の対応能力や活動の多様性など）

58　第Ⅰ部　発展途上国の保育と開発

表3-9　発展途上国の児童の発達のための包括的プログラムの評価

国	標本数	介入	年齢	効果の測定方法	重要な効果	効果サイズ	調査規模
インド	3724	統合育児施設（保育所）。幼児教育。妊婦および授乳婦への支援。発育モニタリング。給食。児童の予防接種支援。緊急医療。	3～6歳	WHOの評価基準に基づく運動機能ならびに精神機能の発達状況を測定。	統合的な育児サービスを受けた児童の発達状態は、対照群の発達状態を大幅に上回っていた。児童の年齢が低いほど、効果も大きかった。栄養状態別の比較では、栄養状態のよしあしにかかわらず、プログラム対象児童の発達状態が対照群の発達状態を上回っていた。	データなし	3
ペルー	304	幼稚園および非公式幼稚園。地域社会栄養プログラム。	3～5歳	算数および国語（スペイン語）の1年生の担任教師による評価（3段階）。	幼稚園に通っていた児童の成績は、幼稚園の種類に関係なく、幼稚園に通園していなかった児童の成績を上回っていた。	データなし	3
ボリビア	1198	児童への刺激授与を目的とする一般家庭での保育所の設置。給食。保健・栄養モニタリング。母親の教育。	6～72カ月	運動機能、微細運動機能、言語能力、聴覚技能、および心理社会的能力を測定。	効果は児童の年齢が低く（2～3歳）、参加期間が長いほど（>17カ月）、大きい傾向にあった。	0.4～1.5（検査により異なる）	2

第3章 途上国の保育内容と保育方法　59

ウガンダ	2010	乳幼児の発育、保健および栄養に関する情報提供。栄養、児童保健データ、育児もしくは乳幼児発育事業への助成金の交付。	0〜6歳	(1) BAS (British Abilitiese Scale) のウガンダ版 (2) 育児習慣 (3) 栄養状態	(1) 効果なし (2) 保護者の乳幼児の育児に対する姿勢および行動に大きな変化がもたらされた。 (3) 1歳未満児での効果がとくに大きかった。	2
フィリピン	6693	ファミリー・デイケア事業。家庭訪問による育児・栄養指導。保健・栄養サービスの改善。給食。	0〜4歳	微細運動能力、受容性言語能力、表出性言語能力、社会情緒的能力、認知能力、自助性および発育指数からなる、乳幼児発育チェックリストによる測定。	発達指数に関しては、プログラム参加期間が17カ月以上の児童、および参加期間に関係なく登録時の年齢が2〜3歳だった児童で、とくに大きな効果が確認された(p<0.05)。とくに言語能力に大きな差が見られた。	2 (規模、年齢ならびに期間別の測定) 0.5〜1.8
バングラデシュ	300 (発育遅延児)	治療的食餌療法施設での刺激投与。家庭訪問とグループミーティング。【治療群】食餌療法施設で発達介入、【対照群1】食餌療法施設で発達介入なし、【対照群2】栄養状態がよい児童	6〜24カ月	ベイリー乳幼児発達検査	【精神機能のみの発達】治療群>対照群1 【精神機能および運動機能の発達】対照群2>対照群1 刺激介入による栄養状態への影響は認められなかった。	1 0.37

*標本数はプログラムの参加者数ではなく、評価対象の児童数を示している。
† 【調査の規模】1=調査対象が10村以下。2=10村以上または1地区を対象としているが、全国調査ではない。3=政府による全国調査。

出典：Engle et al. (2007)

は、子どもへの影響が大きい重要な要素である。

⑧介入の程度（頻度）について調査したプログラムでは、家庭訪問の頻度と児童の発達とが関係していることが報告されている。

これらの傾向から、プロジェクトの効果を上げる要因をまとめると、「恵まれない子どもたちに焦点を当てること」「十分な介入期間と頻度、内容が確保されていること」「子どもに対する直接的なサービスが盛り込まれていること」「保護者が子どもの発達を促進できるような仕組みが盛り込まれていること」「子どもの年齢の特性にあわせた、子どもの自発的な学びや環境からの学びが存在すること」となる。むろん、これらに加え、プログラムを設計、運営できる専門的な知識・技能を合わせもった途上国側の人材を育成することも不可欠であろう。

注
1 ここでの4つの型の記述は、Weikart (2000, pp.58-60) による説明を要約したものである。なお、萩原 (1998) は、「保育者供給型モデル」「保育者・幼児協業指向型モデル」「子ども適応型モデル」の3つのモデルに保育内容編成を分類している。
2 むろん、これは、日本型の保育が途上国のそれに比べ優れているということを意味するわけではないが、途上国の人々がそういった日本の保育実践から学ぶひとつのきっかけにはなるものと思われる。
3 ベルギー（仏語圏）、中国、フィンランド、ドイツ（旧連邦共和国）、ギリシャ、香港、インドネシア、アイルランド、イタリア、ナイジェリア、ポーランド、ポルトガル、ルーマニア、スロベニア、スペイン、タイ、米国のこと。ここに要約した結果は、フィンランド、ギリシャ、香港、インドネシア、アイルランド、イタリア、ポーランド、スペイン、タイ、米国、についてである。

参考文献
東洋 (1979)「現代の社会と就学前教育」『就学前教育』学習研究社、1-14頁
内田伸子 (1999)『発達心理学』岩波書店
大宮勇雄 (1996)「保育カリキュラムの『構造化』と子どもの生活経験の質―欧米における『保育の質』研究の到達点」『福島大学教育学部論集』第60号、91-110頁
大宮勇雄 (2006)『保育の質を高める―21世紀の保育観・保育条件・専門性』ひとなる書房

お茶の水女子大学グローバル COE（2008）『カンボジアにおける幼児教育に関する調査報告書』お茶の水女子大学グローバル COE プログラム
加藤泰彦・平松芳樹・北川歳昭（1987）「幼児教育カリキュラムの効果の追跡比較 (I)：追跡比較研究の意義とワイカート・レポートの概要」日本保育学会編『日本保育学会大会発表論文抄録』No.40、208-209頁
萩原元昭（1998）「保育内容の社会学」『幼児教育の社会学』放送大学教育振興会、76-88頁
浜野隆（2008）「多様な形態の幼児教育」『私幼時報』Vol. 285、10-11頁
森上史朗（1984）『児童中心主義の保育』教育出版
Engle, P. L, et al.(2007) "Strategies to avoid the loss of developmental potential in more than 200 million children in the developing world," *Lancet*, Vol. 369, pp. 229-242.
OECD (2006) *Starting Strong II: Early Childhood Education and Care*, OECD: Paris.
Schweinhart, L. J., Montie, J., Xiang, J., Barnett, W. S., Belfield, C. R. and Nores, N. (2005) *Lifetime Effects: The High/Scope Perry Preschool Study through Age 40*, High/Scope Press: Ypsilanti.
UNESCO (2006) *EFA Global Monitoring Report 2007*, UNESCO: Paris.
UNESCO (2007) *EFA Global Monitoring Report 2007 (Summary)*, UNESCO: Paris.（浜野隆〔監訳〕『EFA グローバルモニタリングレポート 2007 概要』）
Weikart (2000) *Early childhood education: need and opportunity*, IIEP: Paris.

第4章　ECDの効果と意義

本章では、子どもや保護者といった直接的受益者にとってのECDの効果と、社会全体にとってのECD普及の意義をまとめる。その際、必要に応じてECDの実証例やECDの一部を構成する就学前教育や保育などの実証例も取り上げ、論拠を示すこととする。

第1節　ECDの効果

ECDの効果や意義を一言で表すとすれば、それは「ECDの普及が人間開発の推進につながる」ということになるだろう (van der Gaag 2002, p.63)。この点を本節と次節で詳説していくが、本節では直接的受益者である子どもと保護者にとってのECDの効果を扱う。図4-1はECDの参加期間中に見られる直接的効果と、ECDの修了後に得られる長期的効果をまとめたものである。効果として挙げられた項目はそれぞれが人生における選択肢や本質的自由の増大に貢献するもの、すなわち人間開発の促進要因と考えられる。以下では、本図に沿って直接的効果と長期的効果を説明していこう。

1. 直接的効果

ECDへの参加が乳幼児に与える直接的効果としては、認知的発達の促進、社会的情緒的発達の促進、身体的発達の促進の3点が挙げられる。さらに、ECDによる家庭への働きかけを通して保護者の参加の度合いや育児知識・技術が向上する。これら個別の効果は互いに相乗効果を発しながら、ECDの修了時には、幼児の「学校環境での学習に対する素地（就学レディネス）」の

第4章 ECDの効果と意義　63

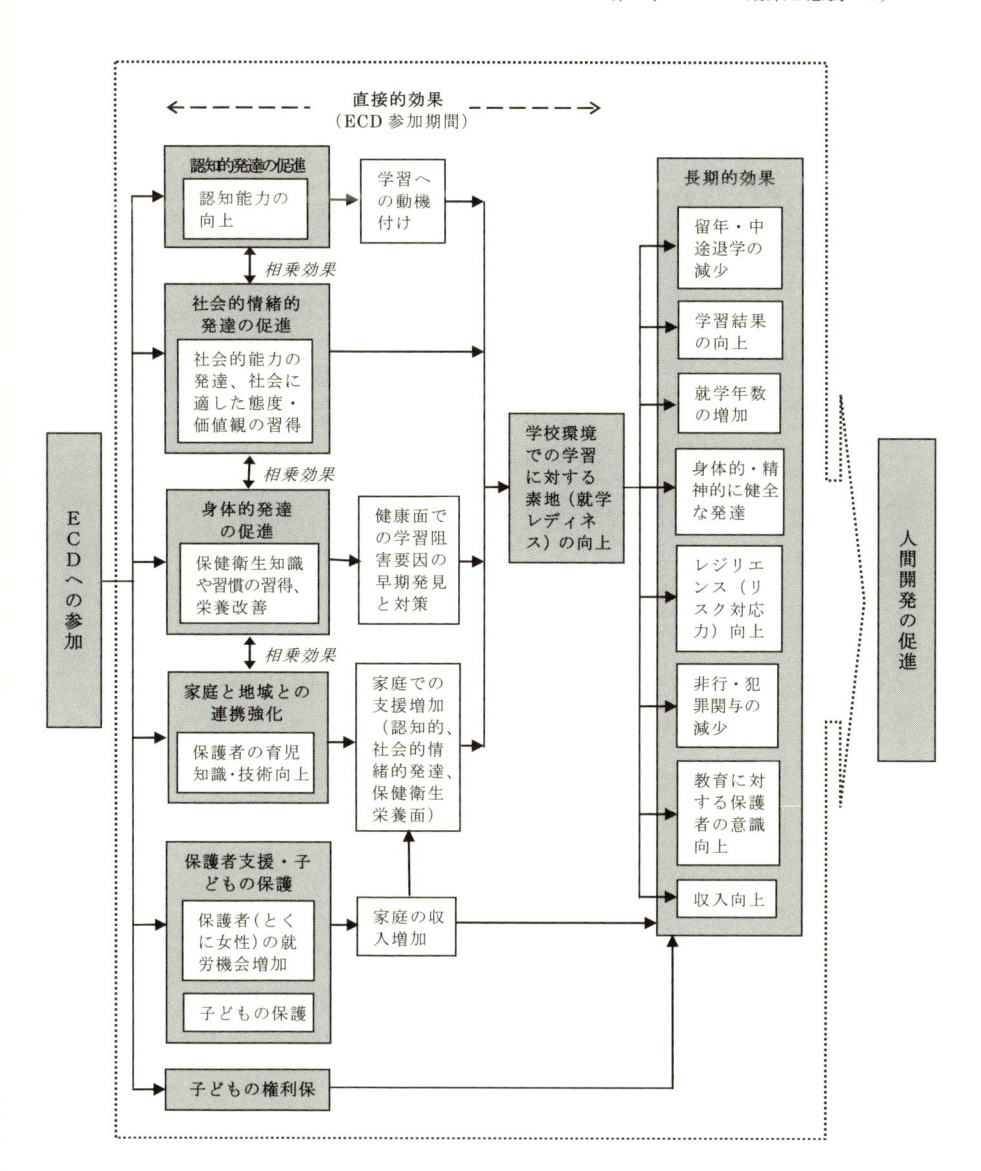

```
┌─────────────────────────────────────────────────────────────────────┐
│                  ←------ 直接的効果 ------→                          │
│                       (ECD参加期間)                                  │
│                                                                      │
│   ┌──────────┐   ┌──────┐                                           │
│   │認知的発達の促進│   │学習へ │                  ┌──────────┐        │
│   │┌────────┐│──▶│の動機 │──┐              │長期的効果│        │
│   ││認知能力の ││   │付け  │  │              │┌────────┐│        │
│   ││向上    ││   └──────┘  │              ││留年・中 ││        │
│   │└────────┘│              │              ││途退学の ││        │
│   └──────────┘              │              ││減少    ││        │
│        ↕ 相乗効果            │              │└────────┘│        │
│   ┌──────────┐              │              │┌────────┐│        │
│   │社会的情緒的  │              │              ││学習結果 ││        │
│   │発達の促進    │              │              ││の向上  ││        │
│   │┌────────┐│              │              │└────────┘│        │
│   ││社会的能力の││──────────────┤              │┌────────┐│        │
│   ││発達、社会に││              │  ┌──────┐│││就学年数 ││        │
│   ││適した態度・││              │  │学校環境││││の増加  ││        │
│   ││価値観の習得││              ├─▶│での学習││└────────┘│        │
│   │└────────┘│              │  │に対する│││┌────────┐│        │
│   └──────────┘              │  │素地(就学│││身体的・精 ││        │
│        ↕ 相乗効果            │  │レディネ│││神的に健全 ││        │
│   ┌──────────┐              │  │ス)の向上│││な発達   ││        │
│   │身体的発達    │   ┌──────┐│  └──────┘│└────────┘│        │
│   │の促進       │   │健康面で│  │         │┌────────┐│        │
│   │┌────────┐│   │の学習阻│  │         ││レジリエン ││        │
│   ││保健衛生知識││──▶│害要因の│──┤        ││ス(リスク ││        │
│   ││や習慣の習得、││   │早期発見│  │         ││対応力)向上││        │
│   ││栄養改善   ││   │と対策  │  │         │└────────┘│        │
│   │└────────┘│   └──────┘  │         │┌────────┐│        │
│   └──────────┘              │         ││非行・犯  ││        │
│        ↕ 相乗効果            │         ││罪関与の  ││        │
│   ┌──────────┐              │         ││減少    ││        │
│   │家庭と地域との│   ┌──────┐  │         │└────────┘│        │
│   │連携強化    │   │家庭での│  │         │┌────────┐│        │
│   │┌────────┐│   │支援増加│  │         ││教育に対  ││        │
│   ││保護者の育児││──▶│(認知的、│──┤        ││する保護  ││        │
│   ││知識・技術向上│   │社会的情│  │         ││者の意識  ││        │
│   │└────────┘│   │緒的発達、│ │         ││向上    ││        │
│   └──────────┘   │保健衛生│  │         │└────────┘│        │
│                    │栄養面) │  │         │┌────────┐│        │
│   ┌──────────┐   └──────┘  │         ││収入向上 ││        │
│   │保護者支援・子│              │         │└────────┘│        │
│   │どもの保護    │   ┌──────┐  │         └──────────┘        │
│   │┌────────┐│   │家庭の収│  │                               │
│   ││保護者(とく ││──▶│入増加  │──┘                               │
│   ││に女性)の就 ││   └──────┘                                   │
│   ││労機会増加  ││                                                │
│   │└────────┘│                                                │
│   │┌────────┐│                                                │
│   ││子どもの保護││                                                │
│   │└────────┘│                                                │
│   └──────────┘                                                │
│   ┌──────────┐                                                │
│   │子どもの権利保│                                                │
│   └──────────┘                                                │
└─────────────────────────────────────────────────────────────────────┘
       ECDへの参加                                    人間開発の促進
```

図4-1　受益者（子ども・保護者）にとっての ECD の効果

出典) 筆者作成、なお直接的効果については Anderson et al. (2003) を参照。

向上という1つの大きな効果につながっていく。ECDの修了時は幼児期と児童期の分岐点にもあたり、それは家庭中心の生活から学校生活への移行期でもある。児童期における学校生活ではその社会や文化で価値があるとされる知識を主として言語的手段によって身につけていかなければならないだけに、乳幼児期におけるECDを通した就学レディネスの涵養は、その後の人生を左右する程に重要な課題であると言える。

保護者に対するECDの直接的効果としては、既述の育児知識・技術の向上以外にも、ECDが保護者の育児負担を軽減し、保護者の就労を可能にすることが挙げられる。ECDでは保護者の所得向上活動をプログラムに含めている場合もあるが、そうでない場合であっても、就労機会の増加は家庭の収入向上につながっていくと考えられる。子どもの保護それ自体が大きな意味を持つ場合もある。たとえば、アフリカ諸国を中心に深刻化しているHIV感染者の親を持つ子どもや、子ども自身が感染者である場合にECDによる特別な保護を必要とする。最後に、以上のような効果の発現を通して乳幼児の最善の発達を促すことは子どもの権利保障にもつながっている。

上述のようなECDの直接的効果について、以下では項目別に説明を加える。ただし、図4-1に示された相乗効果については次節の2の(2)「相乗効果によるプログラム効果の増加」のなかで言及する。

(1) 認知的発達の促進

幼い子どもの養育環境が学習過程に与える影響の大きさは脳科学の研究からも明らかである（OECD 2007・小泉監訳 2010）。脳組織は神経細胞（ニューロン）とグリア細胞から構成され、新生児の脳には約150～320億個のニューロンがあると推定されている。ニューロン同士はシナプスで結合され、電気刺激によって情報が伝達される。子どもが周囲の環境から五感を通して得る情報や体験によって脳内には広範なニューロン・ネットワークが形成されていく。同じ刺激や経験の繰り返しはこうした神経経路を強化し、ニューロンの軸索の絶縁化（髄鞘化）によって情報伝達を高速化する。すなわち、ニューロンとシナプス結合、髄鞘の数は脳の学習能力に影響している。

乳幼児期は人生において脳の発達がもっとも活発で、もっとも多くのシナプスが形成される時期である。たとえば、生後1年間で脳の重量は約2.5倍にも成長するが、その増加の多くは髄鞘化などによるもので、3歳頃には成人の脳の2倍のシナプスが作られ、6歳で脳の容積は成人の約9割に達する。ニューロンは環境からの刺激の多少に合わせて、シナプスを形成・強化したり、使われない接合を弱化、または刈り込んで減少させたりして最適の構造を構築する。つまり、乳幼児期の人的・物的環境のあり方が脳の発達を大きく左右し、その後の子どもの学習過程にも少なからぬ影響を及ぼすのである。

　とはいえ、むろん、脳の発達のすべてが3歳や6歳までに決まってしまうわけではなく、脳には生涯にわたって環境に応じて柔軟的に変化する「可塑性」があり、人は高齢になっても学習が可能である。しかし、その一方で、脳にはある一定の学習活動を効率的かつ効果的に行うための態勢が整った「感受期」というものが存在することも事実である。たとえば、母語以外の言語音を識別する能力は生後1年以内に低下することや、言語の文法は早期であるほどより効率的に習得できることが知られている。

　ところで、乳幼児の認知力や思考はどのように発達するのだろうか。普通、人間の発達は連続性と非連続性が混在するなかで段階を追って発生すると考えられている。ピアジェ（Piaget）によれば、乳児の認知力の発達は乳児が外界からの刺激を知覚したり、外界に対して働きかけたりするために内的に持っている認識の枠組み（シェマ）を用いて、そのシェマに適合するように外界の事象を認知したり、それができない場合は既存のシェマを調節したりしながら、より安定した認知構造へと向かう過程であるとされる。ピアジェは認知発達の段階を大きく4つに区分し、乳幼児期を感覚運動的段階と前操作的段階から成ると考えた（**表4-1**）。大人にとっては何気ない子どもの動作や遊びが認知的発達の観点からみれば発達過程で果たされるべき重要な学習活動であることがわかる。なお、ピアジェの細かな理論については後世の研究によって論破されている部分も少なくないが[1]、認知的発達が進化の1つの過程としてとらえられるとする彼の理論的枠組みは現在もその有効性を失っていない。

表4-1 ピアジェによる認知的発達段階

段階	年齢	特徴
感覚運動的段階	誕生〜1ヵ月	＜反射＞ 単純な反射活動（例：吸啜）
	1〜4ヶ月	＜第1次循環反応＞ 自己の身体に限った単純な習慣の形成（例：親指を吸う）
	4〜8ヶ月	＜第2次循環反応＞ 行為の反復から行為の結果に関心が移る。目的に向けた行動を行うが、目的が達成されれば行為は終了（例：視覚的に誘導されたリーチング）
	8〜12ヶ月	＜第2次循環反応の協応＞ 目的の手段として意図的行為を順番に構成する（例：隠された物を探す）
	12〜18ヶ月	＜第3次循環反応＞ 確立された手段を新しい目的に適用。反応の仕方を変えて、対象への影響を観察し、対象の性質を探索する（例：水が落ちることを、スポンジを絞ったり、容器から水を注いだりして調べる）
	18〜24ヶ月	＜表象＞ 試行錯誤的ではなく、対象を心に描き、記憶から取り出すという「表象」を通して新しい手段を洞察的に発見する（例：柵のなかから棒を使って対象物を取る）
前操作的段階	2〜4歳	記号的機能の発現。ことばや心的イメージの発達、自己中心的コミュニケーション
	4〜7歳	ことばや心的イメージのスキルの改善
具体的操作段階	7〜12歳	具体物を扱う限りにおいて論理的操作が可能になる。物や事象の静的な状態だけでなく変換の状態も表象可能
形式的操作段階	12歳以上	仮説による論理的操作や、命題間の論理的関係の理解が可能。抽象的で複雑な世界についての理解が進む

出典）無藤・高橋・田島（1990）、Butterworth and Harris (1994) を参照。

　それでは、このような認知力発達の課題達成においてECDはどのような役割を果たし得るのだろうか。ヴィゴツキー（Vygotsky）は子どもの発達には2つの水準があるとしている。すなわち、子どもが自力で到達できる能力の水準と、大人の指導のもとにはじめて問題解決が可能になる水準であり、その差を彼は「発達の最近接領域」と名付けた。たとえば、砂遊びのような単純な動作でも、大人からの支援があれば、子どもは自己能力以上に複雑な作業を考え、取り組むことができる。したがって、ECDでは保護者や教諭などの大人からの支援を得ながら、乳幼児が発達の最近接領域まで彼らの能力を拡大させていくことにも1つの意義があると考えられる。

　実際に、ECDは乳幼児の認知力向上にどのような効果を発揮しているのだろうか。たとえば、米国で低所得層の乳幼児を対象にECDの効果を実験したカロライナ・アベセダリアンの事例では、実験群（プログラム参加者）と

統制群（プログラム非参加者）の3、5歳時のメンタル・テストやIQ（知能指数）の測定で実験群がより良い結果を示している。21歳時の国語や数学の学力テストでも実験群が依然より高い得点を示し、2集団間の点差の半分は5歳時のIQレベルによって説明されることがわかっている。また、別の研究は1965年から2000年までに発表されたECDプログラムに関する英文論文2,100件を見直し、適切な調査方法を用いた16件に絞ってその調査結果をまとめている（Anderson et al. 2003, p.36）。それによれば、IQを測定している7件の研究のうち、6件で実験群のIQ増加が確認され、それら6件の結果から得られる効果量（Effect Size）は0.43と測定されている[2]。

(2) 社会的情緒的発達の促進

　乳幼児は自らを取巻く世界を通して相互交渉を行い、他人や社会を認知し、社会的道徳的規範の学習を通して社会的能力や態度、価値観というものを身に付けてく。その最初の段階はもっとも身近な人との関わりから始まるが、ボウルビィ（Bowlby）によれば、そのような特定の人物（一般的には母親）と乳幼児とのゆらぎのない愛着の形成がその後の子どもの健全な心理的発達を促すとされる。また、乳幼児はかなり早い段階で人の表情に付与された感情を理解したり、他者のさまざまな情報からその感情を推測したりすることが可能となるが、子どもはこうした情報を手がかりに他者への問い合わせをしながら未知の課題に取り組み、自らが取るべき行動を決定していくのである。いうまでもなく、このような乳幼児の外界との相互交渉は子ども自身と外部者の互いの応答を通して成り立っているため、どのような外部刺激があるかは認知能力と同様、社会的能力や情緒の発達促進においても重要である。

　自己や自我の発達もまた乳児期の段階から外界との関わりのなかで進化していく。エリクソン（Erikson）は、人生を8つの発達段階に分け、自我の特性という視点からそれぞれの段階における危機的課題を挙げた（**表4-2**）。各段階での望ましい解決は、その前段階にある危機的課題の望ましい解決を経て、徳目（道徳的価値の細目）が獲得されることを通して準備され、最終的には自己のなかで統合されて獲得されるものと考えた。ECDによる貢献は、この

表4-2 エリクソンによる発達段階

段階	危機的課題 (望ましい解決－望ましくない解決)	獲得すべき徳目
乳児期	基本的信頼－不信	希望
幼児期初期	自律－恥と疑惑	意志
遊戯期	自発性－罪悪感	目的性
児童期	勤勉－劣等感	適格感・能力感
青年期	同一性－役割混乱	忠誠心
壮年期	親密さ－孤独	愛
熟年期	生殖性[1]－停滞	世話
老年期	自我の統合－絶望	英知

注1) ここでの「生殖性」とは、ある人が次世代へ産み出すことすべてを指す。子どもや芸術作品などを産み出し、育むことはその一例である。
出典) Erikson (1963)・仁科訳 (1977), pp. 351-353

ような危機的課題における望ましい解決への方向付けを促すことにあると言えるだろう。

　ECDを通して乳幼児の社会的情緒的発達が促進されることには数多くの明証がある。途上国ではチリの就学前教育に対する包括的評価(第8章第3節)、米国では早期ヘッドスタート・プログラムの結果(本章第3節)にも明らかである。

(3) 身体的発達の促進

　ECDは、主に次の5つの活動を通して乳幼児の健康的な身体的発達を促すことが可能である。

1) 妊産婦のケア(健康と安全な出産、母乳育児の促進、産後の定期検診)
2) 乳幼児の予防接種の実施
3) 定期的な身体測定、視聴覚検査や歯科検診などによる乳幼児の発育観察
4) ECD施設での給食を通した栄養補給、微量栄養素(Micronutrient)の投与
5) 保護者と乳幼児に対する健康・栄養に関する教育と衛生的な生活習慣の習得の促進

　むろん、上記1)や2)は地域の保健サービスによって対応可能な場合もあるので、実施項目に加えるかどうかは状況によって判断されなければならな

いだろう。

　上記4)に挙げた栄養補給や微量栄養素の投与について説明を加えよう。生命維持に必要な三大栄養素はタンパク質、糖質、脂質であり、なかでもタンパク質エネルギー欠乏症は子どもの成長だけでなく認知機能にも障害をもたらすと言われる。これらの栄養不足は貧困などによる食物摂取量不足を主な原因とするため、ECD施設での栄養バランスに配慮した朝食や昼食などの提供は子どもの栄養改善の有効な手立てとなる。

　微量栄養素については、その微量の欠乏が子どもの深刻な発育不全を引き起こし、場合によっては回復不可能な障害にまで及ぶことが知られている。主な微量栄養素はヨード、鉄、ビタミンA、亜鉛である。ヨード欠乏症は甲状腺機能低下を引き起こし、重篤な身体的・認知的発達の遅滞を招く。鉄欠乏症は貧血の原因となり、順調な認知的発達を妨げる。ビタミンA欠乏症は視力低下や失明の原因となり、免疫システムを阻害してはしかやマラリアなど乳幼児の死因につながる病気への抵抗力を弱めてしまう。亜鉛欠乏症は子どもの発育遅滞、下痢や肺炎、食欲不振などを発症させる。

　微量栄養素欠乏症の解決にあたっては、1)家庭での食事内容の改善、2)栄養素の経口補給、3)栄養素添加食品の摂取(ヨード添加塩や鉄添加小麦粉など)という3つの対策が考えられる。このうち、2)と3)はとくに有効な方法であり、ECDサービスはそうした対策を施すための絶好の場であると考えられる。もちろん、1)のように保護者に栄養知識を与えて家庭での食事内容の改善を促すことも可能であるが、家庭の収入が一定でない場合は実践に困難が伴うだろう。

　乳幼児への保健衛生サービスや栄養補給の活動が健康的な身体的発達を促すとする研究は数多いが、マルチセクター・アプローチを用いたECDの一実施要素としてその効果を示した事例としてはインドのICDSやコロンビアのカリでの調査がある(Myers 1992, pp. 234-235)。前者では乳児死亡率や栄養不良、罹病率の低下が観察され、後者では検査対象となった都市貧困地区の3～7歳児333名において、栄養補給や保健サービス、保健衛生教育を受けたECD参加者が非参加者に比べて、より身体的成長を遂げていることが示された。

⑷ 家庭や地域との連携強化

　保護者のECD参加は、乳幼児と保護者のいずれにも恩恵をもたらすと考えられる。たとえば、乳幼児は保護者がECDへの参加を通してより確かな育児知識を習得することで、ECD教諭が周囲にいない場合でも、家庭で適切な発達刺激を受けることができるようになる。一方、保護者はECD教諭や他の保護者との交流を通して、必要な育児関連知識や技術を習得し、自らの育児活動にも自信を持つようになる。たとえば、バングラデシュのある母親はECDを通して自らの働きかけが子どもの発達にどれ程のインパクトがあるかを初めて理解し、以下のような感想を述べている (Evans et al. 2000, p.6)。

　「私は自分の娘が健康的に賢く育つのに、自分がそれ程のことをして助けているなんてまったく気付きませんでした。今、私は自分自身が決して得ることのなかったチャンスを彼女が得られるよう、本当に支援できるのだということがわかっています。」

　保護者の参加は、ECDの効果を参加者の学力向上と留年率低下へとつなげるのに強い影響を与えたとする実証研究がある。レイノルズら (Reynolds et al. 1996) は、1980年代に米国のシカゴ市で開始された「子どもと親のセンター・プログラム (Child Parent Center Program)」[3]という親の参加を重視するプログラムに参加した低所得層の子ども240名と、普通の就学前教育に1年間参加した対照群120名を追跡調査した。その結果、プログラム参加者は小学6年生時の国語と算数の学力と留年率で対照群よりも良い結果を収めた。また、すべてのデータを用いて学力と留年率を決定する要因を調べたところ、親の参加の程度 (参加当時に教諭と親自身が評価した結果の平均) は、親の教育水準や子どもの就学1年前の知的素地からの影響を省いても、学力や留年率を予測する要因であることが判明した。

　なお、保護者の参加の方法や程度は、対象地域における生活実態や文化を良く理解し、状況に応じた戦略を練ることが肝要である。たとえば、保護者は必ずしも母親ではなく、父親や祖父母である場合も少なくないし、低所得のため子どもをECD施設に通わせる費用や交通手段に欠いたり、そのため

の時間が割けなかったりすることもある。そのような場合、施設型以外のアプローチを模索する必要があり、家庭訪問による保護者への教育活動や、保護者をグループ化して定期的な学習会を開くなどの対応が考えられる。一方、保護者の参加の程度についても、無償労働提供による参加から運営の意思決定過程への参加に至るまで、プログラムによって多様である。この場合も、地域の実情に応じた対応が必要となる。1つの対処法としては、プログラムの実施過程において段階的に保護者の参加の度合いを上げていくことも可能であろう。

同様のことがECDを通したコミュニティとの連携強化についても言える。対象地域の権力構造や住民組織の有無、その稼動状況など多面的に状況を理解したうえで、どの団体にどの段階でどの程度ECDの運営に関わってもらうのかという判断が必要となる。ECDがコミュニティに与える効果は次節でも述べるが、ここでは南アフリカのECDを通して育児知識を身に付けた母親が地域にも還元しているという証言例を挙げておく (Evans et al. 2000, p.7)。

「私たちは、私たちのコミュニティのちょっとしたソーシャル・ワーカーになっています。伝道師だという人もいますが、構いません。彼らは子どもの世話の仕方を学んだし、それこそ、私たち全員がずっと望んでいたことなのです。(中略) たくさんの人が私の家に助言を求めに来ます。私たちが問題を解決してくれると信用しているのです。」

(5) 保護者支援・子どもの保護

ECDへの参加は、子どもの発達促進だけでなく、保護者、それもとくに母親の家庭外での就労を可能し、家庭の収入増加につながるという点にも効果がある。そして、母親自身が獲得した現金収入は、父親や家族のその他の者に比べても、子どもの生活改善へと費やされる傾向があり、結果的に子どものより良い発達につながっていく。

ECDへのアクセスが女性の労働参加と収入に与える影響については、ブラジルのリオ・デ・ジャネイロの貧困地域で収集された6歳未満児を抱える1,720世帯の分析結果がある (Deutsch 1998)。それによると、母親や家庭の属

性を統制したうえで、母親がパートにせよフルタイムにせよ家庭の外で働くかどうかを決定する最大の要因は、低コストの公的デイケア・サービスの供給の度合いであった。さらに、デイケア・サービスを使って家庭の外で働く場合とそうしたサービスを使わずに家庭内で働く場合の月収の比較では、前者の場合の収入がより高く、公的サービス利用の場合で最大12％、民間サービス利用の場合で最大29％も月収が増加するとの結果が得られた[4]。低コストの公的なデイケア・サービスの存在は母親の家庭外での就労を増加させ、公・民にかかわらず、デイケア・サービスの利用が母親に収入増加の機会をもたらす効果のあることが立証されている。

ニカラグア貧困地域における研究では、母親による現金収入獲得が幼児の認知的発達の向上に重要であるという証左を提供している（Macours and Vakis 2007）。全世帯の半数以上が季節的出稼ぎ労働に従事している6つの市が選ばれ、4千以上の世帯で詳細なデータ収集が行われた。分析の結果、季節的出稼ぎを誘発する外的要因（個人や家庭、村の属性、賃金や作物価格の低下、大人の病気など）を操作変数法によって統制したうえで、母親による季節的出稼ぎの総日数が、幼児の認知能力を向上させるうえで統計的有意な効果のあることを示している。その結果は同じ家庭内に子どもの面倒を見てくれる別の成人女性がいる場合でも変わりなく、父親やそれ以外の家族の出稼ぎ日数にはそのような効果はなかった。こうした結果の背景には、父親などに比べて、母親は出稼ぎ所得のうち、家庭に持ち帰る割合が多いことや、そのため家庭内での発言力が高まり、所得を子どもへの投資に向けやすくなることが指摘されている。

くわえて、ECDサービスによる子どもの保護という根源的目的は、現在でも多くの途上国で有効である。HIV感染者の親を持つ子どもの保護はその一例であろう。HIV感染者の親から生まれる子どもの3人に2人はHIVに感染せず、エイズで死亡することもないが、彼らはしばしば差別の対象となる。そうした乳幼児を保護し、ケアすることは乳幼児の基本的人権を守るECDの重要な機能の一つである。

(6) 子どもの権利保障

　子どもは、上述のような活動を展開するECDに参加することによって、彼らが生まれながらにして持つ生存や最善の発達を遂げる権利、それを可能にするような生活水準を保つ権利、さらには必要に応じて保護されたり教育を受けたりする権利などが保障されるようになる。たとえば、妊産婦や乳児を裨益対象とするECDでは、保護者が間違いなく新生児の出生登録を行うよう指導できるが、そのような小さな改善でさえ、その後の子どものさまざまな権利保障の道を開くという点では大きな意味をもっている。なお、子どもの権利保障は国際的条約である「児童の権利に関する条約」を遵守するという社会的意義も有することから、この点は第2節のECDの意義のなかでも再度触れたい。

(7) 就学レディネスの向上

　以上のようないくつかの効果は、最終的に幼児が初等教育段階の学校という新たな学習環境で学ぶための就学レディネスの向上という1つの大きな効果へと収斂されていく。

　家庭から小学校への移行を円滑に進めるため、双方の特質を合わせ持つECDを通して子どもの就学レディネスを高めることはECDの大きな使命とも言える。実際、乳幼児が置かれる学習環境は家庭と小学校で大きく異なっている。家庭では愛着と信頼で結ばれた保護者との非言語的・言語的な1対1のやり取りを通して、自らの興味関心に基づく遊びとその試行錯誤から学ぶことができる。ところが、いったん小学校に入学すると、教室という限定された空間のなかで他の多くの児童とともに整列された机に向かい、個人的なつながりの薄い教師からの教えを、言語を介して学ぶという作業に従事しなければならない。このような異なる環境の間の移行にあたり、子どもには大きな不安や混乱、ストレスが生じる。それが教授言語[5]や多数派の文化に明るくない少数民族の子どもや学校での学習活動になじみの少ない貧困層の幼児である場合、その混乱ぶりは想像に難くない。途上国の多くで、それは小学校低学年での頻繁な留年や中退を誘発する要因ともなっている。とく

に、途上国には多様な部族・民族から成る多言語多文化国家も多いことから、ECDを通して母語とは異なる教授言語や文化に慣れ親しむことは小学校での成功に向けた重要なステップとなる。

　この就学レディネスという用語は日本の保育界ではほとんど使われないが、英語圏の先進国や途上国の保育界では頻出用語の一つとなっている。そもそもレディネスという概念は「学習成立のための心身の準備性」を意味しており (森上・柏女 2006, p.263)、歴史的には学習のためのレディネス (readiness to learn) と就学のためのレディネス (readiness for school) という二つの解釈が存在してきた (Kagan 1994)。前者は、就学期に限らず、すべての年齢の学習者を対象に、ある一定の事柄を学ぶにあたり必要とされる能力が備わった発達段階を指すのに対し、後者は主に、子どもが学校教育に就学するにあたって必要とされる身体的、認知的、社会的、情緒的発達面での一定の基準を意味する。どちらかというと、前者は育くまれるもの、後者は期待されるものとしてとらえられる点にも違いがある。

　ブリットーらは、就学レディネスを「学校教育から恩恵を受けるために必要とされる子どもの行動や能力を指し、後の学業成績を予見するもの」と定義している (Britto et al. 2006)。就学前の子どもの状況が学業成績を予測する正確さについては異論もあるものの (Carlton and Winsler 1999)、多くの研究はその有効性を示しており (Hair et al. 2006)、一般的には就学レディネスは「学業における成功と関係する能力や知識を指すもの」と理解されている (Snow 2007)。就学レディネスの内容については、国や地域によって多様であるが、一般的には身体的、認知的、社会的、情緒的発達のすべての領域が扱われる。米国を例に取ると、1990年代半ばに国家教育目標委員会の定めた以下の五つの領域が現在も広く引用されている (Kagan, Moore and Bredekamp 1995)。1) 身体的健康と運動面の発達、2) 社会的情緒的発達、3) 学習へのアプローチ (学習動機や創造力など)、4) 言語的発達 (口語と識字)、5) 認知力と一般常識 (物理的、数的、社会的知識) である。このように、就学レディネスが学業における成功と関係する能力や知識を指すとはいえ、その中身は認知能力に偏ったものではなく、子どもの全体的な発達と理解にもとづく包括的な内容となっている

表4-3 ヘッドスタート・プログラムにおける就学レディネスの領域

1．言語的発達 　a．聞くことと理解 　b．話すこととコミュニケーション	5．創造的芸術 　a．音楽 　b．動き 　c．劇
2．識字 　a．音声の認識 　b．本の知識や鑑賞 　c．印刷物の認識や概念 　d．初歩的な筆記 　e．アルファベットの知識	6．社会的情緒的発達 　a．自己概念 　b．自己統制 　c．協力 　d．社会的関係 　e．家族や地域の知識
3．算数 　a．数字と演算 　b．図形や空間的理解 　c．模様と測定	7．学習へのアプローチ 　a．イニシアティブと好奇心 　b．熱中さと耐性 　c．推理と問題解決
4．科学 　a．科学的な能力や方法 　b．科学的知識	8．身体的健康と発達 　a．粗大な運動能力 　b．細かな運動能力 　c．健康状態と生活習慣

出典) Zigler, Gilliam and Jones (2006)

(Zigler, Gilliam and Jones 2006)。これらの領域は、低所得層の子どもを対象に長年、公的な就学前教育を提供してきたヘッドスタート・プログラムのなかでさらに細かく分類されている(表4-3)。

　以上のように、就学レディネスは一般的には子どもの発達に視座を置き、子どもの就学レディネスを指すことが多いが、前述の国家教育目標委員会によれば、就学レディネスには3つの側面がある(図4-2)。一つは、既述のとおり、子どもが就学に向けて準備できた状態にあるかどうかを問うものである。二つ目は、子どもから視点を移し、学校がさまざまな発達水準の子どもたちを受け入れる準備ができているかを問う学校側のレディネスに着目している。具体的には、幼保小の連携強化の活動や、幼児教育と初等教育の学校がすべての子どもの学びの結果に責任をもつことなどがある。最後に、子どもや学校だけでなく、就学レディネス向上のための家族や地域社会からの支援も挙げられ、家庭での子どもの健康維持や学習支援、そのための子育て支援の提供などが重視されている(NEGP 1997)。このように、就学レディネスの向上は決して子ども自身の問題だけでなく、子どもを取り巻く家庭や学校、地域社会といった広い視点から多面的に支援することの重要性が指摘されて

図中テキスト:
- 就学レディネス（広義）
- 就学レディネスに対する家庭や地域社会からの支援
- 学校のレディネス
- 子どもの就学のためのレディネス（狭義）
- レディネス
- 学習のためのレディネス
- 就学レディネス　身体的・認知的・社会的・情緒的発達、学習へのアプローチなど

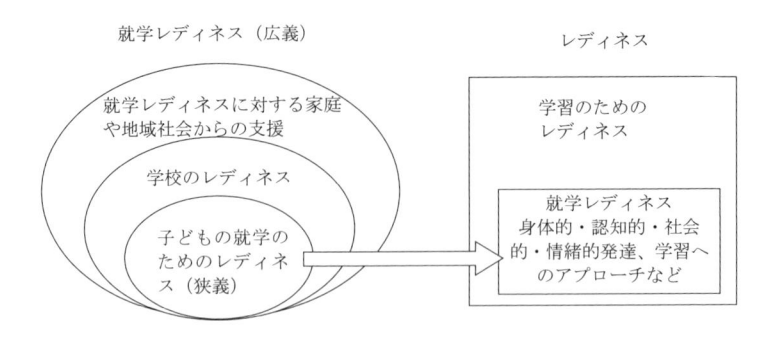

図4-2　就学レディネスの概念図

出典）Kagan (1994)、Kagan, Moore and Bredekamp (1995)、NEGP (1997) を参考に作成。

いる。

　なお、現在は途上国においても発達障害をもつ子どもの早期発見と支援、全国標準カリキュラムに沿った到達度の確認、またはECDプログラムの効果の測定を目的に、就学レディネスの客観的測定が進められている。最近では低所得国におけるECD評価に活用することを目的に、一般的な知能検査であるスタンフォード・ビネー法やウェクスラー法（Wechsler Intelligence Scale for Children: WISC）、ピーボディ絵画語彙テスト（Peabody Picture Vocabulary Test: PPVT）や前章で触れたTVIP（西語話者向けPPVT）をはじめ、世界中のさまざまな検査方法と活用方法を紹介する文献も発行されている（Fernald et al. 2009）。

2. 長期的効果

　図4-1に示したように、長期的に表れるECDの効果としては、教育面では小中学校・高校での留年や中途退学の減少、学習結果の向上、就学年数の増加、教育に対する保護者の意識向上がある。一方、健康・社会面では身体的精神的に健全な発達、レジリエンス（Resilience）と呼ばれる人生におけるさまざまなリスクへの対抗力の高まり、そして非行や犯罪への関与の減少が指摘されている。さらに、経済面では収入向上の効果も報告されている。以下、それぞれに説明を加えよう。

(1) 留年・中途退学の減少

　ECD 参加者は、小学校入学後やそれ以降の教育段階においても留年や中途退学（以下、中退）を経験する割合が非参加者に比べて低いことがわかっている。数多い実証例のなかで、ここでは少し古いが、留年減少の成果を立証した研究として有名な米国の「縦断的研究協会」の研究を挙げておく（Lazar and Darlington 1982）。本研究協会は1970年代のヘッドスタート・プログラムの低い評価によって幼児教育への政策的支援が減少することに強い懸念を示した研究者11名から成るグループで、良質の縦断的研究を通して幼児教育の正確な長期的効果の測定を目指した。そのため、以前から各自が研究対象としていたプロジェクトを持ち寄り、1976年にそれぞれのサンプルに対して追跡を行い、結果をプールして長期的効果の測定にあたった。最終的なサンプルは8〜18歳の計2,008名であった。分析の結果、子どもの属性や事前のIQテスト、親の教育水準や人種などの家庭要因による影響を省いても、幼児教育は参加者が学校教育において留年したり、特別学級に配置されたりする割合を減少させる点に長期的効果のあることがわかった。一方、中退の減少については、幼児教育参加者の高校修了率がより高いことにも自明である。

　ECDによって就学レディネスを高められた子どもが、学校教育システムのなかで留年し難くなることは容易に理解されるだろう。通常、留年率がもっとも高いのは小学1年生であり、全留年者のうち、小学1年生の占める割合は約30％にも上ると推定されている。小学1年生の留年率が50％以上にも及ぶという深刻な事態の国も存在するだけに、ECD参加による留年減少の効果には大きな期待がかかる。

　では、ECDはどのようにして中退減少に効果を上げるのだろうか。その理由はいくつかあるが、1つには、保護者や子どもが中退するか否かを選択する意志決定にECDの経験が影響するものと考えられる。たとえば、ECDでの学習活動を通して幼児自身が学習動機を強くしたり、保護者に対するECDからの働きかけを通して教育に対する保護者の意識が高まったりすれば、子どもへの教育投資の優先順位を高める結果にもつながる。

　また、ECDサービスの存在そのものが就学齢児童を弟や妹の育児負担か

表4-4 不就学小学生の割合（乳幼児のいる家庭といない家庭の比較）

国	家族の特徴	0～5歳児がいる場合の不就学小学生の割合（%）（大人は全員就労）	0～5歳児がいない場合の不就学小学生の割合（%）（大人は全員就労）
ボツアナ（N=3,547）	単親家庭	19	11
	両親のいる家庭	17	10
	拡大家族[1]	24	13
ブラジル（N=2,955）	単親家庭	30	7
	両親のいる家庭	3	7
	拡大家族	19	5
メキシコ（N=9,529）	単親家庭	32	7
	両親のいる家庭	9	7
	拡大家族	18	13
南アフリカ（N=4,488）	単親家庭	14	10
	両親のいる家庭	9	7

注）25～55歳の大人と6～14歳の子どもが少なくとも1人いる家庭を分析対象としている。
　1）拡大家族とは核家族以外にその親族も一緒に暮らす家族を指す。
出典）Heymann (2003)

ら解放し、継続的な就学を可能にする場合も考えられる。たとえば、通常、働く親を持つ子ども（6～14歳児）は就学している可能性が高いが、その家庭が6歳未満の乳幼児を抱え、かつ近辺にECDサービスがない場合、年長の子ども（6～14歳児）は弟や妹の面倒をみるために不就学となる割合が高く（**表4-4**）、かつ、その可能性は女児により高いことがわかっている（Heymann 2003）。たとえば、ケニアの事例によると、幼い子どもと就学齢児童（8～16歳）の両方を抱える家庭において、就労中の母親の給与額と、乳幼児の養護施設やECD施設の利用料金が児童の就学に与える影響は男女で異なる。母親の給与額が高いほど、男子（8～16歳）の就学率は増加するが、女子（8～16歳）の就学率は減少し、また施設の利用料が高いほど、女子の就学率は減少するが、男子の就学には影響がなかった（Lokshin, Glinskaya and Garcia 2004）。いずれも、幼い弟や妹の養護が女児に委ねられることに起因していると考えられる。

　さらに、中等教育段階での女子の中退は10代での妊娠や出産によって生じる場合が少なくないが、ECD参加は10代での妊娠の発生を抑制する長期的効果のあることが示されており（Schweinhart et al. 1993, p.123）、このような点からもECDは中退減少に貢献していると言える。

(2) 学習結果の向上

　ECD参加者の留年・中退の減少は、当然ながら、彼らが非参加者に比べてより良い学習結果を上げていることとも関係している。これを立証している研究結果は枚挙に暇がないが、最近のものとしてはOECDが2009年に加盟国34カ国と非加盟国31カ国で実施した15歳向けの学力検査「(生徒の学習到達度調査 Programme for International Student Assessment: PISA)」の結果分析がある(OECD 2010)。それによると、OECD加盟国の読解力の成績において (OECD諸国の平均点を500点、標準偏差を100点に設定)、1年以上の就学前教育の経験をもつ生徒はそうではない生徒よりも有意に得点が高く (差得点の平均は54点、標準偏差1.58)、生徒の家庭要因の社会経済的格差を統制したうえでも差得点の平均は33点 (標準偏差1.40) あった。途上国から成る非加盟国でも3カ国を例外に、すべての国で同じ現象が観察されている。

　親の期待は子どもの学力を決定する重要な要因であることが知られているが、ECDは子どもに対する親の満足度や期待度を上げる点にも長期的効果のあることが証明されている。前述の「縦断的研究協会」の調査結果によると、ECD参加者は非参加者よりも高い成績を上げているが、その影響を排除しても、参加者の保護者は自分の子どもに対してより高い満足感を持っている (Lazar and Darlington 1982, pp.52-54)。また、「将来、子どもにどんな職業に就いて欲しいか」という質問から親の期待度を測定したところ、6つのプログラムのうち4つで、社会的地位の高い職業を答えた者の割合はECD参加者の保護者に多かった。そのうえ、同じ質問を参加者本人にも尋ねた結果と比較すると、全プログラムで参加者の保護者は参加者本人が回答したよりも社会的地位のより高い職業を挙げている。このような保護者からの高い期待も、参加者の学力向上に貢献しているのであろう。

　ただし、学力水準に見るECD参加者の優位性が数十年という長期間にわたっても持続するかどうかという点については、いくつか反証が挙がっており、現在のところは、質の高い内容の濃いECDの場合に限って持続すると考えるのが一般的である。また、ECDが参加者の学力を向上させるといっ

ても、その効果には限界があることもまた認識しておく必要があるだろう。たとえば、カロライナ・アベセダリアンやそれと同様に低所得層を対象としたペリー・プレスクール（本章第3節参照）にしても、実験群（プログラム参加者）が処遇を受けて到達した学力水準は依然、全国平均値を下回っているという事実がある。前者では15歳時の検査結果で実験群の平均得点値が全国標準得点分布図の31パーセンタイル[6]、後者では14歳時の検査結果で13パーセンタイルに位置しており、50パーセンタイルには依然遠い（Campbell et al. 2001）。しかしながら、これをもってECDの投資には意味がないと結論づけるのは早計に過ぎるだろう。実際、生まれながらにしてさまざまなリスクに見舞われる低所得層の乳幼児がECDの処遇を受けることによって、統制群（プログラム非参加者）に比較してより高い学力水準に到達できるということ自体、人々の潜在能力を引き出し、将来の選択肢を拡大するという点で大きな意義がある。

(3) 就学年数の増加

ECDが中退減少に効果があるということは、すなわち、ECDが就学年数の増加にも効果があるということにつながる。たとえば、ブラジルのECD評価によれば、就学前教育の参加年数が1年増えるごとに就学年数が0.4～0.6年増加することが判明しており（World Bank 2001）、先述のカロライナ・アベセダリアンの事例においても四年制大学に在学中もしくは卒業した者の割合は、実験群が統制群よりも21％多かった。

(4) 身体的・精神的に健全な発達

ECDが子どもの身体的・精神的に健全な発達に与える実証例は短期的効果が主であって、長期間を経て測定されたものは比較的少ない。しかし、幼児期の栄養補給が将来にわたって栄養素の欠乏症やそれに誘発される病気を回避することは先に述べたとおりであり、その長期的効果は自明であると思われる。精神的発達については、ECD参加者を3年間追跡したチリの研究によれば、就学前1～2年間のECDは参加者の社会的情緒的発達に継続し

た効果があると報告されている[7]。また、間接的ではあるが、後述するようにECDが非行や犯罪関与を減少させるという事実は、ECD参加者の精神的に健全な発達に関する証左ともとらえられる。

(5) レジリエンス（リスク対応力）の向上

　レジリエンスはもともと精神病理学の研究テーマの1つで、保護者としての責務を十分に果たせないアルコール中毒などの障害をもつ親に育てられたにもかかわらず、肉体的、精神的、社会的に健全な発達を遂げる子どもの存在に注目したのが始まりとされる。何がレジリエンスの育成に貢献する要因かについての研究によると、研究によって指摘される項目も異なっているが、大きくは子ども自身の属性、家庭における支援、コミュニティからの支援の3つに分類され、それらの相互作用を通してレジリエンスが涵養されると考えられている（Kotliarenco 1997, p.47）。

　レジリエンスという概念に着目したECDプログラムはまだ新しく、現時点では評価も見あたらない。しかし、レジリエンスを涵養する要因としては、子どもの認知的発達を促すことや、家庭内での少なくとも一人の親との愛着や信頼、支援で結ばれた親子関係を築くこと、そして家庭外の人間との愛着を育てることなど、ECDの実施内容に関連する項目が列挙されていることから、長期的効果の1つとして今後の実証研究が待たれる。

　ところで、ECDにおけるレジリエンスの概念導入は何を意味するのだろうか。レジリエンスは子ども自身の潜在的能力に寄せる信頼と期待という点に新しさがある（Gerosa 2002, p. 6）。従来、貧困や抑圧など困難な発育環境のなかにある子どもに対しては、彼らの家庭環境に何が不足しているかを考え、ECDがその不足分を補充すべきであると考えられてきたが、レジリエンスでは逆境にある乳幼児や周辺の人々の潜在的能力に信頼を置き、そうした状況に打ち克てるような自己の能力を高めるにはどうすべきかを考える。最終的な活動内容には類似点が多いものの、着眼点が異なっているため、関係者の意識に変化を及ぼすのではないかと考えられる。

⑹ 非行・犯罪関与の減少

　ECD は、参加者が将来的に非行に走ったり、犯罪に関与したりする割合を減少させるという長期的効果も有している。それらを実証したデータは主に米国の複数の研究結果によって示されている。ジグラーら (Ziglar et al. 2006) は、青少年犯罪の減少を目的とした多くのプログラムが効果を上げていないのに対し、ECD がそれに長期的効果をもたらすのは、ECD が子どもの全人的発達促進を保護者も巻き込んで包括的に取り扱うからだろうと論じている。数多くの危険要因が人を非行や犯罪行動に向かわせると考えられるため、特定の問題行動だけを取り上げて対処を施すだけでは根本的な解決には至らない。反面、ECD が非行や犯罪の減少に効果があるのは、おそらくそれが子どもの反社会的行動や非行を引き起こすような危険要因を緩和する効果があるからではないかと述べている。たとえば、ECD を通した幼児期の成功体験を契機として、その後の学校生活での成功体験が続くことや、社会的能力や社会により適合するような態度や価値観を養うこと、保護者の育児活動を支援してより良い育児環境を与えることなどである。

⑺ 教育に対する保護者の意識向上

　ECD はその実践を通して、教育活動全般に対する保護者の意識を向上させる点にも長期的効果があると考えられる。とくに、保護者の参加を促進するようなプログラムでは、その過程において保護者自身が施設や家庭で有益な育児活動を体験し、その恩恵を実感し、このような経験の蓄積が徐々に保護者の教育観を肯定的なものに変えていくものと思われる。ECD を通して保護者の教育観がどのように変わるかについての体系的な研究は見当たらないが、ヘッドスタートなどの事例に見るように、非参加者の保護者に比べて、ECD 参加者の保護者が職業訓練に参加する割合がより高かったり、復学して教育年数を上げたりしている事実は、教育に対する保護者の意識向上の跡とも理解できる。

(8) 収入の向上

　ECD は参加者が成人後に得る収入を向上させる効果のあることが、ブラジルや複数の米国の縦断的研究によって証明されている。ブラジルでの研究結果によると、ECD への1年間の参加は男性の所得を2〜6％増加させる直接的効果のあることが観察された（World Bank 2001）。また、就学年数の増加によっても所得は増加するため、その間接的効果も含めて増加分を予測すると、計7〜12.5％の収入増が可能であるという。また米国のペリー・プレスクールの調査結果では、40歳時点で年収2万米ドルを超える者の割合は実験群が60％、統制群が40％で、家を購入した者も実験群が37％で有意に高かった（Schweinhart et al. 2005, pp.78, 196）。

　以上、ECD の直接的効果と長期的効果に言及してきた。**表4-5**において、これらの効果を子どもの発達段階別に分けて提示し、本節のまとめとする。

表4-5　子どもの発達段階別にみるECDの効果のまとめ

	効果	乳幼児期	児童期	青年期	壮年期
本人	認知能力（IQ）の向上	✓	✓		
	言語能力の向上	✓	✓ 2)		
	社会的能力	✓	✓		
	より良い情緒的発達	✓	✓		
	運動機能の向上	✓	✓		
	栄養改善・罹病率の低下	✓	✓		
	乳児死亡率の低下	✓			
	困難な状況にある子どもの保護	✓			
	学習阻害要因の早期発見	✓			
	就学レディネスの向上	✓			
	適齢での小学校入学の割合		✓		
	女児の小学校入学率の向上		✓		
	小学校出席率の向上		✓		
	小学校でのより良い学習態度		✓		
	学力（国語／算数・数学）の向上	✓	✓	✓ 1)	✓ 1)
	特別支援学級への配置の減少		✓	✓	
	留年減少		✓	✓	
	中退減少		✓	✓	
	小学校修了率の向上		✓		
	レジリエンスの向上		✓ 2)	✓ 2)	
	高校修了率の増加			✓	
	10代での妊娠の減少			✓	

	項目				
本人	非行・犯罪関与の減少			✓	✓
	四年制大学在学・修了率の増加				✓
	就学年数の増加			✓	✓
	就職率の向上			✓	✓
	収入の向上				✓
	社会福祉対象者になる可能性の低下				✓
	住宅購入の可能性の増加				✓
保護者[3]	出生登録の完了	✓			
	より望ましい育児態度	✓			
	子どもに対する満足度や期待の向上	✓	✓	✓	
	教育に対する意識向上	✓[2]			
	家庭外での勤務可能	✓			
	収入向上	✓			
	保護者自身の教育水準の向上	✓			
	保護者自身の雇用状況の向上	✓			
地域	社会関連資本の構築	✓[2]			
	コミュニティの活性化	✓[2]			

注1) 効果の持続性については反証も存在する。
2) ECD の評価を通した実証例は本書のレビューでは見当たらなかったが、そうした効果が間接的事象から十分に予測されるもの。
3) 保護者の項目では、それぞれの効果のあらわれる時期を子どもの発達段階別に示した。
出典) 筆者作成。

第2節　ECD の意義

　上述のような受益者に対する効果は、地域や国家といった社会全体にはどのような意味を持つのだろうか。これを ECD の意義としてまとめたものが図4-3である。意義は大きく5つの領域に分けられている。最初に、社会セクターの充実という領域では、ECD の普及がまだ多くの途上国にとって懸案事項となっている初等教育の普遍化に貢献し、社会関係資本の構築や健康的な社会づくりにも寄与する。次に、ECD の普及は公共支出の抑制やプログラム効果の増加を生じるため、社会全体としての効率を上げるという意義もある。さらに、貧困削減や不平等の是正への貢献を通して社会における公正の実現にも寄与し、労働者の質向上や就労者数の増加という効果をもたらし、経済成長の促進にも一役を担う。そして、ECD の普及は社会全体として子どもと女性の権利保障を果たす点にも意義がある。最後に、ECD の普及がもたらすこれらの意義は、社会全体としての人間開発の促進につながるものと思料される。以下では、これら5つの枠組みに沿って説明を加えていく。

1. 社会セクターの充実

(1) 初等教育普遍化達成のための基盤強化

　ECDの普及は、それが留年や中退の減少や学習結果の向上をもたらすという点で、初等教育の普遍化達成に向けた基盤強化につながると考えられる。

　まず、具体的に留年・中退の減少が普遍化のプロセスにどう影響するのかを、日本の経験を参考に金子（2003）が提示した「初等教育の発展段階モデル」（表4-6）を用いて説明しよう。初等教育の発展段階は大きく3期に分けられる。学校制度導入の第1期、就学率拡大の第2期、完全普及の達成と質的改善の第3期である。第2期はさらに、就学が社会的規範となることによって進学需要が自律的に増加する「自律的需要拡大期（第2期a）」と、政府がすべての

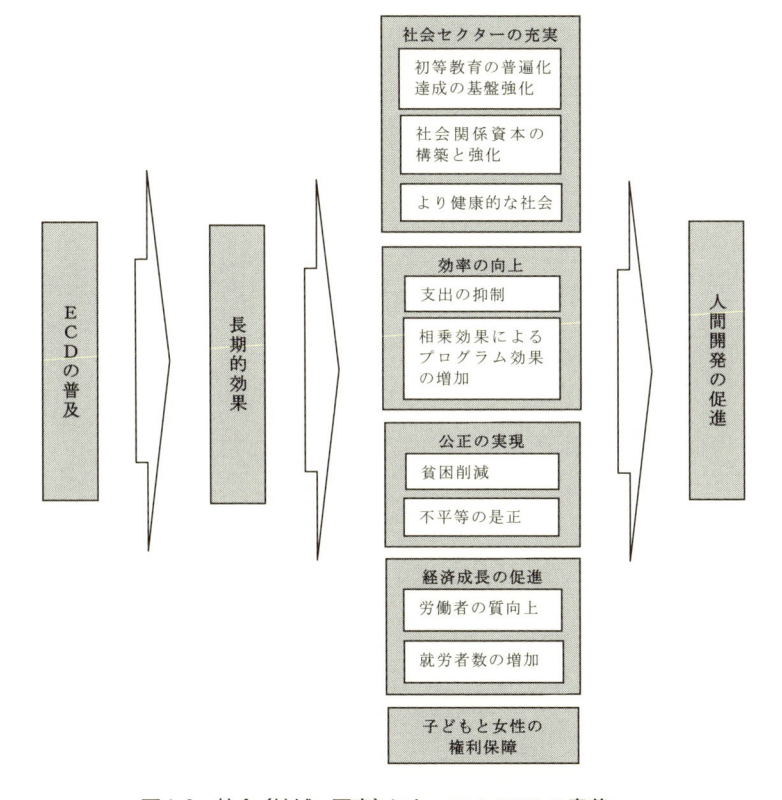

図4-3　社会（地域・国家）にとってのECDの意義

出典）筆者作成。大枠の考え方については van der Gaag (2002) を参照。

表4-6　初等教育の発展段階モデル

段階	指標	主な特徴	主な政策課題	外部要件
第1期「初期拡大」	就学率50％以下	- 限られた進学需要 - 授業料の徴収	- 学校制度の確立 - 学校の建設	
第2期a「自律的需要拡大」	就学率50％超	- 進学需要の自律的増加（初等教育収益率向上） - 学校収容力の不足 - 威圧的教授法、厳格な進級・卒業検査 - 頻繁な留年や中退	- 供給の拡大 - 学校配置の改善	このシフトには供給側の構造的変化が必要（例：日本では近代化、途上国ではEFAをはじめとする国際的理念）
第2期b「普遍化志向へのシフト」	就学率90％超	- 留年や中退減少の必要性 - 授業料の撤廃 - 在学者数増加による教育条件の劣化や質の低下 - 中等教育の拡大	- 全員入学の徹底 - 進級・卒業基準の緩和 - 入学者管理や就学督促の体系化	
第3期「普遍化の達成」	修了率90％超	- 未就学・未修了児童の問題の多様化 - 貧困地域や僻地の児童や少数民族の子ども等への就学・修了対策の必要性 - 貧困地域の教育環境改善	- 教育条件・内容の質的改善 - 義務教育年限の延長	一般的な所得水準の上昇、教育を含めた社会政策全般による取組み

出典）金子（2003）pp.22-29をもとに作成。

国民に初等教育修了を求めるようになる「普遍化志向へのシフト期（第2期b）」に2分される。金子（2003, p.26）によれば、この第2期aからbへの移行は自然発生するものではなく、供給側の変化を促すような何らかの理念の後押しを必要とする。たとえば、途上国にとってそれは「万人のための教育世界会議」を始めとする国際的思潮であった。そのため、現在、多くの途上国はこの第2期a, bのいずれかに位置しているが、留年と中退はそのどちらにも深く関与する問題である。第2期aでは急増する就学者数とともに留年や中退が頻出するようになる。留年と中退は、それらがウェステージ（教育損失）とも称されるように、学校建設や教員給与の負担に苦しむ教育財政に多大な浪費を強いる[8]。そのため、第2期bではそれらウェステージを減少させるためのさまざまな対策が取られることとなる。ECDが受益者に与える長期的効果の1つが留年・中退の減少であった点にも明らかなように、ECDの普及は重要かつ効果的なウェステージ対策の1つに位置付けられる。

また、第3期にある途上国にとっても留年・中退対策は重要な政策課題と

なる。なぜならば、小学校への就学や修了に問題を抱える残り10％の子どもは、通常、都市農村部の貧困地区や僻地に住む児童または少数民族など、とくに恵まれない状況下にあって多種多様な特徴とニーズを抱えた集団となるからである。ECDサービスの普及を通して、このような子どもの就学レディネスを高めることは、初等教育の完全普及を達成するうえで果たされるべき重要な課題となる。

　ところで、留年と中退の原因には共通点があるものの、いくつかの相違点が存在する点で注意が必要である。中退は主に保護者や子どもの意志によって生じるものであり、小学校就学が社会通念となれば経済的理由などやむを得ない場合にしか発生しない。一方、留年は普通、就学レディネスの低さの他にも、厳格な進級制度や教員の威圧的な教授法など、教育制度とその運営に関わる問題が複雑に絡んで生起している。そのため、教育システム全体として留年減少に取り組むには、ECDの普及のみならず、初等教育システム内での改善も含めた包括的対応策が必要とされる。

　いうまでもなく、初等教育の完全普及は、ただ単に入学者全員が卒業すれば良いというものではなく、その段階での学習目標をきちんと達成した修学者を送り出してはじめて達成されたと言えるだろう。この点において、ECDは入学前に就学レディネスを備えた子どもを小学校へ送り出すという重要な役割を担っている。しかしながら、実際には、途上国の小学校では教科書や副教材など基本的な教材教具にも欠き、教員も十分な専門性を有さないなど、基本的な学習環境が整っていない場合が多い。その結果、ECDによって向上した認知能力や社会的能力が、質の低い初等教育を受ける内に低下してしまう場合もある。

　であるとすれば、初等教育の質がとくに低い途上国の場合、ECDの普及に着手する意義はないのだろうか。この点を突き詰めて考えれば、小学生の学力を決定する主な要因は一体、学校環境なのか家庭環境なのかという根本的な疑問に辿り着く。長らく途上国の教育研究で定説となっていたハイネマンとロクスレイ（Heyneman and Loxley 1983）の理論によれば、先進国とは異なり、途上国における児童の学習結果の分散は学校要因によって説明される割

合が多く、ある国の経済水準が低くなるほど学習結果に対する児童自身の社会経済的要因、つまり家庭要因の影響は少なくなると言われてきた。この理論に従えば、最貧国での教育政策としてはECDよりも小学校の環境整備に力を注ぐ方が良いということになる。しかし、1980年代には不可能であったマルチレベル分析手法に基づく研究結果によれば、途上国でも学力に対する家庭要因の影響は先進国と同様、学校要因よりも大きいことが指摘されている (Riddle 1997)[9]。言い換えれば、最近の理論によれば、いずれの途上国でもECDの普及を通して子どもや保護者に働きかけることが小学校での学力改善に影響を与えると考えられる。当然ながら、上記の理論も小学生の学力に対する学校要因の影響を否定するものではないので、ECDの普及とともに初等教育の質の改善も図る必要があるだろう。

前章でも触れたとおり、ECD普及の重要性は、1990年のEFAの行動枠組みや2000年にEFA評価を行った後に策定された「ダカール行動枠組み」にも反映されている。初等教育の完全普及については、国連ミレニアム開発目標においても2015年までの完全修学という目標値が掲げられていることから、ECDの普及はその目標値の達成にも間接的に関与することになる。

(2) 社会関係資本の構築と強化

ECDは乳幼児の社会的情緒的発達の促進を図り、また保護者やコミュニティとの連携を通してサービスの提供に努めるという2点において、社会関係資本 (Social Capital) の構築と強化に貢献するものと考えられる。「社会関係資本」とは、物的、人的、自然資源の各資本に欠く貧困層が彼らを取巻くさまざまな問題に対応したりリスクを軽減したりするために、インフォーマルな社会的ネットワークを作り相互扶助を行っていることに着目した開発の新たな概念で、そのような社会的ネットワークの存在を1つの資本ととらえる考え方である。

ECDを通して培われる乳幼児の社会的行動が、どのように社会関係資本の構築や維持につながっていくのかという実証研究はまだ見当たらない (van der Gaag 2002, p.70)。しかし、幼児期に培われる社会性や協調性、その他社会

的に望ましいとされる価値観や態度の共有が、社会統合を進めるような社会関係資本の構築につながっていくであろうことは容易に想像されるだろう。

むしろECDがより直接的に社会関係資本の構築・維持に関係するのは、それが保護者やコミュニティとの連携を図ってサービス提供を目指すという点にある。たとえば、日本においても高度成長期に働く女性達が自然発生的にそれぞれの居住地区においてインフォーマルな団体を作り、乳幼児の保育サービスを確保した経験がある。途上国においても、ECDプログラムの立案や運営モニタリング活動にコミュニティの参加が促進され、それらの活動を通して社会関係資本が強化されると考えられる。

(3) より健康的な社会

ECDがより健康的な社会の構築に貢献するのは以下の3点を通してである。まず、ECDを通して乳幼児や保護者が保健衛生知識や習慣を習得したり、幼少期に十分な栄養補給や適切な保健サービスを受けたりすることは、将来の社会がより健康的な人々によって構成されることにつながる。次に、ECDに参加した子どもは非行に走ったり犯罪に関与したりする割合が減るという長期的効果もまた、ECDの普及が健全な社会構築の1つの有効策となることを示している。最後に、ECDの適切な実施を通して、子どもが貧困やその他の困難で厳しい生活環境にも上手く適応し、克服するような能力（レジリエンス）を育むことができれば、それもまた健康的な社会の構築につながるであろう。なぜなら、子どもは貧困によるマイナスの影響をもっとも受け易く、それは生存や成長に関わる問題だけに止まらないからである。たとえば、ある研究結果では最低所得層5％に属する青少年を中・高所得層50％に属する同集団と比べた場合、前者が成人になって問題行動を起こす可能性は後者の約100倍にもなると述べている（Fergusson and Lynskey 1996）。

2. 効率の向上

(1) 支出の抑制

途上国政府にしろ、先進国政府にしろ、効率の向上に伴う政府支出の抑制

は、それが公正面に負の影響を与えない限り有効な手段と考えられる。ECDは以下の2点で効率を向上させ、政府支出の低下に貢献する。1つは、教育セクターにおける留年・中退の減少を通して教育の内部効率を改善し、投資の浪費を防ぐこと、もう1点は人々がより健康的な生活を送るようになることで社会保険や社会福祉費の支出が抑制され、また犯罪が減少することで社会的なコストも減少する点である。

先述のとおり、留年・中退は教育セクターにおける大きな浪費となっている。たとえば、モザンビークの事例を用いたシミュレーションによれば、1,000人の新入生に対して4年間で300名の卒業生しか出せない場合、その間に発生する留年・中退者を含めて300名の卒業生を輩出するために使われる総費用は、留年・中退が無い場合に比べて2.5倍にも上る。同じ状況下で、留年率と中退率を同時にそれぞれ10％減少させた場合、留年と中退減少による在籍者増加に伴って児童あたり教材費が3.5％増加するという事態も考慮しても、卒業生1人あたりに要する費用は10.2％低下する計算になる（Cuadra and Fredriksen 1992, p.23）。

健康面について一例を挙げれば、先に述べた微量栄養素の経口補給や栄養素添加食品の利用は費用対効果がきわめて高い。栄養素補給の費用はいずれの栄養素でも1人あたり1米ドルをはるかに下回ると推定されている。その便益は多岐にわたるため推定が難しいが、乳幼児が発達段階に応じた適切な予防措置を受けることで将来重篤な健康障害に見舞われる可能性は激減し、それに要するであろう多額の治療費の国庫負担が不要になる。

しかしながら、このような支出の抑制はECDプログラムの実施に要する支出で相殺されるのではないかという危惧もあるだろう。たしかに、正式な資格をもった教諭のみによる施設型のプログラムは比較的高い費用を要する傾向にある。しかし、ECDによる便益は高く、また低コストの実施形態もある。米国の貧困層幼児を対象とする就学前教育の研究によれば、この教育段階への投資1米ドルは参加者自身と社会全体に対して計17.07米ドルの便益をもたらすという。別の計算でも、同プログラムの収益率は低く見積もった場合でも7～10％の高さとされる（本章第3節(1)）。また、コミュニティに

既存の施設を活用するコミュニティベースのECDや、母親ボランティアなどの住民参加による自宅ベースのECDの場合は、従来型の公立幼稚園の場合に比べて初期費用も運営経費も安いことが知られている。

　米国の労働経済学者であるヘックマンとカーネイロは能力開発のためのさまざまな政策の費用効果を比較検討し、教育格差解消のための授業料補助や学校の質的改善、職業訓練などの従来型の政策に比べて、就学前教育プログラムの収益率がもっとも高く、人種や家庭環境による格差解消にもっとも費用効果の高い投資であることを指摘している（Carneiro and Heckman 2003、図4-4）。ヘックマンらによれば、人が社会的経済的に成功を収めたり、なんらかの能力を習得したりする過程では、認知的能力とともに、忍耐や自律心、信頼性などといった非認知的能力を備えていることが重要となる。しかし、そうした能力の有無は家庭環境に大きく左右されるため、出自による能力格差は人生の早い段階から表面化し、時間の経過とともに拡大する。ペリー・プレスクール・プログラムをはじめ（本章第3節）、米国で1960〜80年代に開始した複数の実験型の就学前教育の結果によれば、それらのプログラムは子どものIQを持続的に向上させることはできないものの、非認知的能力の発達を促したり、動機を高めたり、子どもの家族にも働きかけることで大きな

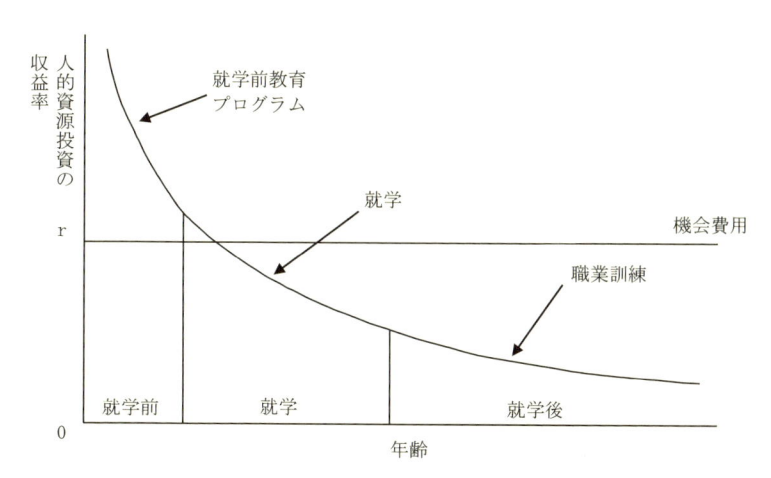

図4-4　人的資源への収益率（全年齢で同額の教育投資をした場合）

注）本図の「機会費用」とは、就学のために就労を放棄した者が働いていれば得られていた総収入を指す。
出典）Carneiro and Heckman (2003)

効果を収めている。ヘックマンらの主張は途上国や先進国でECDや就学前教育の拡大を推進するうえで、経済学的観点から政府関係者を説得する論拠として頻繁に援用されている。

(2) 相乗効果によるECDプログラム効果の増加

統合アプローチを用いたECDは、子どもの全人的発達を目指して、多方面から子どもに働きかける。具体的には、乳幼児と保護者への教育活動や保健衛生栄養活動、保護者やコミュニティとの連携など、複数のセクターにわたって活動が展開するため、それらの間に相乗効果が生み出される。これは、社会全体にとっては、介入が個別に実施される場合に比べて、プログラムの効果と効率性が向上するという意義がある。

相乗効果の例をいくつか挙げよう。たとえば、栄養不良の問題は身体的発達の遅滞だけでなく、認知的発達の障害をももたらす。たとえば、生後1年間に栄養不良であった高卒者をそうでなかった同集団と比較したチリの研究では、乳児期の栄養不良が学力、IQ、脳の容量のそれぞれに長期的悪影響を及ぼすとの報告がある (Ivanovic et al. 2000)。また、栄養補給が子どもの認知能力の水準に与える効果を調べた13の研究では、内10件で非言語的に測定された認知能力において重度の栄養不良児に対する効果が観察されている (Benton 2001)。保健衛生面では、ECDでの定期的身体検査などを通して子どもの飢えの状態や寄生虫の存在または視力聴力の障害など、学習阻害となる要因が早期に発見され、必要な対策が講じられれば、子どもの身体的発達だけでなく、認知的発達をも促すことができる。さらに、家庭や地域との連携強化によって保護者の育児関連知識が向上すれば、ECD教諭によってだけでなく、家庭での発達促進活動が可能となり、ここでも相乗効果が期待できる。

マルチセクターのECDにおける相乗効果は近年のメタ分析でも確認されている。ノレスとバーネットは、米国以外の23カ国（途上国を含む）で準実験的方法もしくは無作為割りあてを行っている30件のECD実践から、38の先行研究を調査し、プログラムの内容や期間、対象年齢などの複数の区分で、

認知能力、行動、健康、就学年数の4項目における効果量を比較検討している (Nores and Barnett 2010)。プログラムの内容については、現金支給型、栄養型、栄養と養護または栄養と教育の混合型という3タイプ別に分け、効果量を比較した。プログラム効果全体の平均値は、現金支給型0.29 (SD 0.46)、栄養型0.25 (SD 0.19)、混合型0.31 (SD 0.26) であった。これを4項目別に見てみると、混合型は健康0.27 (SD 0.24) の項目以外の、認知能力0.35 (SD 0.22)、行動0.27 (SD 0.24)、就学年数0.41 (SD 0.38) の3つの項目で他のタイプに比べてもより大きな効果量を示している。

3. 公正の実現

(1) 貧困削減

　ECDの普及は、それが貧困削減に寄与するという点で社会にとって大きな意義を有している。ECDはどのようにして貧困削減に貢献するのだろうか。1つは、前節2のECDの長期的効果のなかでも述べたように、ECDによって子どもの成人後の就学年数ならびに収入が増加すること、もう1つはECDの普及によって家庭外での就労機会を得る保護者の数が増えて、家庭の所得向上への道が開かれることによる。また今日、貧困の定義は所得貧困の状態に限らないことを考慮すると、直接的に所得には関係しないものの、ECDを通した初等教育の完全普及や社会関係資本の形成、より健康的社会の構築もそれぞれ貧困削減に貢献すると考えられる。

　教育の普及が貧困削減の有効な手段であるという主張は、所得格差の最大の説明要因が就学年数であるという事実を主な根拠としている。就学年数の増加が相対的貧困を解決するかどうかについては疑問が残るが、少なくとも1日1.25米ドル未満で暮らす絶対的貧困層の場合、教育の普及によって彼らの知識やコミュニケーション能力、社会参加が増加し、それが絶対的貧困からの脱出につながるであろうことには異論がない。すなわち、就学年数の増加は子どもが将来、絶対的貧困層から抜け出す可能性を高めるうえでもっとも有効な手段であると考えられる。

　ECDの普及によって保護者、それもとくに母親の家庭外での就労機会を

保障することが貧困世帯の所得向上につながり、さらには子どもへの投資増や発達促進へと貢献することはすでに述べたとおりである。近隣にあって、安価な ECD サービスの存在は、とくに母子家庭にとって収入獲得に不可欠なサービスとなる。女性世帯主の家庭が男性世帯主の家庭より貧困かどうかは国によっても状況が異なるが、ラテンアメリカ 20 カ国の単身世帯のデータによれば、ほぼすべての国で母子家庭における貧困層の割合は父子家庭よりも多く、2 倍もしくはそれ以上の差がある国も複数存在している (United Nations 2010, pp. 161-164)。国連ミレニアム開発目標では、「2015 年までに 1 日 1 ドル未満で生活する人口比率と、飢餓に苦しむ人口比率をそれぞれ半減させる」という目標値が設定されているが、貧困層を対象とする ECD の普及は保護者と乳幼児の双方に便益をもたらすため、それら目標の達成に有効な戦略となるのである。

(2) 不平等の是正

貧困など恵まれない状況下にある子どもに対して、富裕層の子弟と同様、人生における平等なスタートを保障することは、ECD の普及がもたらすもっとも重要な意義であると考えられる (Irwin, Siddiqi and Hertzman 2007)。なぜなら、第 1 章にも既述のとおり、地域間や国家間、各国内でみても人々の間の格差は大きく、不平等で不公正な環境は子どもの誕生前から、その生存や発達を脅かしているからである。また、ほとんどの途上国やいくつかの先進国において教育システムは所得階層間や地域間で差別的に発展してきており、何らかの意図的手立てがない限り、階層は教育というメカニズムを通して自動的に再生産され続けるからである。それは、所得格差の最大の説明要因は就学水準であるが、逆に、学力格差の最大の説明要因は所得階層でもあるという事実に自明であろう。言い換えれば、富裕層は貧困層に比べて家庭や学校でより良い学習環境に恵まれる可能性が高く、それによってより良い成績を上げ、良好な成績はより長い就学年数につながり、より長い就学年数はより高い所得につながるため、結果的に階層間の社会変動は起こりにくいという考えである。

では、どのようにすれば不平等は解消されるのかという問題は途上国のみならず先進国においても長年、主要な研究課題であり続けてきた。1960年代には、教育の機会拡大が社会の平等化を生むという期待感から、教育は爆発的な量的拡大を遂げた。しかし、結果として不平等の是正は起こらず、1970年代以降は主に、家庭内でどのように親から子へと階層文化が伝承されているかといった家庭環境の文化的側面や、教室内における学習過程が階層間でどのように異なるのかといった点に関心が移ることとなった。たとえば、バーンステイン（Bernstein）は中産階級の子どもが誰にとっても状況を理解できるような普遍的意味付けをもった「精密コード」を用いるのに対し、労働者階級の子どもは自己中心的意味付けを中心とする「限定コード」を用いるという特徴を見出し、これが結果的に階層間の学力差となって表象すると考えた。学校はそうした文化の違いに配慮して、普遍的意味付けができるように子どもの学習を導くべきであるというのが彼の主張であった（Bernstein 1974, p.146）。同様に、ブルデュー（Bourdieu）も、ある階層に共通する身体化された形、たとえば話し方や感じ方、行動や生活様式というものは、親の学歴などのような制度化された形と、家庭の図書や物品などの客体化された形とともに、家庭や学校のなかで伝承されて「文化資本」というものを作り上げており、それは階層間によって異なるため、経済的資本と社会関係資本（人脈など）とともに、階層が再生産される原因となると考えた（石井 2002）。

このように家庭を中心に伝承される文化が不平等を決定すると仮定すれば、ECDの普及はその是正にどのように貢献できるのかという疑問が生じる。フィッシュキン（Fishkin 1987, p.38）は、教育の操作による社会の平等化が如何に難題であるかを次のように説明している[10]。資本主義社会において「能力主義」、「機会平等」、「家庭の自律性」という3つの原則がある場合、それらすべてを同時に満たすことができないとする考えである。たとえば、能力のある者が登用される社会で人々の機会を真に平等にしようとする場合、家庭におけるネガティブな文化継承を防ぐためには育児を社会の統制下に置く必要が出てくる。そのため家庭の自律性が損なわれる。そこで、能力のある者を登用し、家庭の自律性も尊重した場合、家庭を通した文化継承が起こり、

結果的に人々に与えられる機会は平等ではなくなってしまう。では、機会平等と家庭の自律性の2つを満たそうとすると、純粋に能力に基づかない機会の平等を実施することになってしまい、能力主義の原則が侵されるというものである。このトリレンマにおいて ECD が果たせる役割は何であろうか。ECD は、その導入において家庭の自律性を大きく損なうことのないような配慮をしつつ、能力主義との併存を図りながら、機会平等の改善を目指すことになるだろう。

　先進国や途上国における ECD や就学前教育の普及は、恵まれない環境に生まれ育つ子どもの多面的な能力向上に対して効果の大きいことがよく知られている (UNESCO 2006, pp.111-113、本章第3節)。英国の縦断的調査でも、より不利な環境に育つ子どもが良質の就学前教育から大きな恩恵を受けることが実証されている。英国の教育技能省は就学前教育や保育サービスの効果やその効果的なあり方を探る目的で、1997年に EPPE プロジェクト (Effective Provision of Pre-School Education) を立ち上げた。無作為抽出の全国サンプル約3,000人の3歳児を対象に、7歳となる2003年まで、統制群の約200人の子どもを含め、属性や家族の情報、認知的発達や社会的情緒的発達などのデータが収集された。結果の一部として、調査開始時には実験群の3人に1人が特別支援教育対象の予備軍と診断されたが、小学校就学までにその割合は5人に1人まで減少した。また、就学前教育を通して言語的発達の特別支援を行うことは、恵まれない子どもや外国人の子どもに対する効果がとくに高く、反社会的な行動も良質の就学前教育によって発生が抑制されたという (Sylva et al. 2004)。

　ECD の普及は、階層間の平等だけでなく、ジェンダーの平等推進と女性の地位向上にも貢献することができる。以下に、その根拠をいくつか示しておこう。まず、女児に対する ECD の普及は彼女らの初等教育の就学向上につながる。たとえば、1998年からネパールの農村でコミュニティベースの ECD 施設を設置したプログラム評価によると、統制群から小学1年に進学した男女の割合は61：39と、女児の方が少なかったが、実験群の子どもは就学年齢にほぼ全員が小学校へ進学し、その男女比は50：50であった (Arnold

2004, p.54)。これは、おそらくECDを通して女児が男児と同様によく学ぶことを保護者が理解し、女子教育に対する意識が変化することによるものであろう。このような変化を通して長期的に女性の就学年数が増加すれば、それは本人の生活改善だけでなく、その子どもにも便益が波及し、健康状態や教育水準の向上につながることが知られている[11]。

ECDが男女平等の推進要因となり得るもう1つの理由は、ECDを通してジェンダーフリーの教育を実践できる点にある。社会において女性・男性がどうあるべきかというジェンダーの社会化は幼児期から始まると言われるだけに、乳幼児段階からの早期対応は重要である。女児の場合、男児に比べてより明確な行動基準や役割への期待が周囲の大人から示される傾向にあり、子どもはそのような期待を敏感に察して、それに沿った成長を遂げ、社会的性差であるジェンダーが再生産されてしまう。たとえば、インドの5～6歳児の意見をまとめると、彼らの考える良い女の子像と良い男の子像はすでに以下のように異なっている (Evans 1997, p.22)。

> 「良い女の子の役割は、控え目で順応的かつ敬意に満ちた家庭の主婦となることです。良い6歳の女の子とは、大人の言うことをよく聞き、敬意を払い、家事をして母親を助け、家に居て、家で遊ぶ子のことを指します。他方、良い男の子はわんぱくで、家の外で遊ぶ友達がたくさんいることを期待され、必ずしも親の言うことを聞きません。」

当然ながら、ECDもそのあり方次第では、固定化された男女の役割を演じるごっこ遊びなどを通して性差の再生産に加担してしまう危険性もある。そのため、ECD教諭をはじめ関係者に対するジェンダーの意識化研修などを行い、まずは大人の側からの意識改革に着手する必要性がある。

4. 経済成長の促進
(1) 労働者の質の向上

ECDは長期的に健康で健全な成人を生み出し、就学年数を増加させるが、地域や国家にとってこれは労働者全体の質の向上を意味する。労働者の質的向上は、生産性の向上や持続的な経済発展という波及効果も生む。たとえば、

1960～86年の途上国58カ国のサンプルデータを用いた研究によれば、労働者の就学年数1年の増加が実質GDPに与える影響は国や地域、教育段階によっても異なるが、最大では約5％増加すると言う(Lau et al. 1991)。低賃金の労働者の存在が国内や海外の投資を誘発した時代と異なり、グローバル化や情報化の進む現代社会においては教育水準の底上げによって日進月歩の科学技術にも対応可能な人的資源を育成し、国際競争力の強化を図ることが不可欠な課題となっている。ECDの普及はそうしたニーズに対応するための長期的方策ともとらえられ、その点においても意義がある。

(2) 就労者数の増加

途上国の多くの女性は、ECDの利用機会が限られているために家庭外での就労機会が閉ざされた状態にあることを先に述べた。そのため、ECDの普及を通してアクセスが増加し、保護者の家庭外での就労機会が増えれば、稼動労働者数が増加することとなる。これは、延いては地域や国家における生産量の増大や経済活動の活性化にもつながり、個人や家庭だけでなく社会全体にも裨益するものである。もちろん、こうした考えは途上国に女性労働者が少ないということを含意しているのではなく、それらの国々では先進国に比べて負担の大きい家事労働や農作業など、家庭内での無償労働に従事する割合が多いという事実に基づいている (UNESCO 2002)。

5. 子どもと女性の権利保障

最後に、ECDの普及は子どもと女性の権利を保障する点にも社会的意義がある。1989年に国連で採択された「児童の権利に関する条約」は、主に途上国の子どもの人権環境の改善を目的に策定されたものであり、18歳未満のすべての子どもに対する権利保障のため、締約国が適切な行政・立法措置を取ることを義務付けている。

当然ながら、本条約には乳幼児に関連する条項もある。たとえば、第2条差別の禁止に対する権利、第3条子どもの最善の利益、第6条生命・生存・発達に対する権利、第12条意見表明の権利、第24条健康および医療、第27

条生活水準の保障、第31条休息、遊び、文化的生活、芸術などである。しかし、各締約国から国連子どもの権利委員会へ定期的に提出される報告書のなかで、乳幼児の権利についてはこれまで限られた情報しか提供されてこなかった。そのため、2005年に同委員会は本条約の「一般的意見7号」として、乳幼児の権利と保障のための実践方法を詳記した「乳幼児期の子どもの権利の実施」を採択している (UN Committee on the Rights of the Child 2006)。

この一般的意見の第Ⅴ部「乳幼時期の包括的な政策およびプログラム（とくに恵まれない状況の子どもに対して）」のなかではECDに関係性の深い項目への言及が多い。たとえば、マルチセクターでのサービスや支援の提供の重要性や、恵まれない子どものアクセスの保障、出生登録の重要性、保健や養護、教育サービスの提供、コミュニティや自宅をベースとするECDプログラムの実施、小学校への円滑な移行の重要性などについて触れられている。

ECDは乳幼児期の子どもだけでなく、母親や年長の女児の権利保障にも貢献する。たとえば、出産前後という身体的にもっともリスクの高い時期に栄養補給や予防接種のサービスを提供することや、育児中の母親に有益な育児知識・技術を与えたり、働く権利を保障したりすること、そして年長の女児の就学機会を保証したり、乳幼児期からジェンダーにとらわれない女児の社会化を推し進めたりすることなどを通して、多方面から女性の権利を保障している。すなわち、ECDの推進は1979年に国連で採択された「女性に対するあらゆる形態の差別の撤廃に関する条約」の遵守にもつながっている。

第3節　主な実証例

本節では、これまで述べてきたECDの効果と意義を実証するものとして、貧困層の子どもに対象を絞った米国の3つの事例と途上国の2つの事例を提示する。

貧困層の子どもを対象とするプログラムでは、その効果の正確な測定に困難が伴う。なぜなら、そのようなプログラムの参加者（実験群）は貧困層に限定されているため、比較対象となる統制群の選出にあたっては実験群との処

遇以外の初期的差異がないことをとくに確実にする必要性があり、対象者の細部にわたるデータを必要とするからである。たとえば、実験前の段階で、子どものIQ、家庭の経済的水準や子どもの数、保護者の教育水準などさまざまな要件において2つのグループが同じ属性をもった集団であることが示されなければ、分析結果はバイアスを含んだものとなってしまう。

そのため、貧困層を対象とする正確なプログラム効果の測定には無作為割りあてによる実験型研究が望ましい。その代表的なものとしてペリー・プレスクール・プログラムとカロライナ・アベセダリアンの研究があり、いずれも長期にわたる縦断的研究から実証的データを提供している。第2章の概念整理にもとづけば、ペリー・プレスクールは週1回の家庭訪問を通して保護者に与えた影響も少なくないが、ECDというよりは就学前教育である。また、カロライナ・アベセダリアンは内容に養護と教育を備えているが、幼児教育（ECE）として言及されることが多い。しかしながら、いずれも、その研究結果は途上国の貧困地域におけるECDの効果や意義を考えるうえで強い示唆を与えることから、ここで取り上げることとする。

途上国での研究結果でも米国の事例と同様、ECDの効果を示すデータが報告されている。ただし、途上国のECDは実験目的では実施されていないため、評価段階における比較集団とのマッチングの問題があり、実際には信頼性に乏しい結果も少なくない。そのため、分析結果の解釈にあたっては調査方法に注目する必要があるが、マッチング方法が詳述された研究報告が少ないこともまた事実である。

⑴ ペリー・プレスクール・プログラム (Perry Preschool Program)

ペリー・プレスクール・プログラムは、1962年ワイカート（Weikart）氏を中心とする研究者グループによりミシガン州イプシランティ（Ypsilanti）において貧困層に属するIQ 70～85のアフリカ系米国人幼児3～4歳の123名を対象に開始された。これらの幼児は実験群（58名）と統制群（65名）へ無作為に割りあてられ、実験群は1965年までの3年間ピアジェの発達理論に基づき、子どもの自主性を重視しながらも、日課や計画・実践・見直しというサイク

表4-7 ペリー・プレスクール・プログラムの縦断的調査結果の一部

	実験群		統制群		
	n	平均値または割合 (標準偏差)	n	平均値または割合 (標準偏差)	効果量
知能指数(スタンフォード・ビネー法、7歳時点)	58	91.0 (11.7)	61	87.7 (10.2)	.30*
高校での成績(0～4ポイント)	42	2.03 (.65)[1]	44	1.73 (.74)[1]	.42*
過去1年間の所得(40歳時点)	54	$20,800[2]	58	$15,300[2]	
高卒以上の学歴(40歳時点) 〈女性のみ〉	56 〈25〉	77% 〈88%〉	63 〈24〉	60% 〈46%〉	
過去に社会福祉サービスを受けた経験のある者(40歳時点)	58	71%	65	86%	
5回以上の逮捕歴をもつ者(40歳時点)	58	36%	65	55%	

注1) 家庭の属性に配慮した調整後の数値、2) 中央値。 * $p < .05$
出典) Schewainhart et al. (2005)

ルにも配慮した週5日各2時間半の教育プログラムと、週1回1時間半の家庭訪問を受けた。実施期間は1年間もしくは2年間で、年8ヶ月間続き、児童20～25名に4名の教諭が割り当てられた。すなわち、教員一人あたりの幼児数は5～6.25人であった。以降、双方の集団は研究者らによって3～11歳までは毎年、その後は14、15、19、27、40歳の各時点で追跡調査されている (Schweinhart et al. 2005)[12]。

これまでの調査結果はプログラムの長期的効果を立証している(表4-7)。まず、40歳時の調査結果によれば、高卒以上の学歴を有する者の割合は実験群77%、統制群60%と実験群の方が高く、男女別にみた場合、男性では差がなかったが、女性では88%対46%と、大きな違いが見られた。この背景要因として、学校教育で精神遅滞児向けの特別支援授業を受けた者の割合が女性では実験群8%、統制群36%と大きな開きのあったことが関係しているとされる。所得水準では年間所得の中央値で実験群20,800米ドル、統制群15,300米ドルで、その5,500米ドルの差は27歳時点の調査結果(2,000米ドルの差)よりも拡大している。また、家を購入した者は37%対28%と実験群の方が依然高かった。一方、40歳までに社会福祉サービスを受けた経験のある者は実験群71%、統制群86%と差は見られたものの、統計的に有意ではなかった。犯罪発生率では5回以上の逮捕歴のある者は実験群36%、統制群55%と、27歳時点の結果と比べて差は縮小したものの、やはり統制群の方がより高い。

知能指数や学力検査の結果においては、検査年齢によって結果が異なる。知能指数（スタンフォード・ビネー法）の検査は、プログラム参加以降10歳までは毎年と、14歳時点（ウェクスラー式）で実施されたが、統計的な有意差が確認されたのは7歳までで、その間の効果量もプログラム終了時点での.87から大きく減少している。また、7歳以降のさまざまな学力検査結果では、実施年齢やテスト種類によって差があったり、なかったりと結果は一定ではない。実験群が統計的有意により高い成績を収めた検査は、被験者が9歳の時点での学業成績、算数テスト、言語テスト、10歳時点で学業成績、読解力テストで、11歳ではいずれの結果にも差が見られず、14歳時点では学業成績、算数、言語、読解力テストにおいてであった。27歳時点の成人向けのテストでは総合点や読み書き能力、コンピュータ操作、消費者経済などで有意差がなかったが、問題解決力と保健情報、職業上の知識において実験群の結果が有意に高かった。

　ペリー・プレスクールが注目されるのは、上記のような結果だけでなく、費用便益も算出している点にある。シュウェインハートらは40歳時点の調査で、プログラム効果が参加者にもたらす便益の総額は63,267米ドル、一般社会にもたらす便益の総額は195,621米ドルであり、双方を足して社会全体への便益の総額は258,888米ドルと算出している（2000年米ドル建て割引率3％）。プログラムの費用は15,156米ドルであったため、同プログラムへの1米ドルの投資は、プログラム参加者には4.17米ドルの便益を、一般社会には12.90米ドルの便益を、そして双方を含めた社会全体には17.07米ドルの便益をもたらしたと結論づけている（Schweinhart et al. 2005, p.148）。

　しかし、ヘックマンらは、こうした計算にはいくつかの問題があるとした。1つは同プログラムが完全に無作為なグループ割りあてのルールを破り、母親の就労により家庭訪問の調整がしづらい数名の親子を実験群から外したり、同じ家庭の兄弟姉妹は同じグループに振り分けたりするなどの妥協があった点で、この点に配慮してないことである。また、標準誤差を報告していないことや課税による厚生損失の影響に配慮していない点も挙げられた。**表4-8**はそれらを考慮したうえでの費用便益比や社会的収益率の算出結果で

表4-8 ペリー・プレスクール・プログラムの内部収益率

(2006年米ドル建て、割引率3%)

	死荷重0%の場合			死荷重50%の場合		
	すべて	男性	女性	すべて	男性	女性
教育費用	4,325	11,318	2,349	6,434	16,819	(8,227)
所得	78,010	42,965	82,690	78,010	42,965	127,485
犯罪による費用	66,780	101,924	14,602	75,062	112,248	22,564
福祉による費用	3,698	2,421	(1,333)	5,547	3,631	8,253
全体の便益	152,813	158,627	144,605	165,053	175,662	150,075
プログラム初期費用	17,759	17,759	17,759	26,639	26,639	26,639
費用便益比(調整前)	8.6	8.9	8.1	6.2	6.6	5.6
(標準誤差)	(3.9)	(4.3)	(5.0)	(3.0)	(3.9)	(3.6)
費用便益比(調整後)	9.2	9.8	8.0	6.6	5.4	7.3
(標準誤差)	(3.5)	(4.0)	(4.7)	(2.7)	(3.0)	(3.2)
社会に対する内部収益率(調整前)%	8.6	10.6	11.6	8.0	9.8	10.2
(標準誤差)	(2.6)	(2.8)	(3.2)	(2.9)	(3.4)	(3.1)
社会に対する内部収益率(調整後)%	8.3	10.4	11.0	7.7	9.7	9.5
(標準誤差)	(2.4)	(2.2)	(2.9)	(2.6)	(3.0)	(2.7)

注)「死荷重」とは課税1米ドルに対する厚生の損失割合。ヘックマンらは死荷重50%をより現実的な数値としている。「調整後」とは、妥協された無作為に対する調整を行ったという意味。なお、ヘックマンらは本表以外にも異なる状況下での費用便益比や内部収益率を複数算出している。
出典) Heckman et al. (2009) p.53

ある。死荷重(課税による厚生の損失割合)50%を想定した結果によると、費用便益ではシュウェインハートらの数値よりも低くなり、同プログラムへの1米ドルの投資は5.4〜7.3倍の便益をもたらすとされた。また、社会に対する内部収益率の計算では7.7〜9.7%となっている。なお、これらの分析では人々がより健康になることに伴う便益や次の世代の福祉の支出抑制についてはデータ不足から計算に含めていない。ヘックマンらは表4-8に示した算出結果以外にも複数の推測値を算出しており、結論として、ペリー・プレスクール・プログラムの社会的収益率は低く見積もった場合でも7〜10%であるとし、米国の戦後の株式市場における平均的な株主資本利益率の約5.8%を上回る高さと結論づけている。

(2) カロライナ・アベセダリアン・プロジェクト(Carolina Abecedarian Project)

ノース・カロライナ大学が実験目的で始めた本プロジェクトは、その介入が生後数ヶ月の乳児という早期に始められている点、そして質が高く、内容

の濃い教育サービスを5年間にわたって提供している点にその特徴がある。また、統制群は貧困層が受けられるような保護者ケアやチャイルドケアセンターには自由に参加していることから、本プロジェクトは「質が高く、内容の濃い」ECD プログラムが貧困層の子どもに与える効果を計ることを意図している。

1972～77年に開始された本プロジェクトでは、所得水準や母親の学歴を基準に選び出されたカロライナ州貧困家庭の乳幼児111名(98%がアフリカ系米国人)を、実験群(57名)と統制群(54名)に無作為に割りあてた。実験群については平均生後4.4ヶ月から5歳までの間、1日8時間、週5日間、年間50週間、とくに言語習得に力を入れた認知的発達と社会的情緒的発達の促進を図り、個々の子どものニーズにも対応するような教育サービスが施された。教員一人あたりの乳幼児数は最低で1：3、最大でも1：6に抑えられた。実験群は多くの栄養補給を受けたが、栄養差が認知力の差につながらないよう、統制群に対しても生後15ヶ月間は鉄添加の粉末乳が与えられた。以降、対象集団の検査が3、4、5、6.5、8、12、15、21歳時に行われている。

21歳時での104人に対する調査結果にもとづき、結論として、早期介入で質が高く、密度も濃い ECD サービスの場合、参加者の IQ や学力の向上に持続的効果があることを実証している(Campbell et al. 2001)[13]。実験群と統制群は介入前には IQ テストで差がなかったが、1歳半の検査で実験群は統制群より統計的に高い得点を獲得し、その後の12歳、15歳、21歳時の知能テストにおいても、実験群がより高い得点を得ている。また、実験群は12、15、21歳時すべての時点で国語や数学テストの得点で統計的有意により高い得点を獲得しており、縦断的に見てもその差得点は減少していない。実験群と統制群の2集団をプールした標準偏差を用いた場合、国語の効果量は1.40と大きく、数学の効果量は0.86であった(Campbell et al. 2001, p.238)。21歳時の学力検査における集団間の得点差を説明するモデルに5歳時の IQ を加えたところ、IQ は得点差の半分を説明したことから、幼児期における認知力改善の重要性が窺える。四年制大学に在学もしくは卒業した者の数を見ても、実験群35％、統制群14％と大きな開きがあった。また、実験群の子どもの母

親は統制群の母親に比べて教育的にも雇用状況においてもより高い地位にあり、その傾向は当時10代の母親であった場合にとくに強かった。

ただし、IQについては2集団間の有意差は確認されているとはいえ、全体的にみればIQ水準は6歳以降、実験群と統制群双方に低下傾向が見られる。また、本章第1節2の(2)でも既述したとおり、国語や数学の学力水準では改善されたとはいえ、依然、標準得点の平均値を下回る水準でしかないこともまた事実である。

本プログラムの費用対便益は2.5となっている（2002年米ドル、割引率3％）(Barnett and Masse 2007)。プログラム費用は63,476米ドルと、実施期間も時間もより短いペリー・プレスクールに比べると約4倍となっているが、便益総額は158,278米ドルと、ペリー・プレスクールの約6割となっている。便益は、全体の約4割を占める母親の就労による収入と参加者の所得、子どもの養護や健康維持による支出削減などがあるが、アベセダリアンでは実験群と統制群の間に犯罪発生率の有意差がなかったため、それに伴う支出削減は含まれていない。ただし、これら2つのプログラムの異なる結果は、それぞれが異なる特徴をもつ地域や人々を対象としていることに起因するという。つまり、アベセダリアンのサンプルはペリー・プレスクールのサンプルよりももともとIQが高く、地域的にも犯罪発生率がより低く、比較的恵まれた地域に住んでいることとも関係する。また、IQや学力の向上によって、大学進学率がペリー・プレスクールよりも高くなったアベセダリアンでは支出も増加する。さらに、留年回数や特別支援教室への配置はアベセダリアンの抑制効果が高かったが、それによる支出削減の幅は大きくないことも一因とされる。

(3) ヘッドスタート・プログラム（Head Start Program）

ヘッドスタート・プログラムは、1965年に補償教育プログラムとして開始されたもので、貧困層幼児3～5歳の幼児を対象とし、認知的、社会的、情緒的発達だけでなく保健衛生や保護者の支援も行うマルチセクター・アプローチを採用して、子どもの社会的能力[14]を育成することを目的としている。実施においては地域の自律性が尊重されるため、その内容や質は多様であり、

このことがプログラム評価の一般化を難しくする一因ともなっている。開始当初は夏期8週間の実施とされたが、成果の持続性に疑問が出て以降は9ヶ月の実施が主流となった。毎年、米国の約80万人の子どもとその家族がプログラムの受益者となっている。

　ヘッドスタート開始初期の大規模な評価としては1969年のウェスティングハウス研究や1985年のシンセシスがよく知られている。ウェスティングハウス研究結果では、実験群と統制群の間に有意差はなく、半日よりも全日のプログラムに参加した幼児の認知的・情緒的発達が優れていたと報告された。しかし、本研究で用いられた統制群は実験群に対する適切な比較対象群ではなく、一部ではサンプル・サイズにも問題があると批判された[15]。他方、シンセシスではヘッドスタートに関する過去の複数の研究結果を統合するメタ分析[16]を用い、ヘッドスタートの弱い効果を確認している。しかし、対象となった個々の研究において2つの集団間の初期的差異が適切に調節されていたか否かには疑問が残るため、メタ分析の結果にもバイアスがかかっているものと考えられる。事実、これらの研究から得られた評価結果が誤謬であることは以降の研究を通して明らかになっていく。

　1983年にハレルは小学校に入学したヘッドスタート参加者を調査した71件の研究結果のメタ分析を行った (Harrell 1983)。IQと小学校入学時の就学レディネス、そして小学校低学年での学力を分析したところ、ヘッドスタート参加者に就学レディネスでもっとも大きな効果が見られ、IQや小学1、2、3年生での学力結果にもある程度のプログラム効果が認められた。

　近年では、ヘッドスタートの長期的効果を図る調査も実施されている。コロラド州とフロリダ州の貧困家庭に生まれ育った22歳の622名を対象に、ヘッドスタート参加者と非参加者とを比較したところ、高卒者は参加者95％、非参加者81％と参加者の修了率がより高く、犯罪歴のある者も参加者は非参加者の3分の1でしかなかった (Oden et al. 2000)[17]。また、ヒスパニック系アメリカ人の子ども182名に対するヘッドスタートの効果を、ヘッドスタートには参加しなかった兄弟姉妹568名との比較から検討した別の研究によると (Currie and Thomas 1999)、ヘッドスタートは参加者と平均的な非ヒスパニッ

ク系白人との成績格差を少なくとも4分の1縮め、留年の発生率における格差を3分の2減少させる効果が確認された。

　さらに、保護者の育児態度の改善効果も報告されている。ヘッドスタートに1年間参加した者と2年間参加した者とを比較した研究では (Ritblatt et al. 2001)、子どもの発達指標には違いが見られなかったが、2年間参加した子どもの保護者は認知的文化的な働きかけや読み聞かせをする回数がより多いことが判明している。

　1995年には実験目的も兼ねて、妊産婦と3歳未満の乳幼児を対象とする「早期ヘッドスタート（Early Head Start）」プログラムが開始された。2002年時点では664の地域で約55,000人の貧困層乳幼児を受益者とし、地域によってアプローチは異なり、施設型、家庭訪問型、またはその混合型に分かれる。その3つのタイプを含む17のプログラムに参加する3,001件の家庭を対象に1997年以降、継続調査が実施されている。2002年の結果によれば、2歳の時点で精神的、認知的、言語的、社会的情緒的発達において実験群は統制群よりわずかではあるが統計的有意に高い得点を上げ、3歳になっても同様の傾向が観察されている。実験群の保護者も複数の点でより好ましい育児態度を示し、職業訓練への参加率もより高かった。すべてのアプローチで保護者や乳幼児へのインパクトはあったものの、施設型では保護者の自助努力（職業訓練への参加など）に、家庭訪問型では3歳児の言語発達にそれぞれ効果が見られず、結果的には混合型がもっとも広範囲に高い効果を上げていることがわかった（Head Start Bureau 2002）。

⑷　インドのICDS

　Integrated Child Development Services（統合的児童発達支援、以下、ICDS）は、1975年にインド政府によって始められた0〜6歳の乳幼児と妊婦、授乳中の母親を対象とするECDプログラムである。ICDSは栄養改善・保健医療サービスの提供、保護者の育児知識の向上、そして就学前教育の提供を通して、子どもの最善の発達を促すことを目的としている。2011年現在、全国で6,719のICDSプロジェクトが稼働中で、124万ものECD施設で7,510万人の乳幼

児(うち、3歳未満児は53%)と1,676万人の妊婦・母親が恩恵を受けている[18]。

ICDSは施設ベースであること、コミュニティを実施単位とするものの、政府予算を主たる財源とし、中央政府の主導によって運営されること、そして子どもの発達を多面的に支援するため、広範囲な受益者に対して多様なサービスを提供している点にその特徴がある(**表4-9**)。ICDSでは養成研修を受けたアンガンワディ・ワーカー(Anganwadi Worker: AWW)が、アンガンワディ・センター(Anganwadi Center: AWC)と呼ばれる施設で平均40名程の乳幼児を1日3時間、週5日間預かる。AWWは赴任時にコミュニティ内の全世帯の調査を行い、受益者となりうる貧困層の乳幼児や女性の存在を把握する。AWWは視学官[19]からの監督・助言を受けながら、プライマリヘルスケアの職員や准看護助産師(ANW)、料理担当のヘルパー(AWH)と協同して、乳幼児の健康管理や栄養補給、発育観察、予防接種、就学前教育の活動と、妊産婦や母親に対する栄養補給や健診、さらに思春期の女性も含めた保健栄養教育を推進する。

表4-9　インドのICDSのマルチセクターサービスの内容

	6歳以下の子ども	妊婦	授乳中の母親
健康診断と治療	AWWやANW、地域の保健職員による健診の実施。下痢の治療、寄生虫駆除、簡単な外傷の手当て、医療施設への照会サービス	産前の健診	産後の健診
発育観察	体重測定:3歳未満児は毎月、3～6歳児は年4回。成長カードに記録		
予防接種	小児麻痺、ジフテリア、百日咳、破傷風、結核、はしかに対する予防接種	破傷風の予防接種	
微量栄養素の補給	栄養不良児に対する鉄分葉酸とビタミンAの補給	鉄分葉酸の補給	
保健衛生教育		子どもの食事、子どもの養護と発達、保健サービスの利用、家族計画、衛生に関するアドバイスの提供　<上記に加えて、15～45歳の女性も対象>	
栄養補給	温かい食事または500カロリーでたんぱく質12～15gの軽食の提供。栄養不良児には800カロリーで20～25gの軽食の提供	温かい食事または800カロリーでたんぱく質18～20gの軽食の提供	
就学前教育	3歳未満児には発達促進のための働きかけ、3～6歳児には遊びを通した教育の提供		

出典) Gragnolati et al. (2006) p.39、ならびに女性児童発達省の情報をもとに加筆修正した。

ICDSの評価は数多いが、その多くは各地域での実施状況に関するものであって、全国データを用いて参加者に対するプログラム効果を測った分析は少ない (NIPCCD 2009a, 2009b)。これまで行われたICDSの全国調査としては1990年の国立政府協力児童発達研究所 (NIPCCD) による調査と、99年の国立応用経済研究所 (NCAER) による調査の2つがあるが、その記述の多くは実施状況に関するものである。無作為抽出によるサンプル数はNIPCCD調査で700 AWCと比較的少なく、NCAER調査では60,000 AWCであった。NIPCCD調査では、ICDS有の地域と無の地域で栄養状態に問題のない子どもの割合 (35%対31%) や重度の栄養不良の子どもの割合 (10.8%対13.1%) などで差が見られたが、サンプルの規模も影響してか、統計的な有意性はなかった (Lokshin et al. 2004, p.633)。就学前教育に関しては、ICDS地域ではAWCに登録してサービスを受ける3～6歳児が全体の56%であったが、ICDS無の地域では何らかの就学前教育を受けている者が8%でしかなかった。NCAER調査によれば、ICDSに参加する子どもの8割はすべての予防接種を受けており、90%以上の妊婦が破傷風トキソイドの接種を受けている。

　ICDSでは前述の米国の事例のような同じ子どもの変化を追った縦断的調査の結果をもとにした評価がなく、プログラム効果を結論づけることは難しい。たとえば、実施状況の分析によれば、ICDSは本来の趣旨とは逆に、社会経済的により豊かな州での実施率が貧困州よりも高いことが指摘されており (Gragnolati et al. 2006)、各州内においてはより貧しい村が選ばれてはいるものの、注意深い比較を行わなければ参加者により有利な結果が出る可能性も高い。ロクシンらは1992年と98年に全州で実施された全国家族保健調査の結果をもとに、傾向スコア法を用いて選択バイアスを取り除き、栄養状態の改善に関する分析を行った。その結果、1992年の男児の低体重児の割合で統計的に有意な低下が見られたが、女児や1998年のデータでは差がなかった (Lokshin et al. 2004)。

　ICDSは貧困地域における乳幼児の効果的な支援方法として、その基本的考えに誤りはないものの、実践においては運営上のさまざまな問題点が指摘されている (NIPCCD 2009a, 2009b)。NCAER調査によれば、AWWの8割強は

養成研修を受けているものの、現職中研修はほとんどなく、視察の回数も少ない。名誉職と位置づけられる AWW や AWH の報酬は少なく、どちらかというと政府によるトップダウン型の運営のため、コミュニティ住民の参加も乏しい。また、行政機関での調整が不十分なため、物品不足で就学前教育や保健栄養教育を行えないところもある。結果的に、AWC が本来の目的から乖離して単なる給食場と化してしまうケースも報告されている。就学前教育については、良質のカリキュラムや補助教材の提供、研修の実施を通して機能を強化する必要性が指摘されている。

インド政府は近年になって栄養不良の問題が国家経済全体に与える負の影響への意識を高め、ICDS の改革に着手しており、今後は栄養改善面での機能強化に重点が置かれることが予想される。主な改革点としては、3歳未満児への焦点化や栄養不良の深刻な地域への資源の重点化、プログラム設計や実施における州や県への分権化、結果重視のプログラム設計、モニタリング評価の強化などが挙げられている。なお、本プログラムは UNICEF、世界銀行、WFP（世界食糧計画）などからの継続的な支援を受けている。

⑸　ニカラグアの PAININ

　Programa de Atención Integral a la Niñez Nicaragüense（ニカラグア児童統合的支援プログラム、以下、PAININ）は、ニカラグアの貧困地域に暮らす0～6歳未満児の包括的な発達を促すため、家族省の管轄下で1996年から提供されるようになった ECD プログラムである（Verdisco et al. 2009）。当初は都市部貧困地域の35市（municipios）で実施されたが、現在は農村部で貧困指数の高い地域を含め、66市に拡大され、約85,000人の子どもにサービスを提供している。PAININ では、以前は個別に提供されていた発育観察や就学前教育、病院照会のサービスを統合し、さらに妊婦や保護者も対象に含めた栄養素の補給や育児教育、3歳未満児の認知的発達促進を加えている。

　PAININ の主な特徴は、ICDS と同様、子どもの全人的発達に必要な統合的なサービスを提供することや、家族省が管轄するものの、その運営は各地域を熟知する NGO に委託すること、そして地域の特徴に合わせて二つの異

なる提供方法をとることにある。比較的人口の多い地域では施設ベースとし、最低でも小学6年を修了した18歳以上の者がコミュニティ子どもセンター（Centro Infantil Comunitario: CICO）の准教諭として勤務する。他方、最大でも30世帯以下の遠隔地の場合は自宅ベースとし、事前研修を受けた複数の母親がチームを組んで、各自がボランティアとして4〜5家族を担当し、プログラム教材を使いながら3歳未満児への教育的働きかけや保護者向けの育児教育を施す。最近では、遠隔地の4〜6歳未満児にも就学前教育を提供するため、母親ボランティアに加え、センターの准教諭が週2回これらの地域を訪問する方法をとっている。

　PAININ は開始当初から米州開発銀行の継続的な融資を受けており、融資期間修了ごとに見直しを行い、さまざまな改善を行っている。たとえば、家族省は PAININ の提供する基本的なサービスの全国規準を策定しており、研修やサービスはその内容に準じて行われ、幼児教育でも独自のカリキュラムや教材を開発している。また、各市の子ども委員会に視学を任せ、利用者の発育記録を徹底するなどしてモニタリングも強化した。さらに、市の行政官向けに子どもの統合的ケアに関する学士プログラムを開講したり、NGO 職員や母親ボランティア向けにコミュニティ資格コースを作ったりもしている。少数民族の言語での教材作りや貧困地域に多い障害児向け教材の作成も行っている。

　PAININ の初期の評価によれば、非参加者に比べて参加者の栄養不良状態は8割低下し、重度の栄養不良児の割合も5.6％から1.4％へと減少した。PAININ 実施地域の小学校では純就学率が増加するという結果も得られた（Verdisco et al. 2009）。また、ホンジュラスとの国境近辺にあるニカラグア貧困地域の6市では、保護者の季節的な出稼ぎ（国内外）が乳幼児の身体的、認知的発達に与える影響を探る調査が4千世帯以上で行われ、PAININ 参加者（39％）と非参加者（61％）を含む3〜7歳児のサンプル（$n=1,535$）の認知的発達が TVIP 検査で測定された（Macour and Vakis 2007）。それによると、TVIP の標準化得点で PAININ 参加者は非参加者に比べてより高い結果を示している。ただし、高所得階群と低所得群に分けた得点比較では、前者において参

加者と非参加者との差がより大きいという結果になり、貧困層や社会的弱者により大きな効果がもたらされるとする ECD の一般的な研究結果とは異なる傾向を示している。また、過去1年間に季節的出稼ぎに出た母親とそうでない母親別に幼児の TVIP の得点を比較したところ、いずれの月齢においても PAININ 参加者の得点の方が非参加者より高く、出稼ぎに出た母親の子どもの方で参加者と非参加者の得点差がより大きかった。

注

1 たとえば、乳幼児の知覚は行為という前提があってはじめて構造化されるという理論や、幼児の思考では自己の視点と他者が取り得る視点を区別できないという自己中心性の理論などは、それと矛盾する研究結果が複数提示されている。結果的に、現在では、乳幼児はピアジェが思料したよりも、もっと多くの能力を持つと考えられている（Butterworth and Harris 1994・村井監訳 1997）。

2 「効果量」とはサンプル数に左右されることなく効果の大きさを示す数値で、実験群と統制群の平均値の差を2つの集団をプールした標準偏差（もしくは統制群の標準偏差）で割ったもの。主にメタ分析などに用いられる。効果量がいくらであれば大きな効果があると考えるのかについては対象となっている研究課題や状況によっても異なるが、Cohen（1988）によれば一般的な目安として効果量0.2で小さな効果、0.5で中程度の効果、0.8で大きな効果とあるとされている。

3 1967年に低所得層が多く通うシカゴ市の公立小学校で国庫支援により始められた。3、4歳の幼児を半日、計2年間預かり、就学レディネスを高めることを目指す。保護者は少なくとも週半日、センターで補助を勤めたり、行事に参加したり、他の保護者と交流するなどの参加が義務付けられる。センター内には親のリソースルーム（Parent Resource Room）が設けられ、保護者に対する教育活動や保護者と子どもの交流の場として使われる。学校と地域の代表者も運営に参加し、家庭訪問を実施する（Reynolds et al. 1996, p.1123）。

4 民間サービスの利用者に収入増加率がより高い理由としては、母親が収入の多い仕事に就くために利用時間帯に柔軟性のある民間サービスを選択したものと推測される。より教育水準の高い母親がより質の高いサービスを求めて民間を選択することも考えられるが、この調査対象地域では民間よりも公的機関の方が良質のサービスを提供している。この点、公的資金のより効率的な使い道として、利用時間に柔軟性のあるサービスの提供に努めたり、民間サービスの質的向上や管理に資金を投じながら、貧困層に限ってサービス利用の資金援助を行ったりすることなどが考えられる。

5 学校教育において教員が授業において用いる言語を指し、多言語国家の場合、学習者の母語とは必ずしも一致しない。

6 パーセンタイルは計測値の分布を百分率で表したものであり、たとえば10パーセンタイル値とは100人中、低い方から10番目以内ということを意味する。
7 同じ研究で栄養改善には短期的効果もなかったとされているが、チリでは5歳未満児死亡率が千人あたり12人と先進国並に低く、乳幼児の主な栄養問題も肥満であって、他の途上国の一般的状況とは異なっている点、留意が必要である。
8 留年は経済的には確かに浪費であるが、教育的にはそれが児童のより良い学習結果につながるのであれば問題視されるべきではないとする考え方もある。しかし、途上国で大量発生している留年は次の2つの理由で教育的にも浪費と考えられる。1つは、留年が児童個人の努力不足に帰する問題というより、むしろ質の低い学校環境や厳格な進級制度、そして児童の就学レディネスを培うには乏しい家庭環境によって生じていること、もう1つは、昨今の国際学力検査での途上国の低い学習結果にも自明のとおり、途上国の高い留年率が必ずしも児童の学習遅滞の回復手段となっていないことによる。
9 その後、Baker, Goesling and Letendre (2002) は1994年の36カ国の統一学力検査データを用いて、ハイネマンとロクスレイの理論（以下、H-L理論）を再度検証している。結果、Riddleの主張とおり、H-L理論は現代にはあてはまらなかったが、それは必ずしもH-L理論が誤りであったのではなく、1980年代以降に途上国においても就学率が急増し、学校要因の改善が進んだことや、先進国・途上国双方で教育が階層再生産機能を強めたこと、親世代の就学年数増加が再生産機能に拍車をかけていることによると述べている。すなわち、H-L理論は、紛争などの混乱状態にある国や極貧の国ではまだ有効である可能性も残っているという。
10 苅谷(1995)で引用されている際は、「能力主義」はMerit（メリット）、「機会平等」はEqual Life Chances（生活機会の平等）、「家庭の自律性」はFamily Autonomy（家庭の自律性）となっている。
11 たとえば、女性の就学年数1年の増加はその子どもの死亡率を5～10%減少させるとも言われる（Schultz 1993, p.69）。
12 犯罪発生の低下に伴う支出の抑制は、便益総額の87.7%を占めている。
13 本論文でキャンプベルらは、ペリー・プレスクールなどと異なり、本プロジェクトにおける実験群の認知力の優位性が長期に持続する理由について次の4点を指摘している。5年間という介入期間の長さと、1日8時間という中身の濃さ、家庭訪問による親への働きかけなどではなく、直接子どもに焦点を当てたサービスが行われたこと、そして介入前の知能テストによるとペリー・プレスクールよりも参加者がより多様な集団であった点である。
14 ヘッドスタートでの定義によれば、社会的能力とは現在の環境に適応しながら生活し、将来の学校生活での責任をも果たし得るような子どもの能力を指す（Tarullo 2002, p. 220）。
15 ウェスティングハウス研究における統制群と実験群のマッチングのための指標としては、年齢、性別、人種・民族、幼稚園就園の有無が用いられ、社会経済水準を示す指標は含められなかった。また、全日プログラムのサンプル数も29と

16 「メタ分析」とは同じような研究課題に関して統計的分析の行われた複数の研究を収集し、それらを統合したり比較したりして結論を引き出す分析方法を指す。サンプル・サイズの小さい研究を複数まとめることで統計的パワーを大きくしたり、異なる結果を導いた研究を統合して最終的な結論を出したり、比較して研究を深めるたりするなどの利点があるが、他の研究者が収集したデータを利用するため、誤った結論が導かれる可能性も残る。

17 なお、ヘッドスタートのもっとも新しい評価としては FACES（Head Start's Family and Child Experiences Survey）と呼ばれる比較的大規模な縦断的研究があり、約40のヘッドスタート・プログラムに参加した3,200名の子どもとその家族を1997年から2001年まで追跡している。比較対象の統制群が設けられず、定性的分析に止まっているが、参加者の就学レディネスは高く、教師との交流も活発で、保護者の保育にも改善が見られるなどの点が指摘されている（Tarullo 2002）。

18 Ministry of Women and Child Development のサイトより (http://wcd.nic.ni)

19 中央や地方の教育行政機関に配属される Supervisor を指す。主な任務は、中央や地方が意図する教育政策が学校での実践に確実に移されるように、学校での教育活動の定期的視察を通して校長や教員に指導助言することにある。

参考文献

石井洋二郎 (2002)『差異と欲望―ブルデュー『ディスタンクシオン』を読む』藤原書店

金子元久 (2003)「初等教育の発展課題―日本の経験と発展途上国への視点」米村明夫編『教育開発の現在』アジア経済研究所

苅谷剛彦 (1995)『大衆教育社会のゆくえ―学歴主義と平等神話の戦後史』中公新書

無藤隆・高橋恵子・田島信元編 (1990)『発達心理学入門Ⅰ―乳児・幼児・児童』東京大学出版会

森上史朗・柏女霊峰編 (2006)『保育用語辞典 第3版』第4刷、ミネルヴァ書房

Anderson, L. M., Shinn, C., Fullilove, M. T., Scrimshaw, S. C., Fielding, J. E. et al. (2003) "The Effectiveness of Early Childhood Development Programs: A Systematic Review," *American Journal of Preventive Medicine* (24) 3 Supplement 1, pp. 32-46.

Arnold, C. (2004) "Positioning ECCD in the 21st Century," *Coordinator's Notebook*, No. 28.

Baker, D. P., Goesling, B., and Letendre, G. K. (2002) "Socioeconomic Status, School Quality, and National Economic Development: A Cross-National Analysis of the 'Heyneman-Loxley Effect' on Mathematics and Science Achievement," *Comparative Education Review* (46) 3, pp. 291-312.

Barnett, W. S. and Masse, L. N. (2007) "Comparative Benefit-Cost Analysis of the Abecedarian Program and Its Policy Implications," *Economics of Education Review* (26), pp. 113-125.

Benton, D. (2001) "Micro-nutrient Supplementation and the Intelligence of Children," *Neuroscience and Biobehavioral Reviews* 25, pp. 297-309.

Bernstein, B. (1974) "A Critique of the Concept of 'Compensatory Education'," in Wedderburn. D. ed. *Poverty, Inequality and Class Structure*, Cambridge University Press: Cambridge.

Britto, P. R., Kohen, D., Engle, P., Bickel, S., Ulkuer, N., and Dawson, C. (2006) "School Readiness: Review and Analyses of International Assessment Practices," *Early Childhood Resource Pack*, Second Edition (CD-ROM), New York: UNICEF.

Butterworth, G. and Harris, M. (1994) *Principles of Development Psychology*, Lawrence Erlbaum Associate Publishers: East Sussex. (G. バターワース、M. ハリス著・村井潤一監訳 (1997)『発達心理学の基本を学ぶ―人間発達の生物学的・文化的基盤』ミネルヴァ書房)

Campbell, F. A., Pungello, E. P., Miller-Johnson, S., and Burchinal, M. (2001) "The Development of Cognitive and Academic Abilities: Growth Curves From an Early Childhood Educational Experiment," *Development Psychology* (37) 2, pp. 231-242.

Carlton, M.P. and Winsler, A. (1999) "School Readiness: The Need for a Paradigm Shift," *School Psychology Review* No. 28, pp. 338-352.

Carneiro, P. and Heckman, J. (2003) "Human Capital Policy," Working Paper 9495, National Bureau of Economic Research: Cambridge.

Cohen, J. (1988) *Statistical Power Analysis for the Behavioral Sciences*, 2nd edition, L. Erlbaum Associates: Hillsdale.

Cuadra, E. and Fredriksen, B. (1992) "Scope for Efficiency Gains Resulting from Reduction in Repetition and Dropout: A Simulation Exercise," *PHREE Background Paper Series* 92/55, World Bank: Washington, D.C.

Currie, J. and Thomas, D. (1999) "Does Head Start Help Hispanic Children?," *Journal of Public Economics* No.74, pp. 235-262

Deutsch, R. M. (1998) *Does Child Care Pay?: Labor Force Participation and Earnings Effects of Access to Child Care in the Favelas of Rio De Janeiro*, Office of the Chief Economist Working Paper No. 384, Inter-American Development Bank: Washington, D.C.

Erikson, E. H. (1963) *Childhood and Society*, 2nd edition, Norton: New York. (E. H. エリクソン著・仁科弥生訳 (1977)『幼児期と社会1』みすず書房)

Evans, J. L. (1997) "Both Halves of the Sky: Gender Socialization in the Early Years," *Coordinators' Notebook*, No.20.

Evans, J. L. et al. (2000) *Early Childhood Counts: A Programming Guide on Early Childhood Care for Development*, World Bank: Washington, D.C.

Fergusson, D. M. and Lynskey, M.T. (1996) "Adolescent Resilience to Family Adversity," *Journal of Child Psychology and Psychiatry and Allied Disciplines*, 37 (3) pp. 281-292.

Felnald, L. C. H., Kariger, P., Engle, P., and Raikers, A. (2009) *Examining Early Child Development in Low-Income Countries: A Toolkit for the Assessment of Children in the First Five Years of Life*, World Bank: Washington, D.C.

Fishkin, J. (1987) "Liberty versus Equality Opportunity," in Paul, E., et al. eds. *Equal Opportunity*,

Blackwell: Basil.
Gerosa, L.T (2002) "La Resiliencia y los Programs de Desarrollo Infantíl," in *Desarrollo Infantil Temprano: Prácticas y Reflexiones* No. 18, Bernard van Leer Foundation: Hague.
Gragnolati, M., Bredenkamp, C. Shekar, M. Das Gupta, M., and Yi-Kyoung, L. (2006) *India's Undernourished Children: A Call for Reform and Action*, World Bank: Washington, D.C.
Hair, E., Halle, T., Terry-Humen, E., Lavelle, B., and Calkins, J. (2006) "Children's School Readiness in the ECLS-K: Predictions to Academic, Health, and Social Outcomes in First Grade," *Early Childhood Research Quarterly* No. 21, pp.431?454.
Harrell, A. (1983) "The Effects of the Head Start Program on Children's Cognitive Development: Preliminary Report," U. S. Department of Health and Human Services: Washington, D.C.
Head Start Bureau (2002), *Making a Difference in the Lives of Infants and Toddlers and Their Families: The Impacts of Early Head Start*, U. S. Department of Health and Human Services: Washington, D.C.
Heckman, J., Hyeok Moon, S., Pinto, R., Savelyev, P. A., Yavtiz, A. (2009) "The Rate of Return to the High/Scope Perry Preschool Program," Working Paper No.15471, National Bureau of Economic Research.
Heymann, J. (2003) "School Children in Families with Young Children: Educational Opportunities at Risk," *UNESCO Policy Briefs on Early Childhood*, No.10, UNESCO: Paris.
Heyneman, S. P. and Loxley, W. A. (1983) "The Effect of Primary-School Quality on Academic Achievement across Twenty-nine High- and Low-Income Countries," *American Journal of Sociology*, 88 (6), 1983. pp.1162-1194.
Irwin, L. G., Siddiqi, A. and Hertzman, C. (2007) *Early Child Development: A Powerful Equalizer Final Report*, HELP: Vancouver.
Ivanovic, D. et al. (2000) "Long-term Effects of Severe Undernutrition during the First Year of Life on Brain Development and Learning in Chilean High-School Graduates," *Nutrition*, 16 (11/12), pp.1056-1063.
Kagan, S. L. (1994) "School Readiness," in Husen, T. and Neville P. eds., *International Encyclopedia of Education*, Pergamon Press: Oxford.
Kagan, S. L., Moore, E., and Bredekamp, S. eds. (1995) "Reconsidering Children's Early Development and Learning: Toward Common Views and Vocabulary," National Education Goals Panel, Goal 1 Technical Planning Group. Washington, DC: U.S. Government Printing Office.
Kotliarenco, M. A. (1997) *Estado del Arte en Resiliencia*, CEANIM: Santiago.
Lau, L. J., Jamison, D. T. and Louat, F. F. (1991) *Education and Productivity in Developing Countries: An Aggregate Production Function Approach*, Working Paper WPS 612, World Bank: Washington, D.C.
Lazar, I. and Darlington, R. (1982) "Lasting Effects of Early Education: A Report from the

Consortium for Longitudinal Studies," *Monographs of the Society for Research in Child Development*, Serial No. 195 (47) 2-3.

Lokshin, M. M., Glinskaya, E., and Garcia, M. (2004) "The Effect of Early Childhood Development Programmes on Women's Labour Force Participating and Older Children's Schooling in Kenya," *Journal of African Economies*, Vol.13, No.2, pp. 240-276.

Macours, K. and Vakis, R. (2007) "Seasonal Migration and Early Childhood Development," Social Protection Discussion Paper No.0702. World Bank: Washington, D.C.

Myers, R. G. (1992) *The Twelve Who Survive: Strengthening Programmes of Early Childhood Development in the Third World*, Routledge: New York.

NEGP (The National Education Goals Panel) (1997) *Special Early Childhood Report*, Washington, D.C.: U.S. Government Printing Office.

NIPCCD (2009a) *Research on ICDS: An Overview (1986-1995)* Vol.2, National Institute of Public Cooperation and Child Development: New Dehli.

NIPCCD (2009b) *Research on ICDS: An Overview (1996-2008)* Vol.3, National Institute of Public Cooperation and Child Development: New Dehli.

Nores, M. and Barnett, W. S. (2010) "Benefits of Early Childhood Interventions Across the World: (Under) Investing in the Very Young," *Economics of Education Review* (29) 2, pp.271-282.

OECD (2007) *Understanding the Brain: The Birth of a Learning Science*, OECD: Paris（OECD教育研究革新センター編・小泉英明監修（2010）『脳からみた学習―新しい学習科学の誕生』明石書店）

OECD (2010) *PISA 2009 Results: Overcoming Social Background, Equity in Learning Opportunities and Outcomes* (Volume II), OECD: Paris.

Oden, S. et al. (2000) *Into Adulthood: A Study of the Effects of Head Start*, Ypsilanti, High/Scope Press: Michigan.

Reynolds, A. J., Mavrogenes, N. A., Bezruczko, N., and Hagemann, M. (1996) "Cognitive and Family Support Mediators of Preschool Effectiveness: A Confirmatory Analysis," *Child Development* (67) 3, pp. 1119-1140.

Riddle, A.R. (1997) "Assessing Designs for School Effectiveness Research and School Improvement in Developing Countries," *Comparative Education Review*, 41 (2), May 1997, pp.178-204.

Ritblatt, S. N., Brassert, S. M., Johnson, R., and G?mez, F. (2001) "Are Two Better than One? The Impact of Years in Head Start on Child Outcomes, Family Environment, and Reading at Home," *Early Childhood Research Quarterly* 16, pp. 525-537.

Schultz, T. P. (1993) "Returns to Women's Education," in King, E. M. and Hill, M. A. eds. *Women's Education in Developing Countries: Barriers, Benefits and Policies*, Johns Hopkins University Press: Baltimore.

Schweinhart, L. J., Barnes, H. V., and Weikart D. P. (1993) *Significant Benefits: The High/Scope Perry Preschool Study Through Age 27*, Monographs of the High/Scope Educational Research

Foundation 10, High/Scope Press: Ypsilanti.
Schweinhart, L. J., Montie, J., Xiang, Z., Barnett, W. S., Belfield, C. R. and Nores, M. (2005) *Lifetime Effects: The High/Scope Perry Preschool Study Through Age 40*, Monographs of the High/Scope Educational Research Foundation No.14, High/Scope Press: Ypsilanti.
Snow, K.L. (2007) "Integrative Views of the Domains of Child Function: Unifying School Readiness,"in Pianta, R.C., Cox, M.J., and Snow, K.L. eds. *School Readiness & the Transition to Kindergarten in the Era of Accountability*, Baltimore: Brookes Publishing.
Sylva, K., Melhuish, E., Sammons, P., Siraj-Blatchford, I. and Taggart, B. (2004) "Effective Provision of Pre-School Education (EPPE) Project: Final Report," IOE University of London: London.
Tarullo, L. B. (2002) "Effective Early Childhood Programs: The U.S. Head Start Experience," in Young M. ed., *From Early Child Development to Human Development*, World Bank: Washington, D.C.
UN Committee on the Rights of the Child (2006) "General Comment No. 7, Implementing Child Rights in Early Childhood," (CRC/C/GC/7/Rev.1).
UNESCO (2002) "Women, Work, and Early Childhood: The Nexus in Developed and Developing Countries (II)" *UNESCO Policy Briefs on Early Childhood*, No. 5, UNESCO: Paris.
UNESCO (2006) *Global Monitoring Report 2007: Strong Foundations, Early Childhood Care and Education*, UNESCO: Paris.
United Nations Statistics Division (2010) *The World's Women 2010: Trends and Statistics*, United Nations: New York.
Van der Gaag, J. (2002) "From Child Development to Human Development," in Young M. ed., *From Early Child Development to Human Development*, World Bank: Washington, D.C.
Verdisco, A., Näslund-Hadley, E., Regalia, F., and Zamora, A. (2009) "Integrated Childhood Development Services in Nicaragua," *Child Health and Education*, (1) 2, pp.82-89.
World Bank (2001) *Brazil Early Child Development: A Focus on the Impact of Preschools*, World Bank: Washington, D.C.
Zigler, E., Gilliam, W.S., and Jones, S.M. (2006) *A Vision for Universal Preschool Education*, New York: Cambridge University Press.

第Ⅱ部
保育の現状と課題

第5章　EFA の現状と課題
第6章　サブサハラアフリカ
第7章　アジア
第8章　ラテンアメリカ

第5章　EFAの現状と課題

第1節　国際教育協力の歴史と動向：ジョムティエン・インパクト

　本章では、EFA（Education for All）を中心に、国際教育協力の動向についてみておきたい。日本の国際教育協力は1980年代までは職業教育や高等教育を中心に行われてきた。国際教育協力といえば高等教育か職業教育、という時代もあった。しかし、そのような傾向は、1990年代に入って大きく変化した。そのきっかけとなったのが1990年にタイのジョムティエンで開催された「万人のための教育（Education for All）」世界会議である。この会議は、その会議が開催された場所にちなんで通称「ジョムティエン会議」ともよばれている。会議名の通り、教育をすべての人々に保障しようという目的のもとに開催された。ジョムティエン会議は、155ヶ国の政府、20もの国際機関、150のNGOが参加した非常に大きな国際会議である。この会議では「万人のための教育世界宣言（ジョムティエン宣言）」が採択されたが、その宣言はまずはじめに次のように発展途上国の深刻な教育の状況を報告している。

> 　「世界の国々は40年以上も前に『世界人権宣言』を通じて『すべての人が教育を受ける権利を有する』と主張した。すべての人に教育を受ける権利を保障しようとする各国の多大な努力にもかかわらず、なお次のような現実が続いている。
> ・1億人以上の子どもが初等教育を受けられないでいる。この中には、少なくとも6千万人の女子を含む
> ・9億6千万人以上の成人（その3分の2が女性である）が非識字者であり、

先進工業国と発展途上国を含むすべての国で機能的非識字が大きな問題となっている。
・世界の成人の3分の1以上が、自分の生活の質を改善したり、社会や文化の変化に対応していくための知識や新しい技能・技術を印刷物から得ることができない。
・1億人以上の子どもと無数の成人が基礎教育課程を修了できないでいる。」

　この会議においては、途上国に対しては基礎教育の拡充に対する取り組みを強化すること、援助機関に対しては教育部門への援助拡大が呼びかけられた。そして、非識字者や教育を受けられないでいる子どもの増加は、世界全体でその克服に取り組まねばならない課題であるとされた。すなわち、教育もまた地球環境問題などと同じように、重要なグローバル・イシュー（地球規模の課題）の一つであると認識されたのである。1990年に開催されたこの会議では、西暦2000年までに「すべての人に教育を」提供することを国際的な政策目標にすることが宣言された。
　このころから、日本の国際教育協力は、少しずつ基礎教育（初等教育や識字教育といった人間の基礎的な能力の開発を目的として行われる教育）への援助を増やしていった。つまり、従来のような高等教育・職業教育中心の援助ではなく、基礎教育への援助を増やしていったのである。JICA（1994）でも、日本の国際教育協力を高等教育・職業教育から基礎教育重視に変えていくと明言されている。とくに、ハード面（学校建設や機材供与）ではなく、ソフト面（教員訓練の仕組みづくりや教授法の改善など）への支援が強調されるようになった。とくに理数科分野における中等教育への教員研修が増えていったのもこのころである。幼児教育も、基礎教育の一部をなすとされ、幼児教育隊員への要請も1990年代には増加した。
　ジョムティエン会議は2000年までのEducation for Allの達成を目標として掲げたが、実際、2000年までには目標は達成されなかった。ジョムティエン会議以降の10年間の初等教育は「いくらかの進歩はあったものの、限定的

であった」と評価している。それは、多くの国においてジョムティエン宣言が掲げた目標が達成されていないことを意味する。また、1990年代の世界の教育援助の動向を見ても、基礎教育への援助実行額は、微増にとどまっている。2000年に入ってからは、教育援助額も基礎教育への援助額も増加したが、Education for All を達成するにはまだまだ足りないといわれている (UNESCO 2009)。

　このような1990年代の評価を踏まえ、2000年にはセネガルのダカールで「世界教育フォーラム」（ダカール会議）が開催され、「ダカール行動枠組み」において次のように EFA の6つの目標を設定した。

1) 最も恵まれない子ども達にとくに配慮を行った総合的な就学前保育・教育の拡大および改善を図ること。
2) 女子や困難な環境下にある子ども達、少数民族出身の子ども達に対し特別な配慮を払いつつ、2015年までにすべての子ども達が、無償で質の高い義務教育へのアクセスを持ち、修学を完了できるようにすること。
3) すべての青年および成人の学習ニーズが、適切な学習プログラムおよび生活技能プログラムへの公平なアクセスを通じて満たされるようにすること。
4) 2015年までに成人（とくに女性の）識字率の50％改善を達成すること。また、すべての成人が基礎教育および継続教育に対する公正なアクセスを達成すること。
5) 2005年までに初等および中等教育における男女格差を解消すること。2015年までに教育における男女の平等を達成すること。この過程において、女子の充分かつ平等なアクセスの確保と、質の高い基礎教育の達成に特段の配慮を払うこと。
6) とくに読み書き能力、計算能力、および基本となる生活技能の面で、確認ができかつ測定可能な成果の達成が可能となるよう、教育のすべての局面における質の改善並びに卓越性を確保すること。

　2000年の「ダカール行動枠組み」においては、6つを目標として掲げてい

るが、ゴール1として「就学前教育の拡大・改善」が掲げられていることが注目される。そこでは、「総合的な幼児のケアと教育 (ECCE)、とくに不利な立場に置かれた子どもたちに対するそれを拡充していく」ことがうたわれている。また、UNESCO は、2007年の EFA Global Monitoring Report（以下、EFA-GRM）のテーマとして Early Childhood Care and Education(ECCE) をとりあげ、報告書のタイトルを『ゆるぎない基盤 (Strong Foundation)：乳幼児のケアと教育』としており、誕生から就学前くらいまでの乳幼児に対する適切なケアと教育が、その後の人生における確固たる基盤になることが強調されている (UNESCO 2006)。

　国際教育協力はさまざまな分野に及んでいるが、EFA はその中心的なテーマであるといってよい。2000年のダカール行動枠組みは、2015年を目標年次とし、EFA について6つのゴールを設定した。その対象分野は、初等教育・基礎教育が主ではあるものの、初等・基礎教育のみならず、中等教育、高等教育、乳幼児の発達や幼児教育、ライフスキル教育、青年・成人教育など、その対象範囲は幅広い。本書が主な対象とする保育の分野も EFA の枠組みの一部として捉えられているが、EFA の達成はどこまで進められているのか、EFA-GMR をもとに、地域間の比較をしつつその動向をみていきたい。

　1990年代の EFA（1990年から2000年にかけてのジョムティエン・ディケイド）における進展がきわめて限定的なものであったひとつの理由は、財政的なコミットが十分でなかったことに加え、モニタリング体制の欠如にあった。EFA に限らず、巨大プロジェクトの達成には綿密なモニタリングが不可欠であり、また、モニタリングの結果を具体的な行動（アクション）に結び付けていく仕組みが必要である。2000年以降のダカール体制のもとでは、EFA グローバル・モニタリングのための特別なチームが編成され、さまざまな角度から EFA の進捗状況がチェックされている。その報告書は2001年以降、毎年、UNESCO から刊行されている。筆者は、2006年から、EFA のモニタリングに関して、2007年度版以降の EFA-GMR（2007から2009年の概要版および2007年版フルレポート）の日本語訳監修、国内外でのセミナー・シンポジウム、EFA 閣僚級会合等への出席などの機会を得た。その経験もふまえ、こ

こでは、EFAのモニタリングにおける動向と課題について検討を試みたい。

　EFA-GMR は、EFA の目標がどこまで達成されているか、その進捗を評価するとともに、毎号、特集テーマを設定し、特定のテーマについて掘り下げた分析をしている。2002年版 (Is the world on track?) では、EFA に向けた教育計画と必要な費用の試算を、2003/4年版 (The leap to equality) では、EFA におけるジェンダーを、2005年版 (The quality imperative) では、教育の質をとりあげている (UNESCO 2002, 2003, 2004)。その後、2006年版 (Literacy for life) では、識字とライフスキル、2007年版 (Strong foundation: Early childhood care and education) では、乳幼児のケアと教育、といったように、おおむね EFA の6つのゴールのいずれかに対応させる形で特集は組まれてきた (UNESCO 2005, 2006)。そして、2008年版 (Education for All by 2015: Will we make it?) では、2015年までの中間年ということで、EFA 目標全般と政策的課題について包括的な検討がなされた (UNESCO 2007)。2009年版 (Overcoming inequality: why governance matters) では、EFA の6目標全体に関わるものとして、格差とガバナンスがテーマとして取りあげられている (UNESCO 2008)。それ以降、2010年版 (Reaching the Marginalized) では、周辺化された（疎外された）社会集団にいかに教育を届けるか、また、2011年版 (The Hidden Crisis: Armed Conflict and Education) では、武力紛争と教育開発の問題について分析がなされている。

　従来、発展途上国の教育統計に関しては、最新データは十分に入手できないのが実情であった。しかし、EFA のグローバルモニタリングによって、かなりデータは整備されてきていると思われる。本稿執筆時点での EFA-GMR の最新版は2011年版であるが、そこで紹介されているデータは、最新年が2008年である。これは、2000年代に入ってからに限っても、かなりのデータが蓄積されていることを意味する。言い換えれば、2000年代以降の取り組みを評価できるだけのデータが得られるようになってきているといえる。そこで、本章では、とくに2000年代に入ってからの諸指標の動向に焦点を当て、EFA モニタリングを検討したい。

第2節　EFA ゴールの評価指標と達成状況

1. EFA ゴールの評価

いかなる事業であれ、評価やモニタリングを行うためには、達成目標に関して適切な評価指標を設定することが重要である。**表5-1**は、EFA の各目標に対して、EFA-GMR でどのような評価指標が設定されているかを示したものである。

いずれのゴールにおいても、ひとつの EFA ゴールの中に複数の要素が含まれているので、指標が必ずしも十分に目標の内容を反映できていないもの

表5-1　EFA の目標

EFA ゴール	評価指標
1. 最も恵まれない子どもたちにとくに配慮を行った総合的な乳幼児のケアおよび教育（ECCE）の拡大及び改善を図ること	・就学前教育総就学率
2. 女子や困難な環境下にある子どもたち、少数民族出身の子どもたちに対し特別な配慮を払いつつ、2015年までに全ての子どもたちが、無償かつ義務で質の高い初等教育へアクセスし、修学を完了できるようにすること	・初等教育純就学率
3. 全ての青年及び成人の学習ニーズが、適切な学習プログラム及生活技能プログラムへの公平なアクセスを通じて満たされるようにすること	・青年識字率
4. 2015年までに成人（とくに女性の）識字率の50パーセント改善を達成すること。また、全ての成人が基礎教育及び継続教育に対する公正なアクセスを達成すること	・成人識字率
5. 2005年までに初等及び中等教育における男女格差を解消すること。2015年までに教育における男女の平等を達成すること。この過程において、女子の質の良い基礎教育への充分かつ平等なアクセス及び修学の達成について特段の配慮を払うこと	・初等教育総就学率の男女間平等指数（GPI） ・中等教育総就学率の男女間平等指数（GPI）
6. とくに読み書き能力、計算能力、及び基本となる生活技能の面で、確認ができかつ測定可能な成果の達成が可能となるよう、教育の全ての局面における質の改善並びに卓越性を確保すること	・第5学年到達率 ・初等教育における教師一人当たり児童数 ・初等教育における女性教員比率 ・訓練を受けた教員の割合 ・GNP に対する初等教育支出の比率 ・小学生1人あたりの公教育支出額（購買力平価）

出典）UNESCO (2008)

もある。すなわち、目標と指標の間には必ずしも完全な対応関係があるわけではない。たとえば、ゴール2は、「無償かつ義務で質の高い初等教育へのアクセスを持ち、修学を完了できるようにすること」とあるが、ここで指標としてあげられているのは初等教育純就学率のみであり、「無償」や「質」「修学の完了」に関する指標はあげられてはいない。むしろ、「質」や「修学の完了」に関する指標は、ゴール6のほうに「第5学年到達率」「初等教育における教師一人当たり児童数」などがあげられている。

表5-1にあげた指標は、あくまでもEFA-GMRの巻末表「EFA目標の進捗を測るための基礎指標」として掲げられているものに過ぎない。実際、EFA-GMRの本文では、ここに出ている指標以外のデータも用いつつ記述が進められている。たとえば、ゴール6の指標として、表5-1では学力調査結果などはあげられていないが、EFA-GMR本文では、PISAやSACMEQ（教育の質調査のための南アフリカ諸国連合）などの学力調査の結果がゴール6に関して随所に登場している。そこで次項では、6つのゴールそれぞれに対応させて、EFA-GMRで達成度がどのように評価されているのか、見ていきたい。

2．EFAの達成度
(1) 乳幼児のケアと教育（ゴール1）

ゴール1は、「最も恵まれない子どもたちにとくに配慮を行った総合的な乳幼児のケアおよび教育（ECCE）の拡大及び改善を図ること」である。ゴール1はしばしば就学前教育の拡充と捉えられているが、その本質は単なる幼稚園教育の普及にあるのではない。「最も恵まれない子どもたち」にとくに配慮したものであること、教育だけではなく、乳幼児のケアと教育の双方を含んだ総合的なアプローチであること、普及拡大だけでなく質的な改善にも目を向けていることが重要である。

しかしながら、乳幼児のケアと教育（ECCE）の分野は統計データの収集をする体制が十分に整っているとは言えず、グローバルなレベルで集計が可能なデータはあまりない。そのため、「本当に最も恵まれない子どもたちに届いているのか」「総合的アプローチがとられているか」といった点に関しては

表5-2　就学前教育総就学率の推移

	1999	2004	2005	2006	2008
途上国	28	32	34	36	39
アラブ諸国	15	16	17	18	19
中欧・東欧	49	57	59	62	66
中央アジア	21	27	28	28	29
東アジア・大洋州	40	40	43	45	48
ラテンアメリカ・カリブ海地域	56	62	62	65	68
南・西アジア	21	32	37	39	42
サブサハラアフリカ	9	12	14	14	17

出典）UNESCO (2005, 2006, 2007, 2008, 2011)

　断片的な情報しかなく、全体としてある程度のモニタリングが可能なのは**表5-2**にみるような就学前教育総就学率など、限られたものとなる。表5-2をみると、就学前教育総就学率は、2000年代に入ってから、ゆるやかではあるが上昇を続けていることが見て取れる。しかし、とくに伸び率が高い地域もなく、見方によっては停滞していると見ることもできる。

　もうひとつ表5-2で注目すべきは、就学前教育の普及の地域間の格差が大きいことである。2006年現在、中欧・東欧やラテンアメリカ・カリブ海地域では6割を超える就学率なのに対して、アラブ諸国やサブサハラアフリカでは2割に達しない。むろん、初等教育でも地域間格差は見られるが、これほど大きな差ではない。

　ゴール1に関しては、2007年度版においてさまざまな側面から詳細な分析がなされている。幼い子どもたちの健康に関する指標や母親の出産・育児休暇制度、ケア・プログラム、設置者（公的セクターと民間セクター）、男女間・都市農村間・階層間の格差、恵まれない子どもたち、保育者の養成、財政、ドナーの動向などについて現状分析がなされている（UNESCO 2006）。総じて言えば、ECCEは緩やかな広がりを見せてはいるものの、その進展は一様ではなく、ECCEを本当に必要としている子どもたちには届いていない場合も多い。

(2) **初等教育の普遍化（ゴール2）**

　ゴール2は、同じ内容がMDGs（国連ミレニアム開発目標）にもあることか

ら、国際的にも注目を浴びやすい項目である。ゴール2は、すべての子どもたちが「無償」で「質の高い」初等教育にアクセスし、さらに「修学を完了」(すなわち卒業)するというきわめて野心的な目標を設定している。というのは、いうまでもなく就学と卒業は同じではなく、就学よりも卒業のほうがはるかに難しいからである。EFA-GMRがいうように、2015年までにゴール2を達成するためには、2009年には入学は普遍化していなければならないのである(UNESCO 2007)。

　卒業普遍化のためには、就学の普遍化が前提である。就学の指標として最もよく用いられるのは就学率であるが、近年、純就学率が多くの途上国で入手できるようになり、就学の実態をより正確に評価できるようになってきている。**表5-3**は、初等教育純就学率の推移を地域別に見たものである。1999年を基点に2000年代に入ってからの動向を見ると、アラブ諸国、中欧・東欧、中央アジア、東アジア・大洋州、ラテンアメリカ・カリブ海地域の5地域はほぼ横ばいか微増(または微減)である。それに対し、南・西アジアとサブサハラアフリカは就学率を大きく上昇させている。この二つの地域は、1990年代の就学率上昇がきわめて限定的であったことを考えれば、2000年代に入ってからのこの上昇は注目に値する。

　EFA-GMRではゴール2に関して、世界に不就学児童(学校に行っていない子どもたち)がどれくらいいるかについて、毎年報告を行っている。2004年から2006年を見ると、不就学児童は7,700万人(2004年)から7,200万人(2005年)に、そして7,500万人(2006年)へと変化している。これらの数字は1999年の

表5-3　初等教育純就学率の推移

	1991	1999	2002/03	2004	2005	2008
アラブ諸国	73	78	83	81	83	84
中欧・東欧	91	91	89	91	91	93
中央アジア	84	87	90	92	90	90
東アジア・大洋州	97	96	92	94	94	94
ラテンアメリカ・カリブ海地域	86	92	96	95	94	94
南・西アジア	70	75	83	86	86	86
サブサハラアフリカ	54	56	64	65	70	76

出典) UNESCO (2003、2004、2005、2006、2007、2011)

時点から見ると2,000万人以上減少してはいるものの、EFA-GMRでの推計によれば、2015年になっても2,900万人は学校へ行っていないとされている。これ以外にも、留年や中途退学、中等教育以上の機会などについてもEFA-GMRではいくつかの事例を紹介し、留年や中途退学の問題は依然として途上国では深刻であること、中等教育に関しては拡大はしつつあるものの国内格差が大きいことなどが指摘されている（UNESCO 2008）。

(3) 青年・成人の学習ニーズに応える（ゴール3）

　EFA-GMRを見ると、ゴールによって記述の濃淡が明らかに見て取れる。たとえば、先のゴール2や後述のゴール5などは厚い記述がなされている一方、もっとも記述が薄いのがこのゴール3である。2009年版（概要）では、ゴール3に関する記述はほとんど存在せず、囲み記事の中に少し言及されている程度である。

　ゴール3は「全ての青年及び成人の学習ニーズが、適切な学習プログラム及び生活技能プログラムへの公平なアクセスを通じて満たされるようにすること」というものであるが、これは、途上国においては不就学や中途退学により十分な学習を経ないまま青年や成人を迎えるケースが多いことを考えると、きわめて重要な目標である。ただ、一方では、こういった学習プログラムは通常、ノンフォーマル教育で提供されることが多く、全国レベルでのデータが収集しにくいこと、また、定量的な評価指標が設定しにくいことなどからモニタリングはきわめて困難である。EFA-GMRにおいても、教育情報システムの整備の重要性が指摘されるに留まっており、目標に向けた進捗が評価されているとはいえない。

　ゴール3に関しては、表5-1でみたように、青年識字率（15-24歳の識字率）が評価指標とされている。識字はライフスキルの習得に欠かせないと同時に、識字能力そのものがライフスキルの一部であるという考えかたに基づくものと思われるが、必ずしもゴール3が意味するところは識字を超えたところにあるということは忘れてはならない。識字率は、その調査方法が標準化されているわけではなく、調査の実施も定期的ではないので、国によってデータ

表5-4 青年識字率の推移

	1985-1994の最新年		1995-2004の最新年		2000-2006の最新年	
	識字率(15-24)	GPI(F/M)	識字率(15-24)	GPI(F/M)	識字率(15-24)	GPI(F/M)
アラブ諸国	75	0.79	85	0.88	86	0.89
中欧・東欧	97	0.98	99	0.99	99	0.99
中央アジア	100	1.00	100	1.00	99	1.00
東アジア・大洋州	95	0.96	98	0.99	98	1.00
ラテンアメリカ・カリブ海地域	94	1.01	96	1.01	97	1.01
南・西アジア	61	0.69	75	0.81	79	0.88
サブサハラアフリカ	64	0.82	69	0.85	71	0.77

出典）UNESCO (2006、2007、2008)

年次がばらつく。そのため、2000年代に入ってからの動向というのは明確に捉えることはできないが、**表5-4**は大まかな傾向は示している。

　表5-4をみると、いずれの地域においても青年識字率は上昇の傾向にあることは見て取れる。これは、この間の学校教育の拡大と無関係ではないだろう。しかしながら、一つ懸念されるのは、サブサハラアフリカの動向である。表5-3でも見たように、サブサハラアフリカの初等教育就学率は順調に上昇している。それに比べると、青年の識字率の伸びはきわめて緩やか（言い方を変えれば「停滞」）である。また、男女間平等指数（Gender Parity Index: GPI）についても、男女の格差が拡大していることも問題点として指摘しておきたい。

⑷ 成人識字（ゴール4）

　ゴール4は、成人の識字に関するものである。「2015年までに成人（とくに女性の）識字率の50パーセント改善を達成すること。また、全ての成人が基礎教育及び継続教育に対する公正なアクセスを達成すること」がその内容である。

　表5-5は、成人識字率の動向を見たものである。これを見ると、成人識字に関しても緩やかな進歩は見られるといってよい。しかしながら、サブサハラアフリカでは62％、南・西アジアでは64％などという数字にも見られるように、地域によっては成人識字率はまだまだ低い。また、男女間平等指数（GPI）もアラブ諸国、南・西アジア、サブサハラアフリカでは低くなってい

表5-5 成人識字率(15歳以上の識字率)の推移

	1985-1994の最新年		1995-2004の最新年		2000-2006の最新年	
	識字率(%)	GPI(F/M)	識字率(%)	GPI(F/M)	識字率(%)	GPI(F/M)
アラブ諸国	58	0.66	70	0.74	72	0.75
中欧・東欧	96	0.96	97	0.97	97	0.97
中央アジア	99	0.99	99	0.99	99	0.99
東アジア・大洋州	82	0.84	92	0.93	93	0.94
ラテンアメリカ・カリブ海地域	88	0.98	90	0.98	91	0.98
南・西アジア	48	0.57	60	0.67	64	0.71
サブサハラアフリカ	54	0.71	59	0.73	62	0.75

出典) UNESCO (2006、2007、2008)

る。2008年版のEFA-GMRがこれまでの識字への取り組みを「世界的な不名誉(global disgrace)」(UNESCO 2007)ときわめて強い表現で批判したように、識字の問題は政治的にほとんど関心は払われてきておらず、目標達成のための課題もまた多いといえよう。

(5) ジェンダー格差解消とジェンダー平等(ゴール5)

　ゴール5は、ゴール2と同様、国際的にも注目が高く、また、教育政策においても重点分野となっている分野である。ゴール5は、他の目標とは異なり、目標の達成が二段階で示されている。まず、「2005年までに初等及び中等教育における男女格差を解消すること」、そして、「2015年までに教育における男女の平等を達成すること」となっている。また、ここでは、平等に関して2種類の概念が登場している。一つはgender parity(ジェンダー格差解消)、もうひとつはgender equality(ジェンダー平等)である。前者は就学者数や就学率、識字率など客観的・定量的に表現できる指標に関する男女間の平等を表しているのに対し、後者は教室での態度や教科書での記述など、質的な内容を含んだ男女平等を意味する。2005年までの目標が「初等・中等教育におけるgender parity」の達成であり、2015年までの目標が、「すべての教育段階におけるgender equality」の達成である。2005年はすでに過ぎているので、進捗状況評価というよりは達成結果の評価ということになるが、以下のデータから見る限り、2005年目標が達成されていないのは明白である。

表5-6、表5-7は、初等教育、中等教育それぞれについて総就学率と男女間平等指数(GPI)をみたものである。初等教育ではいずれの地域もGPIが0.9を超えるか、それに近い数値になっており、男女間の格差はかなり縮まりつつある。EFA-GMRでは、GPIが0.97～1.03の範囲に入れば「gender parity」であるとしており、実際にそれを達成している国も増えてはいる。実際、データのある187か国中、約3分の2は男女間格差を解消しているが、まだ達成されていない国がアラブ諸国やサブサハラアフリカを中心にみられるという(UNESCO 2008)。中等教育(表5-7)に関しては地域による差が初等教育よりもさらに大きい。ラテンアメリカでは男子のほうが低いという格差が見られるのに対し、アラブ諸国やサブサハラアフリカでの男女間格差は初等教育よりも大きい。サブサハラアフリカに関しては中等教育のGPIは2000年代に後

表5-6 初等教育総就学率と男女間平等指数(GPI)

	1991		1999		2008	
	就学率	GPI	就学率	GPI	就学率	GPI
アラブ諸国	84	0.80	90	0.87	96	0.92
中欧・東欧	98	0.98	102	0.96	99	0.99
中央アジア	90	0.99	98	0.99	100	0.98
東アジア・大洋州	118	0.95	112	0.99	110	1.01
ラテンアメリカ・カリブ海地域	103	0.97	121	0.97	116	0.97
南・西アジア	89	0.77	90	0.84	108	0.96
サブサハラアフリカ	72	0.84	78	0.85	102	0.91

出典) UNESCO (2006、2007、2011)

表5-7 中等教育総就学率と男女間平等指数(GPI)

	1991		1999		2008	
	就学率	GPI	就学率	GPI	就学率	GPI
アラブ諸国	51	0.76	60	0.89	68	0.92
中欧・東欧	82	0.98	87	0.98	88	0.96
中央アジア	98	0.99	83	0.98	97	0.98
東アジア・大洋州	52	0.83	65	0.96	77	1.04
ラテンアメリカ・カリブ海地域	51	1.09	80	1.07	89	1.08
南・西アジア	39	0.60	45	0.75	54	0.87
サブサハラアフリカ	21	0.75	24	0.82	34	0.79

出典) UNESCO (2006、2007、2011)

退している。

　ゴール5の後半部分は、必ずしも初等中等教育に限定しておらず、すべての教育段階を対象としている。そのため、ここでは、高等教育にも目を向けておこう。高等教育の総就学率とは、高等教育の開始年齢から数えてプラス5歳までを学齢人口として割り出したものである。その意味では、初等中等教育よりもラフな数値ではあるが、大まかな傾向を把握することはできる。**表5-8**は1999年と2006年について高等教育の総就学率（男女別）とGPIを見たものであるが、これを見ると、地域差が非常に大きいことがわかる。中欧・東欧、中央アジア、ラテンアメリカ・カリブ海地域では女子のほうが就学率が高く、東アジア・大洋州、南・西アジア、サブサハラアフリカでは女子のほうが低い。1999年と2006年を比べると、サブサハラアフリカを除けば、すべての地域においてGPIの数値が上昇しており、女子の高等教育機会が大きく拡大していることがうかがえる。

表5-8　高等教育総就学率と男女間平等指数（GPI）

	1999				2006			
	全体	男子	女子	GPI	全体	男子	女子	GPI
アラブ諸国	19	22	16	0.74	22	22	22	1.00
中欧・東欧	38	35	41	1.18	60	53	66	1.25
中央アジア	18	19	18	0.93	25	24	26	1.10
東アジア・大洋州	14	16	12	0.75	25	25	24	0.94
ラテンアメリカ・カリブ海地域	21	20	23	1.12	31	29	34	1.16
南・西アジア	7	9	6	0.64	11	12	9	0.76
サブサハラアフリカ	4	4	3	0.67	5	6	4	0.67

出典）UNESCO（2006、2007、2008）

(6) 教育の質（ゴール6）

　ゴール6は、「とくに読み書き能力、計算能力、及び基本となる生活技能の面で、確認ができかつ測定可能な成果の達成が可能となるよう、教育の全ての局面における質の改善並びに卓越性を確保すること」であり、教育の質に焦点を当てている。すでに述べたように、教育の質はゴール2でも言及されているが、ゴール6のほうはとくに「測定可能な成果」との関連で教育の

表5-9　初等教育における教師一人当たり児童数の推移

	1991	1999	2005	2006	2007
アラブ諸国	25	23	22	22	21
中欧・東欧	21	19	18	18	18
中央アジア	21	21	21	19	18
東アジア・大洋州	23	22	20	20	19
ラテンアメリカ・カリブ海地域	25	26	23	23	23
南・西アジア	45	37	39	40	39
サブサハラアフリカ	37	41	45	45	44

出典）UNESCO (2006、2007、2008、2011)

質を捉えている点に特徴がある。

しかしながら、何をもってこの種の「教育の質」とするかについてはさまざまな考え方がある。また、教育の質に関するデータはとくに途上国では入手は容易ではなく、グローバルな動向の把握には向かない。比較的多くの国で入手可能なのは表5-9にみられるような教師一人当たり児童数であるが、これも教育の質の側面の一つに過ぎない。

教師一人当たり児童数は、多くの地域で少なく抑えることに成功しつつあるように見えるが、南・西アジアとサブサハラアフリカでは、依然として高い。高いだけでなく、南・西アジアとサブサハラアフリカは2000年代に入ってから数値が増えてしまっている。これは、これらの地域の初等教育就学率の向上が、質（教師一人当たり児童数）を犠牲にしながら進められていることを意味している。

教育の質の指標としてEFA-GMRでは、初等教育における教師一人当たり児童数以外にも、第5学年到達率、初等教育における女性教員比率、訓練を受けた教員の割合、GNPに対する初等教育支出の比率、小学生1人あたりの公教育支出額（購買力平価）などが使われていることはすでに述べたが、近年、注目されているのは、全国的な学力調査である。国際的に見ると、近年、とくに1990年代後半から2000年代にかけて各国が国レベルで学力調査を実施する傾向が強まっている。表5-10は、1995-1999年および2000-2006年のそれぞれの期間において少なくとも1回の全国的な学力調査を実施した国の割合を示したものである。これを見ると、まず、先進国においては1990

表5-10　1995-1999年および2000-2006年の期間において
少なくとも1回の全国的な学力調査を実施した国の割合

	1995-1999	2000-2006	変化
先進国	58%	81%	+23
発展途上国	28%	50%	+22
移行国	0%	17%	+17
サブサハラアフリカ	24%	33%	+9
アラブ諸国	15%	55%	+40
中央アジア	11%	33%	+22
東アジア・大洋州地域	15%	64%	+49
南・西アジア	11%	44%	+33
ラテンアメリカ・カリブ海諸国	54%	59%	+5
北米・西欧	66%	77%	+11
中欧・東欧	25%	65%	+40

出典）UNESCO (2007) より作成。

年代後半に58％の国が少なくとも1回は全国的な学力調査を実施しており、2000年代に入るとその割合は80％を超えていることがわかる。途上国は先進国に比べれば実施率は低いものの、2000年代には半数の国で実施されるようになった。地域別に見ても、世界中どの地域においても、2000年代に入ってから実施率は高まり、とくに東アジア・大洋州地域や中欧・東欧地域においてその伸びが著しい。西欧・北米は1990年代にすでにおよそ3分の2に国で実施されており、近年もその実施率は上昇している。

　このように、世界的に全国学力調査が実施されるようになった背景には、先進国に関しては、グローバリゼーション、知識経済化、新自由主義などがあげられる。すなわち、グローバリゼーション、知識経済への移行が進む中、個々人の知的能力が個人の生活向上のためにも、また、国家社会の発展にとっても不可欠であるという認識である。一方、途上国では、ゴール6にみられるように「とくに識字能力、数学的思考能力、必要なライフスキルの面で、測定可能な学習成果が達成されるように、教育の質に関するあらゆる面を向上し、その良い状態を維持する」という目標が設定されていることが大きい。このように、「測定可能」な「学習成果」の達成が発展途上国においても教育政策の目標として強く意識されるようになっていることは注目すべきである。

3. 総合的な評価指標（EDI）

さて、これまで、EFA ゴール別に達成度を見てきたが、EFA の全体的な進捗状況を見る指標も開発されている。EDI（EFA 開発指数）とよばれるものであり、これは、以下の4つの指標を合成して作られている：①初等教育純就学率（ゴール2）、②成人識字率（ゴール4）、③初等教育、中等教育の総就学率と成人識字率についての男女間平等指数の平均（ゴール5）、④第5学年までの残存率（ゴール6）。これら①から④までを0から1までの数字で表現し（たとえば、初等教育純就学率92％であれば0.92）、国別に合計して4で除した値がEDIとなる。EDIが0.95以上であればEDI高値群に分類され、0.97以上で「EFA達成」とされる。

表5-11を見てもわかるように、2008年の時点でも、上記の4つの指標が入手できる国は127カ国に過ぎない。また、この127カ国には先進国も含まれている。対象となる国が年によって若干異なるので、傾向の特定には慎重でなければならないが、少し懸念されるのは、2005年から2008年にかけての変化である。EDI高値群が増加した一方、EDI低値群も増加している。EDIは低下している国もあり、その動向には注意を払わねばならない。

表5-11　EFA 開発指数（EDI）の分布の推移

	2000	2001	2002	2004	2005	2008
EDI 高値群 （0.95以上）	17.0% [16]	32.3% [41]	36.4% [44]	37.6% [47]	39.5% [51]	48.8% [62]
EDI 中位値群 （0.8〜0.95）	44.7% [42]	40.2% [51]	40.5% [49]	40.0% [50]	41.1% [53]	28.4% [36]
EDI 低値群 （0.8未満）	38.3% [36]	27.6% [35]	23.1% [28]	22.4% [28]	19.4% [25]	22.8% [29]
合　計	100.0% [94]	100.0% [127]	100.0% [121]	100.0% [125]	100.0% [129]	100.0% [127]

注）[　]内の数字は国の数を表す。
出典）UNESCO（2006、2007、2008、2011）

第3節　教育財政と国際援助

EFA-GMRは、EFA目標達成に向けた国際援助の動向もモニターの対象にしている。2007年版では、EFA達成のために毎年必要とされる国際援助は110億ドルであると試算しており(UNESCO 2006)、それに対してドナーの基礎教育支援がどの程度足りないかという観点からも分析されている。

表5-12は、ドナーからの教育援助総額とそれに占める基礎教育援助額の割合の推移を示したものである。まず、教育援助の総額は、1999年～2000年に比べれば増加している。しかし近年は、年によっては前年を下回る年次もあり、停滞しているという見方もできる。少なくとも、ずっと増加を続けているわけではない。基礎教育への援助額も1999年～2000年ごろに比べれば増えてはいるものの、近年は停滞しており、教育援助に占める基礎教育援助の割合も明確な上昇傾向は見られない。

表5-12　教育援助総額とそれに占める基礎教育援助額の割合の推移

	1999	2000	2001	2002	2003	2004	2005	2006
教育援助総額 (10億ドル)	7.3	6.6	7.0	8.3	9.4	11.0	8.5	11.3
基礎教育援助額 (10億ドル)	2.8	2.8	3.0	3.0	4.1	5.2	3.7	5.1
基礎教育が占める割合 (%)	38.4	42.4	42.9	36.1	43.6	47.3	43.5	45.1

注) 援助額は約束額。2006年価格。
出典) UNESCO (2008) より作成。

では次に、いくつかの二国間ドナーについて、政府開発援助(Official Development Assistance: ODA)総額に占める教育援助の割合と教育援助に占める基礎教育援助の割合をみてみよう(**表5-13**)。ここでは、2004～2005年の教育援助額の年間平均上位6各国(フランス、日本、ドイツ、米国、英国、オランダ)をとりあげる。これをみてまずわかることは、ODA総額に占める教育援助の割合(表では①)にしろ、教育援助に占める基礎教育援助の割合(表では②)にしろ、国によって大きく傾向が異なるということである。日本は、基礎教育援助の割合は決して高いほうではないが、2004年から基礎教育の割合が上昇している。

138　第Ⅱ部　保育の現状と課題

表5-13　ODA総額に占める教育援助の割合（①）と教育援助に占める基礎教育援助の割合（②）

単位：%		1999	2000	2001	2002	2003	2004	2005	2006
日本	①	8.7	5.3	6.8	10.0	6.5	10.3	5.2	6.8
	②	4.4	6.1	10.2	10.9	5.8	24.1	30.9	26.4
米国	①	3.2	2.5	3.3	2.3	1.3	2.5	2.8	2.3
	②	36.5	74.3	64.3	77.1	81.0	88.3	80.1	72.9
英国	①	9.6	6.3	7.1	3.4	8.6	18.3	3.4	12.6
	②	31.3	40.8	34.9	55.0	66.9	86.8	74.1	71.3
フランス	①	29.9	22.2	24.0	19.5	17.6	20.8	15.9	18.7
	②	0.9	14.9	18.3	17.4	16.5	20.3	15.8	16.5
ドイツ	①	16.7	18.6	16.4	15.1	17.4	19.4	4.4	14.6
	②	11.2	11.1	7.5	10.5	8.8	11.8	38.7	11.2
オランダ	①	8.3	5.8	8.8	7.1	7.1	14.7	16.6	12.5
	②	47.6	59.3	79.5	67.9	67.9	65.4	66.0	83.2

注）援助データは1999年から2006年までの平均。
出典）UNESCO (2008) より作成。

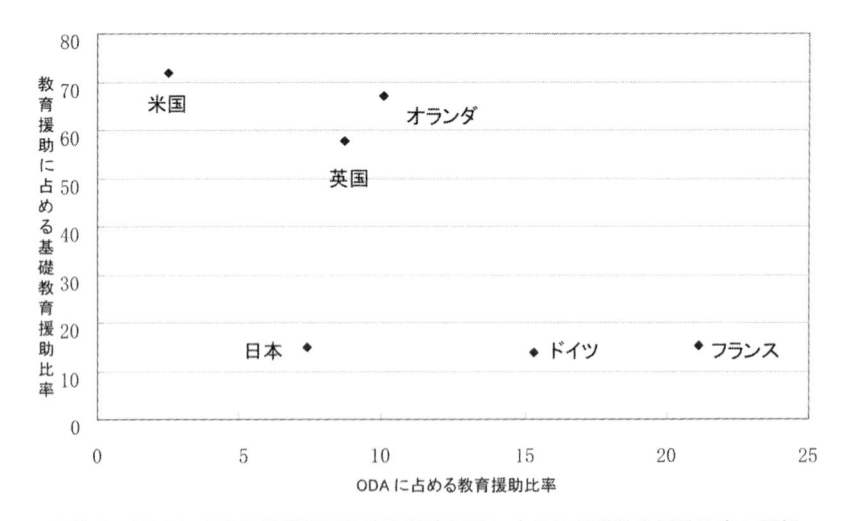

図5-1　ODAに占める教育援助比率と教育援助に占める基礎教育援助比率の関係

注）援助データは1999年から2006年までの平均。
出典）UNESCO (2008) より作成。

　図5-1は、ODA総額に占める教育援助の割合と教育援助に占める基礎教育援助の割合それぞれについて1999年から2006年までの平均値を算出し、表

5-13で取りあげた6カ国を散布図にプロットしたものである。これを見ると、米国、オランダ、英国は、「ODA総額に占める教育援助の割合はさほど高くはないが、教育援助に占める基礎教育援助の割合が高い」のに対し、フランス、ドイツは「ODA総額に占める教育援助の割合は高いが、教育援助に占める基礎教育援助の割合が低い」ことがわかる。日本はそのいずれでもなく、「ODA総額に占める教育援助の割合も、教育援助に占める基礎教育援助の割合も低い」という相対的位置付けになる。むろん、ここでは比較的援助規模の大きい国だけを取り上げているので、比較する国が変われば傾向も変わりうるが、少なくともここからは、日本は教育援助に対しても基礎教育援助に対しても他ドナーに比べ消極的という印象を受ける。

第4節　課　題

　本章では、EFAの達成状況と援助の動向について、EFA-GMRをもとに整理してきた。ダカールの6つの目標のうち、初等教育普及や就学の男女格差解消は、MDGsに採用されていることもあり、注目度も高い。しかしながら、乳幼児のケアと教育(ゴール1)やライフスキル(ゴール3)、識字(ゴール4)には、高い優先順位が与えられておらず、取り組みは遅れている。モニタリングにおいても、ゴール間に重点の濃淡があることは否めない。とくに、ゴール1、3、4は記述が薄くなっていることが懸念される。識字に関しては、その内容や測定方法についてまだ十分な合意がなく、データが不足していること、また、幼児教育についても、実態の把握、支援のあり方が十分検討がされていないことなどが背景にはあるかもしれない。しかしながら、1990年以降のEFA運動の本質は、単なる初等教育普遍化(Universal Primary Education: UPE)のみを目指すのではなく、その周辺(幼児、保健衛生、青年や成人の識字など)も含めて文字通り「万人のための」教育を目指すところにある。それらは、決して初等教育と無関係ではないし、貧困削減や子どもの健康とも深いかかわりを持つことが明らかにされているのである。2015年まであとわずかとなった今、初等教育目標の達成にどうしても視線は向きがちになるが、EFA運

動の本質はいったいどこにあるのかをいま一度見据え、モニタリングにも組み入れていくことが重要であると思われる。

参考文献
国際協力事業団 (JICA) (1994)『開発と教育 分野別援助研究会報告書』国際協力事業団
UNESCO (2002) *EFA Global Monitoring Report 2002: Is the World on Track*, UNESCO: Paris.
UNESCO (2003) *EFA Global Monitoring Report 2003/4: The Leap to Equality*, UNESCO: Paris.
UNESCO (2004) *EFA Global Monitoring Report 2005: The Quality Imperative*, UNESCO: Paris.
UNESCO (2005) *EFA Global Monitoring Report 2006: Literacy for Life*, UNESCO: Paris.
UNESCO (2006) *EFA Global Monitoring Report 2007: Strong Foundation- Early Childhood Care and Education*, UNESCO: Paris.
UNESCO (2007) *EFA Global Monitoring Report 2008: Education for All by 2015: Will We Make It?*, UNESCO: Paris.
UNESCO (2008) *EFA Global Monitoring Report 2009: Overcoming Inequality: Why Governance Matters*, UNESCO: Paris.
UNESCO (2009) *EFA Global Monitoring Report 2010: Reaching the Marginalized*, UNESCO: Paris.
UNESCO (2011) *EFA Global Monitoring Report 2011: The Hidden Crisis- Armed Conflict and Education*, UNESCO: Paris.

第6章　サブサハラアフリカ

第1節　サブサハラアフリカにおける子どもの発達

　すでに第1章でみたように、子どもの健康や生命という観点から見ると、サブサハラアフリカは、世界で最も厳しい状況におかれている。国連ミレニアム開発目標のうち、子どもの生命や健康に関する目標としては、5歳未満児死亡率、乳児死亡率、はしかの予防接種を受けた1歳児の割合などがあるが、このいずれをとっても、サブサハラアフリカは世界で最も状況が悪く[1]、その改善は急務である。

　ただ、一口にサブサハラアフリカといっても、国によってその状況は大きく異なる。**表6-1**は、乳児死亡率、5歳未満児死亡率、低体重児の割合、5歳未満児の低身長の割合を国別に示したものであるが、いずれの指標においても国によって大きな違いがあることが確認できる。たとえば、乳児死亡率に関しては、チャド（1,000人当たり130人）、アンゴラ（同117人）といった、1,000人当たりの乳児死亡率が100人を超える国もある一方、モーリシャス（1,000人当たり15人）やナミビア（同35人）など、途上国全体の平均（1,000人当たり49人）を下回っている国もある。5歳未満児死亡率に関してもその傾向は同様であり、チャドとアンゴラでとくに高い。乳児死亡率、5歳未満児死亡率とも、チャド、中央アフリカ、アンゴラ、ソマリアなど、政府が安定しておらず、脆弱な状況にある国において高くなっていることがわかる。低体重や低身長の発生率に関しては、ニジェール、チャド、エチオピアなどの最貧国できわめて高い数値になっており、貧困が子どもの発育に強く影響していることが示唆される。

表6-1 アフリカにおける子どもの健康

	乳児死亡率 (2005-2010)(注)	5歳未満児死亡率 (2005-2010)(注)	低体重児の割合 (2003-2008)(注)	5歳未満児の 低身長の割合 (2003-2008)(注)
アンゴラ	117	205	12	29
ベナン	85	121	15	43
ボツワナ	36	54	10	29
ブルキナファソ	80	157	16	36
ブルンジ	98	166	11	53
カメルーン	87	144	11	36
中央アフリカ	105	180	13	43
チャド	130	211	22	41
コンゴ	79	128	13	30
コートジボワール	87	123	17	40
赤道ギニア	100	168	13	35
エチオピア	79	131	20	51
ガボン	51	80	14	25
ガンビア	77	116	20	28
ガーナ	73	117	9	28
ギニア	98	148	12	40
ケニア	64	104	10	35
マラウイ	84	121	13	53
マリ	106	191	19	38
モーリシャス	15	17	14	10
モザンビーク	90	153	15	44
ナミビア	35	52	16	29
ニジェール	88	172	27	55
ナイジェリア	109	187	14	41
ルワンダ	100	155	6	51
セネガル	58	120	19	19
ソマリア	110	180	—	42
南アフリカ	46	72	15	27
トーゴ	71	98	12	27
ウガンダ	74	122	14	38
タンザニア	65	106	10	44
ザンビア	95	160	11	45
ジンバブエ	58	94	11	36

注)その期間内でもっとも最近の入手可能なデータ。
出典)UNESCO (2011) より作成。

第2節　サブサハラアフリカにおける保育

1. 就学前教育へのアクセス

次に、アフリカ地域における保育について記述する。すでに前章で見たように、サブサハラアフリカは、世界で最も就学前教育の就学率が低い地域である。地域としてみた場合、サブサハラアフリカは最も就学前教育の普及が遅れている地域と言えるが、ここでは、国別の状況を見ていきたい。表6-2は、アフリカ諸国における就学前教育の普及状況を国別に示したものである。まず、対象とする年齢に関しては、3歳から5歳の3年間とする国（アンゴラ、ガーナ、ケニア、トーゴ）、4歳から5歳の国（ベナン、カメルーン）、4歳から6歳の国（ブルキナファソ、エチオピア、ニジェール、セネガル）、3歳から4歳の国（モーリシャス）、3歳から6歳の国（マリ）、6歳のみ（南アフリカ）など、多様である。表に示した国に関して言えば、就学前教育の総就学率は1999年（およびそれに近い年）から2008年（およびそれに近い年）にかけてすべて上昇してい

表6-2　アフリカにおける就学前教育の普及状況

	就学前教育対象年齢	就学前教育総就学率(1999)(注)	就学前教育総就学率 (2008)(注)			就学前教育純就学率(2008)(注)
			全体	男	女	
アンゴラ	3－5	27	40	45	35	－
ベナン	4－5	4	13	13	13	－
ブルキナファソ	4－6	2	3	3	3	2
カメルーン	4－5	11	25	25	25	18
エチオピア	4－6	1	4	4	4	3
ガーナ	3－5	40	68	67	69	49
ケニア	3－5	42	48	49	46	26
マリ	3－6	2	4	4	4	4
モーリシャス	3－4	94	98	97	99	91
ニジェール	4－6	1	3	3	3	2
セネガル	4－6	3	39	37	40	37
南アフリカ	6－6	21	51	51	51	－
トーゴ	3－5	2	7	7	8	7

注) 統計データの年次に関しては、表記の年次に近い年のものも含む。
出典) UNESCO (2011) より作成。

る。直近の就学率の水準に関して言えば、90％以上を達成しているモーリシャスは特異な例としても、国による違いがきわめて大きい。ブルキナファソ、エチオピア、マリ、ニジェールなど就学率が低い国はわずか数％程度であるのに対し、南アフリカやガーナ、ケニアなどでは、ほぼ半数以上の子どもが初等前教育を受けている。男女間の格差に注目してみると、アンゴラでは女子が低いものの、その他の国ではほとんど男女の差は見られない。1999年から2008年にかけて特筆すべき就学率の上昇を示したのは、セネガルと南アフリカである。セネガルは1999年の時点ではわずか3％だった就学率が2008年には39％に、南アフリカでは1999年の時点ではわずか21％だった就学率が2008年には51％になっており、急速な幼児教育の拡大を達成していることがわかる。一方では、ブルキナファソなど、1999年の水準(就学率2％)からほとんど変化がない(2008年時点で3％)国もあり、就学前教育の拡大という点でみても、国による差異が非常に大きいことがわかる。

　純就学率は総就学率よりは値は下がるものの、その差がどの程度であるかは国によって異なる。モーリシャス、セネガルでは総就学率と純就学率の間に大きな差は見られない(モーリシャスでは総就学率98％に対し純就学率91％、セネガルでは総就学率39％に対し純就学率37％)ものの、ガーナでは総就学率68％に対して純就学率が49％、ケニアでは総就学率48％に対して純就学率が26％と、大きな開きがある。これは、就学対象年齢を超えても就学前教育施設に在籍する子どもが多いためであると考えられる。UNESCO（2006）によれば、ガーナにおいては、3歳から5歳までが就学前教育の該当年齢であるにもかかわらず、6歳、7歳になっても就学前教育を受けている子どもが相当数いるとされている。保護者が、自分の子どもがまだ小学校に入るには十分な発達段階にないと判断した場合、たとえ子どもが小学校入学年齢になっていたとしても幼稚園に通わせ、小学校入学を遅らせるケースがある。そのようなケースが多くなると、総就学率と純就学率のとの間の差が拡大する。

　表6-3は、就学前教育における教師一人あたり園児数および私立在籍者の比率を地域別に見たものである。教師一人あたりの園児数は、保育の質を表す一つの指標である。教師一人あたり園児数は、単純に園児の数を教員数で

表6-3　就学前教育における教師一人あたり園児数及び就学者に占める私立在籍者の比率

	教師一人あたり園児数		私立在籍者の比率 (%)	
	1999	2007	1999	2008
先進国	18	15	6	10
途上国	27	26	47	48
アラブ諸国	21	18	78	75
中欧・東欧	8	9	0.7	1.9
中央アジア	10	11	0.1	0.8
東アジア・大洋州	26	21	49	63
ラテンアメリカ・カリブ海地域	22	22	29	33
南・西アジア	36	40	—	—
サブサハラアフリカ	29	28	49	49

注)「私立在籍者の比率」は各地域の中央値、「教師一人あたり園児数」は加重平均の値。
出典) UNESCO (2009, 2011) より作成。

除している数値であり、これがそのままクラスサイズを表すわけではないが、教師一人あたり園児数と実際のクラスサイズとの相関は高い。一人の教員が受け持つ園児の数が少ないほど質が高いと考えられるが、発展途上国では概して先進国に比べ教師一人あたり園児数は多くなる傾向にある。また、先進国では1999年から2007年にかけて教師一人あたり園児数が減少しているのに対して、途上国ではほぼ横ばいである。サブサハラアフリカについてみると、教師一人あたり園児数はおおむね途上国平均とほぼ同じであることがわかる。

次に、私立在籍者の比率を見てみよう。一般的にいって、発展途上国は先進国に比べ就学前教育における私立在籍者の割合が高い。これは、政府が公共政策として公立の就学前教育を十分に拡大できていないことを表している。地域別に見るとアラブ諸国においてとくに私立在籍者の比率が高い。サブサハラアフリカについてみると、私立在籍者の比率は全体のほぼ半数であり、1999年から2008年にかけてその割合は変化していない。後述のように、アフリカでは教育部門全体でプライバタイゼーション（私事化）が進む傾向が見られるが、就学前教育についてみると、途上国の中で際立ってプライバタイゼーションが進んでいるというわけではない。

2. 3歳未満に対するプログラム

次に、3歳未満向けのプログラムの普及状況についてもみておこう。3歳未満に関してはどちらかといえば教育よりもケアを目的としたものが多いが、教育や保健なども含め、総合的に実施されているものも存在する。**表6-4**は、少なくとも一つの3歳未満向けプログラムが存在する国の割合を地域別に示したものである。ここでいう「3歳未満の子どもに対するプログラム」には、3歳未満の子どもと3歳以上の子どもを両方含んだ年齢集団向けの（たとえば「2歳から6歳まで」など）プログラムも含まれる。

これをみると、当該情報が存在する国のうち、3歳未満に対するプログラムが存在する国は世界全体でおよそ半数（53％）であり、北米・西欧、中央アジアにおいては比較的その比率が高いことがわかる。一方、アラブ諸国、中欧・東欧、サブサハラアフリカでは3歳未満向けのプログラムは存在しない国の方が多く、これらの地域では、組織的なプログラムはまだ3歳未満に対しては普及していないことがわかる。

表6-4　3歳未満の子どもに対する「乳幼児のケアと教育」プログラムの普及（2005年前後）

	3歳未満の子どもに対するプログラムを有する国の割合（％）	当該情報を有する国の数
サブサハラアフリカ	42	45
アラブ諸国	35	20
中央アジア	89	9
東アジア・大洋州	43	30
南・西アジア	44	9
ラテンアメリカ・カリブ海地域	61	41
北米・西欧	92	24
中欧・東欧	35	20
世界全体	53	198

出典）UNESCO（2006）より作成。

3. 国内格差

ここまでは、主として国レベルでの保育状況を見てきたが、次に、国内の格差にも目を向けてみよう。国レベルのデータのみに着目してしまうと、しばしば国内格差の問題が覆い隠されてしまうが、一国内に、地域や民族、階

表6-5　カメルーンにおける地域間の格差

	州	2007-2008年度		
		就学年齢人口 計	就学人口 計	総就学率（%） 計
1	アダマウア	61,244	4,986	8.14
2	中部	190,694	82,491	43.26
3	東部	63,799	5,920	20.03
4	極北	209,956	12,955	2.82
5	沿岸	185,100	70,827	38.26
6	北部	118,627	4,439	3.74
7	北西部	144,270	26,222	18.18
8	西部	155,213	27,897	17.97
9	南部	44,672	10,569	23.66
10	南西部	99,576	17,549	17.62
	計	1,273,152	263,855	20.71

層間などさまざまな格差が存在することは重要な問題である。EFAの第一ゴールが「とくに恵まれない」社会的弱者に対する保育の普及をうたっている以上、不利な地域、集団に対する就学前教育の普及がいかなる状況にあるか、そこにいかなる格差が存在するのかを把握することは重要な作業である。

表6-5は、カメルーンにおける就学前教育の就学率の地域間格差を示したものである[2]。カメルーンは、国全体でみると就学前教育就学率は20.71%であるが、国内に大きな地域間格差を抱えている。表の4を見ると、最も就学率が高い中部では43.26%なのに対し、最も低い極北部は、2.82%であり、カメルーンの就学率が20%程度とはいっても、国全体が20%の就学率を達成しているわけではなく、大きな地域間格差がそこに存在することが見て取れる。

カメルーンにおけるこのような大きな地域間格差がなぜ生じるのかについて、次のような理由が指摘されている。第一は、経済的な要因である。カメルーンでは幼児教育はまだ贅沢品とみなされており、経済力が弱い世帯にとっては不必要なものとみなされている。経済力が強い地域、すなわち、大都市のある中部、沿岸、東部および南部州だけで、就学児の約80%を占めている。都市部においては私立の幼稚園が多く、それだけの経済力がある家庭が一定数存在することが前提となる。そのため、農村部の子どもたちは就学前教育

の恩恵を受けることができなくなっている。就学前教育は、その費用が高額であるため一部の富裕層のものになっている。地域間格差の第二の要因は、各地域の教育への関心の強さである。教育熱心な地域は幼児教育普及への意欲も強い。幼児教育への関心は、中部、沿岸、南部、西部、南西部、北西部州のような、教育熱心な都市部を多く抱える地域においては顕著である。

4. 教室内での実践

　幼児教育の教室内での実践に関する研究も、数は少ないものの少しずつ進められつつある。タンザニアにおける15の幼児教育の授業（都市部の幼稚園2校と農村部の幼稚園2校が対象）を分析した研究（Mtahabwa and Rao, 2010）は、同国における幼児教育の教室内での実践内容がいかなるものであるかを明らかにしている。タンザニアにおける幼児教育政策、国家基準は、都市部であろうと農村部であろうと同一の基準を適用しているものの、実際に行われている授業は、大きな違いがある。都市部に比べ、農村部の教室はスペースも狭く、学級規模は大きく、教師一人当たりの園児数も多く、教材も乏しい。また、農村部ほど無資格教員が多く、教員の質が低いこと、そして、教員の質の低さこそが、物的なリソースの不足よりも教室内での相互作用に大きな影響を与えている。

　都市部3名、農村部2名、計5名の保育実践の観察の結果、教員の時間配分は、人によって時間配分は異なるものの、5名全体では、「知識・情報の伝達」が40.36％、「教員からの質問」が29.15％、「教室の運営」が19.35％、「教師からのフィードバック」が11.14％、であった。このうち、幼児教育に関する訓練を受けていない教員は、教師からの質問の際、クラス全体に対して質問を投げかけることが多かったのに対し、幼児教育に関する訓練を受けた教師は子どもひとりひとりに投げかける質問が相対的に多かった。また、幼児教育に関する訓練を受けた教員がより高次認知的な質問を投げかける傾向があるのに対し、幼児教育に関する訓練を受けていない教員は、相対的に高次認知的な質問が少ないという傾向がみられた。このことから、幼児教育に関する専門的な訓練を受けているかどうかが教室内での保育実践の性質に大

きく影響すると結論付けられている (Mtahabwa and Rao, 2010)。

5. 伝統的な保育とECDとの融合

　子育てや幼児の教育に関する土着の知識や伝統的な知恵はどこの社会にも見られるものであるが、それは国際的なイニシャティブであるECDといかなる関係にあるのだろうか。アフリカにおいても、伝統的な子育てに関する知識や受け継いできた伝統、土着知識などが多く存在するが、それがECDといった外部の国際機関からの運動をどのように受け止めているのだろうか。西アフリカを事例にその問題を検討したSoudee (2009) によれば、たとえばマリにおけるclos d'enfants（子どもセンター）は、保育に関する国際的なイニシャティブとローカルな知識とを融合させた事例であるという。そこでは、マリにおける伝統的なおもちゃや遊び、地元の教材、母親たちの参加を得て、保育に関する国際的なイニシャティブの理念を実現させようとしている取り組みがなされている。また、セネガルのCTP (case des tout-petit: 子どもの家) も、地域の伝統とヨーロッパ的な教授思想を融合させたものであるとしている。伝統的な子育てやしつけ、幼児教育に関する土着の知識をいかに活かして国際的イニシャティブの目指すところを実現していくかは、今後の重要な課題といえよう。

6. ECDにおける住民参加・プライバタイゼーション

　アフリカにおける教育開発を見る際に、教育への住民参加がいかに進められているかは一つの重要な視点である。多くのアフリカ諸国で進められてきた「教育の地方分権化」は、中央政府が行ってきた学校の管理・運営を地方政府や地域社会も分担できるようにするというものである。この改革によって、学校が自主的に管理運営ができる部分が多くなったが、一方、それだけ責任も大きくなっている。

　教育のプライバタイゼーション（私事化）は2つの側面を持つ。一つは「私立学校設置」「民間の教育参入」の認可や奨励であり、二つ目は教育の「私費（家計）負担化」である。むろん、通常は私立学校は私費により運営される部

分が大きいので、この両者は密接に関連する。一口に私立学校といっても、アフリカにおけるそれはさまざまな形態をとる。たとえば、Kitaev (1999) は、学校の特質により、アフリカにおける私立学校を次の4形態に分類している：①コミュニティ・スクール（地域社会によって設置・運営される）、②宗教学校（カトリック、プロテスタント、イスラム教など）、③遊牧民などが自発的に設置する「政府非公認学校」、④富裕層のための「営利学校」。

　このように、アフリカにおいて私立学校がとる形態はさまざまであるし、果たす機能も異なるが、アフリカにおいて教育のプライバタイゼーションが進んだ背景に世界銀行による構造調整政策があることは間違いない。歴史的に見ると、独立直後のアフリカ諸国の課題は、国づくりのための教育の普及促進であり、教育の「国営化」であった。宣教師によってもたらされた「学校」をミッションスクールのまま運営するのではなく、「国営化」していくことが大きな課題であった。

　国営化の流れが逆転するのが、アフリカにおける経済危機と、それに続く構造調整である。構造調整は、中央政府の役割を縮小させ、公務員の削減、財政カットを至上命題とした。このような構造調整政策のもとでは、「国営化」を続けることは容易ではなく、むしろ、「民営化」、すなわち、「私立学校設置」「民間の教育参入」を進めていく必要性に迫られた。ただ、すべてのアフリカ諸国が同じ方向のプライバタイゼーションを進めたわけではない。先にKitaev (1999) の4分類を紹介したが、旧英領の諸国はコミュニティ・スクールが多いのに対して、旧仏領は宗教学校が多いなど、プライバタイゼーションの方向には違いが見られる。

　アフリカにおいて分権化やプライバタイゼーション、住民参加が推進されるのは、中央政府よりも地域住民のほうがその地域の実情について深い理解をもっており、より適切な意思決定ができるであろうと考えられているためである。世界銀行もひじょうに手厳しくアフリカの中央政府を非難し、教育の担い手を中央政府から地域住民に移していくことの必要性をしきりに訴えている (World Bank 1995)。しかしながら、近年は、「地域住民こそがその地域の最大の理解者」という前提に異を唱える研究もでてきている。たとえ

ば、ガーナにおける18の農村において643人の教育関係者、コミュニティリーダー、親たちに対する調査から、学校での教育実践活動や学校に対する地域社会のサポートに関する理解と適切な態度が欠如していたことが明らかになっている (Chapman et al. 2002)。分権化がアフリカで何をもたらすかは、アフリカという文脈の中で理解されなければならない (Therkildsen 2000, Maclure 2006, Suzuki 2002)。

　幼児教育や ECD の分野においても、私立の施設や住民参加型の幼稚園建設、コミュニティ・プレスクールの設置などが多くの国で進められている。サブサハラアフリカの中でもとくに私立の就学前教育在籍者が多い (在籍者の66％以上が私立に在籍している) 国は、ガボン、セネガル、エリトリア、コンゴ民主共和国、モーリシャス、マダガスカル、ギニア、ウガンダ、エチオピア、レソト、ナミビア、ルワンダである。私立の在籍者が多くなる要因としては、政府の公立施設の提供能力の弱さもあるが、一方では、民間活力による ECD の促進が積極的であることもある。

7. 教育研究における援助機関の影響力

　アフリカの教育に対する援助機関の影響力は非常に大きい。たとえば、世界銀行は、その豊富な資金力を背景に、途上国の教育政策に対して大きな影響力を持ってきたが、ことアフリカに関しては、構造調整融資などを通じて絶大な影響力を発揮してきた (Takala 1998)。ECD の分野においては世界銀行のみならず UNICEF も強い影響力をもってきた。たとえば、ブルキナファソにおいては、農村部や貧困地域を中心にビゾンゴとよばれるコミュニティ主体の ECD 施設が広がりを見せているが、その資金援助は大部分は UNICEF をはじめとする援助機関によるものであり、地域住民主体の運営も、その実態としては援助機関の資金がバックにあることが多い。

　ECD の推進は、一定の調査研究をもとに進められていくことも多いが、アフリカにおける教育研究も、援助機関による調査研究 (援助機関により委託を受けた調査研究も含む) がひじょうに多く、言説の形成においても援助機関が主導していることが多い。すなわち、純粋な学術研究というよりは、研究

そのものが援助と深く結びついており、援助機関の問題意識が研究の問題意識に反映されている。独立後アフリカの教育の歴史は、教育援助の歴史と不可分である。アフリカの教育は、常に援助機関に振り回されてきたし、そしてそれは形を変えて今も続いているといえよう。

しかしながら、新たな動きもないわけではない。マクルア (Maclure, R.) は、これまでのアフリカ教育研究を、西側の援助論理でなされる「ドナー統制アプローチ」はしばしばアフリカのニーズに合わなかったとして、内発的な「ネットワーク・応用指向アプローチ」の可能性に注目している。そして、後者の例として「中西部アフリカ教育研究ネットワーク (Educational Research Network for West and Central Africa: ERNWACA)」と「アフリカ教育開発協会 (Association for the Development of Education in Africa: ADEA)」を例に上げ、その特徴を分析している (Maclure 2006)。これまで、世界銀行等の政策文書には、しばしばそこで引用される研究に偏りがあると批判されてきた。すなわち、援助機関の資金提供を受けた研究、先進国研究者の研究が大半であり、アフリカ人研究者による研究が無視されている、と (Eisemon 1989, Brock-Utne 2000)。Maclure (2006) のいう、内発的で、ネットワーク志向を持った教育研究が展開されることにより、アフリカの人々の視点が研究の世界でも一定の地位を築いていくことが望まれる。アフリカ側からの視点は入ることによって、ECD に関する言説もより多様になり、ECD の実践においても現地の知恵が反映されていくことが期待される。

第3節　ECD の政策動向と行政機構・国際イニシャティブ

1. ECD の体制と援助協定

ECD は、その対象とする範囲が教育のみならず、保健医療や家族政策など幅広いことから、所管行政も多岐にわたる。そのため、複数のセクターを調整する組織が必要となるが、国によって調整組織の有無はさまざまである。また、複数省庁にまたがる調整組織がない場合でも、政策形成において主導的な役割を果たす省庁があれば、その省庁の主導によって結果的に調整も進

むことが多い。また、政策はその実施を伴うことが必要であり、政策形成のみならず、その実施を担当する組織があるかどうかも、ECD政策を見ていく上で重要である。このように、ある国のECDに関する政策・行政を見る場合、まず第一には調整組織の有無、第二に主導省庁の有無、そして第三に、実施組織の有無を見ることが、各国の状況を把握するうえで重要な視点となる。また、保育に関する政策がすでに策定されているのか、対象とする年齢をどの程度の幅で規定しているか、障害児に対する保育政策はあるか、出産にあたっての有給休暇制度が確立しているかどうかといった点も、子どもの保育環境を理解する上で重要である (UNESCO 2006)。

サブサハラアフリカの教育は、その政策においても実施においても、EFAをはじめとする国際的な開発イニシャティブや援助政策の影響を強く受けている。アフリカの多くの国において教育は、2000年代の半ば以降、EFAの流れを加速させるためにファスト・トラック・イニシャティブ (Fast Track Initiative: FTI) という援助協定の対象となるようになった。これは、アフリカを中心として貧困削減戦略書 (Poverty Reduction Strategy Paper: PRSP) の策定が進んでいる国の初等教育を優先的に発展させようという試みであり、被援助国とドナー側とのパートナーシップに基づく双務的な協約である。被援助国側の能力構築と資金ギャップの解消がファスト・トラック・イニシャティブの主な目的であるが、その中にECDが位置づいているかどうかは国によって異なる。また、EFA運動の中でECDがどのように位置づいているかも、国によって状況は異なる。以下、本節ではそのような観点から各国の状況をまとめる[3]。

2．各国の状況

(1) ベナン

ベナンの就学前教育の対象年齢は4～5歳であり、その就学率は1999年には4％であったが、2008年には13％にまで上昇している。ECDの制度・政策上の枠組みとしては、ECD政策を策定している最中にあり、ECD戦略計画が発効するまでには至っていないし、就学前教育政策を採択もまだされて

いない。0〜8歳の児童を含めて対象とした障害児政策、HIV/AIDS政策はすでに有している。行政機構としては、マルチセクトラルな政府の保育評議会を有している。ECD政策形成において主導的な省庁は有しているものの、保育政策を実行する政府機関は十分ではない。教育セクタープログラムにおいては、保育に関するセクションをもったEFA計画が存在するが、FTIにおいては保育は含まれていない。

(2) ブルキナファソ

　ブルキナファソの就学前教育の対象年齢は4〜6歳であり、就学前教育就学率は1999年には2％、2008年は3％となっている。ECD制度・政策に関しては、保育政策は策定され承認されており、それは就学前教育政策や3歳未満の子どもへの保育制度普及も含んだものである。0〜8歳の児童を含めて対象とした障害児政策を有している。ブルキナファソでは、有給の出産休暇制度は確立している。行政機構としては、保育政策を形成する主導的な省庁と保育政策を実行する政府機関を有している。セクター計画としては、保育戦略計画を発効させている。保育はEFA計画の一部に位置づけられているが、FTI・貧困削減計画には保育は含まれていない。

(3) カメルーン

　カメルーンの就学前教育の対象年齢は4〜5歳である。その就学率は1999年には11％であったが、2008年は25％となっている。3歳未満への保育普及に関する保育政策を承認しているが、就学前教育政策はまだ策定されていない。有給の出産休暇制度は確立されている。0〜8歳の児童を含めて対象とした障害児政策はまだない。行政機構としては、マルチセクトラルな政府の保育評議会を有しており、保育政策を形成する主導的な省庁は有しているものの、保育政策を実行する政府機関はまだ存在しない。EFA政策はその一部に保育を含むが、FTIや貧困削減計画には保育は含まれていない。

(4) ガーナ

　ガーナの初等前教育の対象年齢は3〜5歳である。就学前教育就学率は1999年の時点で40％と、アフリカの中では高い水準にあった。2008年には68％にまで上昇しており、アフリカの中でもきわめて高い就学率を達成している。ガーナは保育政策を有しているものの、0〜3歳の子どもに対する保育は含まれていない。就学前教育に関する政策は承認されており、有給の出産休暇制度も確立されている。行政機構としては、マルチセクトラルな政府の保育評議会、保育政策を形成する主導的な省庁、保育政策を実行する政府機関をいずれも有している。保育に関する戦略計画を有しているが、FTIや貧困削減計画には保育は含まれていない。

(5) マラウイ

　マラウイの就学前教育の対象年齢は3〜5歳である。3歳未満への保育普及に関する保育政策を承認しており、0〜8歳の児童を含めて対象とした障害児政策も有している。行政機構としては、保育政策を形成する主導的な省庁を有しており、保育政策を実行する政府機関も確立している。保育に関する戦略計画をもっており、就学前教育の政策を承認している。EFA 計画の一部として保育が位置づけられている。FTIや貧困削減計画には保育は含まれていない。

(6) マ　リ

　マリの就学前教育の対象年齢は3〜6歳で、就学前教育就学率は1999年には2％、2008年は4％となっている。保育政策は策定中である。有給の出産休暇制度も確立している。0〜8歳の児童を含めた障害児政策を有している。行政機構としては、マルチセクトラルな政府の保育評議会、保育政策を形成する主導的な省庁、保育政策を実行する政府機関をいずれも有している。保育戦略計画を有しており、EFA 政策はその一部に保育を含むが、FTIや貧困削減計画には保育は含まれていない。

(7) モザンビーク

モザンビークの就学前教育の対象年齢は3〜5歳である。有給の出産休暇制度は確立されているが、保育政策は策定中である。0〜8歳の児童を含めた社会的保護 (social protection) 政策を有している。行政機構としては、保育政策を形成する主導的な省庁を有している。EFA 政策はその一部に保育を含むが、FTI や貧困削減計画には保育は含まれていない。

(8) ニジェール

ニジェールの就学前教育の対象年齢は4〜6歳である。就学前教育就学率は1999年には1％、2008年は3％となっている。有給の出産休暇制度は確立されているが、保育政策は策定中である。行政機構としては、マルチセクトラルな政府の保育評議会、保育政策を形成する主導的な省庁、保育政策を実行する政府機関をいずれも有している。EFA政策はその一部に保育を含むが、FTI や貧困削減計画には保育は含まれていない。

(9) セネガル

セネガルの就学前教育の対象年齢は4〜6歳である。その就学率は1999年には3％であったが、2008年は11％となっている。保育政策を策定・承認しており、0〜3歳の子どもに対する保育政策も就学前教育政策も有している。行政機構としては、教育省と CTP 庁の2つが保育関連の所轄省庁として存在しており、その両者の役割分担・調整が課題である。保育政策を実行する政府機関を確立している。保育戦略計画を有しており、EFA 政策はその一部に保育を含むが、FTI や貧困削減計画には保育は含まれていない。

(10) 南アフリカ

南アフリカの就学前教育の対象年齢は6歳である。その就学率は1999年の時点で21％と、アフリカの中では比較的高い水準にあった。2008年には51％にまで上昇している。保育政策を策定・承認しており、0〜3歳の子どもに対する保育政策も就学前教育政策も有している。保育戦略計画も発効し

ており、有給の出産休暇制度も確立している。0～8歳の児童を含めて対象とした障害児政策、HIV/AIDS 政策はすでに有している。行政機構としては、マルチセクトラルな政府の保育評議会、保育政策を形成する主導的な省庁を有している。

⑾ タンザニア

　タンザニアの就学前教育の対象年齢は5～6歳である。2008年の就学前教育就学率は34％であり、アフリカの中では高い就学率となっている。保育政策を策定中である。0～8歳の児童を含めて対象とした障害児政策、HIV/AIDS 政策はすでに有している。行政機構としては、マルチセクトラルな政府の保育評議会、保育政策を形成する主導的な省庁、保育政策を実行する政府機関をいずれも有している。EFA 政策はその一部に保育を含むが、FTI や貧困削減計画には保育は含まれていない。

⑿ ザンビア

　ザンビアの就学前教育の対象年齢は3～6歳である。0～3歳の子どもに対する保育普及も含めた保育政策を策定・承認している。有給の出産休暇制度も確立している。0～8歳の児童を含めた社会的保護 (social protection) 政策を有している。行政機構としては、マルチセクトラルな政府の保育評議会、保育政策を形成する主導的な省庁を有している。保育戦略計画を有するが、FTI や貧困削減計画には保育は含まれていない。

3. 傾　向

　前項では12カ国をとりあげ、各国の ECD の行政機構と国際イニシャティブについて状況を記述した。ここで取り上げた国はサブサハラアフリカの一部であるが、次のような傾向を見て取ることができる。まず第一に、何らかの保育政策を有している（または策定中である）国がほとんどであるということである。これは、最貧国が集中するサブサハラアフリカにおいても、保育に対する関心は決して低くはないことを表している。第二に、マルチセクト

ラルな調整機関あるいは主導的な省庁をほとんどの国が有しているということである。セネガルは二元的な行政機構になっているものの、それ以外の国は、何らかの調整機関か主導省庁を有している。そして第三には、政策の実施機関の有無は国によってまちまちであるということである。たとえば、カメルーンは、調整機関や主導省庁は有しているものの、実施の専門機関に欠けるという問題点をもつ。そして第四に、ほとんどの国で保育は、FTI・貧困削減戦略の一部に位置づけられていないということである。ここで取り上げた12カ国においてはいずれも保育は貧困削減戦略の中に位置づけられていない。ここでは取り上げてはいないが、マダガスカルがFTIの一部に保育を含めている。しかし、マダガスカルにおいても、貧困削減戦略の中に保育は位置づけられていない。すでに本書で強調されてきたように、ECDは貧困削減と深く関係した領域である。しかしながら、サブサハラアフリカにおいて実際に策定されている貧困削減戦略文書においてECDの影は薄い。国際援助の領域では、貧困削減戦略に多額の予算が付く傾向にあるため、ECDに財源面での裏付けをもたせるためには、今後は貧困削減戦略への位置づけが課題となってくるであろう。

注

1 The Millennium Development Goals Report 2010 および The Millennium Development Goals Report Statistical Annex 2010 による。
2 お茶の水女子大学グローバルCOE国際セミナー（2009年10月2日開催）におけるンゴ・ンソンガ・アリネ・ジョセフィーヌ（カメルーン基礎教育省教育・研修課長）の報告より。
3 初等前就学に関するデータはUNESCO（2011）に基づく。また、ECD政策・制度に関する記述はUNESCO（2010）で報告された時点での内容である。

参考文献

Brock-Utne, B. (2000) *Whose Education for All?: The Recolonization of the African Mind,* Falmer Press.
Chapman,D., Barcikowski, E., Sowah, M., Gyamera, E. and Woode, G. (2002) "Do Communities Know Best? Testing a Premise of Educational Decentralization: Community Members' Perceptions of Their Local Schools in Ghana", *International Journal of Educational Development*, 22 (2) pp. 181-189.

Eisemon, T.O. (1989) "Educational Reconstruction in Africa, Commentary on: World Bank Report on Education in Sub-Saharan Africa", *Comparative Education Review*, pp. 110-116.

Kitaev, I. (1999) *Private Education in Sub-Saharan Africa*, International Institute for Educational Planning/UNESCO: Paris.

Maclure, R.(2006) "No Longer Overlooked and Undervalued?: The Evolving Dynamics of Endogenous Educational Research in Sub-Saharan Africa", *Harvard Educational Review*, v76 n1, pp. 80-109.

Mtahabwa, L. and Rao, N. (2010) "Pre-Primary Education in Tanzania: Observations from Urban and Rural Classrooms", *International Journal of Educational Development*, 30, pp. 227-235.

Soudee, A.R.(2009) "Incorporating Indigenous Knowledge and Practice into ECCE: A Comparison of Programs in The Gambia, Senegal and Mali", *Current Issues in Comparative Education*, 11, pp. 15-23.

Suzuki, I (2002) "Parental Participation and Accountability in Primary School in Uganda", *Compare* 32(2), pp. 243-259.

Takala,T.(1998) "Making Educational Policy under Influence of External Assistance and National Politics—A Comparative Analysis of the Education Sector Policy Documents of Ethiopia, Mozambique, Namibia and Zambia", *International Journal of Educational Development* 18 (4), pp. 319-335.

Therkildsen, O. (2000) "Contextual Issues in Decentralization of Primary Education in Tanzania", *International Journal of Educational Development* 20, pp. 407-421.

UNESCO (2006) *EFA Global Monitoring Report 2007*, UNESCO: Paris.

UNESCO (2009) *EFA Global Monitoring Report 2010*, UNESCO: Paris.

UNESCO (2010) Early Childhood Care and Education Regional Report: Africa, WCECCE (World Conference on Early Childhood Care and Education), Moscow.

UNESCO (2011) *EFA Global Monitoring Report 2011*, UNESCO: Paris.

World Bank (1995) *Priorities and Strategies for Education: A World Bank Review*, World Bank: Washington, D.C.

第7章 アジア

第1節 アジアにおける保育

　本章では、アジアにおける保育を記述する。第1節では、就学前教育の就学率などのデータをもとに、全体を俯瞰した後、第2節では、事例としてベトナムの保育についてその発展過程と現在の課題をみていきたい。

　表7-1は、アジア諸国における就学前教育の普及状況を示したものである。まず、対象とする年齢に関しては、日本と同じ3歳から5歳の3年間とする国が多いが、2年間のみを対象としている国もある。就学前教育総就学率は

表7-1　アジアにおける就学前教育の普及状況

	就学前教育対象年齢	就学前教育総就学率(1999)(注)	就学前教育総就学率(2007)(注)			就学前教育純就学率(2007)(注)	小学校新入生に占める保育経験者の比率(2007)(注)
			全体	男	女		
カンボジア	3-5	5	11	11	12	11	17
中国	4-6	38	42	43	40	—	85
インドネシア	5-6	23	44	43	45	31	87
マレーシア	4-5	54	57	54	60	57	76
フィリピン	5-5	30	46	46	47	37	58
タイ	3-5	97	95	94	96	86	—
ベトナム	3-5	39	—	—	—	—	—
バングラデシュ	3-5	—	17	17	17	—	45
インド	3-5	18	40	39	40	—	—
ネパール	3-4	—	57	60	54	35	35
パキスタン	3-4	—	52	55	50	43	57

注) 統計データの年次に関しては、表記の年次に近い年のものも含む。
出典) UNESCO (2009)

1999年（およびそれに近い年）から2007年（およびそれに近い年）にかけて上昇している国が多い。カンボジア、バングラデシュは現在10％台と比較的低く、一方、タイは突出して高い（95％）。それ以外の国はおおむね40〜60％程度の総就学率となっている。男女間の格差に注目してみると、ネパールやパキスタンでは女子が低いものの、その他の国ではほとんど男女の差は見られない。

純就学率は総就学率よりは値は下がるものの、マレーシアにおいては差が見られない。就学前教育の総就学率は40〜60％の国が多いが、小学校入学前に何らかのECCE（保育）プログラムを経てから入学する児童の割合は国によって大きく異なる。たとえば中国は、就学前教育の総就学率は42％だが、小学校新入生に占める保育経験者の比率は85％である。インドネシア、マレーシアなども同様の傾向を示している。これは、入学直前の年齢で就学前教育就学率が急激に高くなること、就学前教育施設以外での何らかのECCEプログラムが普及していることなどが理由として考えられる。

第2節　ベトナムにおける幼児教育

1. ベトナムの就学前教育の教育法での規定

ベトナムにおける幼児教育は、1998年のベトナム教育法では、「就学前教育は、生後3ヶ月から6歳までの乳幼児の保育、世話、教育をするものとする」（第18条）と、就学前教育の対象範囲を規定している。そして、就学前教育の目標・位置づけについては、「就学前教育は、乳幼児の発育、情操、知恵、審美眼などの発達を促し、人格の基本を形成し、小学校に入学するための準備を行うことを目標とする。」（第19条）とし、小学校への準備教育であるという目的規定が明確にされている。それに基づき、就学前教育に求められる教育内容として、以下のように条文では規定されている：

「1. 就学前教育に求められる内容は、保育、世話、教育の調和を図り、乳幼児の心身の発達に対応し、均整のとれた健康で活発な身体を育て、祖先や父母、教師、目上の人を尊敬・敬愛し、礼儀正しくする心を育て、

兄弟姉妹、友人を敬愛し、正直かつ勇敢で、自然体で、美しいものを愛し、知識を愛し、学校に行きたくなるようにさせることである。
　2．就学前教育の主な方法は、乳幼児の全面的発達を促すため、遊戯活動を組織化すること、ならびに集団指導や励ましながら教育することの実例を示すことである」(第20条)。

　その後、ベトナムは、2005年に新しい教育法を制定し、教育制度の基本的な枠組みを規定した。それによれば、ベトナムにおける幼児教育は、「生後3ヶ月から6歳までの乳幼児」を対象にするとされている。そして、幼児教育の目的は「乳幼児の身体的、情緒的、知的発達、審美眼の発達を促し、人格の基本を形成し、小学校に入学するための準備を行うこと」とされ、小学校への準備教育であるという目的規定が明確にされている。幼児教育に求められる内容としては、「乳幼児の心身の発達を促し、保育、ケア、教育の調和を図り、均整のとれた健康で活発な身体を育て、祖先や父母、教師、目上の人を尊敬・敬愛し、礼儀正しくする心を育て、兄弟姉妹や友人を敬い、正直かつ勇敢で、自然体で、美しいものを愛し、知識の理解を好み、学校に行きたくなるようにさせる」ことがあげられている。そして、教育・保育の方法としては、「乳幼児の全面的発達を促すため、遊びの活動を組織化すること、また、模範を示し、集団指導を行い、励ますこと」などがあげられている。

2．三種類の幼児教育施設と一元化された幼児教育行政

　ベトナムでは、幼児教育を実施する機関として、次の3つがある：①保育園(生後3ヶ月から3歳までの乳幼児を保育する)、②幼稚園(3歳から6歳までの幼児を教育する)、③幼児学校(保育園と幼稚園の両方を併せ持ち、3ヶ月から6歳までの乳幼児を対象とする)。保育園と幼稚園は年齢によって区分されており、基本的に保育園は3歳未満の乳幼児を対象とし、幼稚園は3歳以上を対象とする。「保育に欠ける」かどうかは関係なく、ベトナムでは対象となる子どもの年齢によって保育園と幼稚園が区別されている。特徴的なのは、保育園と幼稚園双方の機能を併せ持つ「幼児学校」の存在である。幼児学校は3ヶ月から6歳までの乳幼児が対象とされているが、すべての幼児学校が3ヶ月

中央レベル	国立幼児教育研究センター	MOET 就学前教育局	MOET 教員局 就学前教育部
		↓↑	↓↑
省レベル		DOET 就学前教育局	大学局 教員養成校 ↓↑ 教師教育局 省級教師教育
		↓↑	↓↑
県・コミューンレベル		BOET 就学前教育局	教師教育 (インテンシブコース)
		↓↑	↓
		幼稚園・保育園現場	

図7-1　ベトナムにおける幼児教育行政

から6歳までの保育を実施しているわけではなく、その対象年齢は学校によって異なる。ベトナムでは、これら3種類の幼児教育施設はすべて教育訓練省（MOET）によって監督されており、その意味では、幼児教育に関する行政は一元化されているといってよい。ベトナムにおいては、幼児教育が普及していない段階で行政の幼児教育行政の一元化の話が進んだため、さほどの混乱もなく一元行政体制は確立している（図7-1）。

　ただ、幼児教育行政が教育訓練省に一元化されているといっても、それはあくまでも制度化された就学前教育に関してであり、就学前の子どもの発達や健康全体ということになると、必ずしも教育訓練省だけではなく、他の行政組織も関与している。たとえば、子どもの健康や栄養改善に関しては保健省が、子どもや家族に関する政策に関しては「人口家族子ども委員会（Commission for Population, Family and Children）」が、また、親に対する教育という点ではベトナム女性同盟が重要な役割を果たしている。

3. 幼児教育の普及状況と現状

　ベトナムの就学前教育就学率は、近隣の東南アジア諸国に比べて高い。む

ろん、就学前教育の統計は、その対象範囲、データの取り方など解釈には慎重でなければならないが、世界銀行の教育統計データベース（EdStat）によれば、ベトナムの就学前教育純就学率は、43.1％である。それに対し、インドネシアのそれは24.1％であるし、フィリピンは38.5％である（2002年）。このように、ベトナムがアジアの近隣諸国に比べ高い就学率を達成しているのは、何も就学前教育だけではない。初等教育においてもベトナムは非常に高い就学率を達成しており、識字率も、同程度の経済水準の国に比べたら著しく高い。これは、ベトナム人が一般的に教育熱心であること、教育や学校を重視する文化的伝統があることなどが背景にあるものと思われる。

就学状況をもう少し詳しく見てみよう。**表7-2**は、5歳児の就園状況と小学校入学者のうち幼児教育を受けてから就学する子どもの割合を示したものであるが、これを見ると、5歳児の就園率は1990年代の終わりに77％となっており、5歳児だけをとってみればかなり高い水準にあることがわかる。

2004年の教育訓練省のデータによれば、年齢別の幼児教育就学（在籍）率をみると、3歳未満が16.0％、3歳・4歳児が62.6％、5歳では92.0％、6歳（小学校1年生）の就学率が93.4％である。このように、5歳児に限っていえば就学率は小学校一年生とほぼ同じであり、ほぼ全員が何らかの幼児教育施設に通っている。これは、ベトナムにおいては5歳という年齢が小学校への準備年齢と捉えられており、多くの親が子どもに幼児教育を受けさせるようになるためである。

一方、3歳未満では就園率が低い。ベトナムは女性の就業率は高く、幼い

表7-2　就園率（5歳児の就園率）および小学校就学前の就園状況

	5歳児の数	5歳児の幼児教育就園者数	5歳児の幼児教育就園率（％）	小学校入学者のうち幼児教育を受けてから就学する子どもの割合（％）
1990-1991	1,824,976	1,252,933	68.7	53.3
1994-1995	1,847,198	1,369,052	74.1	58.4
1997-1998	1,941,639	1,458,559	75.1	60.0
1998-1999	1,921,019	1,479,185	77.0	69.8

出典）National Committee for EFA Assessment (1999)

子どもを母親以外の手で保育する仕組みが不可欠であるが、どうしているのだろうか。まず、一般的にベトナムでは3世代以上の同居が広く見られ、祖父母が幼い子どもの面倒を見ることができる。また、それが困難な場合でも、「ファミリー・グループ」による保育が可能である。「ファミリー・グループ」とは、近隣の家族が協力し合って保育する仕組みであり、上述のような制度化された幼児教育施設とは別に組織化された個人経営託児所である。「ファミリー・グループ」の設置にとくに資格は必要ないが、子育ての経験のある比較的年配の女性によって始められることが多いようである。幼児学校の指導を受けることとされている地域もある。地域によっては、「ファミリー・グループ」に行政から補助金が出ている場合もある。

　幼児教育施設で働く教員はほぼ全員が女性で、国が定めている資格要件は高卒に加え2年間の養成教育を受けることである。保育園も幼稚園も幼児学校も資格要件は同じである。かつては無資格教員も多く見られたが、近年は保育園では7割以上、幼稚園では9割以上が有資格者となっている。保育内容は2003年から改訂されており、3歳未満は健康や基本的生活の指導、遊びが中心であり、3〜5歳は遊びを通じた学習、身近な人や環境（自分自身や家族、幼稚園や村）を題材にしたテーマ学習などが行われている。幼稚園では子ども中心主義教育の導入が課題といわれており、教員養成校ではその理念は教えられているものの、実際の教育現場では教師主導で、子どもに教え込む「授業」が行われていることが多い。

　表7-3は、公立、非公立別に3〜5歳児の幼稚園就園率を見たものであるが、1990年代の後半に、非公立を中心に拡大していることがわかる。この間、公立の幼稚園はほとんど拡大しておらず、1990年代後半の幼稚園教育の拡大は、主に非公立の幼稚園によってもたらされたものであることがわかる。

表7-3　就園率（3〜5歳児の幼稚園就園率）

	1990	1994	1995	1996	1997	1998
公　立	—	22.0	20.0	20.4	19.2	20.2
非公立	—	9.1	13.8	16.1	19.8	19.1
全　体	26.7	31.1	33.8	36.6	38.9	39.3

出典）National Committee for EFA Assessment (1999)

幼稚園において半公立というのは、校舎や教材などは公費でまかなわれるが、教員給与の一部は親が負担するというものであり、かなり公立に近い。新規設置時には政府が資金を出す幼稚園、農村部における就学前教育施設などを含む。農村部の幼児教育施設は、合作社（集団農業組織）によって運営されていた時期もある。しかし、ドイモイ以降は、直接コミューンの人民委員会によって運営されるか、地元資金からの必要な支援を受けるようになっている。

民立というのは私立に近く、ほとんどの経費を親が負担するが、公費の補助もいくらかなされるという形態である。政府の補助を受けていない大衆組織や住民組織、経済組織などによって設立された幼稚園・保育園のことをさす。

1990年代後半から政府は就学前教育の設置形態の多様化を奨励しており、非公立型の幼稚園・保育園が増加しつつある。政府は、このような形態の保育園・幼稚園が増加することによって、就学前教育が拡大することを期待している。ベトナムにおいては、初等中等教育においては公立が圧倒的多数を占めているが、就学前教育においては非公立の設置形態が多い（**表7-4**）。

ベトナムの幼児教育は就学率で見る限り高い水準にあるといえるが、これまでずっと順調に拡大してきたわけではない。歴史的に見ると、ドイモイ以降、合作社が衰退する中で、幼児教育もまた縮小していった時期もあった。

表7-4 ベトナムの就学前教育に関する基礎データ（2001年）

	公立	非公立	全体	非公立／全体（％）
学校数（就学前教育）	4,321	5,413	9,734	55.6
学級数	50,577	71,452	122,029	58.6
就園者数	1,193,946	1,311,814	2,505,760	52.4
就園者数（女子）	574,910	655,173	1,230,083	53.3
就園者数（少数民族）	178,860	73,806	261,666	28.2
就園者数（新入生）	624,254	618,165	1,242,419	49.8
教員数	69,910	77,434	147,344	52.6
政府が給与を払っている教員数	44,735	5,660	50,395	11.2
教員全体に占める「政府雇用教員」の割合（％）	64.0	7.3	34.2	－
1クラスの当たりの就園児数	23.6	18.4	20.5	－

出典）MOET (2002) より作成。

表7-5　保育園・幼稚園における就学状況の推移(注)

		1986	1990-91	1991-92	1992-93	1993-94	1994-95
保育園	保育園数	—	15,504	14,488	11,425	7,872	6,841
	就園者数	—	528,021	488,948	464,052	448,692	443,737
	保育園就園率	22.5%	9.3%	8.2%	7.5%	7.1%	7.6%
幼稚園	幼稚園数	—	6,642	6,866	6,806	6,870	6,959
	就園者数	—	1,495,403	1,493,583	1,538,882	1,659,247	1,777,032
	幼稚園就園率	33.0%	26.5%	28.8%	29.5%	30.1%	31.5%

注）保育園、幼稚園とも公立のみの数値である。また、保育園、幼稚園とも就園率は粗就園率である。
出典）Socialist Republic of Vietnam (1995) より作成。

ドイモイ以前（1986年以前）は、幼児教育はすべて政府が設置し、人件費も政府から支払われていたが、1987年以降は大きく変化した。**表7-5**は、1986年からの変化を見たものである。これによると、1990年から1995年までは保育園の就園者数は少しずつではあるが減少しており、1995年時点の保育園就園率は7～8％程度である。1986年の保育園就園率が22.5％であったことを考えると、ドイモイ後の約10年間に大幅に低下したといえよう。一方、1990年代の前半、幼稚園数は若干ではあるが増加傾向にある。幼稚園の就園者数も着実に増加しており、就園率も少しずつ上昇している。1995年には、1986年の幼稚園就園率の水準（33％）まで、ほぼ戻っている。

4. 国家開発計画と幼児教育の目標水準

ベトナムにおいては、教育事業のみならず、ほとんどすべての公共事業は国家開発計画に基づいて実施される。教育分野での開発計画としては、まず、「教育開発戦略計画（2001-2010年）」（"Education Development Strategic Plan 2000-2010": EDSP 2010）をあげることができる。EDSP 2010は、ベトナムにおける21世紀初頭の教育開発・教育改革における重要事項、政策方針を示した文書であり、2001年12月に承認されている。これはとくに就学前教育に限ったものではないが、2010年までのベトナムにおける基本的な教育開発方針を示したものであり、政策の中心に位置する。**表7-6**は、EDSP 2010で示された目標値を示したものである。就学前教育に関しては、3歳未満を2010年までに18％に、3～5歳を67％に、5歳を95％にすることが目標とされている。

表7-6　教育開発戦略計画（2001-2010年）に示された数値目標

	2000年現在	2005年までに	2010年までに
就学前教育（3歳未満）純就学率	12%	15%	18%
就学前教育（3〜5歳）純就学率	50%	58%	67%
就学前教育（5歳）純就学率	81%	85%	95%
初等教育純就学率	95%	97%	99%
前期中等教育純就学率	74%	80%	90%
後期中等教育純就学率	38%	45%	50%
高等教育（人口1万人当たり学生数）	118人	―	200人

出典）Socialist Republic of Vietnam (2001)

また、EFA目標年次である2015年までの目標に関しては、2003年に公表された「Education for All 行動計画」（"National Education for All (EFA) Action Plan 2003-2015"、以下、EFA行動計画）に示されている。EFA行動計画では2015年を目標年次として、それまでに達成すべき目標と、目標達成のための行動計画を示している。ベトナムは、ファスト・トラック・イニシャティブ（FTI）対象国であるが、「EFA行動計画」は、FTIを受けるために必要な行動計画として策定されたものでもある。

「EFA行動計画」は、4つの「ターゲットグループ」（幼児教育、初等教育、前期中等教育、ノンフォーマル教育［成人識字教育］）を設定しており、幼児教育もその中の1つである。これによると、2015年までには3歳未満を2010年までに22%に、3〜4歳を75%に、5歳を99%にすることが目標とされている（表7-7）。

表7-7　EFA行動計画に示された就園率の目標

(%)

	2001-2002	2005-2006	2010-2011	2015-2016
保育園（0-2歳）	8.2	12	18	22
幼稚園（3-4歳）	31.9	45	53	75
就学前教育（5歳）	66.3	85	95	99

出典）Socialist Republic of Vietnam (2003)

5．地域間格差

ベトナムの就学前教育就学率が高いといっても、国全体がおしなべて高いわけではない。就学率が高い地域もあれば低い地域もある。2005年のデー

表7-8 幼稚園就園率の地域間格差

3歳未満	1995-96	1996-97	1997-98	1999-2000	2000-2001	2001-2002	2002-2003
紅河デルタ	22.9	23.4	22.0	15.0	24.3	22.8	21.4
北東部	9.5	9.4	9.7	7.4	10.6	12.1	13.9
北西部	7.0	8.8	8.5	4.5	8.7	4.5	2.4
中部沿岸北部	9.1	9.7	9.3	7.4	10.7	10.9	11.2
中部沿岸南部	2.2	2.1	2.0	1.6	3.5	3.7	4.0
中部高原	3.9	4.1	3.3	2.3	2.2	2.8	3.7
南東部	3.9	3.7	3.8	2.1	5.4	5.8	6.1
メコン河デルタ	0.6	0.7	0.6	0.6	1.6	1.8	1.9
ベトナム全体	7.1	7.3	7.0	5.5	9.0	9.1	9.1

3〜5歳	1995-96	1996-97	1997-98	1999-2000	2000-2001	2001-2002	2002-2003
紅河デルタ	50.2	52.5	58.0	61.7	55.5	53.1	50.8
北東部	29.3	32.0	34.7	37.5	41.6	43.9	46.3
北西部	27.3	30.1	29.8	38.1	38.2	36.8	35.5
中部沿岸北部	50.8	53.8	53.7	56.1	57.3	58.8	60.4
中部沿岸南部	35.9	38.1	40.1	39.9	37.8	38.9	40.1
中部高原	40.4	42.9	45.5	39.5	37.7	35.7	33.8
南東部	30.1	31.3	33.4	30.0	39.6	37.5	35.6
メコン河デルタ	15.1	16.6	17.7	18.4	26.0	23.8	21.8
ベトナム全体	33.8	36.0	38.1	38.6	42.6	44.5	46.4

出典) General Statistical Office (2000a)、UNICEF(2004) より作成。

タで見ても、最も高い就園率を達成している省は92.3％であるのに対し、最も低い省は、26.5％と大きな開きがある。ベトナム各地の社会的・経済的状況は多様であり、経済的発展が著しい地域もあれば、そうでない地域もある。就学には様々な要因が関係しており、必ずしも経済的要因だけで説明されるものではないが、社会的・経済的に困難が多い地域では、就学は低調である。**表7-8**は、3歳未満および3歳から5歳までの就園率を、**表7-9**は、「小学校入学者のうち幼児教育を受けてから就学する子どもの割合」を地域別に見たものである。紅河デルタ (Red River Delta) のように、経済状況が比較的良好な地域では就園率が高いのに対し、メコン河デルタ (Mekong River Delta) のように、社会的・経済的に困難を抱えた地域では就園率が低いことがわかる。また、北西部 (North West) など、山岳地帯においては、小学校入学者のうち幼児教育を受けてから就学する子どもの割合が際立って低くなっていることがわかる。

表7-9 小学校入学者のうち幼児教育を受けてから就学する子どもの割合 (%)

	1990-1991	1994-1995	1997-1998	1998-1999
紅河デルタ	73.3	77.1	79.6	89.4
北東部	63.5	63.1	66.8	75.3
北西部	18.7	22.1	25.6	30.3
中部沿岸北部	67.6	71.0	73.5	81.3
中部沿岸南部	67.3	69.6	74.6	77.9
タイグエン高地	49.7	52.2	54.4	63.9
南東部	61.7	66.2	61.1	70.8
メコン河デルタ	31.2	37.2	40.0	53.3

出典) National Committee for EFA Assessment (1999)

表7-10 就学前教育の質に関する指標

	園児／教師	園児／学級	教員／学級	有資格教員の割合 (%)
ベトナム全体	21.5	25.1	1.17	58.9
紅河デルタ	21.6	26.1	1.21	67.6
北東部	18.7	21.7	1.16	55.9
北西部	14.4	18.1	1.26	46.4
中部沿岸北部	20.7	23.2	1.12	49.4
中部沿岸南部	21.4	24.2	1.13	57.9
中央高地	23.2	26.3	1.13	58.9
南部北東	23.3	31.1	1.33	71.9
メコン河デルタ	26.5	27.0	1.02	49.0

出典) MOET (2002)

　幼児教育の量的な側面だけではなく、教育の質にも地域間格差は存在する。**表7-10**は、PT (Pupil-Teacher)比、1クラスあたり園児、1クラス当たり教員数、教員全体に占める有資格教員比率を見たものであるが、やはりここでも、メコン河デルタのほうが質的に問題を抱えていることがわかる。また、教室の質（建築の質）に関してもメコン河デルタや北西部では、不利な状況にあることが見て取れる（表7-11）。

　世帯レベルでの格差も明らかになりつつある。近年、発展途上国においては、国際機関の主導によって世帯調査が広く実施されるようになっている。幼児教育の実態について世帯レベルでの実態を把握するには、世界銀行が実

表7-11　国家基準に達している教室の割合

	保育園			幼稚園		
	教室総数	国家基準教室	国家基準／総数(%)	教室総数	国家基準教室	国家基準／総数(%)
ベトナム全体	24,545	20,472	83.4	74,502	59,692	80.1
紅河デルタ	11,993	10,890	90.8	21,162	19,084	90.2
北東部	3,930	2,928	74.5	9,184	5,775	62.9
北西部	1,103	513	46.5	2,867	1,038	36.2
中部沿岸北部	3,463	2,839	82.0	15,783	13,480	85.4
中部沿岸南部	921	752	81.7	6,600	6,287	95.3
中央高地	655	467	71.3	4,612	2,985	64.7
南部北東	1,806	1,610	89.1	8,490	7,549	88.9
メコン河デルタ	674	473	70.2	5,804	3,494	60.2

出典）MOET (2002)

表7-12　幼稚園就園率の階層差（3～5歳、年齢別）

(%)

	1992-1993年			1997-1998年		
	3歳 (N=614)	4歳 (N=624)	5歳 (N=585)	3歳 (N=480)	4歳 (N=540)	5歳 (N=608)
最貧困層	7.8	8.7	36.9	4.2	29.6	43.0
貧困層	11.8	14.3	39.4	12.6	41.4	48.0
中層	12.7	18.7	48.8	20.5	37.9	58.4
富裕層	12.5	26.4	37.9	21.9	55.6	52.2
最富裕層	27.6	44.4	71.1	52.9	62.6	77.5
全体	12.9	20.2	45.0	18.5	42.8	53.6

出典）ベトナム生活水準調査 (VLSS) データに基づき筆者が計算。

施しているVLSS、米国国際開発庁等の支援で実施されたDHS(人口保健調査)、そして、UNICEFが実施しているMICS（複数指標クラスター調査）の3つが有益である。ここでは、ベトナムで実施された生活水準調査(VLSS)を使って、国内の格差について見ていきたい。

表7-12は、3～5歳の各年齢の幼稚園就園率を経済階層（5分位）別に集計したものである。これを見ると、いずれの年齢においても、就園率の階層差が明らかに見て取れる。また、**表7-13**は何らかの形での組織的な幼児教育プログラムへの参加率(3-4歳児)を階層別に見たものであるが、これについても社会階層による差異が顕著であることがわかる。

表7-13 何らかの形での組織的な幼児教育プログラムへの参加率（3-4歳児）

		2000年 (N=1404)	2006年 (N=1083)
経済階層	最上層	11.0	35.7
	上層	21.8	48.9
	中層	40.0	56.7
	下層	37.4	61.7
	最下層	67.1	80.7
母親の学歴	なし	7.2	46.5
	学校卒業	14.7	51.7
	前期中等学校卒業	34.8	71.7
	後期中等学校卒業	61.6	83.1
民　族	Kinh/Chinese	—	60.9
	その他	—	39.6
全　国		31.7	57.1

（出典）MICS2 Standard tables for Viet Nam および MICS3 (UNICEF)

6. 幼児教育の行政と政策：貧困層に向けた就学前教育の展開

　上述のような地域間格差に対して、ベトナム政府はどのような方針を持っているのであろうか。現在のベトナムの幼児教育政策は、2002年11月の政府議決161号によって示されている。この決定（政府議決161号）では、まず、第1条（2010年までの就学前教育の課題）において「政府は就学前教育への投資を増やし続けると同時に、就学前教育の社会化を進め、すべての地域において保育園と幼稚園のシステムを拡大する。社会経済的に困難を抱えた地域や山岳地域、離島などに高い優先順位をおく。」としている。ここで注目すべきことは、現在のベトナムの幼児教育政策は、社会経済的に困難を抱えた地域や山岳地域、離島などへの幼児教育の普及に高い優先順位がおかれているということである。なお、ここでいう「社会経済的に困難を抱えた地域」とは、現在ベトナムで実施されている貧困対策プログラム（「プログラム135」とよばれている）の対象地域となった2,380のコミューンのことであり、政府はこれらの地域に集中的に財政配分を行うとしている。

　そして、第2条（設置形態に関する2010年までの目標）では、前述の公立、半公立、民立、私立の説明をしたうえで、公立の就学前教育は主に経済・社会的困難を抱えた地域（首相によってリストアップされたところ）に限定し、半公立はそ

れらの地域を除いた農村部および都市部の低所得地域、などに設置される、としている。都市部や経済的に発展した地域においては、民立や私立の設置を奨励し、都市部や経済的に発展した地域の公立保育園や幼稚園は、非公立型に転換していく、と明言している。

　政府議決161号において注目される項目のひとつは、第4条（教員について）である。ここでは、政府が支払う教員給与は主に経済的困難を抱えたコミューンに配分される（何パーセントの教員が政府によって給与支払いされるかは、その地域の性格によって異なる）としている。そして、経済的に発展した地域では、教員は、（政府給与ではなく）幼稚園との契約に基づいて採用され、働くとされている（ここでは、そのような教員を「契約教員」、政府によって給与が支払われる教員を「政府雇用教員」と呼ぶことにする）。契約教員の給与は政府から来るわけではないので、主に親からの授業料や寄付金によって集められた資金によってまかなわれることになる。ただ、契約教員も政府雇用教員も、身分の安定や研修の機会、一定の社会保障は得られるようにすべきとしている。もしも半公立施設で、もしも上記のような寄付金などの収入が足らないときは、最低限の水準まで到達するよう、政府に補助を求めることができるとしている。

　このように、ベトナムの幼児教育政策は、少なくとも文言上は貧困地域に対しては公立中心で、教員も政府雇用とし、経済的に恵まれた地域に対しては非公立中心で、教員も契約教員とするという、貧困地域優遇策を採っている。

　2003年に筆者が行った現地調査で訪問したイエンバイ省は、地域分類ではNorth East（北東地域）に属する。すでに見たように、北西部やメコンデルタに比べ、北東地域はそれほど教育指標が悪いわけではないが、山岳地帯であるので、地理的には不利な地域を多く抱える。筆者が訪問した地域もベトナム政府による分類では山岳地帯に分類されている地域であった。ただ、山岳地帯と入っても、見た目はなだらかで、それほど起伏が激しいわけではない。幼稚園も訪問したが、自動車で行くことができる程度の地域である。インタビューに応じてくれた家庭においては、一様に「政府の優遇策によって

経済的な負担がなくなったので非常に楽になった」との声が聞かれた。

「経済的負担」は就学前教育への就学を妨げる大きな要因である。少し古いデータであるが、**表7-14**はHuong Thuy県とTieu Can県の幼稚園の直接費用を示したものである。これを見ると、多少のばらつきはあるものの、子どもを幼稚園に行かせるためには、直接費用だけでも様々な費用がかかることがわかる。機会費用を含めればさらに高額になることは言うまでもなかろう。

なお、表7-14はすこし古いデータであるが、2003年の現地調査における聞き取りによれば、ハノイなどの都市部では、公立幼稚園でも授業料が月に8万ドン、給食費が17万ドンで、合計25万ドン（およそ15 USドル）にもなるという。都市部の私立だと、もっと高くなるといわれている。

すでに説明したように、現在、政府は都市部では幼児教育の非公立化を進めている。その背景には、ベトナムの教育全体を覆う「教育の社会化」政策がある。「教育の社会化」とは、社会全体で教育を支えるという意味で、教育の諸負担を中央政府以外の様々な主体にも負わせることを含んでいる。「教育の社会化」は2005年教育法にも明記されている。条文によれば「教育の社会化」とは、「教育の発展・学習社会の形成は国家的かつ全国民的事業である。国は教育事業の発展に重要な役割を果たし、学校の形態と教育の方式を多様化させ、公民の動員や組織化、および個人が教育活動の発展に参加することを奨励する。あらゆる組織、家庭、公民は、教育活動に配慮し、教育目標を

表7-14　幼稚園就園の直接費用（単位：ドン）

	Huong Thuy	Tieu Can
保育料	15,000-20,000／月	18,000／月 または無料
制服	必要なし	必要なし
通園鞄	ビニール製または布製	10,000
教材	20,000-25,000／年	—
練習帳	10,000／年	5,000-10,000／年
筆記用具	上記に含まれる	5,000
記録帳	400／一冊	—
園舎建設費	30,000-50,000／年	10,000 または無料
教員への寄付金	給与への寄付	所得による
Social Insurance	—	自宅で食事
Lunch/ food	40,000-76,000／	10,000（自発的）

出典）UNICEF (1998)

表7-15 政府雇用教員の比率

	保育園			幼稚園		
	教員総数	政府雇用教員数	政府給与／総数(%)	教員総数	政府雇用教員数	政府給与／総数(%)
ベトナム全体	47,751	14,254	29.9	99,593	36,141	36.3
紅河デルタ	21,771	2,992	13.7	25,868	4,064	15.7
北東部	7,125	2,971	41.7	13,293	5,424	40.8
北西部	2,338	1,488	63.6	4,766	2,592	54.4
中部沿岸北部	8,187	1,768	21.6	18,854	2,685	14.2
中部沿岸南部	1,654	756	45.7	8,511	1,780	20.9
中央高地	1,294	736	56.9	6,580	4,084	62.1
南部北東	3,838	2,590	67.5	12,230	7,886	64.5
メコン河デルタ	1,544	953	61.7	9,563	7,626	79.7

出典）MOET (2002)

達成するために学校と連携し、健全かつ安全な教育環境を作る責任を有する」としている。教育の社会化の具体的な形態としては、①教育財源の多様化、②学校設置形態の多様化（非公立化）、③住民組織・企業等の非政府アクターによる教育活動奨励事業の推進と住民参加、などがある。

　幼児教育もこの「教育の社会化」政策の影響を強く受けている。幼児教育施設も、公立以外の設置形態が政府によって奨励され、住民組織や企業による幼児教育施設の設置が進められている。非公立の幼児教育施設も在籍児も増加しており、最新のデータ（2006-2007年度）によると、保育園在籍児の75.0％、幼稚園児の53.7％が非公立に在籍している（1999-2000年度の非公立在籍率は、保育園65.6％、幼稚園51.1％）。

　最後に、教員の雇用の地域差についてもみておこう。表7-15は、保育園と幼稚園の教員について、政府雇用教員がどれくらいいるかを地域別に見たものである。これをみると、保育園においても幼稚園においても紅河デルタは政府雇用教員が非常に少ないことがわかる。統計は2000年のデータであり、政府議決161が出される前のものであるが、この時点ですでに紅河デルタにおいては政府雇用教員が15％程度と、ほとんどの教員は契約教員であったことがわかる。

7. 小 括

　ベトナムの幼児教育においても教育の社会化は着実に浸透しているが「教育の社会化」には光と影があることも見逃してはならない。「社会全体で子育て」というと聞こえはいいが、実際には活動への積極さや住民意識には大きな地域差が存在する。地域住民の教育参加が推進されるということは、地域住民の「質」が教育格差に直結することを意味する。「教育の社会化」を進めていったときに、「教育意識が高く、経済的な負担能力も高い地域」と「そうでない地域」との間で教育格差が拡大していく可能性は否定できない。もともとベトナムは、地理的にも民族的にも多様な国家であり、その初期条件から考えても地域間の教育格差は非常に大きい。また、非公立の教育施設設置が進むことで、都市部では高額な保育料を徴収し、コンピュータや外国語などを教育する私立幼稚園が増えてきている。一方、山岳地帯や農村部では幼児教育施設がそもそも存在しない（仮に存在したとしても通学が不可能）という地域も多い。ベトナム政府も、格差緩和に向けて政府も一定の対策を講じようとしてはいる。ベトナムの幼児教育においては、「教育の社会化」と「格差の是正」をいかに両立させるかが重要な課題である。

第3節　アジアにおける保育の課題

　本章においては、はじめにアジアの保育について概観した後、ベトナムを事例としてとりあげ、幼児教育の発展過程と政策を詳述した。ベトナムは、保育行政が教育訓練省に一元化されているという点では、行政機構は一見単純なように見える。しかしながら、教育行政にみられる二重従属（人民委員会と教育訓練省の双方からの指導監督）、子ども行政を担っている「人口家族子ども委員会」の存在などを考えると、行政面でも調整すべきことは多い。

　本章ではベトナム一国を事例にしたが、そこでみられた地域間格差の問題、住民の参加、幼児教育の拡大政策、費用負担、階層格差、教員の待遇問題、などは、程度の差はあれ、アジアの国々に共通して見られる現象である。途上国開発・子どもの人権という文脈においては、いかに社会的に不利な層に

対して保育を普及させるかが課題となるが、その一方では、「少しでもわが子に人生の有利なスタートを」と願う早期教育志向の保護者たちの要望もアジアの保育界には重くのしかかっている。EFA や MDGs の理念からすれば、不利な条件におかれた子どもたちのケア・教育が再優先されねばならない。公共政策としてそれをどう実現させていくか、格差是正をいかに進めていくかが、今後の課題である。

参考文献

General Statistical Office (2000) Figures on Social Development in 1990s in Vietnam, Statistical Publishing House, Hanoi.

MOET [Ministry of Education and Training] (2002) *Vietnam Education Statistics in Brief 2000-2001*, Hanoi.

National Committee for EFA Assessment (1999) *The Assessment of Education for All: Vietnam 1990-2000*, Hanoi.

Socialist Republic of Vietnam (1995) *Report by the Government of S.R. Vietnam to the "Sectoral Aid Coordination Meeting on Education"*, Hanoi.

Socialist Republic of Vietnam (2001) *Education Development Strategic Plan 2000-2010,* Education Publishing House, Hanoi.

Socialist Republic of Vietnam (2002) *Vietnam Education Statistics in Brief 2000-2001*, Hanoi.

Socialist Republic of Vietnam(2003) *National Education for All (EFA) Action Plan 2003-2015*, Hanoi.

UNESCO (2009) *EFA Global Monitoring Report 2010*, UNESCO: Paris.

UNICEF (1998) *The Affordability of Supplies for Primary Education in Vietnam*, Hanoi.

UNICEF (2004) Data on Social Statistics in the Early Years of the 21st Century, Statistical Publishing House.

第8章　ラテンアメリカ

本章では、まず、ラテンアメリカ地域を特徴づける所得不平等について教育発展との関係性を概観したうえで、近年、格差是正の一政策として保育への関心と重要性が高まっている現状に触れる。その後、データのある就学前教育を中心に現状を探った後、主なプログラムの概要と評価をまとめ、当該地域における保育の課題について述べる。

第1節　教育拡大と不平等

ラテンアメリカは世界のなかでも所得不平等がとくに深刻な地域として知られている。この地域の総所得を階層別に十分位に分けた場合、最低分位から第4分位までを合わせても所得全体の約15％を占めるにすぎないが、最高分位だけで全体の3分の1を占めている (ECLAC 2010, p.20)。所得不平等を表す指標のジニ係数を見てみると、1970年代とそれに続く債務危機の80年代、構造調整の90年代はそれぞれ0.484、0.508、0.522と継続的に悪化しており、所得格差の深刻さを物語っている (UNDP 2010, p.26)。むろん、この間にまったく経済成長や生活改善がなかったわけではない。たとえば、貧困層の割合は1980年に40.5％であったものが、2009年には33.1％にまで減少している (ECLAC 2010, p.43)。就学年数や平均寿命も増加し、人間開発指数にも進展の跡が見てとれる (UNDP 2010, pp.26-27)。これは就学年数の増加が所得均衡化に結びつかなかったことを意味しているのだろうか。

実は、1990年代後半から2000年代前半にかけてはジニ係数が改善した国も多い。**図8-1**は過去10年間のラテンアメリカ18カ国のジニ係数の増減(Y軸)

第8章 ラテンアメリカ　179

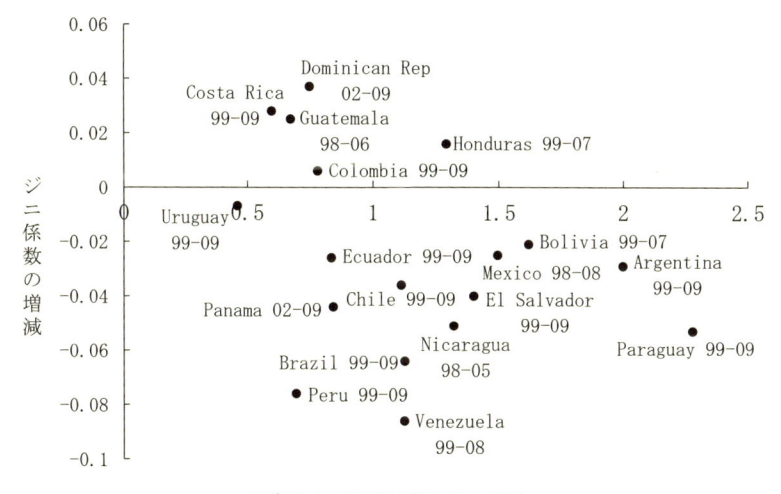

```
   0.06
   0.04                Dominican Rep
           Costa Rica  ●    02-09
   0.02     99-09   ●Guatemala
ジ                        98-06       ●Honduras 99-07
ニ    0                  ●Colombia 99-09
係        0   Uruguay 0.5        1         1.5        2        2.5
数   -0.02    99-09
の              ●Ecuador 99-09      ●Bolivia 99-07
増   -0.04              ●Chile 99-09 ●Mexico 98-08   ●Argentina
減       ●Panama 02-09           ●El Salvador        99-09
    -0.06                            99-09
            ●Brazil 99-09 ●Nicaragua              ●Paraguay 99-09
    -0.08                      98-05
             ●Peru 99-09
    -0.1               ●Venezuela
                        99-08
```

15歳以上の平均就学年数の増減

図8-1　教育拡大と所得格差（ラテンアメリカ18カ国）

注）国名の後に書かれた数値はジニ係数が算出された2つの家計調査の実施年を示す。就学年数の増減はいずれも2000年と2010年の推定値の差とした。
出典）ジニ係数は ECLAC（2010）pp. 77、平均就学年数は Barro-Lee Educational Attainment Dataset をもとに作成。

と、ほぼ同時期の15歳以上人口の平均就学年数の増減（X軸）を散布図に示したものである。Y軸が負の値となっている13か国はこの期間にジニ係数が改善し、程度の差こそあれ、いずれも所得不平等が縮小したこと示している。反対に、Y軸が正の値を取り、不平等が悪化したのは5カ国（ドミニカ共和国、コスタリカ、グアテマラ、ホンジュラス、コロンビア）に留まっている。X軸はすべて正の値であり、すべての国で就学年数が増加していることがわかる。就学年数の増加が1.3年間以上の5カ国（パラグアイ、アルゼンチン、ボリビア、メキシコ、エルサルバドル）でジニ係数が増加した国はない。しかしながら、それ以外の国々では就学年数の増加分とジニ係数の改善に明確な関係性を見いだすことができない。すなわち、この地域における就学年数の増加は所得不平等の改善に寄与しているとは言いがたい。

　一般的に教育拡大は所得不平等の縮小に貢献すると言われるが、それはどのような理論にもとづくのだろうか。**図8-2**に沿って説明しよう。まず、ある不平等な国や地域が何らかの動機によって教育拡大を図る（図中のマクロレ

180　第Ⅱ部　保育の現状と課題

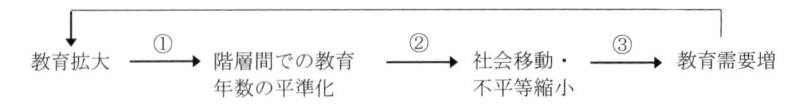

```
<マクロ：不平等な国や地域>
                ┌─────────────────────────────────────┐
                ↓                                     │
  教育拡大 ──①──→ 階層間での教育 ──②──→ 社会移動・ ──③──→ 教育需要増
                  年数の平準化           不平等縮小

<ミクロ：貧困層世帯>
              ┌─────────────────────────────────────┐
              ↓                                     │
  教育需要 ──④──→ 教育投資 ──⑤──→ 知識・技術・態度の習得 ──⑥──→ 所得向上
                  (就学)           (生産性の向上)
```

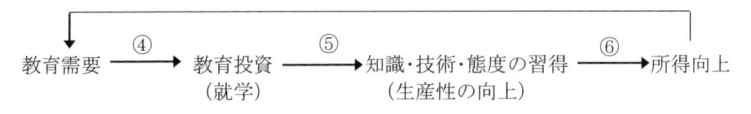

図8-2　教育拡大と不平等縮小の仕組み

出典）筆者作成。

ベル）。その結果、異なる階層間で教育年数が平準化し（図中①）、より高い教育を得た子どもらはより社会的地位の高い職業に就いて、出身階層よりも上位の階層へと上昇移動し、社会全体として不平等が縮小される（図中②）。そうして生起した社会移動は教育需要を刺激して（図中③）、さらなる教育拡大を促す。このような論理の背景には所得格差の最大の説明要因が教育水準であるという数多くの実証研究がある。これに対し、ミクロレベル（貧困層世帯）では何らかの動機によって貧困層世帯の教育需要が高まり、教育投資を行って就学を行う（図中④）。就学を通して学習者が新たな知識・技術・態度や学歴・資格を得た結果（図中⑤）、より高収入の仕事に就くことが可能となって所得が向上し（図中⑥）、これがさらなる教育需要を高めることとなる。

　しかし、これらの説明にはいくつかの疑問点を呈することができる。まず、①への疑問である。教育の量的拡大が起こっても、もともと上位階層に属する者はさらに高い水準の教育を受けるようになり、それにあわせて学歴インフレが起こる。つまり、教育水準は人々を差別化するための「動く基準」であり、教育拡大が起こっても階層間の教育年数の平準化には必ずしもつながらない（Reimers 2000, pp.59-60）。とはいえ、就学年数にも上限がある。そのため、教育機会が飽和状態にまで達しているような場合には、階層分化の基準は就学先の学校タイプの差異となって表出し、階層間格差は別の形で存続することとなる。

②に対する疑問も複数ある。ラテンアメリカ諸国をはじめ途上国の多くでは学校システム自体が階層化されており、富裕層の子どもは初期段階からエリート向けの高額な私立校で良質の教育を受けることができるが、貧困層の子どもは一般的に質の低い公立校しか選択肢のない場合が多い。そのため、異なる階層出身者が同じ学歴をもつ場合でも、実際の能力には階層間で隔たりのある場合が少なくない。そのような状況下、同じ教育水準は同水準の能力や経済的成功を意味しない。また、親子間で相続されるものには経済的資本のほかにも、家庭環境を通して習得される文化資本があり、こうした目にみえない資産の譲渡を通して上位階層出身者が他の階層に比べてなお優位な立場にあることには変わりがない。言いかえれば、階層の異なる者が同じ学歴を得ることは制度化された文化資本の1つを獲得しただけに過ぎない。さらに、途上国の多くでは能力主義が浸透していないことも多い。

　すなわち、教育は社会移動を可能にする重要な要件ではあるが、教育拡大が所得不平等を縮小させるという確証は得られていない。これは教育が階層を再生産する媒介としての機能を有することの証左でもある。この点に鑑みれば、不平等を現状以上に悪化させないために、どのような教育政策の介入を行うべきかは非常に重要な政策課題となる。人生の初期段階からの階層間格差の発生を最小限に抑えるためにも、貧困層の幼い子どもに対して良質の保育サービスや手厚い支援のシステムといった公正に配慮した対策を提供することはきわめて重要な課題となるのである。

　では、先述の1990年代後半以降のジニ係数の改善はどのように説明されるのだろうか。UNDP（2010, pp.28-29）によれば、経済成長に伴う雇用増と、近年ラテンアメリカの複数の国で実践されている貧困層への「条件つきの現金給付（Conditional Cash Transfer: CCT）」による影響が指摘されている。1990年代後半にラテンアメリカが世界に先駆けて実践したCCTプログラムは、その有効性を立証し、他の途上国での実践に道を拓いた。メキシコで1997年に開始された「オポルトゥニダーデス（Oportunidades、2002年までの旧名称はプログレサ）」はその代表例である[1]。現在は全人口の約4分の1にあたる貧困層約5万世帯を対象に、定期的な保健診断訪問や子どもの小・中・高校への出

席状況などを条件に現金給付が行われている。プログラムには現金給付以外にも、妊産婦への教育や保健サービスの提供、母子栄養補給や子どもの発育観察、親への育児教育なども含まれており、乳幼児に対する効果の評価結果によれば、発育不全の解消や身体的、社会的、情緒的発達に好影響をもたらしたとされる (Vegas and Santibáñez 2010, pp.79-82)。

第2節　ラテンアメリカにおける保育

1. 近年の政策的関心と重要性の向上

　CCTプログラムの導入前にも、ラテンアメリカでは90年代はじめより貧困層の子どもや貧困地域の学校に焦点を当てた補償教育的な改革プログラムが実施されている。そうした政策展開の背景には、この地域の教育における公正という概念が、単なる機会の平等から結果の平等へと拡大したこととも関係している (三輪 2002)。格差是正のためにはすべての者を平等に扱うだけでは不十分であり、より恵まれない者により多くのものを与えることによって結果の平等を保証し、より公正な社会の実現を目指すべきだとする考えがすでに90年代に芽生えていたことになる。1990年代から現在までに、ラテンアメリカ10カ国で1～2年間の就学前教育が義務化されてきたことも一つの表れであろう[2]。

　そのような状況下、近年になって保育政策に対するラテンアメリカ諸国の政府の関心が高まり、政策的な重要性も向上した (ECLAC 2010, p.82)。1990年のEFA会議以降、教育政策は社会政策のなかで重要な位置を占めてきたが、保育政策に関心が高まったのは最近のことである。もちろん、これは乳幼児期の投資が高いリターンを生むこと (第4章第2節) への認識の高まりとも無関係ではないが、この地域の深刻な不平等を解決するうえで乳幼児期の格差に関心が高まったのは当然の帰結と言えるだろう。米州機構 (Organization of American States: OAS) は2007年に第5回教育大臣会議を開き、「幼児教育に対する西半球の誓約」を採択した[3]。その序文には「乳幼児期は人の一生における決定的な段階であり、乳幼児に対する包括的なアプローチの採用は貧困や

不平等、社会的疎外という課題の克服を可能にするであろう」と記されている (OAS CIDI 2007)。OAS 加盟国は、良質で包括的な幼児教育のアクセス拡大を持続的に進めるため、関連する法整備や財源確保の検討、包括的な保育政策の確立や実施、貧困層やその他の社会的弱者層または特別なニーズをもつ子どもに焦点を絞るための基準づくり、教員の質的向上、複数の省庁間の調整方法や評価体制の確立など、さまざまな面での相互協力の推進を表明している。

また、この翌年に開かれたイベロアメリカ機構の教育大臣会議では「教育目標2021：独立200周年の世代に望む教育」が採択された。これは教育の質と平等性の改善による貧困と不平等の緩和と社会的統合の推進を目的とし、独立200周年を迎える次の世代のために達成すべき教育目標を定めたものである。「教育目標2021」では単なる目標設定だけでなく、複数の国による協同プログラムや協力基金も設置している。協同プログラムの一つには「乳幼児期の包括的養護のプログラム」があり、乳幼児期の発育観察のための包括的な指標システムづくりや地域的な教員研修の立案、少数民族や先住民の子どもによる良質な幼児教育へのアクセスの平等化などの活動計画が挙げられている (ECLAC OIS SEGIB 2010)。

2. 保育の現状

ラテンアメリカ地域の幼い子どもの生存や成長、保護は、世界の他の地域に比べれば比較的良い水準にある (第1章表1-1)。しかし、地域平均値には域内の国家間格差が隠されている。**表8-1**はラテンアメリカの子どもを取り巻く状況を国別に示したものである。5歳未満児死亡率を国別にみると、すでに先進国の水準に達しているキューバ、チリ、コスタリカといった国々がある一方で、ハイチ、ボリビア、グアテマラでは依然厳しい状況が続いている。子どもの栄養状態を示す低身長児の割合では半数の国が10％台か、それ以下の値になっているものの、ホンジュラスやボリビア、ペルー、ニカラグアでは発育不全の子どもが2割以上発生しており、データのないグアテマラやエクアドルでも高い発生率が推測される。出生登録は子どもが誕生以降に受けるさまざまな権利を保障するうえで不可欠の作業であるが、これも100％

184　第Ⅱ部　保育の現状と課題

表8-1　ラテンアメリカ19カ国の幼い子どもを取り巻く状況

	5歳未満児死亡率(千人当たり) 2009年	低身長重・中程度(%) 2003-09年	出生登録(%) 2000-09年 都市	出生登録(%) 2000-09年 農村	就学前教育とその他ECCEプログラム 2008年 対象年齢	総就学率	有資格教員(%)	初等教育修学率(15-19歳) 所得層上位20%	初等教育修学率 所得層下位20%	政府教育支出 対GNP比(%) 2004年 全体	就学前教育	初等教育
アルゼンチン	14	8 [1]	91 [1]	―	3-5	69 [2]	―	99	96	3.6 [5]	0.3 [6]	1.4 [6]
ボリビア	51	27	76	72	4-5	49 [2]	―	95	87	6.7	0.2 [6]	2.9 [5]
ブラジル	21	7	91 [1]	―	4-6	65	―	99	90	4.3 [6]	―	―
チリ	9	―	99 [1]	―	3-5	56 [2]	―	99	98	4.1	0.4 [6]	1.6 [5]
コロンビア	19	15 [1]	97	―	3-5	60	―	99	89	5.1	0.1	2.0
コスタリカ	11	―	―	―	4-5	73	81	100	91	5.1	0.4	2.3
キューバ	6	―	100 [1]	100 [1]	3-5	105 [2]	100	―	―	―	―	―
ドミニカ共和国	32	18	87	70	3-5	35	77	94	83	1.2	0.0	0.8
エクアドル	24	―	85	85	5	101 [2]	75	98	91	―	―	―
エルサルバドル	17	19 [1]	99	99	4-5	60	90	95	60	2.9	0.2 [6]	1.4 [5]
グアテマラ	40	―	―	―	3-6	29	―	89	38	―	0.1	0.9
ホンジュラス	30	29	95	93	3-5	50	―	94	62	―	―	―
メキシコ	17	16	―	―	4-5	114	―	99	91	5.9 [5]	0.5 [6]	2.1 [6]
ニカラグア	26	22	90	73	3-5	56 [2]	39	95	48	3.2	0.0	1.5
パナマ	23	19 [1]	―	―	4-5	69	41	99	87	4.2	―	―
パラグアイ	23	18	99	―	3-5	35 [2]	―	96	80	4.3 [5]	0.3 [6]	2.0 [6]
ペルー	21	24	93 [1]	―	3-5	72	―	98	87	3.1 [6]	0.2 [6]	1.0 [6]
ウルグアイ	13	15 [1]	―	―	3-5	81 [2]	―	99	93	2.3 [5]	―	―
ベネズエラ	18	―	92	―	3-5	84	86 [4]	97	90	―	―	―

注1) 表示期間とは異なる時期のデータか、一般的な定義と異なるデータか、もしくは全国データではない。2) 2007年数値。3) 2004-08年のデータで、国によって調査年が異なる。――はデータ無し。4) 2005年数値、5) 2003年数値、6) 2002年数値。
出典) 第2～5列まではUNICEF(2011, pp.88-123)、第6～7はUNESCO(2011, pp.289-291)、第8列はUNESCO(2010, pp.390-391)、第9～10列はECLAC(2010, p.114)、第11～13列はUNESCO(2006) pp.316-319より作成。

■ 就学前教育での期待修学年数（年）2004年　　—— 初等教育の留年率%（全学年）2007年

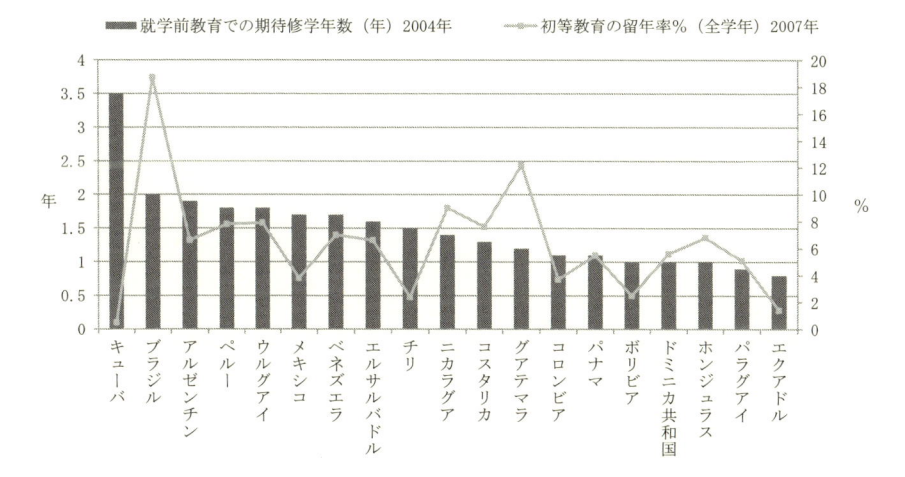

図8-3　ラテンアメリカ諸国の就学前教育の期待修学年数の初等教育の留年率

出典）期待修学年数は UNESCO (2006) pp.248-251、留年率は UNESCO (2010) pp.350-353 より作成。

か、それに近い値を示す国がある一方で、全体でも8割を下回っているボリビアや、農村部で割合がとくに低下する国も少なくない。

　就学前教育についても同様のことが言える。ラテンアメリカ地域の就学前教育の就学率は他の地域に比べると比較的高い水準にあるが（第2章図2-2）、国別のデータからは国家間格差が確認できる。表8-1によると就学前教育の対象年齢や就学期間は国ごとに大きく異なっており、総就学率も100%を超える国から3割に満たない国まで幅広く分布している。また、**図8-3**は就学前教育の期待修学年数（この段階の対象年齢児が就学前教育で実際に何年間修学するのかを示す数値）と初等教育における全学年の平均留年率を国別に示したものである。期待修学年数は、キューバの3.5年間からエクアドルの0.8年間まで大きな幅があることがわかる。

　当然ながら、ラテンアメリカ諸国では国内における所得階層間や都市農村間、人種別の格差も顕著である。**図8-4**はチリの家計調査の結果をもとに、幼児教育への就学率を所得階層別、年齢層別に見たものである。バチェレ前政権（2006～10年）[4]での保育政策の推進もあり、近年での階層間格差には縮小傾向が見られるものの、階層間の就学率には今なお明確な差があり、最高

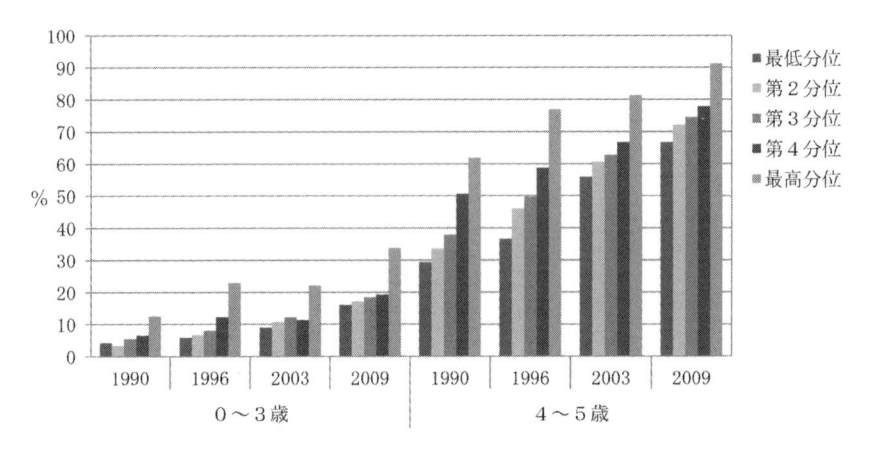

図8-4 チリの乳幼児の所得階層別・年齢層別就学率（1990～2009年）

出典）チリ社会開発省・全国家計調査（CASEN）データより作成。

分位の就学率は他の階層よりも突出して高い。また、0～3歳児のサービス利用は4～6歳児に比べて全体的に低いが、ここでも最高分位との差が大きい。このような階層間格差は初等教育段階でも観察される。前述の表8-1に示された所得階層別の初等教育修了率によると、グアテマラやニカラグアでは最低所得層の修了率は最高所得層の半分にも満たない状況にあり、エルサルバドル、ボリビア、ペルーにおいても階層間格差が大きい。これらの国々では、同様の、もしくはそれ以上の格差が就学前段階にも存在すると考えるのが妥当であろう。

　就学前教育の質については、初等教育の状況からもある程度の推察が可能である。前述の図8-3に示された初等教育の留年率では、ブラジルの18.8%からキューバの0.5%まで開きがある。第4章第1節で示したとおり、一般的に就学前教育は小学校での留年発生を抑制する効果のあることが知られているが、本図からは就学前教育の普及が進んでいる国ほど初等教育の留年率が低いという反比例の傾向が読みとれない。したがって、小学校での留年が児童の学業成績を主たる理由に発生していると仮定すれば、就学前教育の量的拡大は進んでいても全般的な質が低いか、もしくはサービスの拡大や質が国内で不均等であるなどの問題が推量される。

政策面においては、子どもの権利保障委員会が複数の省庁を巻き込んで中央政府や地方自治体で設置されたり、また乳幼児を対象とするマルチセクターの包括的政策やシステムが作られたりするなど、近年の進展が目覚ましい (UNESCO OREALC 2010, pp.58-61)。チリでは5歳未満児を抱える家庭に広範な保健や教育サービスを提供する「チレ・クレセ・コンティーゴ (Chile Crece Contigo、チリは君とともに成長する)」が2009年にセクター間を超えた社会的保護システムとして法整備された。このシステムでは、産前ケアから5歳未満までの保健サービスの提供や、幼い子どもへの教育的な働きかけについての教育や意識喚起、そして所得階層下位60％の家庭への無償の保育サービスの提供や下位40％の家庭へ補助金支給などが進められている。

3．主なプログラムと評価

本節ではラテンアメリカにおける主な ECD プログラムや保育プログラムとその評価を取り上げる。まず、この地域で長年の歴史があり、最大の利用者数を誇るコロンビアの HCB プログラムについて述べたのち、途上国では稀な全国規模の縦断的調査の結果をチリの保育プログラムの紹介とともにまとめる。最後に、当該地域で近年実施された2回の共通学力検査結果の分析に触れ、その分析から得られた就学前教育の効果について説明する。

(1) コロンビアの HCB

コロンビアの「コミュニティ福祉の家」(Hogar Comunitario de Bienestar: HCB) は、1986年に開始した貧困層の7歳未満児を対象に統合的な発達促進を行う政府プログラムである。社会保護省の傘下にあるコロンビア家庭福祉院 (Instituto Colombiano de Bienestar Familiar: ICBF) が実施機関となり、2009年時点で全国78,700の HCB で約121万人の子どもにサービスを提供している。ICBF の財源には全労働者の給与所得の3％が当てられ、予算の2割強が HCB に注がれている (DNP 2009)。

HCB はもともとコミュニティ家庭福祉の家(HCBF)の名称で知られてきた。養成研修を受けたコミュニティの母 (Madre Comunitaria: MC) が自宅の一部を活

用し、場合によってはICBFの融資を受けて自宅の改修を行った後にHCBFを開設し、同じコミュニティに住む生後6カ月から7歳未満までの最大15人の子どもを1日4時間または8時間、週5日間預かる。食費や教材はICBFより無償支給され、MCが給食提供と栄養補給、保健衛生サービスや保護、教育活動を施す。HCBFの運営は保護者会が担当し、利用者の月謝の合計がMCの給与となる。

　HCBFは1996年に全国拡大を果たし、その翌年に全国調査が実施された。それによると、貧困層への利用者の焦点化が適切に行われていることが確認されたものの、多くの施設がICBFの基準を満たしていないことや、現職中研修や視察システムの欠如などの運営上の問題点も明らかとなった。そのため、インフラの改善や教材や玩具などの配布、研修・視察システムの強化が図られるとともに運営方法も多様化された。現在はHCBF以外にも、企業やNGO、地域の団体などが2件以上のHCBFをまとめて運営するもの(Hogar Grupal、Hogar Empresarial)や、妊婦や2歳未満児を育児中の母親への支援を行うFAMIの家 (Hogar FAMI)、より規模の大きい複合の家 (Hogar Múltiple) や社会園 (Jardín Social) も設置されている。とはいえ、従来型のHCBFが今も優勢であり、2005年時点でHCBFが全体の家 (Hogar) の総数の76％を占めている (Londoño Soto and Romero Rey 2007)。

　HCBの効果はこれまで複数の研究調査によって検証されている。ICBFによる全国調査としては前述の1997年の調査と2007年の調査がある。1997年調査ではHCBが参加者の栄養改善や社会的、情緒的発達促進に限られた効果しか与えていないという結果となったが、比較可能な統制群の不在や調査内容や方法の不適切性などから、確定的な結論とは見なされなかった。2007年にはHCBの参加者と非参加者を含む計26,254人の0～6歳児をサンプルに、栄養と健康、認知的発達と社会的発達 (3～6歳児) のインパクト調査が実施された (DNP 2009)。しかしながら、HCB参加者は非参加者よりも経済的に貧しい家庭に育ち、母親の未婚や離婚、就労の割合もより高かった。つまり、非参加集団は比較可能な統制群とは言えなかったため、より似通った環境の子どもをマッチングした分析や参加者間での参加期間の長短による比較分析

も行われた。

　結果、すべてが正の効果を示したわけではないが、HCBの参加期間が長いほど良い結果が得られることが証明された。栄養面では満2歳以下や4歳よりも上の子どもで効果は観察されなかったが、月齢25～48カ月のHCB参加者の間で慢性栄養不良や栄養不良に陥る可能性がより低かった。健康面ではHCBでの集団生活による影響からか、急性下痢症や急性呼吸器感染症の発症率で参加者がより高く、予防接種の修了率でも参加者がより低く、負の効果が観察された。しかし、参加期間が延びるほど耐性もでき、HCB参加期間が16カ月以上の者では発症率がより低かった。また、参加16カ月以上の月齢37～48カ月では予防接種の修了率もより高かった。保護者の評価による社会的発達では参加者の方が問題行動の発生率がより少なかった。また、攻撃的行動を例外として、参加期間が長くなるほど、他者とのかかわりにおいて、より好ましい態度が見られた。認知能力では参加者の得点がより低かったが、参加期間が長い場合はより高い得点を得ていた。また、本サンプルとは別に、同国で小学5年生を対象に実施される全国学力検査（SABER）の結果を用いた分析では、HCB参加者が非参加者に比べて有意に、より高い得点を挙げていることも明らかとなった。

　ICBF以外による研究として、コロンビア農村部54市の縦断的データをもとにHCBの効果を分析した結果がある（Attanasio and Vera-Hernández 2004）。それによると、HCBの継続的参加者は、非参加者に比べて、男女ともに6歳時点での身長がより高く、栄養面での効果が確認された。また、HCBへの参加は13～17歳に成長した時点での就学や進級の可能性を高め、29か月以上参加の場合はさらにその可能性が高まることも証明されている。

(2) チリの縦断的研究

　チリの研究機関であるCEDEP（Centro de Estudios de Desarrollo y Estimulación Psicosocial）は、教育省の委託を受けて貧困層幼児を対象とした全国の就学前教育の効果を測るべく、1994～96年の3年間にわたって縦断的調査を行った（CEDEP 1997）。サンプルは就学前教育に参加した4,102名の子どもと非参

加の1,647名で、1つの集団は小学校入学2年前の就学前教育の参加者を小学1年生まで、もう1つの集団は入学1年前の就学前教育の参加者を小学2年生まで追い、各年で認知的発達、社会的情緒的発達、栄養状態を測定している[5]。なお、同国では教育省と、公共団体であるJUNJI、政府補助金を受ける民間機関INTEGRAの3つの団体が貧困地域における多様なプログラムを提供している。

　本調査の対象となったプログラムはつぎのとおりである。教育省のプログラムは市立小学校もしくは政府補助金を受ける私立小学校の敷地内に作られた保育施設で担当教諭が就学1年前の幼児を半日間預かるものである。とくに貧しい幼児には無料の昼食が与えられる。JUNJIの調査対象は子ども園 (Jardín Infantil) と家庭園 (Jardín Familiar) の2つである。前者では施設で教諭や准教諭がペアになって2～5歳児を1日4～8時間預かり、後者では施設で准教諭と幼児の保護者が協同して2～5歳児を1日4時間預かる。INTEGRAの調査対象はオープンセンター（Centro Abierto）と呼ばれ、准教諭もしくはアシスタントが2～5歳児を1日8時間預かり、保護者の参加も促進しながら子どもの全人的発達を目指すものである。

　結論として、就学前教育は参加者の社会的情緒的発達を促す点では効果があったが、認知力については参加前に発達遅滞のある幼児についてのみ改善の効果が観察された。しかしながら、その改善も決して十分なものとは言えず、就学前教育を終了する幼児のうち35％が知的水準に問題を残したままであった。さらに、小学校入学2年前の就学前教育については認知能力と栄養改善の双方で非参加者との差がなく、プログラム別の結果にも目立った差は見られなかった。最後に、小学1、2年生での学力を説明する要因としては、就学前教育への参加の有無よりも、入学前の学力水準が学力の分散をもっとも多く説明したとの報告もされている。ただし、この点については幼児本人やその家庭環境の要因を統制したうえでの検証ではなく、また説明の割合も少ないことから、結果を鵜呑みにすることはできないだろう。

　CEDEP (1997, p.99) は本調査結果が就学前教育による認知能力向上の効果を示さなかったことについて、それは教諭の質を反映したものだと述べてい

る。本調査では82施設での詳細な実態調査も実施されているが、その報告によれば、大卒の有資格者でも准教諭の場合でも、愛情豊かな環境を作りだし、子どもの自尊心の発達や共生を促進し、基本的な生活習慣を習得させる点では十分な能力を備えているが、認知的発達を促すような教育活動や、そのために効率的かつ有効に時間を使う能力や裁量に欠けているという。

　また、本調査では就学前教育による効果を消滅させてしまうような小学校の質の低さの問題にも言及がある (CEDEP 1997, pp.102-104)。たとえば、農村部に限った比較では就学前教育の参加者に社会的情緒的能力の向上が見られたが、その効果は小学校入学後には消滅している。くわえて、就学前教育参加の有無にかかわらず、小学校入学前には適切な知的水準にあった幼児のうち、看過できない数の者が小学1年生修了時には低い学力を示すことにも触れている。前掲の実態調査によれば、一般的にチリの小学校では児童の社会的情緒的発達を促すような教員と子どもとのやり取りや、子どもが感情を表現したり、仲間同士で協力したりする機会も少ないうえ、教室内では間違いや自由な質問や発言を許さないような雰囲気が漂い、児童の知的好奇心や興味関心を高揚させるための教員からの働きかけもほとんどないという。結果的に、本調査でも小学1年生を終える児童の半数以上が1年間で達成すべき学習目標の半分も習得できていないという深刻な事態に陥っている。

(3) ラテンアメリカ地域学力比較研究にみる保育の効果

　UNESCOラテンアメリカ・カリブ海地域事務所内にあるラテンアメリカ教育の質的評価研究所 (Laboratorio Latinoamericano de Evaluación de la Calidad de Educación: LLECE) は1995〜97年に第1回地域比較研究 (Primer Estudio Regional Comparativo y Explicativo: PERCE) と2002〜08年に第2回地域比較研究 (Segundo Estudio Regional Comparativo y Explicativo: SERCE) を行い、域内諸国での共通学力検査を実施した。PERCEには13カ国が参加し、各国から小学3、4年生の約4,000人のサンプルが取られ、全体の被験者約55,000人を対象に国語と算数の試験が実施された[6]。SERCEには16カ国とメキシコの1州が参加し、3,065校から小学3年生100,752人と6年生95,228人の被験者を対象に国語 (読解力) と算数、理科 (9

か国と1州の6年生のみ）の試験が実施された。これらの調査では被験者や保護者、教員、校長への質問票調査も同時に行われ、結果の分析では学業成績に関する就学前教育の効果も算出されている。

PERCEの分析結果によると、国語と算数の得点ではともにキューバが突出して高く、その平均値は地域平均（$M=250$）の標準偏差（$SD=50$）2つ分も上に位置した。その他の国々では国語の成績がかなり低く、多くの児童が音読はできても内容の理解には至らない状態にあり、国家間の有意差もなかった。さらに算数は国語よりも正解率が低く、多くは簡単な算数問題さえ解けないという実態が判明した（UNESCO OREALC 2000）。キューバの高得点を説明する要因は複数指摘されているが、同国のサンプルのうち、乳幼児の保育サービス（day care service）利用者は94％（地域平均75％）、頻繁に子どもに読み聞かせをする親の割合が73％（地域平均36％）、保育活動に積極的に参加する親の割合が84％（地域平均61％）となっており、キューバ人乳幼児の恵まれた環境が窺える（Willms 2002, p.113）。

ウィルムスによるPERCE結果の分析では保育サービス利用による効果が実証されている（Willms 2002, pp.99-118）。それは、国語もしくは算数の成績が全体の3分の1以下の水準にある児童、または就学3年間に留年経験のある児童を学習不振の状態ととらえ、その状態を決定する家庭や学校要因を調べた分析である。児童の性別、単親家庭、親の教育水準、学校の特徴（都市農村部、公立私立）を統制したうえで、前述の保育関連の3つの変数のいずれもが学習不振の発生を抑える効果を見せた。すなわち、保育サービスを受けなかった者は受けた者に比べて学習不振に陥るオッズ[7]が39％高く、親から頻繁な読み聞かせを受けなかった者は受けた者に比べて79％、保育活動への親の参加度が低かった者は高かった者に比べて39％、学習不振に陥るオッズが高かった。3つの変数が加わる前のモデルでは親の教育水準が低い場合、学習不振に陥る可能性が高かったが、変数が加わった後、その可能性は抑制された。保育サービスの期間や質、親の参加様式など詳細な情報を含んでいないにもかかわらず、このような効果を示したことは注目に値する。

SERCEの結果においてもキューバの平均値が3・6年生の読解力と算数、6

年生の理科のいずれにおいても地域平均(M=500)から1標準偏差(SD=100)か、もしくはそれ以上に高い水準にあった。地域全体では3年生の算数で最低水準にも達していない子どもが全体の10.2%を占め、どの科目どの学年に比べても深刻な状況を示した。また、農村部で学力がより低く、算数では男児の成績が、読解力では女児の成績がより高く、また国民1人あたりGDPが高い国の得点がより高く、ジニ係数が高い国（すなわち、より不平等な国）ほど得点はより低い傾向が明らかとなった（UNESCO LLECE 2008）。

SERCEの結果をもとに児童の学力決定要因を分析した研究によれば、就学前教育への就学は学力向上に貢献することが立証されている（UNESCO OREALC LLECE 2010）。表8-2は児童の学力決定要因を参加国別、科目別、学年別に計74件の分析から探った結果である。一つのモデルのなかで階層型

表8-2　ラテンアメリカの第2回地域比較研究（SERCE）にもとづく学力決定要因のマルチレベル分析74件の集計結果

変数　＜学校レベル＞		正の効果を示した分析結果の割合(%)	負の効果を示した分析結果の割合(%)
属性	農村学校	5.4	10.8
	都市部私立校	56.8	2.7
	家庭の教育環境指数（学校平均）	83.8	0.0
投入財	児童用のコンピュータ	25.7	0.0
	インフラ指数[1]	16.2	0.0
	学校サービスの指数[2]	29.7	0.0
	兼業教員	0.0	2.7
	教員の経験年数	5.4	1.4
学習過程	学校文化	70.3	0.0
	校長の学校運営指数	21.6	0.0
	教員の勤務状況指数	8.1	0.0
	教員の満足度	2.7	0.0
変数　＜児童レベル＞			
属性	女児	21.6	47.3
	先住民	0.0	41.9
	児童労働	0.0	45.9
	家庭の教育環境指数	98.6	0.0
投入財	留年経験	0.0	98.6
	幼児教育への就学年数	41.9	0.0
学習過程	児童の認識による学校文化[3]	94.6	0.0

注）小学3年読解力、小学6年読解力、小学3年算数、小学6年算数で各16カ国と1州、小学6年理科で10カ国の計74件の分析。1) 図書室や運動場、図工室や食堂などの有無を示す指数。2) 校内の電気、飲料水、トイレ、電話などの基本的サービスの有無を示す指数。3) 学校にいるときの気持ちや学級の雰囲気、もし転校を命じられたらどう感じるかの質問に対する答え。

出典）UNESCO OREALC LLECE (2010) p.12

に学校レベルと児童レベルに分けるマルチレベル分析の手法を用いており、統計的に有意な結果を示した件数が割合で示されている。児童レベルでは多くの変数が正または負の効果を示しているが、正の効果を示す割合が高い変数には家庭の教育環境指数、児童の認識による学校文化、就学前教育の就学年数があった。逆に、負の効果を示す割合が高い変数としては、留年経験、女児、児童労働、先住民となっている。留年経験は学力回復の手段になりえていないことが明白で、先住民や児童労働が負の効果を示す背景には家庭の経済的問題も関係していると考えられる。家庭の社会経済的指標が学力を説明する強い要因となることはこの研究結果に限ったことではないが、就学前教育の効果と合わせて考えれば、貧困層や先住民などを優先的に就学前教育や保育のサービスを拡大していく必要性が窺える。

では、就学前教育がその後の学力決定に与える正の効果の大きさはどの程度なのだろうか。図8-5は就学前教育への就学年数1年につき増加する得点

就学前教育の就学年数1年につき増加する得点

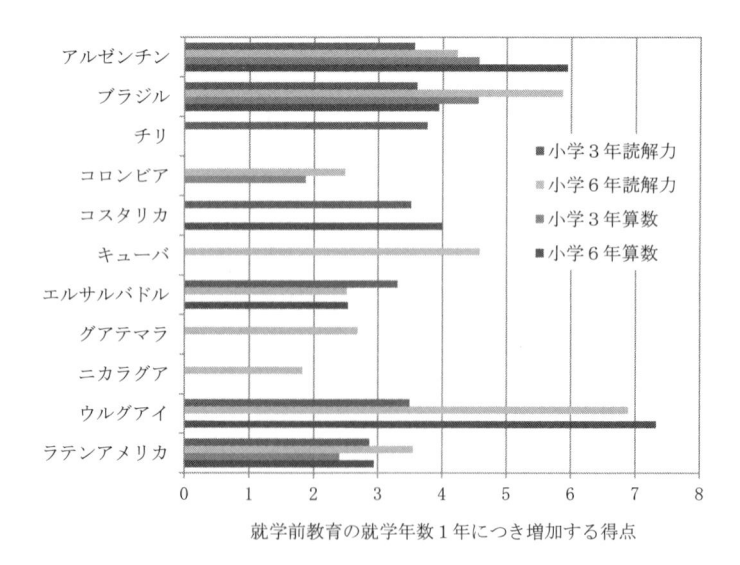

図8-5 ラテンアメリカの第2回地域比較研究(SERCE)の学力決定に対する就学前教育の影響

注) マルチレベル分析の結果による。上図では児童レベルの変数の1つである就学前教育就学年数の切片が統計的有意($p<.05$)であった国だけを挙げている。メキシコの参加1州では全科目全学年で高い効果が示されたが、国レベルでないため上図には含めていない。エクアドル、パナマ、パラグアイ、ペルー、ドミニカ共和国では、そうした結果が得られなかった。なお、得点は地域平均($M=500$)で標準偏差($SD=100$)に設定されている。
出典) UNESCO OREALC LLECE (2010, pp.100-101, 138-147) より作成。

を各国別、科目別、学年別に示したものである。得点の高さは国や科目、学年で異なっており、アルゼンチン、ブラジル、ウルグアイで高い効果が示された。最大でウルグアイの小学6年算数の7.3点増、地域平均では2.40～3.55点増となっている。学校レベルの学校文化（約39点増）や家庭の教育環境指数の学校平均値（約25点増）の影響に比べると、増加点は比較的少ないが、児童レベルの得点格差を縮小する有効な対策の一つであることに疑いはない。

第3節　ラテンアメリカにおける保育の課題

これまでのラテンアメリカにおける教育の主な役割は階層再生産の温床と呼ばざるをえないものであった。教育拡大が起こっても階層分化は就学先の学校タイプの差異となって表出し、階層間格差は就学年数とは別の形で存続したため、所得不平等に変化を与えなかったからである。就学前教育の就学機会もこのような役割の一端を担う形で拡大し、都市農村間や所得階層間、先住民と非先住民の間での格差を助長してきた。であるからこそ、この地域における近年の乳幼児期への関心の高まりや保育政策の政策的重要度の高まりは理に適ったものであり、今後の政府投資の継続的な増加が期待される。

では、この地域において今後、不平等を現状以上に悪化させないために保育政策はどのようであるべきなのだろうか。第1に、農村部や貧困地域に暮らす幼い子どもやその家族、先住民や少数民族の幼い子どもとその家族に焦点を当て、政府の責任において良質の保育サービスを普及することが求められる。さいわい、テンアメリカ地域の出生率や全人口に占める若年層人口の割合は減少傾向にあり、また、ある研究によればこの地域の貧困層の5歳未満児は全体の約10％と推定されており（Grantham-McGregor et al. 2007）、政府の政治的決断さえがあれば、支援の焦点化を行うことで限られた財源でも対応が可能となる。こうした対応は、所得や教育達成における不平等の悪化を防ぐだけでなく、初等教育修了率100％というミレニアム開発目標達成に向けた努力としても重要である。

第2に、第2章に詳述したECDの観点に立った、統合的な保育サービスの拡大が求められるだろう。表8-1や図8-4でも確認したとおり、この地域の保育は3、4歳以上の幼児に偏る傾向があり、0～3歳へのアクセス拡大が不十分なままである。第4章でも見たとおり、0～3歳の生活環境はその後の発達に大きな影響を与えるものであり、この時期の介入が不平等の是正には不可欠なことは言うまでもない。従来のような就学前段階の幼児向けの就学前教育という狭い考え方から脱し、子どもの包括的なニーズに照らして、教育、保健、衛生、栄養、保護を含む統合的なサービスの提供が期待される。とくに、コロンビアのHCBのように貧困層の乳幼児に焦点を当てる場合には、その対象を保護者や家庭、コミュニティにまで広げ、子どもを取り巻く生活環境を包括的に支援することが肝要である。

第3に、上記のような政策遂行には、中央政府に幼い子どもに対する総合的な政策立案を行う場が必要となる。前述のとおり、ラテンアメリカ諸国では子どもの権利保障の観点から、中央や地方の行政機関で複数の省庁で構成される委員会が作られたりしているが、省庁間の垣根を越えてプログラム運営を進めていくのには依然障害の多いことが指摘されている（UNESCO OREALC 2010）。コロンビアのICBFのような専門機関を設けるか、既存の省庁が集まった調整機関を設けるかは各国の判断によるが、いずれにおいても実質的に機能するためには財源と権限を与える法的枠組を伴うことが不可欠である。

最後に、前節でも見たとおり、すべての事例で保育の効果が立証されているわけではなく、効果の出現には提供されるサービスの質が深く関係している。子どものニーズに応じたサービス内容の選定や教諭の質的向上の重要性は言うまでもないが、各国の保育政策でほとんど触れられていない点として初等教育との連携強化も望まれる。図8-3でも確認したとおり、この地域における就学前教育の機会拡大は小学校段階での内部効率の向上に貢献しているとは考えにくい。前述のチリの事例でも、認知的、社会的、情緒的発達における就学前教育の効果が質の低い小学校に入学した後に維持されないケースが報告されていたが、保育の効果は初等教育の質の低さによって消滅して

しまうこともある。初等教育との連携を通して教職員の相互理解と教育課程や方法での歩み寄りを促進し、子どもの小学校生活への円滑な移行を促進することが期待される。

注
1 同様に著名な CCT プログラムとして、ブラジルの「ボルサ・ファミリア (Bolsa Familia)」がある。ボルサ・ファミリアは、1995年に貧困家庭を対象に開始し、子どもの継続的就学を条件とする CCT プログラム「ボルサ・エスコーラ (Bolsa Escola)」と、他の CCT プログラムを合わせて2003年から一つのプログラムとしたものである。ボルサ・ファミリアでは極貧困層や貧困層を対象に、妊婦の産前ケアや乳幼児の定期的な発育観察や予防接種、学齢児童の就学を現金給付の条件としている (De Janvry et al. 2005)。現在は1,240万世帯が恩恵を受けている。
2 1990年のエルサルバドルを端緒とし、アルゼンチン、コロンビア、コスタリカ、ドミニカ共和国、メキシコ、パナマ、ペルー、ウルグアイ、ベネズエラで義務化されている。多くは5歳児の1年間であるが、4歳から2年間 (ベネズエラ)、3歳から3年間 (ペルー) という国もある。ただし、義務化した国々の就学率平均は義務化していない国々よりも低いという現実がある (UNESCO 2006, p.130)。
3 誓約の文面には幼児教育 (Early Childhood Education) の用語が用いられているが、教育だけでなく、養護を含めた包括的な政策や省庁間との調整、コミュニティの役割の重要性などが強調されており、どちらかというと ECD の概念に沿った内容となっている。
4 バチェレ前政権では保育サービスの充実に力を注ぎ、約3,000の保育施設の新設や、5歳未満児を抱える家庭に広範な保健や教育サービスを提供する「チレ・クレセ・コンティーゴ」の始動を指揮した (UNESCO 2010, p.53)。
5 初年度のサンプル数は参加者6,383名、非参加者2,056名であったが、3年目にはその32％を失っている。しかし、両親の平均就学年数の比較では3年目でも2集団間に差がないことから、比較は可能であるとしている (CEDEP 1997, p.31)。
6 最終的にはアルゼンチン、ボリビア、ブラジル、チリ、コロンビア、キューバ、ホンジュラス、メキシコ、パラグアイ、ドミニカ共和国、ベネズエラの11カ国を分析対象にしている。参加したペルーは結果の公表を認めず、コスタリカは調査規定を満たさなかった (UNESCO OREALC 2000)。
7 勝目のことで、ここでは学習不振に陥る確率÷学習不振に陥らない確率を指す。

参考文献
三輪千明 (2002)「ラテンアメリカの教育における公正概念の拡大―その背景と影響について」『国際開発研究』11(1)、21-37頁

Attanasio, O. and Vera-Hernández, M. (2004) "Medium and Long Run Effects of Nutrition and Child Care: Evaluation of a Community Nursery Programme in Rural Colombia," IFS Working Paper EWP04/06, The Institute for Fiscal Studies: London.

Barro-Lee Educational Attainment Dataset（http://www.barrolee.com/）

CEDEP (1997) *Evaluación del Impacto de la Educación Parvularia sobre los Niños: Informe Final*, CEDEP: Santiago.

De Janvry, A., Finan, F., Sadoulet, E., Nelson, D., Lindert, K., De la Briere, B., and Lanjouw, P. (2005) "Brazil's Bolsa Escola Program: The Role of Local Governance in Decentralized Implementation," World Bank: Washington, D.C.

DNP (2009) *Evaluación de Impacto del Programa Hogares Comunitarios de Bienestar Del ICBF*, Departamento Nacional de Planificación: Bogotá D.C.

ECLAC (2010) *Social Panorama of Latin America 2010*, United Nations: Santiago.

ECLAC OIS SEGIB (2010) *2021 Educational Goals: Final Document, Summary*, ECLAC: Satiago.

Grantham-McGregor, S., Cheung, Y. B., Cuento, S., Glewwe, P., Richter, L., Strupp, B., and the International Child Development Steering Group (2007) "Developmental Potential in the First 5 Years for Children in Developing Countries," *Lancet*, 369 (9555), pp.60-70.

Londoño Soto, B. and Romero Rey, T. (2007) "Colombia: Challenges in Country-level Monitoring," in Young, M. E., and Richardson, L. M. eds. *Early Child Development: From Measurement to Action*, World Bank: Washington, D. C.

Miniterio de Desarollo Social CASEN (Caracterización Socio-económica Nacional)（http://www.ministeriodesarrollosocial.gob.cl/casen/index.html）

OAS CIDI (2007) "Hemispheric Commitment to Early Childhood Education," OAS: Cartagena de Indias.

Reimers, F. ed. (2000) *Unequal Schools, Unequal Chances: The Challenges to Equal Opportunity in the Americas*, Harvard University Press: Cambridge.

UNDP (2010) *Regional Human Development Report for Latin America and the Caribbean 2010*, UNDP: New York.

UNESCO (2006) *EFA Global Monitoring Report 2007*, UNESCO: Paris.

UNESCO (2010) *EFA Global Monitoring Report 2010*, UNESCO: Paris.

UNESCO (2011) *EFA Global Monitoring Report 2011*, UNESCO: Paris.

UNESCO OREALC (2000) *Primer Estudio Internacional Comparativo sobre Lenguaje, Matemática y Factores Asociados para Alumnos del Tercer y Cuarto Grado de la Educación Básica, Segundo Informe*, UNESCO: Santiago.

UNESCO OREALC (2010) *Early Childhod Care and Education Regional Report, Latin America and the Caribbean*, UNESCO: Santiago.

UNESCO LLECE (2008) *Student Achievement in Latin America and the Caribbean: Results of the Second Regional Comparative and Explanatory Study (SERCE)*, UNESCO: Santiago.

UNESCO OREALC LLECE (2010) *Factores Asociados al Logro Cognitivo de los Estudiantes de América Latina y el Cabribe*, UNESCO: Santiago.

UNICEF (2011) *The State of World's Children 2011*, UNICEF: New York.
Vegas, E. V. and Santibáñez, L. (2010) *The Promise of Early Childhood Development in Latin America and the Caribbean*, World Bank: Washington, D.C.
Willms, J. D. (2002) "Standards of Care: Investments to Improve Children's Educational Outcomes in Latin America," in Young M. ed., *From Early Child Development to Human Development*, World Bank: Washington, D.C.

第Ⅲ部
保育分野の国際協力

第9章　国際協力の動向と事例
第10章　実践アプローチと立案上の留意点

第9章　国際協力の動向と事例

　本章では、保育分野の国際協力に積極的な多国間援助機関や二国間援助機関、財団・国際NGOを複数取り上げ、各機関の政策文書や支援実績、成功事例などをもとに、それぞれの支援の動向を探る。その際、各機関がどのような根拠からこの分野の支援を重視し、どのような支援を志向しているのかを明らかにしたい。最後に、日本の支援実績についてもまとめる。なお、本章で扱う国際協力はマルチセクターや多様なアプローチ、小学校への移行期の特徴をもったECDの概念（第2章参照）にもとづくものが多く、援助機関が用いる用語もECDが多いため、以下ではこの用語を使用することとする。

第1節　多国間援助機関

　本節では、途上国政府や他の援助機関の政策展開にも大きな影響力をもっているUNICEF、世界銀行、UNESCOによるECD支援の動向を取り上げる。**表9-1**は主な多国間援助機関がOECDに報告した教育援助額を2000年以降、各年別・段階別に示したものである。UNESCOの数値は本表には含まれていないが、UNICEFと世界銀行の援助額や総額に占める割合から、その影響力の大きさを窺い知ることができる。教育全体や基礎教育の援助額では世界銀行グループの1つである国際開発協会（第2世銀、以下、IDA）の占める割合が高く、UNICEFは教育全体よりは基礎教育、基礎教育よりは幼児教育において総額に占める割合が高いことがわかる。また、当然ながら、幼児教育の援助総額は基礎教育に比べると格段に低く、各年での援助額の変動幅では幼児教育がもっとも大きい。

表9-1 主な多国間援助機関による教育援助額（実質、100万米ドル、2009年価格）

年	2000	2001	2002	2003	2004	2005	2006	2007	2008	2009
教育全体	1,840	1,645	1,999	2,178	2,823	2,213	1,980	2,960	2,409	3,746
うち、IDA	46%	66%	58%	46%	65%	38%	43%	62%	53%	54%
UNICEF	4%	5%	3%	3%	2%	3%	3%	2%	3%	2%
基礎教育	839	866	548	1,006	1,373	702	591	537	1,108	782
うち、IDA	36%	78%	37%	52%	75%	32%	48%	66%	70%	52%
UNICEF	9%	10%	7%	7%	5%	11%	7%	8%	4%	8%
幼児教育[1]	17	44	5	10	40	19	78	17	26	28
うち、IDA	79%	88%	0%	35%	88%	0%	92%	40%	43%	29%
UNICEF	21%	12%	100%	55%	12%	34%	8%	60%	57%	52%

注1) 原文では Early Childhood Education。OECD の開発援助委員会 (Development Assistance Committee: DAC) へ報告された約束額にもとづく援助額の総額を示している。IDA（第2世銀）と UNICEF のほか、EU 機関、国連開発計画、アフリカ開発基金、アジア開発基金、米州開発銀行基金、国際農業開発基金、OPEC 国際開発基金のデータが含まれる。ただし、幼児教育は IDA、UNICEF、EU 機関のみのデータとなっている。
出典) OECD International Development Statistics Online Database より作成。

　UNICEF と世界銀行はともに1990年代に入って ECD の政策的優先順位を上げ、1990年代半ば以降、積極的な支援を展開している。UNESCO もまた、EFA 宣言やダカール行動枠組みに沿って ECCE（広義の ECCE であり、ECD にほぼ同義）を重要課題の1つとしている。これら3つの機関は ECD 支援戦略のいくつかの点で共通点が見られる。たとえば、マルチセクター・アプローチの必要性、保護者や家族そしてコミュニティの役割重視、既存の育児活動や慣習への文化的配慮、政策レベルでの支援の必要性、関連諸機関とのパートナーシップ構築の重要性などである。

　UNICEF と世界銀行の動向を見ると2つの異なる疑問が湧く。子どもを対象とする UNICEF はなぜ最近まで ECD を優先課題に挙げていなかったのだろうか。他方、経済学的根拠を融資の原則とする世界銀行は、なぜ最近になって ECD を重視し始めたのだろうか。後者の問いについては第1章でも言及ずみであるが、本節では以上の2つの疑問に対して政策文書の検討を通して、その理由を探っていく。なお、途上国現場での支援を重視する UNICEF の知見はわが国の支援のあり方にも参考になる点が多いと考えられるため、UNICEF の記述に比較的多くの頁を割くこととする。

1. UNICEF

(1) ECDの戦略的位置づけの変遷

　UNICEFは数多くの援助機関のなかでもECD支援にもっとも力を注いでいる機関の1つである。しかしながら、この分野における支援歴は決して古くはなく、執行理事会が就学前教育の少数のプロジェクト実施を承認したのは、意外にもUNICEFが教育支援を開始した1962年から10年後のことであった (UNICEF 1987, p.69)。それ以前は、「多くの途上国は子どもの発達という全体的視点からみた就学前教育の価値を十分に認識していたが、一人でも多くの学齢児を就学させようと奮闘している国々に就学前教育を賄う余裕はなかった」のであり (UNICEF 1987, p.69、筆者和訳)、また当時は、就学前教育は富裕層子弟向けの贅沢であるかのようなとらえ方が支配的で、UNICEF自体も子どもの保健衛生・栄養改善以外の目的で就学前教育を積極的に支援することには躊躇いがあった (Black 1996, p.234)。

　支援開始後には前掲のインドのICDSなどの大規模なプログラムへの支援が成功を収め、複数の国々で多種多様な支援が展開されたが、1980年代を通してもECDはUNICEF支援の主流とはなりえなかった。この教育段階に対する途上国からの需要が高くなかったことも一因であるが、1982年にUNICEFの「子どもの生存と発達の革命」が開始されて以降、子どもの保健医療・栄養面への支援に焦点化が図られたことが大きな要因であった。結果的には、ECD支援の拡大よりも、むしろ就学前教育のカリキュラムに子どもの生存に関わる保健衛生知識を如何に組み込むかという点により労力が注がれたのである (Black 1996, p.239)。

　とはいうものの、この間、ECDへの関心の高まりがまったくなかったわけではない。たとえば、1979年の国際児童年を契機に子どもの包括的発達ニーズが再度注目されるようになると、1984年には執行委員会の要請を受けてECD支援政策の見直しが行われた。その政策文書では、子どものニーズに配慮したECD支援の重要性が謳われ、コミュニティをベースとしたマルチセクター・アプローチの必要性や母親の役割重視など、現在のECD支援戦略にも通じる基本事項がすでに明記されている (United Nations Economic and Social Council 1984, pp.31-32)[1]。

　UNICEFによるECD支援が幼い子どもの包括的ニーズの充足という観点から活発化するのは1990年代に入ってのことである。1989年6月にはUNICEFの国際児童開発センター[2]の開設に伴い、ECDを主題とする「第1回イノチェンティ世界セミナー」が開かれ、その端緒を開いた。そこでは、働く女性の激増に伴う子どもの養護の必要性、乳幼児期の養護が子どもに与える長期的影響、子どもの発達に関する知識や技能を保護者が習得することの重要性などが再確認されたうえで、子どもの発達に関する最新の研究調査結果、計画・実践におけるさまざまな手法の検討、プログラムの実施段階での課題などが討議された。これを機に、以降、途上国でのECD推進に携わる国連やNGOなどの援助機関の間で協力が進められることとなる。

　その後、1989年11月の「児童の権利に関する条約」の採択、1990年3月の「万人のための教育世界会議」、1990年9月の「世界子どもサミット」を経て、ECDの重要性への認識はいっそう増すこととなる。1993年には他の援助機関との共同でECDの支援策が再検討され、その結果は『幼い子どもの発達のための包括的戦略に向けて』という報告書にまとめられた。同書では、ECDへの投資の意義が再確認された後に、早期学習の原則やECD活動の原則、ECDプログラム・アプローチの類型が示されている(**表9-2**)。1995年には、「第1回イノチェンティ世界セミナー」のフォローアップ会議が開かれ、親の教育、コミュニティとのパートナーシップ構築、特別なニーズを持つ子どもとECDとの連携、という3つの課題について討議がなされた。結果、今後の戦略として、家庭やコミュニティ・ベースのECDプログラムの推進とそれを通した保護者のエンパワメント、マルチセクターの実施推進、中央・地方行政やNGOなど複数のレベルでの連携強化、啓蒙活動を通した高レベルでの政策対話の継続、コミュニケーションやメディアの活用、研修の支援推進などが示されている。

　1990年代後半以降については、UNICEFが組織全体の事業計画として4年間毎に策定する「中期事業計画(Medium-Term Strategic Plan: MTSP)」を通してECDの政策的位置づけの変遷を追っていこう。まず、1994〜97年の計画に

表9-2 UNICEFの1993年ECD政策文書の主な内容

1）早期学習の原則
- 子どもは知識を構築する。
- 子どもは大人や他の子どもとの社会的交わりを通して学ぶ。
- 子どもの学習は意識化に始まり、探求、質問、そして最後に活用へと移動する循環型のサイクルを反映している。
- 子どもは遊びを通して学ぶ。
- 子どもの興味と「知る必要性」が学習を動機付ける。
- 子どもの発達と学習は個々の差異によって特徴付けられる。
2）活動の原則
- すべての子どもは、国家と文化のアイデンティティーとともに個人としての最大の潜在性を発展させる権利を有する。文化的多様性は尊重され、維持されるべき資源であり、一方で国家はすべての子どもに社会的経済的な主流へ入りうるような最大可能な機会を保障しなければならない。
- 家族は、子どもの成長と発達を支援する根本的組織であり、かつ、そのように維持されるべきである。
- 親／家族は、彼らの子どもの身体的情緒的認知的ニーズを満たし、精神的道義的指導を行い、方向性を示す根本的責任がある。
- 親／家族は、子育てにおいて、彼らの義務を十分に果たし得るような、また彼らの子どものケアと支援に責任を持ち続けられるような支援を受けなければならない。
- 国家は、親／家族が彼らの責任を果たすことができず、彼らの子どもが危機的状況に置かれる場合はいつでも、対策を講じる法的道義的義務を有する。
- コミュニティやコミュニティの集団（学校、宗教的組織、保健やその他サービスの機関、NGOや雇用主）は、親や子どもを支援するような安全で安心できる環境を作り出すことにおいて重要な役割を持っている。
- 予防は、家族や恵まれない子どものニーズに取り組むうえでもっとも費用効果的な方法である。
- 適切な政策や費用効果的プログラムを通して子どもと家族のニーズに取り組むためには、長期の時間とかなりのリーダーシップと財源を必要とする。
- 安全で安心な環境を提供する効果的方法は、コミュニティと共同して、現地、地域、国、世界のレベルでのパートナーシップを築くことである。国際NGOやドナーは家族を支援するうえで重要な役割を担っており、そのような支援はコミュニティやNGO、政府とのパートナーシップの構築を通してもっとも効果的に行われる。
3）ECDプログラムの選択肢の類型化

アプローチ	参加者／受益者	目的	モデル
1. 保護者への教育	-親、家族 -兄弟姉妹 -一般人	-意識喚起 -行動喚起のための動員 -状況の改善	-家庭訪問 -保護者への教育 -子ども対子どものプログラム
2. コミュニティ開発の促進	-コミュニティ -指導者 -推進者	-意識喚起 -行動喚起のための動員 -状況の改革	-技術的動員 -社会的動員
3. サービスの提供	-子ども 　0〜2歳 　3〜6歳 　7〜8歳	-生存 -包括的発達 -社会化 -リハビリテーション -子どものケア改善	-家庭でのデイケア -統合的な子どもの発達センター -センターの増設 -幼稚園（フォーマル／ノンフォーマル）
4. 国家の資源と能力の強化	-プログラム関係者 -専門家と准専門家	-意識喚起 -技能の改善 -教材の増加	-研修 -実験的、模範的プロジェクト -インフラ強化
5. 需要と意識化の喚起	-政策策定者 -一般人 -専門家	-意識喚起 -政治的意思の確立 -需要の増加 -態度の改革	-社会的マーケティング -エコーの形成 -知識の拡散
6. 子どものケアと家族に関する国家政策の策定	-乳幼児を育児中の家庭	-家族の状況に配慮した雇用と社会サービス提供のシステム構築の推進	-革新的な公・民の協力 -フォーマル、準フォーマルな民間機関へのインセンティブ提供
7. ECD支援に向けた法的・規則上の枠組みの策定	-法整備の関係者 -規則策定者 -女性の集団	-権利と法的資源への意識の喚起 -ILO法の活用増加 -国際会議の追従とモニタリング強化	-職場 -デイケア施設 -保育環境基準 -育児休暇の増加 -働く母親への母乳育児支援 -家族に関する法律

出典）UNICEF (1993) pp.26-39

は独立した ECD の項目がなかった。そこでは、ECD は成人教育と並んで基礎教育の完全普及を促すための支援策とされ、ECD を優先課題とする国において家族やコミュニティにおける保育所の設置や親と家族の育児知識向上プログラムなどを支援すると述べるに留まった (United Nations Economic and Social Council 1994, p.33)。ECD の同様の位置づけは、1995年発行の政策文書「基礎教育における UNICEF の戦略」にも確認できる。

表9-3は MTSP で挙げられた重点分野を1998年以降の3期間で比較したものであるが、ここから ECD の政策的重要性向上の跡が見てとれる。まず、1998～2001年の MTSP で ECD は「子どもの生存と発達のため乳幼児期ケアの改善」として、「子どもの生存、発達、保護、参加の促進」という重点分野のなかの独立した優先課題の一つに取り上げられている (United Nations Economic and Social Council 1998, p.12)。計画実施後の成果として、2001年には UNICEF が ECD プログラムを支援している国は100ヶ国以上に増大し、さらには保護者に対する子どものケアに関する情報提供、ECD 教諭や経営者に対する研修、マスメディアを通したサービスの提供、サービスの質的改善などで支援が増加し、貧困層への焦点化も進んだと報告されている (United Nations Economic and Social Council 2002, p.15)。また、1999年に UNICEF は『世界子供白書』のなかで児童の権利条約にもとづく「教育革命」を提唱し、教育支援にいっそうの力を注ぐことを表明しているが、この教育革命を構成する5つの項目にも「幼児のケア」が含まれている。

2002～05年の MTSP において ECD の戦略的重要性はさらに増し、重点分野の1つに挙げられるようになった[3]。そこでは従来のような単なる ECD ではなく、「統合的 ECD（Integrated Early Childhood Development）」という新たな用語が用いられ、乳幼児期でもとくに3歳未満に焦点を当てることが明記されている[4]。さらに、次の5項目、すなわち、統合的 ECD の政策策定への支援、質の高い基本的サービスの提供、出生登録の推進、コミュニティや家族における母子ケアや支援の強化、コミュニティや集団でのケアを受ける幼い子どもの増加において具体的な目標値が定められている。

ところが、2006～11年の MTSP では統合的 ECD という用語が消え、3歳

表9-3　UNICEF の中期事業計画

1998〜2001年	2002〜
A. 子どもの権利に関するパートナーシップ強化と唱導の促進 （省略） B. プログラムの優先課題：子どもの生存、発達、保護、参加の促進 優先課題1：乳幼児の死亡率と罹病率の減少 **優先課題2：子どもの成長と発達のためのEarly Childhood Careの改善** 優先課題3：子どもの障害発生の予防 優先課題4：基礎教育のアクセスと質の改善 優先課題5：青少年男女の健康と発達の促進 優先課題6：搾取、暴力、虐待からの子どもの保護 優先課題7：妊産婦の死亡率と罹病率の減少 優先課題8：ジェンダー差別の予防とジェンダー平等の推進 C. 重要領域でのデータの入手可能性と活用の改善 （省略） D. マネージメントとオペレーションの強化 （省略）	A. 女子教育 目標1：2005年までに2000年時点で女児の純就学率が85％以下のすべての国で非就学女児数を最低30％減少させる政策を策定し、実行する。 目標2：2005年までに最低50カ国で子どもに優しい、ジェンダーに配慮した学校で効果的で良質な学習のための政策と手順、仕組みができる。 目標3：2005年までに最低20カ国で基礎教育の学習結果におけるジェンダー平等を保障するため、学習結果を見極め、必要な能力開発を行う。 **B. 統合的 Early Childhood Development** 目標1：すべての国ですべての幼い子ども、それもとくに3歳未満児に配慮して、死亡率や罹病による弊害の減少、栄養不良の減少や発達遅滞の予防につながるように、子どもの生存、成長、社会的、情緒的、認知的発達を保障するような包括的な ECD の政策策定を支援する。 目標2：乳幼児と妊産婦の死亡率や罹病率が高く、かつ／または、これらの数値で大きな格差のある80〜100カ国で、栄養・子どもと母親の健康・水・公衆衛生・衛生関連のサービスや物品を供給したり、乳幼児のケアと早期学習プログラムを実施したりするため、包括的かつ集中的なプログラムの実施を支援する。 目標3：出生登録が完全普及していないすべての国において女児と男児の平等な登録率を確保するため、社会指標がもっとも低い地域におけるもっとも恵まれない集団や家族に焦点を当てながら、効果的な出生登録システムの構築を促進する。 目標4：すべての国で幼い子どものケアと妊産婦や育児中の母親を支援するため、家族とコミュニティに知識を与え、それにもとづく実践を促す（乳幼児の食事、心理的・社会的ケアや早期学習、ジェンダーの早期社会化につながる行動や、子どもと女性に対する無視、虐待、暴力についての意識化を含めた差別の予防、家庭での保健衛生面での活動、下痢や急性呼吸器感染症、マラリアなどの一般的病気や栄養不良に対する適切な処置、女児や女性に対するケア、水資源の適切な管理など）。 目標5：貧困層の子どもや障害児、HIV ／エイズや紛争下の子どもにとくに留意し、コミュニティや集団による子どものケアへの参加を増やす。 C. 予防接種「プラス」 目標1：2003年までに支援対象国すべてが複数年の計画を策定し、戦略と必要な資源を示し、実践と資源の活用状況をモニタリングする。2005年までの目標値として最低80％の国が全地域で予防接種普及率80％を持続可能な形で達成する。ポリオの完全撲滅、はしかによる死亡率の半減、出産と産後の破傷風撲滅、年2回のビタミンA普及率が70％を達成する国の数が100％増加する。予防接種と注射の安全性を最大化する。

注1）当初は2009年までであったが、他の国連援助機関の計画期間と連動させるため、2011年末まで2年延期されることとなっている（United Nations Economic and Social Council 2008, p.1）。

における重点分野の比較

05年	2006～11年 [1]
目標2：世界的なワクチンとビタミンA供給の安全性（すなわち、低所得国への継続的な供給の維持）を確保する。 目標3：2003年までに支援対象国すべては予防接種「プラス」サービスへの需要を増加し、維持するようなコミュニケーション戦略と、政府や保健ケアにかかわる団体、市民社会からの支援の増加と継続につながるようなコミュニケーション戦略を実施する。 目標4：2003年までに支援対象国すべてが都市貧困層や保健サービスへのアクセスが無かったり、限られたりする人々を含め、予防接種サービスが届いていない人々を見極め、生存のための適切な支援が届くようにする（コミュニケーション戦略を含む）。緊急事態や紛争下では、最低限はしかのワクチンとビタミンA補給を適時かつ確実に供給する。 D. HIV／エイズとの戦い 目標1：2005年までにすべてのUNICEFの国別プログラムで子どもと若者に関するHIV／エイズの現状とインパクトの分析を行い、それに対応する国別プログラムの戦略と行動を世界的戦略枠組みに沿って策定する。 目標2：2005年までに、伝染病が表れ、集中し、一般化した国々において、若者のHIV感染に対する危機と脆弱性を減らすような国家政策を承認し、行動計画を実施する。 目標3：2005年までにすべての関連国が親から子どもへのHIV感染を防ぐための政策と戦略、行動計画を確実に実施する。 目標4：2005年までにすべての関連国がHIV／エイズによって孤児または脆弱児になった子どもの保護とケアを行うための政策と戦略、行動計画を策定し、確実に実施する。 E. 暴力、虐待、搾取、差別からの子どもの保護 目標1：対応策を考えるベースとして、子どもに対する暴力、虐待、搾取、差別のインパクトを記録し、分析するための指標を見極める。 目標2：家庭の保護下にない子ども（鑑別所などで拘留中の子どもを含む）の保護のための国家基準の策定や見直しを国際的基準にそって行う。 目標3：子ども売買、性的搾取、強制や拘束による児童労働、紛争下での子どもの搾取撲滅のため、法的措置や実践的な対応を支援する。 目標4：家庭やコミュニティ、学校やその他の機関における、または有害な伝統的習慣という形での、子どもに対する身体的・心理的暴力を減少させるための対策やプログラムを策定し、財源を確保して実施する。	A：幼い子どもの生存と発達 成果領域1：インパクトの高い保健と栄養対策を拡大する。 成果領域2：幼い子どもの生存と成長、発達を促進する家族やコミュニティでのケアを改善する。（具体的な協力分野でECDへの言及あり）。 成果領域3：安全な飲料水と基本的な衛生施設へのアクセスと使用を増やす。 成果領域4：緊急事態下の子どもすべてに人命救助策を施す。 B：基礎教育とジェンダー平等 成果領域1：とくに恵まれない子どもに対し、適時に小学校就学を開始できるような発達上のレディネスを培う。（具体的な協力分野でECDへの言及あり）。 成果領域2：良質の基礎教育へのアクセスや就学、修学の増加においてジェンダーやその他の格差を減らす。 成果領域3：教育の質を上げ、就学の維持や修学率、学習達成を向上させる。 成果領域4：緊急事態下や紛争後の社会で教育を回復させ、HIV／エイズ感染対策としての教育システムの構築を進める。 C：HIV／エイズと子ども （省略） D：暴力、搾取、虐待からの子どもの保護 （省略） E：子どもの権利に関する 政策提言やパートナーシップ （省略）

出典）United Nations Economic and Social Council (1998、2001、2005) より作成。

未満への焦点化の記述もなく、代わりに「子どもの生存と成長」と「基礎教育と男女平等」という2つの成果領域のなかでECDへの言及が見られる程度となった。「子どもの生存と成長」ではECDサービスへのアクセスの改善や、家族やコミュニティによる子どものケアの改善に触れ、「基礎教育と男女平等」では適時に小学校に就学する児童の割合を増やすことや、幼児が備えておくべき就学レディネスの国内基準を定める国を増やす目標などが掲げられている。これは、2002～05年MTSPの失敗と、それに伴うECDの戦略的重要性の低下を意味するのだろうか。

実は、2006～11年MTSPの発効後、2007年にはUNICEFの新たな教育戦略に関する政策文書「UNICEF教育戦略」が発行されているが、そこではECDの戦略的重要性がなお高いことが確認できる (United Nations Economic and Social Council 2007)。本文書では2015年のミレニアム開発目標達成や教育に対する子どもの権利保障に向けて、教育支援における3つの優先的課題とその課題達成に重要な2つの横断的領域を定めている。3つの優先的課題とは、初等教育への平等なアクセスと完全普及、女子教育とジェンダーの主流化を通したエンパワメント、そして緊急事態下や紛争後の教育クラスター[5]での支援であり、2つの横断的領域にはECDと就学レディネス、そして初等・中等教育の質の向上が挙げられている。ECDと就学レディネスは上記3つのいずれの課題達成にも重要な支援であり、子どもの生存に関する支援と教育支援を連携させる利点もあると述べられている。

したがって、2002～05年から2006～11年のMTSPの戦略変更はUNICEFにおけるECD支援の軽視には当たらない。2006～11年MTSPには戦略変更の根拠となるような説明が見当たらないため、推察の域を超えないが、2002～05年MTSPで示された統合的ECDという一般的には馴染みの薄い用語の使用がUNICEFにとってきわめて重要な外部資金調達の妨げになることや、途上国では異なるセクター間での連携が困難なことの影響があったものと推量される。

以上をまとめると、UNICEFによるECD支援は1970年代半ばに始まり、最初の20年間は限られた国々で少数ながらも先駆的なプロジェクトの支援

を続けていたが、1990年前後のいくつかの国際会議を契機としてECDの重要性が再認識されるようになった。それは、当初は基礎教育の完全普及との関連においてであったが、しだいにECDそれ自体の意義が理解されるようになり、1つの独立した重点分野として組織内での政策的優先度も高まった。このような変化の背景には、ECDを含む基礎教育支援の重視という世界的思潮の影響もあるが、UNICEF自体が子どもの「基本的ニーズを充足する機関」から「子どもの権利を守る機関」へとその使命を転換したことにも要因があると考えられる。2006年以降の計画でECD支援は「子どもの生存と成長」や「基礎教育」の枠組みのなかで取り上げられるようになったが、これまでのような家族やコミュニティの役割重視や教育以外のセクターとの連携重視には変わりがなく、また教育戦略の政策文書にもECD支援の高い重要性が明記されている。

　以下では統合的ECDについて詳述しておきたい。統合的ECDの考えは、途上国の幼い子どもの支援を長年リードしてきた援助機関から発案された支援形態であり、その内容を熟知することは今後の支援のあり方を考えるうえで示唆に富むと思われるからである。

(2) 統合的ECDとは

　幼い子どもの生存・成長・発達は、家族による子どものケアの質、家族が質の高い基本的サービスへアクセスできること、そしてそれらを支援するようなコミュニティや政策上の環境が整っていること、の3つの要因に影響を受けているとUNICEFは考えている。そのため、統合的ECDにおけるアプローチは、マルチセクター・アプローチを含めた以下の3つのレベルでの活動を意味している（UNICEF 2003a, pp.4-6）。

1) 家族やコミュニティの能力向上

　UNICEFは子どもにとって最初で、かつもっとも重要な教育者である親、保護者、家族の役割をECD支援開始当初から一貫して重視している。そのため、幼い子どもの生存、成長、発達に関わる有益な情報や良質なサービスに親や家族が容易にアクセスできるようにしたり、直接的な教育活動

を通して親や家族の育児活動を支援したり、改善を図ったりしている。他方、コミュニティは親や保護者、家族にもっとも近いレベルの組織であり、コミュニティにおける自助努力を支援することは、そうした人々に対して財政的にも実現可能なECDサービスを持続的に提供することにつながる。その際、家族やコミュニティにすでに実践されている子どものケアの内容、育児知識や態度などを状況分析や参加型調査を通して理解し、分析し、良い点は活かしつつ、さらに有効な知識や実践の普及に努めて家族やコミュニティのエンパワメントにつなげることが重要であるとしている。

2) 統合された良質なサービスの提供

統合的ECDの主な領域として、保健、栄養、水と衛生、教育、子どもの保護の5つが挙げられ、子どもの包括的な生存、成長、発達のニーズを満たすため、これら複数の分野にわたる良質なサービスや必需品を家族に提供することに努めるとしている。このようなマルチセクター・アプローチが高い相乗効果を生むことは第2章で指摘したとおりである。この分野の支援活動としては、研修やその他の能力開発、計画立案やコミュニティによるモニタリング体制作り、サービス提供に関する事務的管理作業などへの支援が考えられる。

3) 政策策定への支援

UNICEFは幼い子どもへの基本的サービスの提供やそうしたサービスの統合を促進するような国家政策の策定を支援している。具体的には、上記5つの領域を含むECDの包括的政策の検討、適切な指標作りやデータの収集、試行プロジェクトの評価、関係者への啓蒙活動、出生登録システムの強化などの活動がある。統合的ECDに対するこのような考え方は、図9-1に示した「乳幼児期の因果関係の分析枠組み」にも窺える。本図は幼い子どもの権利保障に関するUNICEFの考え方を概念図化したものとも言えるだろう。

UNICEFの言う統合的ECDは、どのセクターを中核に据えるかを問わず、乳幼児の包括的ニーズに呼応するようなセクター間を超えたサービスを広く指している。そのため、ECDという用語から一般的に連想されるような教

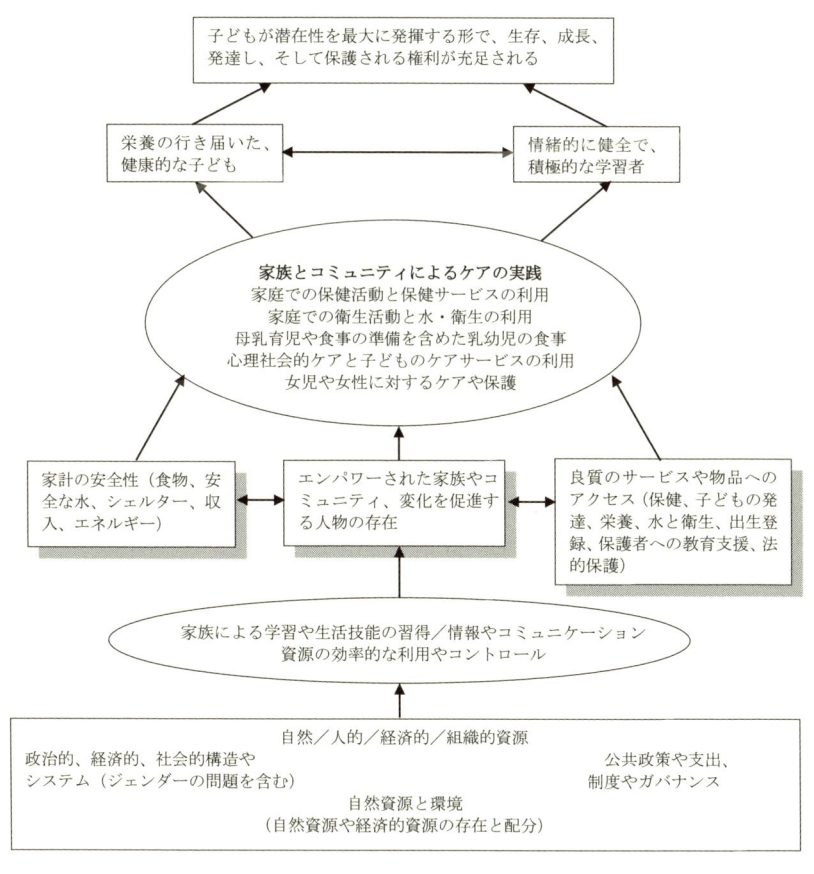

図9-1 UNICEF による乳幼児期の因果関係の分析枠組み

［上位の結果］
- 子どもが潜在性を最大に発揮する形で、生存、成長、発達し、そして保護される権利が充足される
  - 栄養の行き届いた、健康的な子ども
  - 情緒的に健全で、積極的な学習者

［家族とコミュニティによるケアの実践］
- 家庭での保健活動と保健サービスの利用
- 家庭での衛生活動と水・衛生の利用
- 母乳育児や食事の準備を含めた乳幼児の食事
- 心理社会的ケアと子どものケアサービスの利用
- 女児や女性に対するケアや保護

［基盤要素］
- 家計の安全性（食物、安全な水、シェルター、収入、エネルギー）
- エンパワーされた家族やコミュニティ、変化を促進する人物の存在
- 良質のサービスや物品へのアクセス（保健、子どもの発達、栄養、水と衛生、出生登録、保護者への教育支援、法的保護）

［家族による学習や生活技能の習得／情報やコミュニケーション資源の効率的な利用やコントロール］

［基礎的条件］
- 政治的、経済的、社会的構造やシステム（ジェンダーの問題を含む）
- 自然／人的／経済的／組織的資源
- 自然資源と環境（自然資源や経済的資源の存在と配分）
- 公共政策や支出、制度やガバナンス

出典）UNICEF (2002a) p.25

育セクターを中核にしたマルチセクター・サービスに限っていない点について注意が必要である。たとえば、2005年の事業支出内訳を見てみると（**表9-4**）、統合的ECDが全体の38％を占めているが、このなかにはどちらかといえば保健分野に分類されるべき支援も多く含まれている。2010年では統合的ECDの分類がなくなったため、その配分を知ることができないが、「子どもの生存と成長」が全体の半分を、「基礎教育と男女平等」が2割を占めており、ECD支援が含まれているこれら2つの重点分野への支出割合が高いことがわかる。

表9-4 UNICEF 中期事業計画の重点分野別の支出割合（2005、10年）

2005年 (プログラム支援総額：19億6,600万米ドル)		2010年 (プログラム支援総額：33億5,500万米ドル)	
統合的 ECD	38%	子どもの生存と成長	51%
女子教育	22%	基礎教育とジェンダーの平等	21%
予防接種「プラス」	19%	子どもの権利に関する政策アドボカシーと協力	11%
子どもの保護	10%	子どもの保護	10%
HIV/エイズ	8%	HIV/エイズと子ども	6%
その他	3%	その他	2%

注）重点分野は2002〜05年、2006〜11年で異なる（表9-3参照）。
出典）UNICEF (2005、2010) より作成。

複数のメディアを通したコミュニケーション戦略は、上記3つの活動領域（すなわち、家族やコミュニティの能力向上、統合された良質なサービスの提供、政策策定への支援）のいずれでも用いられる[6]。主な活動として、統合的 ECD に関する各種調査結果の伝達や、国、地域、地元レベルの意思決定者に対する啓蒙活動、さらには保護者の育児態度の改善に向けたコミュニケーションなどがある。また、関係諸機関の比較優位を活用したパートナーシップの構築も非常に重要であり、実際、UNICEF は頻繁に UNESCO や世界銀行、NGO などとともに協力体制を築いている。

(3) 統合的 ECD の実施方法

では、具体的に統合的 ECD はどのように実践されるのだろうか。UNICEF によれば、統合的 ECD プログラムの中身や支援内容については、各国での子どもの状況分析に基づき、ニーズや能力に従って国や地域のレベルで決められることとなっている（UNICEF 2002b, p.30）。たとえば、緊急事態下にある国や地域では、人的・財的資源の極端な制限からもマルチセクターのサービス供給を行うことが重要な意味をもつ。5歳未満児死亡率が70人以上という国やそうした数値が深刻な地域を抱える国の場合は、ECD 関連の基本的サービスや必需品の提供に力を注ぐ必要があり、同時に子どもの発達に関する包括的枠組みが国家開発計画などに含まれるよう、国政レベルに働きかける必要も出てくる。一方、国内の地域格差が顕著な国では対象地域や地区を選定

表9-5　UNICEFの統合的ECDの立案枠組

社会的組織的レベル＼主な重点領域＼プログラム／構成要素	ミクロ	メゾ	マクロ
	子どもと妊産婦に対するケアの実践と環境：家族やコミュニティのエンパワメント	良質な基本的サービスや必需品に対する貧困家庭のアクセス	統合的ECDのための政策環境
保健	家族やコミュニティでの実践	包括的サービス	政策環境
栄養		包括的サービス	
水と環境衛生		包括的サービス	
教育		包括的サービス、適切な集団子どもケア	
子どもの保護		包括的サービス、出生登録システム	
セクター横断的領域(子どものモニタリング、啓蒙活動、政策支援、HIV/エイズ)		包括的サービス	

出典) UNICEF (2002b) p.29

し、地理的に集中した形での統合的ECDの実践に努める。基本的なECDサービスの提供体制がすでに整備されている国では、あるセクターのプログラムで不足していると思われる他のセクターの活動を追加するなどして、統合的ECDへと発展させることが可能である。UNICEFは、統合的ECDの戦略を考える枠組みとして、ミクロ、メゾ、マクロという横枠と、保健、栄養、水と衛生、教育、保護、セクター横断的領域という6つの縦枠から成るマトリックスを提示している (**表9-5**)。いずれの枠組みにおける活動を重視するかは、各国の状況に照らして判断すべきものとなっている。

どのような状態を「統合」と考えるかについては、その異なるレベルが示されており (**表9-6**)、国の状況に応じていずれのレベルを起点とするのかを検討する必要がある。たとえば、UNICEFが2002年度の実践から得た教訓によると (UNICEF 2003b, p.8)、統合的ECDの政策支援においては、既存の政策やプログラムなどに対し、幼い子どもにとって重要な視点を加えることによって内容を膨らませ、一貫性のある包括的な政策へと段階的に移行させる「段階的アプローチ」が効果的である。統合的ECDを担当する政府機関としては、特定のセクターに所属しない、子どもや女性を独自に扱う省庁の新設

表9-6 統合の異なるレベル

	統合のレベル	状　態
低 ↓ 高	未統合	各セクター（たとえば教育セクターや保健セクター）や異なる集団が、異なる地域で別々の家族に対して、独自の目的をもったプログラムを展開する。
	一点集中化	あるセクターや集団が、地理的に焦点を当て、そこに住む子どもや家族の生活改善に努める。その場合、先行する1つのセクターがありえる。地理的な一点集中は共通の目標設定や共同の立案やモニタリング、共通のメッセージを必ずしも意味しない。
	部分的統合	本来、統合は、国・地域・コミュニティの全レベルにおける共同での問題分析、因果関係図作り、目標設定、メッセージ作り、調整された戦略やモニタリングを含むものであるが、部分的統合では、必ずしもすべてのレベルで共同作業が行われず、部分的な作業のみが調整されている場合を指す。
	全レベルでの統合	国・地域・コミュニティの全レベルにおける統合を指す。それは、共同での立案とモニタリング、全セクターを通して一貫性のあるメッセージ作り、コミュニティの参加や、サービス提供、家族の能力向上などコミュニティ・レベルでの実施プロセスを含む。
	完全なる統合	1つの統合的ECDユニットを作るため、異なるセクターや関係者が一体化すること。すべての個人は類似性のある、取り替え可能な役割を担う。

出典）UNICEF (2002b) p.24

が考えられるが、予算、権限、人材面での制約によって実質的な調整役を担えない場合も多い。代替案としては、既存の企画省などに子どもに関する政策立案の責務を付加する方法が考えられる。

(4) 就学レディネスに関する国内の基準づくりへの支援

前述の2006～11年のMTSPに述べられていたとおり（表9-3参照）、UNICEFは幼児の就学レディネスの国内基準づくりを進める国の目標値を定めている。近年、国際援助機関や途上国政府において、こうした乳幼児の発達と学習状況のモニタリング・評価を可能にするような基準や指標作りの支援に高い関心が集まっている。たとえば、UNICEFは2003年に米国の大学と連携し、途上国数カ国で「乳幼児の学習と発達の基準づくり（Early Learning and Development Standards: ELDS）」に着手し、現在はさまざまな地域で各国独自の関心や幼い子どもの状況に照らした基準づくりを進めている。また、途上国100カ国以上でUNICEFが支援し、実施している複数指標クラスター調

表9-7　UNICEF による支援事例──ペルーの「Wawa Wasi」

プロジェクト	ペルー　Wawa Wasi（ケチュア語で「子どもの家」の意）
実施期間	プログラム開始当時の支援：1993 〜 96 年
総費用	不明
UNICEF の支援	1992 〜 96 年の協力プログラムに基づき、1993 年のプロジェクト試行から支援。具体的支援額は不明。
受益者	4 年間で貧困層の子ども 70 万人とその母親 12 万人（ただし、後述する PRONOEI の受益者を含む）。
カウンターパート機関／協力機関	教育省、国立食料支援プログラム、教会、米州開発銀行（1993 年 350 万米ドル、その後 98 年 2,000 万米ドル、1 億 5000 万米ドルの融資）、EU（食料支援）、草の根組織「コップ1 杯のミルク委員会」（調理支援）、その他の国内 NGO など。
背景	UNICEF ペルーは 1970 年代に PRONOEI というコミュニティ・ベースで 3 〜 5 歳児に ECD サービスを提供するプログラムの始動を支援し、その後 PRONOEI はペルー国内の就学前センターの約半数を占めるまで拡大した。1992 〜 93 年の保育サービスの実態調査では、4 歳未満児へのサービスの不足、保護者への教育活動の必要性などが指摘された。
目的／概要	都市部貧困地域における 4 歳未満児の最善の発達と、それらの子どもを育児中の母親の就労支援を目的とする。コミュニティの住民から准教諭（Madre Cuidadora）が選ばれ、計 18 時間の養成研修が施される。その准教諭の自宅に子どもの家（Wawa Wasi）を開設し、生後 6 カ月〜 4 歳未満の乳幼児 6 〜 8 名を週 5 日間、朝 8 時から夕方 5 時まで預かり、保健サービスの提供、栄養衛生面での改善や教育的な働きかけを施す。UNICEF 作成の『生存の知識』を使って、より良い育児実践のための保護者教育も行う。准教諭には備品や教材、玩具が提供され、必要であればトイレ設置などの改修費も融資も与えられる。利用者は少額の料金を支払い、時にはグループを作って食事の手配も行うが、通常はコミュニティ食堂が約 10 件の Wawa Wasi 用の調理を担当する。それによって准教諭は子どもの養護と教育に専念することが可能となる。また、住民から選出された者で運営委員会をつくり、財源管理や運営を行う。Wawa Wasi は 1996 年に女性人間開発省の管轄に移管され、2005 年には国庫を財源とする国家プログラムへと格上げされた。2011 年現在は女性社会開発省の管轄下にあり、自宅開放型以外にもつぎの 3 つの実施形態がある。コミュニティ内の施設を活用して 2 人の准教諭で 16 名以下の子どもを預かるコミュニティ Wawa Wasi と、民間団体が運営するより大規模な Wawa Wasi、農村部における Qatari Wawa である。Qatari Wawa では保育所の設置はせず、コミュニティ内にセンター（Yachay Wasi）を作り、保護者や子どもの参加型の活動を展開している。UNICEF ペルーによる Wawa Wasi 支援は断続的であるが、2009 年には国内民間保険会社の寄付（2,220 万米ドル）を財源にリマ市貧困地域のベンティニージャ地区にある 154 の Wawa Wasi の質的改善を図っている。
活動／戦略	1. 各セクターを担当する省庁や協力機関の代表者から成る調整委員会を設置。 2. コミュニティ内の組織の動員やマスメディアを用いた意識喚起。 3. 都市部貧困地域をモデルに選定し、一連の活動（子どもの登録、保護者会の設置、准教諭の選定と研修、協力体制ネットワークづくり、地元のコミュニケーターを通した育児文化のキャンペーン実施、教材提供、モニタリングなど）を展開する。 4. 他の地域に拡大、僻地に対しては通信教育による研修を実施。 5. Wawa Wasi を支援する『生存の知識』の情報リソースセンターの設置。
結　果	1994 年時点で、5,500 件の Wawa Wasi 設置と准教諭 1 万人の研修実施により、都市部貧困地域の約 3 万人の子どもが恩恵を受けた。2011 年現在は全国 24 県にある 7,967 件の Wawa Wasi で貧困層の子ども 62,138 人がサービスを利用している。近年の女性社会開発省の調査によれば、保護者の就労による家庭の所得増加は 9 割近くの利用者で見られ、保護者の好ましい育児態度も増加傾向にある。Wawa Wasi の参加者と非参加者を比較した研究は数少ないが、クエトらの調査ではチリで開発された幼児の精神運動テスト TEPI（Test de Desarrollo Psicomotor）を用いて、参加者 44 人と非参加者 56 人の粗大な運動と細かな運動、言語能力を測定し、比較した。参加者の方がよい貧しい家庭環境にあったため、傾向スコアマッチング法を用いて両群を比較したが、いずれの領域でも統計的な差が得られなかった（Cueto et al. 2007）。そのため、今後は教育的活動の強化や准教諭の能力向上、准教諭の努力に対する表彰システムなどが必要と提言している。

出典）UNICEF Lima (1994), Cueto et al. (2007), Ministerio de la Mujer y Desarollo Social (2011) より作成。

査 (MICS) と呼ばれる世帯調査にも、幼児の就学レディネス状況を知るための世界的な指標の導入が検討されている。日本の保育界では発達の個人差が大きい幼児期にこうした基準や指標を導入することへの強い反発や嫌悪感があるが、すべての子どもの初等教育就学と修学を目指す途上国においてはECDの就学前教育として側面も色濃く、ミレニアム開発目標達成に向けても、このような支援へのニーズが高いこともまた事実である。

最後に、UNICEFによる支援事例として、ペルーにおけるECDの成功事例とされるWawa Wasiの概要を**表9-7**にまとめておく。UNICEFはさまざまな援助機関とのパートナーシップを通してECD支援を実施していることが本事例からも理解できる。

2. 世界銀行
(1) ECDの政策的位置づけ

世界銀行は、教育分野への融資を始めた1963年以降、各時代の開発思想と経済学的根拠を反映して、融資の重点を中等教育（1960年代）、高等教育・職業教育（70〜80年代）、初等教育（1990年代）へと変遷させてきた。近年は初等教育に重点を置きながらも、1990年代に入って少しずつECD支援を増加させている。たとえば、1990〜2006年の累計でECD融資額は約16億ドルに達している[7]。世界銀行によるECD支援への姿勢は、90年代後半から関連の研究者や実務者を集めてECD投資の意義と重要性を再確認した2つの国際会議、すなわち1996年4月の「Children First Forum」と2000年4月の「Investing in Our Children's Future」を主催した事実にも表象されている。

1990年代に発表された教育分野の4つの政策文書を見てみると、世界銀行は子どもの学習能力の向上、貧困削減、公正の実現をECD支援の根拠としていることがわかる。世界銀行とUNICEFはECDの実践戦略において国別のアプローチやコミュニティや保護者の役割重視などの共通点がみられるが、世界銀行は子どもの人権擁護の視点からECDを推進するUNICEFとこの点に違いがある。1990年発行の『初等教育──世界銀行政策文書』では初等教育への融資の重点化を表明しているが、そのなかでは、子どもの学習能

力向上のためにとくに不利な状況下にある子どもに的を絞った「就学前教育」プログラムを支援すると述べている (World Bank 1990, pp.23, 52)。この時点では、ECD という用語はまだ使われていない。一方、1995年発行の『教育のための優先課題と戦略 —— 世界銀行の検討』では、ECD 支援の必要性が公正の視点から言及され、貧困層や少数民族など不利な状況下にある子どもに的を絞った「ECD」プログラムを支援するとしている (World Bank 1995, pp.28, 155)。そこでは、子どもの認知能力が乳幼児期の家庭環境に大きく左右され、3〜4歳までにはすでに家庭環境によって条件付けられてしまうため、恵まれない子どもに機会の平等を与えるためには早期介入が必要であるとも述べている (World Bank 1995, p.28)。

1999年発行の『世界銀行の教育開発戦略』では「教育の質」を戦略の最重要課題とし、以下の4つをグローバルな優先課題に掲げている。

1) 基礎教育の完全普及：女児と、教育水準がきわめて低い最貧国を優先
2) 早期介入：ECD と学校での保健活動の実施
3) 刷新的なサービスの提供：情報技術の発展に伴う遠隔教育の活用
4) 体系的改革：学習標準の設定や学習達成度評価システムの確立、教育行政の地方分権化、教育投資の奨励による財源の多様化

上記2)〜4)は教育の質の改善を図る戦略であり、ECD は学校での保健活動とともに早期介入の方策に挙げられている。ECD の項目には以下のような記述がある (World Bank 1999, p.ix)。

> 「乳幼児期における精神的、身体的発達は、学習の素地や学業成績、中退率、労働者としての生産性に影響を与えるという証拠が蓄積されている。目標は ECD プログラムの数を8から14に増やすことと、貧困層がこれらのイニシアチブから確実に恩恵を受けるようにすることである。」

さらに、教育、栄養、保健という分野を越えた活動を行う ECD プログラムは、複数の世代にわたる不公正な悪循環を断ち切ったり、学業成績を向上させたりすることにきわめて重要な役割があるとも述べている (World Bank 1999, p.31)。すなわち、世界銀行は貧困層の乳幼児に対する ECD 支援を通して子どもの潜在的学習能力を最大限に引き伸ばし、ひいては個人や社会の貧

困削減や公正の実現につなげることを意図している。

本政策文書の特徴として、世界銀行が各国の優先課題や戦略は途上国側が主体となって決定するものと考えている点や、関係諸機関とのパートナーシップを重視している点などが指摘されるが、これらはECDプログラムの実践にも反映されている。上記の優先課題をわざわざ「グローバルな」と限定しているのは、世界銀行がすべての国に通用するような単一の処方箋はないというスタンスに立つことに拠るのである。ECDにおける主なパートナーとしては、UNICEF、UNESCO、全米保健協会、米州開発銀行、二国間援助機関、NGO、そして世界銀行内の保健・栄養・人口分野などが挙げられている。

2005年に世界銀行は『教育部門戦略の更新』を発表した（World Bank 2005a）。そこでは、万人のための教育（EFA）重視の姿勢や1999年の教育開発戦略の優先課題には変更を加えていない。けれども、現代の社会に求められるような知にもとづく経済成長や結束した社会の構築を目指すには、EFA重視だけでなく、もっと広い観点から教育援助のあり方を考えるべきだと説いている。すなわち、教育の効果を最大化するためには、1）貧困削減対策を含めた国家開発という広い視野から教育をとらえること、2）教育セクター全体のなかでの戦略を考え、初等教育段階に限らず、中等や高等なども視野に含めること、3）成果主義の徹底を図ることの3点が肝心であると述べている。ECDに関しては、効果的な政策の実施や財政負担の伸びが控えめなものでしかないとし、今後の支援増を推奨している。

(2) 1990年以降のECD支援の実績

表9-8は、1990〜2006年に世界銀行が融資を行った主なECDプロジェクトの一覧である。ECDには、それに特化した独立のプロジェクト（Freestanding ECD Projects）と、基礎教育や保健・栄養など他のプロジェクトに部分的な実施項目として含められているもの（ECD Project Components）とがある。前者は1999年に目標とされた14件をすでに達成し、後者では55件のプロジェクトが列挙されている。

表9-8 世界銀行支援の主な ECD プロジェクト (1990 ～ 2006年)

国 名	プロジェクト	期 間	融資額 (百万米ドル)
1. 独立した ECD プロジェクト (16)			
ボリビア	Integrated Child Development Project	1994 ～ 00	50.7
コロンビア	Community Child Care and Nutrition Project	1990 ～ 97	24.0
ドミニカ共和国	Early Childhood Education Project	2003 ～ 08	37.8
エリトリア	Integrated Early Childhood Development Project	2000 ～ 05	40.0
エジプト	Early Childhood Education Enhancement Project	2005 ～ 10	19.6
インド	Integrated Child Development Services Project I (ICDS I)	1991 ～ 97	106.0
インド	Second Integrated Child Development Services Project (ICDS II)	1993 ～ 02	194.0
インド	Second Tamil Nadu - Integrated Nutrition Project (TINP II)	1990 ～ 98	95.8
インドネシア	Early Child Development Project	1999 ～ 04	21.5
インドネシア	Early Childhood Education and Development Project	2006 ～ 14	67.5
ケニア	Early Child Development Project	1997 ～ 02	27.8
メキシコ	Initial Education Project	1993 ～ 96	80.0
ナイジェリア	Development Communication Pilot Project	1993 ～ 97	8.0
フィリピン	Early Childhood Development Project	1998 ～ 04	19.0
ウガンダ	Nutrition and Early Childhood Development Project	1998 ～ 03	34.0
イエメン	Child Development Project	2000 ～ 05	28.9
小計①			833.1
2. ECD の項目が含まれたプロジェクト (55)			ECD／全体
アルゼンチン	First Maternal and Child Health and Nutrition Project (PROMIN I)	1994 ～ 00	10.5／100.0
アルゼンチン	Maternal and Child Health and Nutrition Project II (PROMIN II)	1997 ～ 03	81.3／100.0
バングラデシュ	National Nutrition Project	2000 ～ 04	4.0／92.0
ブラジル	Ceara Basic Education Quality Improvement Project	2001 ～ 06	11.2／90
ブラジル	Innovations in Basic Education Project	1991 ～ 98	41.5／245.0
ブラジル	Municipal Development in the State of Paran	1990 ～ 95	1.9／100.0
ブラジル	Municipal Development in the State of Rio Grande do Sul	1990 ～ 95	9.8／100.0
ブルガリア	Child Welfare Reform Project	2001 ～ 04	2.0／8.0
ブルキナファソ	Basic Education Sector Project	2002 ～ 06	1.3／32.6
ブルンジ	Social Action Project II	1999 ～ 03	3.0／12.0
チャド	Quality Education Sector Project	2000 ～ 10	1.5／30.0
チリ	Primary Education Improvement Project	1992 ～ 98	32.4／170.0
中華人民共和国	Health Nine Project	1999 ～ 05	0.5／60.0
コロンビア	Antioquia--Basic Education Project	1998 ～ 03	1.8／40.0
コロンビア	Rural Education Project	2000 ～ 04	1.9／20.0

国　名	プロジェクト	期　間	融資額 (百万米ドル)
エクアドル	First Social Development Project: Education and Training	1992～00	21.4／89.0
エクアドル	Third Social Development Project: Social Investment Fund	1994～98	0.6／30.0
エルサルバドル	Basic Education and Modernization Project	1996～01	6.5／34.0
エルサルバドル	Education Reform Project	1998～02	9.5／88.0
エルサルバドル	Social Sector Rehabilitation Project	1991～97	4.4／26.0
ギニア	Basic Education for All Project	2001～10	2.5／70.0
ガイアナ	SIMAP--Health, Nutrition, Water and Sanitation Project	1993～97	8.1／10.3
ホンジュラス	Community Based Education Project	2001～06	6.2／41.5
インド	Rajasthan District Primary Education Project	1999～04	5.6／85.7
インド	Rajasthan Second District Primary Education Project	2001～06	9.4／74.4
インド	Women and Child Development Project	1998～03	11.2／300.0
カザフスタン	Social Protection Project	1995～02	15.6／41.1
レソト	Second Education Sector Development Project	1999～05	0.4／21.0
マダガスカル	Second Community Nutrition Project	2000～05	n.a.／27.6
マダガスカル	Second Health Sector Support Project	2000～06	3.0／40.0
マリ	Quality Basic Education Project	2001～10	2.8／45.0
モーリタニア	10-Year Education Sector Reform Program	2001～10	1.97／50.0
メキシコ	Basic Education Development Phase II	2002～04	84.0／300.0
メキシコ	Third Basic Health Care Project (PROCEDES)	2001～07	10.0／350.0
モロッコ	Basic Education Project	1996～04	19.4／54.0
モロッコ	Social Priorities Program～Basic Education Project	1996～04	19.4／54.0
ネパール	Basic and Primary Education Project	1999～02	1.7／12.5
ニカラグア	Basic Education Project	1995～01	6.0／34.0
ニカラグア	Basic Education Project II	2000～03	12.8／52.2
ニカラグア	Second Primary Education Project	2000～04	4.7／55.0
パナマ	Basic Education Project	1996～02	1.4／35.0
パナマ	Second Basic Education Project	2000～05	3.1／35.0
パラグアイ	Maternal Health and Child Development Project	1997～03	1.7／21.8
ルーマニア	Child Welfare Reform Project	1998～02	4.3／5.0
ルーマニア	School Rehabilitation Project	1998～02	5.0／70.0
ルワンダ	Human Resources Development Project	2001～05	0.63／35.0
セネガル	Quality Education for All Project	2000～10	1.0／50.0
セルビア・モンテネグロ	Education Improvement Project	2002～06	1.1／10.0
トリニダード・トバゴ	Basic Education Project	1996～03	2.95／51.1
トルコ	Second Basic Education Project	2002～06	15.0／300.0
ウルグアイ	Basic Education Quality Improvement Project	1994～01	16.7／31.5
ウルグアイ	Second Basic Education Quality Improvement Project	1999～03	10.5／28.0

国 名	プロジェクト	期 間	融資額 (百万米ドル)
ウルグアイ	Third Basic Education Quality Improvement Project	2002～07	4.0／42.0
バヌアツ	Second Education Project	2001～05	0.7／3.5
ベネズエラ	Social Development Project	1991～99	57.6／100.0
小計②			597.45／4,002.8
合計（①+②のECD該当部分）			1,430.55

出典）World Bank ECD Website（http://go.worldbank.org/OAIZF3U750）

　地域別にみると、1990年前半は南アジアやラテンアメリカ・カリブ海地域が主であったのに対し、後半には対象先が多様化し、とくにサブサハラアフリカ地域への融資が増加傾向にある。この地域におけるECDへの融資額は1990～96年の累計が800万米ドルであったものが、1997～2005年の累計では1億2500万米ドルへと急増している（World Bank 2001a, p.5）。プロジェクトの内容は多様である。たとえば、ボリビア、コロンビア、インド、エリトリア、インドネシアなどではマルチセクターの活動から成るECD単独プロジェクトを支援したり、メキシコでは家庭訪問を通した保護者の育児支援をサポートしたり、ナイジェリアではセサミ・ストリートをモデルとした幼児向け教育番組の制作やECD教諭の研修などを行ったりしている。なお、ケニアの事例についてはコミュニティ・ベースのECDセンターを支援対象とし、関連機関とのパートナーシップも活発であることから、その詳細を**表9-9**に示した。

表9-9　世界銀行による支援事例――ケニアの「ECDプロジェクト」

プロジェクト	ケニアECDプロジェクト
実施期間	予定では1997～2002年であったが、実際は2004年に修了
総費用	3,510万米ドル
世銀の融資額	2,780万米ドル
受益者	貧困層の0～6歳児120万人
カウンターパート機関／協力機関	教育科学技術省、ケニア教育研究所傘下にある国立幼児教育センター（NACECE）、試行プロジェクトを実施する5つのNGO（アクションエイド、アガ・カーン財団／マドラサ・リソース・センター、アフリカ医療調査財団（AMREF）、CAREケニア、カトリック救済サービス・ケニア）

背景	ケニア政府は過去30年に亘り、保護者やコミュニティが運営するECDセンターを支援してきたが、その質の向上が求められている。これまでケニア政府はECDセンターの教諭に対して費用の部分負担を原則に研修を施してきた。また、ベルナルド・ファン・レール財団の協力を得て1984年に設置されたNACECEはECDセンターのカリキュラム開発や研修教員の訓練を担当している。地方には幼児教育の地域センター（DICECE）があり、プログラムオフィサーやECD教諭を訓練する研修教員がいる。
目的／概要	本プロジェクトは、近年、急激な需要の高まりが見られるECDセンターの質の向上を目的とする。プロジェクト目標は以下の4点である。 　1) 子どもの認知的発達や心理社会的発達の促進、 　2) 子どもの健康や栄養状態の改善、 　3) 適切な年齢で小学校に入学し、学業上の成功を収める児童の増加、 　4) 小学校低学年における留年と中退の減少。 3つの試行プロジェクトの実施を通して、貧困地域のコミュニティにおける費用効果の高い、復元可能なECDセンターのあり方を模索する。
活動／戦略	1. サービスの質的向上（全国） 1) 教員の質的向上 　既存や新設のECDセンター教諭、研修教員、主任教員、視学官、地方行政官、DICECE職員、NACECE職員、教育科学技術省の管理職を対象とする研修の実施。研修カリキュラムの見直しや強化、全レベルでの研修内容の検討。 2) コミュニティの能力向上と動員 　ECDセンターの持続性と自治を促進するため、コミュニティの運営能力と資源調達能力の向上。ECDの効果に関するコミュニティの意識喚起や啓蒙活動の実施、コミュニティリーダーやECDセンターの管理運営者向けの研修実施、コミュニケーション戦略や情報提供などを通したコミュニティ住民のECDに対する理解と参加の促進。 2. 試行プロジェクトの実施（地域限定） 1) 保健と栄養の試行プロジェクト 　ケニア政府がNGOとともに、ECDセンターに通う3〜6歳児と家庭で過ごす1〜3歳児を対象に、異なる方法で保健や栄養のサービスを提供し、コミュニティにおける有効な支援方法を探る。主に、発育不全、下痢、急性呼吸器感染、寄生虫、ビタミンA欠乏症の5つの問題を扱うが、マラリア予防、住血吸虫病、ヨード欠乏症も対象に含める。 2) コミュニティへの無償資金提供の試行プロジェクト 　ケニア政府がNGOとともに、もっとも貧しいコミュニティに無償資金を提供する試行プロジェクトの実施を通して、財政的に持続的なECDサービスのあり方を探る。ECDセンターの運営や会計、所得創出活動を通した財源調達、立案と予算案作成などに関する研修実施を含む。 3) 就学前から小学校への移行円滑化の試行プロジェクト 　小学校1、2年生の高い中退率を減少させるため、カリキュラムや指導方法を見直し、低学年に相応しいものへと改善する。小学校教諭、主任教員、視学官、地方行政官への研修も含む。 3. プロジェクト運営 1) 組織の強化

第9章　国際協力の動向と事例　225

	教育科学技術省やNACECEのECD担当部職員の能力向上と、運営のための投入財の提供。ECDセンターの関係機関は複数あり、その組織は複雑である。ECD実施国家委員会が全体の政策や方針を定めるが、教育科学技術省ECD担当部がプロジェクト運営や調整、財源管理を担当し、NACECEが研修やカリキュラム、調査研究を担当している。 2) モニタリング評価
結果	1. サービスの質的向上 教員の研修実施や、県の担当者や専門委員会、保護者向けの研修実施もほぼ目標が達成され、結果的にECDセンターの質的向上や就学者数の増加が確認された。 2. 試行プロジェクトの実施 いずれも良い成果を生まなかった。保健と栄養の試行プロジェクトでは資金や物品の調達が大幅に遅れた。しかしながら、ECDセンターのレベルでは教育と保健栄養の協力が円滑に進み、約67,000人の子どもが寄生虫駆除を受け、約45,000人が医薬品の提供を受けた。コミュニティへの無償資金提供では、資金を用いた准教諭研修や保健衛生への意識喚起、保護者への教育、所得創出プロジェクトなどの実施が見られたが、コミュニティでの研修は目標の半分程度しか達成されなかった。小学校移行の円滑化では、留年率や中退率は低下したものの、就学前と小学校低学年でのカリキュラムのすり合わせは実現しなかった。 3. プロジェクト運営 研修はほぼ目標値に近い程度に実施されたが、必ずしも組織全体の機能向上につながらなかった。

出典）World Bank (2001b, 2004) より作成。

　なお、世界銀行では基本的にECDを教育分野のなかで取り扱っているが、世界銀行のウェブサイトで教育融資の統計として公表されているものにはECDは含まれず、代わりに就学前教育（Pre-primary Education）がデータとして示されている。**図9-2**はそのデータをもとに1990～2011年の教育分野の融資を段階別に集計したものである。いずれの年度においても就学前教育への融資は他の教育段階に比べて少ないが、2009年度には高等教育への融資額に見劣りしない水準にまで達している。本図の就学前教育への融資額は、表9-8で見た主なECDプロジェクトへの融資総額に比べても格段に少ないため、本データには3歳未満向けのプロジェクトやECDが部分的活動として入っているプロジェクトは含まれていないことが推測される。

(3) サブサハラアフリカでの実践

　ECDへの融資が急増しているサブサハラアフリカでの実績について追記

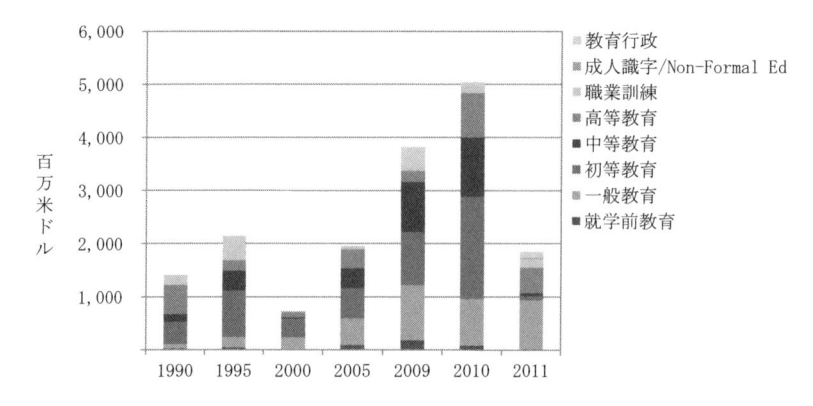

図9-2 世界銀行による教育分野の融資総額の推移(教育段階別)

注)約束額にもとづく。ECDプロジェクトは必ずしも就学前教育(Pre-primary Education)に分類されないため、世界銀行によるECD支援のすべてがこの分類に含まれているわけではない。また、「一般教育」は複数の教育段階を含むが、その半分は初等教育への融資となっている。2009年より教育行政というサブセクターが追加された。
出典)World Bank HP (http://go.worldbank.org/PMV1NROBM1) より作成。

しておきたい (World Bank 2000a, pp. 51-52, 80-85)。世界銀行によるこの地域でのECD支援は、当初、ケニアとナイジェリアにおける2つのプロジェクト実施(表9-8)と1996〜98年の「アフリカ地域のECDイニシアチブ」を基軸とした。後者では、この地域の母子が置かれた状況分析や乳幼児に対する政策やプログラムの見直し、政府や関係諸機関への支援や働きかけを通したパートナーシップの強化が図られた。これ以外にも、ECD関係者の能力開発やネットワーク作りを目的に、UNICEFや国際財団・NGOなどと共同でECDの国際会議を1994年以降ほぼ毎年開催し、ECDの実践に関する知見をまとめ、インターネットによる遠隔教育でECDの修士号が取得できるECDバーチャル大学 (ECD Virtual University: ECDVU) を開校するなどしている[8]。

3. UNESCO

UNESCOは、教育、科学、文化、コミュニケーションと情報という大きく分けて4つのプログラム領域を扱う国連の専門機関である。組織全体の事業計画としては6年毎に作成される「中期戦略(Medium-Term Strategy)」があり、現行の「2008〜13年中期戦略」によれば、組織的使命として「教育、科学、

文化、情報とコミュニケーションを通して、平和構築と貧困撲滅、持続可能な開発と異文化間の対話に貢献すること」を挙げている（UNESCO 2008, p.7)。各領域に横断的なテーマとしては「万人のための良質の教育と生涯学習の達成」、「持続可能な開発のための科学的知識や政策の活用促進」、「近年の社会的・倫理的問題への喚起」、「文化の多様性や異文化間の対話、平和の文化の促進」、「情報とコミュニケーションによる包括的な知識社会の構築」の5点があり、事業化の際にはアフリカ諸国と男女平等を優先的課題とすることを定めている（UNESCO 2008, pp.9-11)。そのうえで、教育分野では以下の2つの戦略的目的を掲げている。

1）万人のための教育(EFA)における国際的主導や調整の役割を強め、かつ、EFA 推進における各国のリーダーシップを支援する
2）万人のための良質の教育と生涯学習を達成するための政策や道具を開発し、能力向上を支援すると同時に、持続可能な開発のための教育を推進する

つまり、教育全般を扱う UNESCO では EFA の達成を中心にしながらも、持続可能な開発のための教育や生涯学習も推進し、アフリカ諸国や女性の問題を優先的に扱い、貧困撲滅や平和構築を目指していると言える。

UNESCO の教育分野における具体的事業は、1990年の「EFA 宣言」と2000年の「ダカール行動枠組み」を主軸に進められている。既述のとおり、UNESCO では ECD ではなく、ECCE という用語を用いているが、EFA 宣言において幼児期のケアと早期教育は基礎教育の一部と定義され、ダカール行動枠組みにおいても ECCE のアクセス拡大と質の改善が6つの目標の中に含まれていることから（**Box9-1**)、ECCE は UNESCO にとっても重要課題と言える。

では、UNESCO は ECCE をどのように理解し、どのような取り組みを実践しているのだろうか[9]。UNESCO の ECCE のとらえ方や支援戦略は UNICEF や世界銀行の ECD に対するそれと共通点もあり、相違点もある。まず、とらえ方に関する共通点としては、EFA 宣言にもあるように ECCE の必要性は子どもの誕生とともに始まると考える。その際、ECCE の対象は

Box9-1　EFA宣言とダカール行動枠組みのECD関連部分

■「万人のための教育の世界宣言」
第1条　基本的学習ニーズの充足
　「すべての人 ── 子ども、若者、大人 ── は彼らの基本的学習ニーズを満たすような教育の機会を享受できるようになる。(省略)」
第5条　基礎教育の意味と範囲の拡大
　「(省略)基礎教育の範囲は以下の内容を含む。学習は出生とともに始まる。これは幼児期のケアと早期教育の必要性を意味する。このようなサービスは、家庭やコミュニティとの調整または制度的なプログラムを通して適切に提供することが可能である。(省略)」
第6条　学習環境の強化
　「(省略)そのため、社会は、すべての学習者が教育活動に積極的に参加し、その恩恵を受けるために、彼らが必要とする栄養、ヘルスケア、一般的な身体的、情操的サポートが受けられるようにしなければならない。(省略)」

■「ダカール行動枠組み」
目標1「とくに、もっとも脆弱でもっとも不利な状況にある子どもに対して包括的な幼児期のケアと教育(ECCE)を拡大し、改善する」
段落30「すべての幼い子どもは、健康で、機敏で、安心し、学ぶことができるような安全で世話の行き届いた環境で育たなければならない。過去10年間、家庭内でも、もっと構造化されたプログラムにおいても、良質のECCEが子どもの生存、成長、発達と潜在的学習能力に肯定的なインパクトがあるという証拠がさらに得られるようになった。そのようなプログラムは包括的であり、子どものすべてのニーズに焦点を当て、保健、栄養、衛生、認知的・心理社会的発達を扱っている。それらは子どもの母語で提供されるべきであり、特別なニーズをもった子どものケアと教育を見極め、豊かにすべきものである。政府、NGO、コミュニティや家族の間のパートナーシップは、子ども、それもとくにもっとも恵まれない子どもに対して良質のケアと教育を施すことを可能にする。それは、マルチセクターの国家政策や適切な資源による支援を受けて、コミュニティをベースとした、子ども中心で家族に焦点を当てた活動を通してである。」
段落31「政府は、関連省庁とともに、国のEFA計画書に基づきECCE政策を策定し、政治的支援や民衆からの支援を喚起し、年齢に応じた、そして単なる学校教育システムの低年齢への延長ではない、柔軟かつ応用可能な幼い子どものためのプログラムを推進する根本的責任がある。親やその他の保護者に対して、伝統的慣習に基づく、より良い子どものケアに関する教育を施すことや乳幼児期に関する指標のシステマティックな利用は、この目標達成に当たって重要である。」

注)目標1の(ECCE)は筆者追記。
出典)UNESCO (2000) pp.15, 75-76 より和訳。

子どもだけなく、家族も含められるべきとして、家族やコミュニティの果たす役割を重視している。マルチセクターの重要性の認識も共通点で、子どものケアや発達、教育活動はそれぞれ別々にではなく、統合的に扱われる必要があると考えている。しかしながら、UNICEF では統合的 ECD プロジェクトがどの分野を中核とするかを問わないのに対し、UNESCO では ECCE のエントリー・ポイントを教育分野に位置づけている点に違いがある。ECCE の用語選択もこのような考え方に依拠するものと思われる。

　主な相違点は UNESCO による支援内容にある。UNICEF や世界銀行がプロジェクトレベルの支援を多数実践しているのに対し、UNESCO は途上国政府の上位機関における政策レベルでの問題を主に扱い、技術協力などを行っている。さらに、UNESCO は途上国と先進国をともに扱うという比較優位を利用して、ECCE に関する双方の進展を追いつつ、有益な経験や知識の共有を促進している。たとえば、Policy Briefs on Early Childhood は ECCE に関する研究や実践から得られた政策関連の知見を 2 頁にまとめ、2002 年 3 月より発行しているもので、関係者に有効利用されている[10]。ECCE に関する出版物としてはこれ以外にも、Early Childhood and Family Education Policy Series や ECCE Policy Reviews がある[11]。

　途上国における UNESCO の現地事務所では各国での状況にそった支援の立案、実施が可能であり、政策支援に加えて、小規模なプログラム単位の支援にも着手している。たとえば、UNESCO は日本政府からの特別財源をもとに保護者と子どもとのやり取りや育児活動の改善・促進を通して幼い子どもの識字学習を進めるプログラムを支援したが、カンボジアではそれがコミュニティの学習センターの活動に組み入れられて成功を収め、現在は政府のノンフォーマル教育局がその拡大を進めている。

　UNESCO の ECCE における目標は当然、ダカール目標 1 の達成にある。そのため、ECCE 関連の国策やシステムの開発、アクセスの拡大や質的改善、公正の実現のための政策オプションの提示をいくつかの重点国で行っている。組織全体としての ECCE に関するグローバルな行動目標としては、2002 ～ 03 年ではセクター間の調整や統合、財政、家庭教育や家庭支援政

策に関する研究や能力開発に着手し、国レベルでの支援を行うことであった。2004〜05年には、幼い子どもに関する政策レビューのプロジェクトと、ECCEの政策策定やプログラムの立案運営に関する能力開発のワークショップなどが予定されている。これらの活動の展開においては、UNICEFや世界銀行と同様、政府機関やNGO、多国間や二国間援助機関、研究者とのパートナーシップが重要な役割を果たしている。たとえば、世界銀行の支援内容で言及したECDVUでUNESCOは、ECCEの統合的アプローチやデータ収集、モニタリングに関するコース内容について、技術支援や少額の財政支援を行っている。なお、これまでECCEを扱ってきたUNESCO本部の「乳幼児期と家族教育プログラム」部門は、機構改革により2004年から「乳幼児期と障害児教育」に変更され、ECCEと障害者教育、女子教育を扱う部門となり、社会的弱者への教育を扱う部門としての性格を強めている。

第2節　二国間援助機関

本節では、オランダ政府、カナダ政府、米国政府によるECD支援の動向について述べる。これらの国を取り上げる理由は図9-3に示したとおりである。本図は1995〜2009年までの15年間における幼児教育と基礎教育段階の各国ODA援助額の累計が、これら二つの教育段階における二国間援助機関の累計援助額に占める割合を示したものである。ECD支援や基礎教育支援をより重視している国を相対的な援助額の大きさで探る目的で作図したが、援助額は年度によって変動が大きいため、複数年の累計を用いたものである。幼児教育の段階ではオランダ、オーストラリア、カナダの順に援助の割合が大きく、基礎教育では米国、オランダ、イギリスの順に大きいことがわかる。ただし、オーストラリアはOECD諸国のなかでもODA総額が比較的小さく、2006年以降は幼児教育支援の実績もなく、また教育援助の政策文書や年次報告にもとくにECDや幼児教育に関する記述が見当たらないため、本節の対象から省くこととする。代わりに基礎教育を重視しながらも、ECD支援には積極的とは言えない米国政府を取り上げる。米国は90年代を例外とし

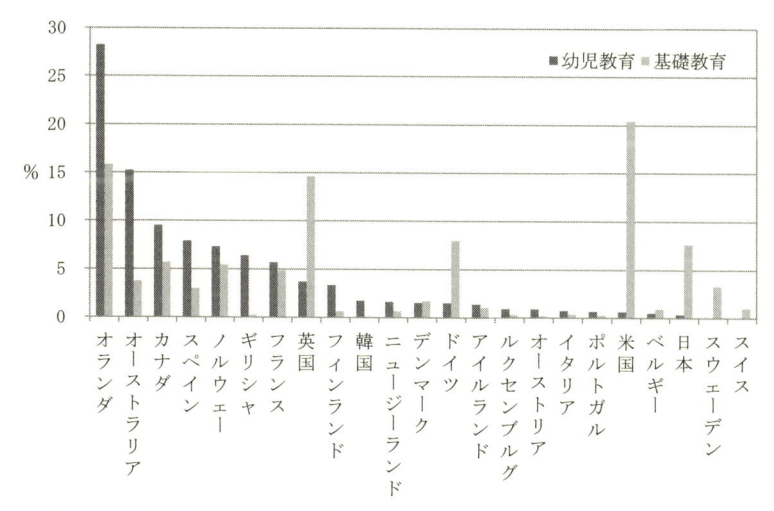

図9-3 過去15年間における幼児教育と基礎教育段階の各国ODAの援助総額が各段階における二国間援助機関のODA援助総額に占める割合（1995〜2009年累計）

注）約束額にもとづく。OECDのDAC加盟国の合計（2009年価格の実質）。
出典）OECD International Development Statistics Online Databaseより作成。

てOECD諸国のなかでODA援助額が常に首位のドナーであり、二国間援助機関としての影響力も高い。

表9-10は主な二国間援助機関による教育援助額を2000〜09年の各年で教育全体、基礎教育、幼児教育別に列挙したものである。幼児教育への援助額は他に比べて圧倒的に低く、年度による変動幅も大きいことがわかる。本表を本章の冒頭に示した表9-1と比較してみると、教育全体や基礎教育分野ではすべての年で二国間援助機関の援助総額が多国間援助機関を上回っているのに対し、幼児教育ではそのような傾向は全体の半分の年でしか見られない

表9-10 主な二国間援助機関による教育援助額（実質、100万米ドル、2009年価格）

年	2000	2001	2002	2003	2004	2005	2006	2007	2008	2009
教 育	4,596	4,900	5,985	6,976	7,988	6,250	9,442	8,617	8,903	9,425
基礎教育	1,217	1,271	1,415	1,707	2,593	1,868	3,042	1,861	2,104	2,493
幼児教育	11	38	8	39	14	31	110	16	15	34

注）約束額にもとづく。OECDのDAC（開発援助委員会）加盟国の合計。
出典）OECD International Development Statistics Online Databaseより作成。

(表中の幼児教育の網掛け部分)。

　本節からわかることは、二国間援助機関は EFA との関連から ECD の重要性を認識はしているものの、独自のプログラムやプロジェクトを通して積極的に ECD 支援を行っている機関はきわめて少ないということである。ECD 支援に関して明確な政策をもつ機関も少なく、UNICEF などの国連機関や NGO などへの資金協力を通した間接的支援が小規模に展開されている程度となっている。しかし、これは ECD の軽視を示唆するものでは決してなく、EFA やミレニアム開発目標に準じて支援の力点が初等教育に置かれていることや、ECD が国際協力においては未知の領域であることも少なからず影響しているものと推察される。ECD 重視の傾向がある多国間援助機関の影響を受け、二国間援助機関が ECD 支援に向けてどのような展開を見せるのかを今後、注視していく必要があるだろう。

1. オランダ政府

　オランダ政府の開発援助窓口機関である外務省には外務大臣のほかに、開発協力大臣 (Minister for Development Cooperation) と欧州関係大臣が存在し、開発援助に関する事項はすべて開発協力大臣の管轄下に置かれている。2003 ～ 07 年の開発支援方針では重点領域の1つに基礎教育が明記されていたが、2007 年の ODA 支援方針文書、『私たちの共通の関心事 (Our Common Concern)』によれば、2007 ～ 11 年は「安全と開発」、「経済成長と公正」、「女子と女性の権利保護」、「持続性と気候とエネルギー」という4つの領域の支援に重点を置くこととなっている (Netherlands Ministry of Foreign Affairs 2007a)。

　オランダ政府は EFA に沿って ECD を基礎教育の一部ととらえ、ダカール目標の達成と貧困削減の1戦略として ECD を重視し、マルチセクター・アプローチを支援している (Netherlands Ministry of Foreign Affairs 2007b)。しかし、実際には多くの途上国で ECD の政策的位置づけが不明瞭ななか、国家政策に ECD を組み込むような働きかけが可能となる多国間援助機関または国内外の NGO などへの資金協力を介した支援がこれまで主流となっていた[12]。

　多国間援助機関の UNICEF や世界銀行に対する ECD 関連の資金協力には

次のようなものがある。たとえば、2001〜04年のUNICEFとのパートナーシップ・プログラムでは、使途をECD、HIV／エイズ、子どもの保護の3領域に限って2,800万ユーロの資金協力を行った。このうちECDへの支出は約800〜900万ユーロとなっているが、支出内容についてはUNICEFの裁量に一任されている。2002〜03年にはアルメニア、カザフスタン、ウズベキスタン、トルコの0〜6歳児を対象とした統合的ECDの支援にこの基金が使われた。また、2008年には途上国10カ国における政策立案でのECD支援のために1,350万米ドルの資金をUNICEFに供与している。さらに、毎年1,875万ドルの資金供与を行う世銀とのパートナーシップ・プログラムではECDを優先課題の1つに挙げている[13]。

オランダによる二国間のECD支援はようやく近年になっていくつか見られるようになり、これまでバングラデシュ、パキスタン、インドネシアへの支援実績がある (Netherlands Ministry of Foreign Affairs 2007b)。ECDが優先的国家政策の1つに位置づけられたバングラデシュでは、現地NGOであるBRACやCAMPE、国際NGOであるプランやセーブ・ザ・チルドレンに対して資金を提供し、約3万校の就学前教育施設の設置やBRAC大学におけるECDネットワークの設置を支援している。パキスタンとは2006年末に同国4州でのECDサービスの質的改善を図る支援に合意し、アガ・カーン財団やその他の団体と共同で支援を実施している。さらに、インドネシアはオランダからの2,500万ドルの贈与と世銀からの6,700万ドルの融資を資金源に、就学レディネスの向上を図るECDプログラム (2007〜13年) を展開している。

以上に加え、オランダ政府はECCD諮問グループの運営資金として2001〜03年の3年間に計75,000米ドルの協力とコンサルタント雇用の支援実績がある。また、資金協力には関係しないが、アフリカ教育開発協会 (ADEA) 内に設置されたECD作業部会の2代目理事をオランダ政府が務めた実績ももつ。なお、上記以外にも、各国オランダ大使館で小規模のECDプロジェクトを支援している場合もあるが、それらの集計値は把握されていない。

2. カナダ政府

　カナダ国際開発庁 (Canadian International Development Agency: CIDA) は、ODAの有効性を向上させるため、優先的課題と重点国を定めている (CIDA 2009)。2009～12年の優先的課題は「食糧保障の向上」、「子どもと若者のより良い未来」、「持続的な経済発展の促進」の3つであり、「子どもと若者のより良い未来」には妊婦の保健を含めた子どもの生存や良質の教育へのアクセス向上などが含まれている。重点国はボリビアやペルー、ハイチなどの中南米諸国やサブサハラアフリカ諸国を含む世界20カ国と定め、今後はODA総額の8割をこれらの国々に集中させる予定となっている。

　CIDAにおいても、EFAの考え方に沿ってECDは基礎教育の一部と理解されているが、その政策的優先順位は必ずしも高くなく、これまであまり活発な支援実績は見受けられなかった[14]。2002年発表の『基礎教育に関するCIDAの行動計画書』によれば、「ECEプログラムは、基礎教育のアクセス、平等、質を改善し、学習者の将来的な成功につながるような統合的戦略の一部として計画される場合、支援対象に含まれる」と書かれている (CIDA 2002, p.3)。この文書ではECDではなく、Early Childhood Educationという用語が用いられている点にも明らかなように、支援の主目的は基礎教育にあり、その部分的活動としてECEが組み込まれるという形が支持されている。

　CIDAにとっての初めての本格的なECD支援としては、2005年に世銀やWFPと協調して始めたエジプトのECE支援がある (表9-8)。エジプト政府は、2005～10年の間、1,958万米ドルの世銀の融資に加え、カナダ政府からの約1,500万米ドルとWFPからの1,600万米ドルの資金と技術支援を受け、恵まれない状況にある4～5歳児を中心に良質な就学前教育サービスを提供し、就学レディネスを向上させることを目指している。支援内容にはコミュニティ・プレスクールの設置や子どもの発達の国内基準の設定、子ども中心主義にもとづくカリキュラムの策定、教材開発、教員研修であり、保健、栄養サービスとの連携なども含まれている (World Bank 2005b)。

　また、CIDAはカナダにあるアガ・カーン財団を実施機関とし、バングラデシュの貧困家庭の子どもに対するECD支援に携わる現地NGOや市民団

体の能力向上のために、825万ドルの資金供与も行っている(2008〜13年)。また、UNICEFへの支援としてUNICEFの「子どもの生存と発達の促進(Accelerated Child Survival and Development)」への資金協力の実績もある(UNICEF 2003b)。これは保健、衛生、栄養分野を中心としたマルチセクター・アプローチのプロジェクトで、子どもの認知的、情緒的発達促進の活動を含んでいないものと判断されるが、UNICEFは統合的ECDの一例に挙げている。本プロジェクトは、サブサハラアフリカの11カ国における子どもの死亡や栄養不良の減少を目的として、1) 予防接種プラス（予防接種、ビタミンA補給、マラリア対策など）、2) 小児疾病の統合的マネージメント「プラス」（下痢やマラリア、マラリア予防策の家庭での対策、母乳育児や衛生的生活の促進、コミュニティ単位の肺炎対策など）、3) 妊産婦ケア「プラス」（破傷風の予防接種、鉄欠乏症の予防、妊娠期のマラリア対策など）という費用効果の高い複数の対策から成るパッケージを実施している。

3. 米国政府

米国国際開発庁(United States Agency for International Development: USAID)の2つの教育援助の政策文書からは、ECD支援に対するきわめて慎重な姿勢が窺える。まず、2001年の政策文書では基礎教育の定義を定めている。それによると、基礎教育は初等教育の改善を目的とするすべてのプログラムと、中等教育、成人や不就学の若者向けの識字教育、ECD、そしてこれらすべての段階の教員研修を含む広い概念であると定義づけたうえで、USAIDの基礎教育支援の焦点は初等教育にあることを明言している(USAID 2001)。したがって、ECDについては、その広範な効果を認めたうえで、比較的大規模なECDの支援については、それが初等教育の就学率や学習結果の向上においてもっとも費用効果の高い援助であると結論づけられる場合にのみ承認の可能性があると記されている(USAID 2001, p. 22)。また、そのような判断を下すうえでは、実施機関の運営能力や財政的なトレードオフ、そして持続性に十分留意すべきで、援助機関の資金を得てNGOが実施するものについては持続性の問題が十分に検討されなければならないとも述べられている。

2011年には新たな『教育戦略（2011〜15年）』がまとめられ、つぎの3つの目標を定めている（USAID 2011）。目標1は2015年までに小学生1億人の読解力を向上させることであり、目標2は国家開発に必要な労働者の技術向上や高等教育の改善、目標3は国家的危機や紛争下にある1,500万人の教育への平等なアクセスを増加させることである。これらの目標達成のために、ECDと成人識字、後期中等教育への投資を継続しないことが明言されている。ただし、幼児教育については、それが目標1の達成に不可欠な場合にのみ支援対象とすることとなっている。

教育分野以外でECDにより近いと考えられるのは保健分野である。「子どもの生存と保健のプログラム基金（Child Survival and Health Programs Fund: CSH）」はUSAIDによる二国間支援総額の約15％を占める大きな財源であり（表9-11）、これまで基礎教育支援もこの基金を利用して行われてきた。しかしながら、その際、初等教育よりも前の段階であるECDや成人教育などには支出できないという規程があったため、教育分野を中心とするECD支援の実施には制約があったと言う[15]。したがって、保健分野を中心とするECD支援についてはCSHの財源を用いて実施されてきている可能性が高く、実際に母子保健プログラムの部分的活動にECDが含まれるケースもあった。なお、CSHは例年その約8％がUNICEFへ配分されており、米国はほぼ例年UNICEFへの政府拠出額において最大の拠出国となっている。なお、CSHの使途規程については2003年度より、初等教育よりも前の段階への支出制限が撤回されたが、その後もECD支援が増加した跡は見られない。ちなみ

表9-11　USAIDの子どもの生存と保健のプログラム基金（CSH）の支出額

項　目	2001 百万米ドル	2001 ％	2002 百万米ドル	2002 ％	2003 百万米ドル	2003 ％	2004 百万米ドル	2004 ％
二国間支援合計	7,929	100	9773	100	9090	100	9,564	100
うち、CSH	1,324[1)]	17	1,468	15	1,474	16	1,495	16
CSHのうち、UNICEFへ[2)]	110	8	120	8	119	8	---	---

注）2003、04年は予算請求ベース。1) 2002年度以降の枠組みに沿って調整された後の数値で、支出額の実数は960百万ドルであった。2) CSHに対する割合。なお、2002年までCSHは"Child Survival and Disease Programs Fund"の名称が用いられていた。
出典）USAIDのwebsiteより作成。

に、2008年以降、CSHは「世界の保健と子どもの生存 (Global Health and Child Survival)」という名称に変更されている。

CSHの使途規程については、その適用が緩やかな途上国が数カ国あり、そうした国々においては「セサミ・ストリート」製作プロジェクトが展開されている。「セサミ・ストリート」は、米国がヘッドスタート・プログラムを開始した際に、貧困層乳幼児向けに開発したテレビ番組である。近年ではエジプトにおいてアラビア語で製作された「アラーム・シムシム」が放映されたが、高視聴率を記録し、カリキュラムに盛り込まれた女子教育の推進やバ

表9–12 USAIDによる支援事例—エジプトの「Alam Simsim」

プロジェクト	エジプト Alam Simsim（アラビア語版セサミ・ストリート）
実施期間	1997〜2004年
総費用	n.a.
USAIDの支援	840万米ドル
受益者	都市部や農村部の8歳未満児約500万人とその保護者
カウンターパート機関／協力機関	エジプト教育省、エジプトテレビ（国営放送）、アメリカーナ・グループ（民間企業のスポンサー）、現地のNGO（アウトリーチ・プログラム）
背景	成人男性の3の1や成人女性の半数以上は非識字であり、初等教育を修了するのは女児の約7割のみ。就学前教育を受ける子どもは全体の8分の1のみ。貧困地区の子どもの平均就学年数は約3年間。
目的／概要	カリキュラムとして、女子教育の推進、識字と基本的計算の学習、保健、栄養衛生に関する内容を含めた。2000年8月からシーズン1、01年8月からシーズン2、2002年10月からシーズン3を毎日、全国放送した。
活動／戦略	カリキュラムの内容に何を反映させるかは、国の実情やニーズに沿う。たとえば、同様のプロジェクトを実施したロシアでは民主化、文化的多様性の理解、識字や基本的計算の学習、保健を、南アフリカでは国家統一、識字、保健と安全、HIV／エイズを主なテーマとした。いずれの国でも教本の配布を行い、南アフリカでは研修も実施され、ラジオでも放送された。エジプトにおいても、番組放送とともに保健の知識や衛生的な活動を保護者に伝える教材やワークショップを提供するアウトリーチ・プログラムを、複数の現地NGOの協力を得て実施している。
結果	調査結果によれば、都市部8歳未満児の99％と農村部の子どもの86％（約500万人）、母親の44％が番組を視聴していた。番組視聴者は非視聴者よりも多くの人がDPTの予防接種の知識を持ち、望ましい栄養摂取や衛生的活動においても高い実践割合を示した。また、女児の能力に対する子どもの考えにも好ましい変化が見られた。アウトリーチ・プログラムでは目標値を上回る1万人以上の保護者への研修が実施された。

出典）USAID Website（http://www.usaid.gov/stories/egypt/ss_egypt1/html）ならびにUSAID International Business Developmentのプロジェクト調整員 Melanie Pal氏とのとの電子メールのやり取りを通して得た情報（2004年1月15日）に基づき作成。

ランス良い食事や衛生的行動の奨励など、主要なメッセージの浸透効果も確認されている（**表9-12**）。セサミ・ストリートの同様のプロジェクトはヨルダン、エクアドル、ロシア、南アフリカなどでも実施済みである。

第3節　財団・国際NGO

　本節では、ベルナルド・ファン・レール財団（Bernard van Leer Foundation: BvLF）とアガ・カーン財団（Aga Khan Foundation: AKF）、セーブ・ザ・チルドレンUSA（Save the Children USA）と国際児童基金（ChildFund International: CFI）という2つの財団と2つの国際NGOを取り上げる。これらの機関は長年コミュニティをベースに活発なECD支援を展開していることで知られている。BvLFとCFIはともに年間約1,000万米ドルを超えるECD支援を行っている。また、具体的支援総額を把握できなったものの、AKFも教育援助の半分をECDに向け、SCUも当該分野に多額の支援を行っている。支援目的ではBvLF、SCU、CFIがいずれも子どもに対する人道支援や権利保護を主目的とするのに対し、AKFは貧困層を対象とする持続可能な開発支援の一環としてECD支援を行っている。ECD支援のアプローチにおいては、親や家族、コミュニティの役割重視、コミュニティによるプログラム管理の推進、マルチセクター・アプローチ、社会的文化的背景への配慮などにおいて共通点が見られる。なお、これら以外にもプラン・インターナショナル（PLAN International）やワールド・ビジョン（World Vision）などECD支援に積極的なNGOや、UNESCOのNGOである世界幼児教育機構（Organisation Mondiale Pour l'Éducation Préscolaire: OMEP）[16]も存在するが、紙面の都合上、割愛する。

1. ベルナルド・ファン・レール財団（BvLF）

　BvLFはオランダのハーグに本部を置き、8歳未満児を対象とするECDに特化した支援を行う国際民間非営利財団である。産業用包装の製造業で世界的な成功を収めたオランダ人のベルナルド・ファン・レール氏が1949年に設置したもので、ファン・レール氏の遺産を主な財源としている。BvLFの支

援対象となっている世界約40ヶ国は主にファン・レール企業グループが事業展開をしている国々で、そのため途上国のみならず先進国も含まれているが、支援額ベースでは前者が全体の6割強、後者が3割強を占めている。

BvLFの使命は社会経済的に困難な状況下にある幼い子どもの機会を向上させることにあり、これを次の2つの戦略をもって達成しようとしている。1つは、ECDプロジェクトへの資金協力であり、もう1つはECDの実践から得た教訓や情報の取りまとめとその流布である。2007年の実績としては、世界32カ国の計134件のECDプロジェクトに計1,859万ユーロが支援されました (Bernard van Leer Foundation 2008, pp.41-43)。指定された3つの問題領域での配分は、「スムーズな移行―家庭から学校への継続」34％、「社会的統合と多様性の尊重」31％、「子どものケア環境の強化」29％となっている。被支援国は支援額の高い順にイスラエル (10％)、南アフリカ (9％)、メキシコ (7％)、米国 (7％) である。さらに、100万ユーロは財団が直接運営するECDプロ

表9-13　BvLFによる支援事例―ナイジェリアの「子どもから子どもへ」

プロジェクト	ナイジェリア　カドゥナの子どもから子どもへ
実施期間	1999年～
総費用	n.a.
BvLFの支援	資金協力（具体的数値は不明）
受益者	15の農村コミュニティ、1つの都市スラム街に住む約1,500人の子どもとその家族
カウンターパート機関	Hope for the Village Childを含む3つの国内NGO
背景	2つのNGOは農村部貧困地区での活動を行い、残り1つのNGOは都市部スラム街で盲目の物乞いの親を持つ子どもを対象に活動を展開している。貧困と不健康、非識字が子どもの死亡率や罹病率の原因となっている状況下、その改善に当たって3つのNGOは子どもから子どもへのアプローチがもっとも効果的かつ適切であると判断した。
目的／概要	カドゥナ州で活動する国内NGO3団体によるジョイント・プロジェクト。子どもから子どもへのアプローチを用いて、都市と農村の恵まれないコミュニティで学習活動の質を上げることを目的とする。
活動／戦略	小学校の教員が保健や栄養に関するメッセージを授業のなかで伝達。年長の子どもが学習した事項を家庭に持ち帰り、家族に伝える。同じ教材は女性向け識字学級でも用いられ、女性達は子どもの健康、栄養、発達促進のための働きかけについて学ぶ。
期待される結果	家族での子どもの健康、栄養、発達促進のための働きかけの諸問題に対する知識の向上。さらに、多数の教員や保護者への研修や親の参加が、小学校や保育所での学習活動の改善にもつながることが期待される。

出典）Bernard van Leer Websiteより作成。

ジェクトに費やされた。他方、BvLFが実施する調査は、本財団の定期刊行物である Early Childhood Matters や Espacio para la Infancia、Early Childhood Development: Practice and Reflections Series やワーキング・ペーパーなどにまとめられ、ウェブサイトで公開されている。

ECDのあり方に対するBvLFの考えは他の援助機関と似通っている。まず、現地の人々の能力向上やオーナーシップを促進し、パートナーシップを通した協力を行うことが戦略上の原則となっている。BvLFは、子どもにとっての最初で、かつ最良の教育者は家族であると考え、その能力向上を促進する。その際、保健、栄養、教育分野にわたるマルチセクター・アプローチを用い、社会的文化的経済的背景に配慮して子どもや家庭を取り巻くコミュニティにも働きかける。表9-13にBvLFの支援するプロジェクトの一例を挙げておく。

2. アガ・カーン財団（AKF）

AKFはスイスのジュネーブに本部を置く国際民間非営利財団で、貧困層を対象とする持続可能な開発援助の一環としてECD支援も行っている。イスラム教シーア派の一派にあたるイスマイル派の49代目継承者アガ・カーン氏が1967年に設置し、世界16カ国に事務所を持ち[17]、アガ・カーン氏個人が拠出する通常予算のほか、イスマイル・コミュニティや援助機関、個人や企業からの寄付金を財源としている。

2006年のプログラム支援実績は約1億2,000万ドルで、ECDを含む教育や保健衛生、農村開発、市民団体、人道支援などの分野で支援を行った（Aga Khan Foundation 2007）。主な被支援国にはパキスタン、インド、タジキスタン、ケニア、タンザニアなどのほか、先進国も含まれている点は上述のBvLFに同じである。

財団による教育支援の目的は基礎教育の質的改善にある。幼い子どもに良質のケアと学習環境を提供することは、その目的を達成するための重要な戦略となっている。たとえば、財団が支援する「マドラサ・プレスクール」は、東アフリカ地域におけるコミュニティ・プレスクールの成功例として広く知られている（表9-14）。ケニア、タンザニア、ウガンダにある「マドラサ・リソー

表9-14 AKFによる支援事例──東アフリカ地域の「マドラサ・プレスクール」

プログラム	東アフリカ地域　マドラサ・プレスクール
実施期間	1997～2001（第2フェーズ）
総費用	n.a.
AKFの支援	資金協力や技術協力（具体的支援額は不明）
受益者	東アフリカの沿岸地域に住む2,000人以上の子ども
カウンターパート機関	n.a.
背景	1980年代半ばに、ケニア沿岸地域のモンバサにある貧しいイスラム・コミュニティのリーダー達が若者の教育水準向上のための支援をAKFに依頼。AKFは調査を通して低い教育水準の原因は小学校入学前の不十分な準備にあるとした。1986年にAKFの資金協力を得て、ある学校教員がこれまで宗教教育のみを行っていた伝統的学校で就学前の教育活動を実施し始めた。この動きは他の伝統的学校にも拡大し、AKFは1990年に就学前教員研修のためのマドラサ・リソース・センター（Madrasa Resource Center: MRC）を設置することとなった。センターでは研修内容や方法、教本などの開発に取り組み、現地調達可能な低コストの材料を用いた教材作りや伝統的文化的な行事、民話や物語などの教材への利用を進めた。それ以降、現在のマドラサ・プレスクールの形態に発展するまで長い時間を要している。1993/94年にAKFはマドラサ・プレスクールの包括的評価を行ったが、結果は良く、財政、技術、組織面での持続性については課題が残るとしながらも、プログラムの拡大を提言。その結果、マドラサ・プレスクール・プログラムの第2フェーズが1997年に開始されることとなった。
目的／概要	マドラサ・プレスクール・プログラムの第2フェーズ5カ年計画では、運営が良好で、財政的にも持続性があり、良質の教育を低コストに提供できるようなコミュニティ・ベースのプレスクールの設立を目指す。ケニアのモンバサやタンザニアのザンジバル（1990年設置）、ウガンダのカンパラ（1993年設置）にあるMRCが、約160のコミュニティと2年間契約を結び、支援提供を行うことが計画された。
活動／戦略	1. コミュニティの参加 　3つのMRCは年2回、30～50のコミュニティのリーダー達を招いてECDの意識向上のためのセッションを開く。リーダーはマドラサ・プレスクールのパートナーシップ・アプローチ、すなわちMRCやコミュニティの役割分担に基づくアプローチを理解したうえでコミュニティに戻り、住民と相談して合意を得る場合にのみプログラムに参加する。コミュニティは現地運営委員会（Local Management Committee）を結成し、マドラサ・プレスクールの設置、教員の募集と選定、給与の設定、財政面での運営などを担当しなければならない。運営委員会はコミュニティの動員を含めた日々の活動に関して、MRCに配置されたコミュニティ開発担当官（Community Development Officers）からの技術的助言や支援を受ける。 2. ECD教諭の研修プログラム 　コミュニティは基礎教育修了の若い女性を募集・選定し、ECD教諭となるための研修を施す。通常18-26歳の未婚女性で、初等教育を中退か修了程度の教育水準しか持たず、学業成績の低かった者も多いため、研修活動が重要である。研修はMRCでの研修や実地での研修を含めて2年間続き、その間頻繁な視学やフィードバックが行われ、同僚との意見交換会も提供される。MRCは彼女らが実際にカリキュラムを実施する中でサポートを続けるため、主体的な学習環境を作り出しやすい。 3. 統合カリキュラム 　MRCの開発した統合カリキュラムとは、活動的で、発達学的に適切で、文化的にも適切性の高い学習内容を指す。異なる文化の歌や物語を紹介したり、イスラムの民話や絵柄を教材に取り込んだり、親が期待するような東アフリカ沿岸地域の文化に根ざした道徳観の涵養にも応えることができる。 4. 低コストの教材利用や活動中心のアプローチ 　MRCでの現地調達可能な材料を用いた教材作りは、AKFのアジアや他のアフリカ諸国での支援経験から学んだものである。マドラサ・プレスクールは貝殻やココナッツ、石鹸箱や瓶の蓋などから作られた色とりどりの教材や玩具で、子どもにとって明るく楽しい環境を作り出している。 5. 基金の設置 　プログラムでは関心のあるコミュニティにプレスクールのためのミニ基金（Mini-endowment fund）を設立するよう勧めている。基金は授業料による収入を補足し、ECD教諭への給与支払を確実なものとする。基金は次の3つの財源、すなわちコミュニティでの募金集め、プログラムからの支援金、MRCとの2年間の契約を成功裏に終了したコミュニティに与えられる特別プログラムである。つまり、第2フェーズではプレスクールや管理委員会が、活動の質の維持だけでなく、財政面での説明責任を果たすことも期待されている。
結果	数百名の教諭が研修を受け、約2,000人の子どもに裨益。自分達のプレスクールを管理し、維持しようとするコミュニティの数が増加。

出典）Aga Khan Foundation (2008)、Colleta and Reinhold (1997) pp.31, 35より作成。

ス・センター」と呼ばれる研修施設を拠点に、すでに200以上のコミュニティにおいて住民参加を通してマドラサ・プレスクールが設置・運営されている (Aga Khan Foundation 2008)。ちなみに、「madrasa」はアラビア語で「学校」を意味している。世界銀行はマドラサ・プレスクールをコミュニティ・ベースのECDモデルとして高く評価し、ケニア国内での拡大を支援している。

3. セーブ・ザ・チルドレン USA

　セーブ・ザ・チルドレンは1878年に英国人女性教師エグランタイン・ジェブ (Eglantyne Jebb) によって創設され、「子どもの権利を世界で実現する」という理念のもと、世界27カ国でそれぞれ独立して設置されている国際NGOである。米国のセーブ・ザ・チルドレンは、1932年に大恐慌の煽りを受けたアパラチアの子ども達を支援するために市民有志が集まり設立された。支援の必要な子どもの生活に持続的で肯定的な変化をもたらすことをその使命とし、現在は米国を含む世界50カ国以上で人道支援や開発支援を展開している。

　セーブ・ザ・チルドレンUSAの2007年度の歳入総額は3億5,624万ドルで、そのうち35％を民間寄付金から、31％を米国政府から、そして20％を物品販売などから得ている (Save the Children USA 2008, pp.4, 35)。歳入の9割は事業支援に充てられ、34％が緊急支援に、20％が食糧確保・資源管理に、17％がECDを含む教育分野に、そして15％が基本的な保健サービスの支援に費やされた。ECD支援は教育支援のなかに位置づけられ、途上国23カ国と米国の農村地域10ヵ所で実践された。その多くは就学レディネスの向上をねらいとし、コミュニティや保護者の役割を重視しながら、施設や自宅ベースの支援が施されている。

　ECDを含む基礎教育分野で用いられるアプローチについては、これまで見た他の援助機関との共通点が多い。すなわち、コミュニティを中心とし、住民の積極的参加を通して財政的にも実現可能で持続性の高いプログラムを展開し、子ども中心の活動を実践する。その際、保健、衛生、栄養関連を含めて包括的に取り扱うマルチセクター・アプローチを取り、子どもを取り巻く環境への言語的文化的配慮を怠らず、モニタリングと評価活動を通してイ

ンパクトの把握にも努める。新しい ECD 施設が必要な場合はコミュニティが建設に必要となる物品や労力を提供し、そうでない場合はコミュニティに既存する施設や家庭を用い、それらの運営を住民や保護者が中心となって行い、持続性の高いプログラムとする。

4. 国際児童基金 (CFI)

CFI は1938年にキリスト教長老派教会の J カルビット・クラーク牧師 (J. Calvitt Clarke) が中国の子ども救済のために設置した国際 NGO である。2009年に「キリスト教児童基金 (Christian Children's Fund)」から「国際児童基金 (ChildFund International)」へと名称変更した。本団体は世界30カ国以上におけるコミュニティ・ベースのプロジェクトを通して約460万人の恵まれない子どもやその家族を支援している。CFI の使命は、文化や信仰にかかわらず、支援の必要な子どもがその潜在的能力を最大限に伸ばす機会を持ち、子どもや家族、コミュニティに良い変化を起こす具体的手段を与えるような希望と敬意に満ちた環境を作り出すことにある。CFI の財源はその約8割が個人や企業によるスポンサーシップを通した寄付金から成る。支援者は途上国や米国の特定の子どもに対して毎月24米ドルを寄付し、CFI はその子どもが参加するプロジェクトに対して集められた資金を活動費に当てる仕組みとなっている。

ECD は、教育、保健衛生 (HIV／エイズとの共存、清潔な水へのアクセス)、家庭の所得向上、栄養と食糧確保、緊急支援と並んで、CFI が掲げる6つの優先課題に含まれている。2010年度の実績は事業支出総額が1億7,260万米ドルで、これを分野別の支出割合で見ると、教育 (36%)、保健衛生 (26%)、零細企業・家庭の所得創出 (12%)、ECD (12%)、栄養 (9%)、緊急支援 (7%) で、ECD への支援総額は1,996万米ドルとなっている (ChildFund International 2010)。

ECD プログラムはほとんどすべての支援国で実施され、そこでは母親や家族の参加を促進しながら、保健、栄養、社会的情緒的発達といった子どもの包括的ニーズを満たすようなアプローチが用いられている。CFI は新たな ECD プログラムの手法を開拓することにも積極的で、たとえばコミュニティで子どもが親やボランティアとやり取りしながら玩具やゲームを使って遊ぶ

表9-15 CFIによる支援事例—ホンジュラスの「母親ガイド」

プロジェクト	ホンジュラス　母親ガイド (Guide Mothers)
実施期間	1996～現行
総費用	n.a.
CFIの支援	資金協力や技術協力（具体的数値は不明）
受益者	2003年現在で約23,000人の乳幼児とその母親
実施担当機関	CFIホンジュラス事務所
背景	n.a.
目的／概要	コミュニティよりさらに小さな単位で幼い子どもを抱える保護者への支援を通して、子どもの生存、成長、発達を促進する。
活動／戦略	CFIがコミュニティで模範的存在である母親を選び、母親ガイド（Guide Mother）となるために必要な基本的保健衛生知識や発達促進のための働きかけに関する研修を施す。母親ガイドは近くに住む5つの家族を担当し、子どもの成長や発育の継続的なモニタリングや健全な発達促進のための助言を行う。
結果	2003年時点で母親ガイドは1,747名に達し、最近ではボランティア活動を称えるホンジュラス大統領賞を受賞した。母親ガイドによるケアや教育を受けている家族では、1996年と2002年で以下のような改善が見られた。

指標	1996年 (%)	2002年 (%)
生後12～23ヶ月内に予防接種を受けた割合	77	98
破傷風トキソイド2回目の予防接種を受けた割合	74	97
栄養不良児 (Grade II)	20	5
栄養不良児 (Grade III)	4	0.1
経口補水療法の利用	23	92
急性呼吸器感染症療法	30	91
安全な水の利用	68	91
適切な衛生環境	60	75

出典）Christian Children's Fund (2004) より作成。

ような場所と時間を与える「玩具ライブラリー」はブラジル国内ですでに24箇所も設置されている。また、ホンジュラスの「母親ガイド」(**表9-15**)もCFIの代表的事業の一つとなっている。

第4節　関連諸機関のネットワーク

ECD支援に当たっては援助機関同士の間や援助機関と途上国とのパートナーシップが重要であることは繰り返し指摘してきたが、そうしたパートナーシップを促進するための主なネットワークを以下に2つ紹介しておこう。

1. ECCD 諮問グループ (CGECCD)

　ECCD 諮問グループ（Consultative Group on Early Childhood Care and Development: CGECCD）は1980年代に UNICEF や BvLF などを中心に結成された複数の援助機関や財団、NGO から成るコンソーシアムで、第三世界の各地域にある ECD ネットワークをつなげるさらに大きなネットワークとなっている。主な活動は、1) ECD に関する研究や実践から得られた知見や情報の整理と共有、2) 地域ごとのネットワークの強化、3) 保健、社会福祉、コミュニティ開発、基礎教育や成人識字に関わる人々や機関とのさらに効果的な連携の確立と強化となっている。CGECCD のメンバーは、UNICEF、UNESCO、USAID、BvLF、AKF、CFI、ADEA の ECD 作業部会理事のオランダ、セーブ・ザ・チルドレン世界連盟、プラン・インターナショナル、プエブリート、教育開発アカデミーで、これに世界9つの地域に存在する ECD ネットワークの代表が加わる。CGECCD は『Coordinators'Notebook』[18]を刊行し、ECD に関する最新の研究結果や新たな試みなどを紹介している。これ以外にもホームページに設けられた図書館からは ECD に関連する重要文献の多くが入手可となっている。

2. アフリカ教育開発協会の ECD 作業部会 (WGECD)

　アフリカ教育開発協会（ADEA）は1988年に世界銀行の呼びかけで結成された援助機関間のネットワークであったが、後にアフリカ諸国の教育省も参加して援助機関との間のパートナーシップを築く場となった。ECD 作業部会（Working Group on Early Childhood Development: WGECD）は ADEA に存在する11の作業部会の1つであり、1997年に UNICEF を代表機関として設置されたものである。WGECD の主目的は ECD への投資に興味を示す政府を支援することである。具体的には、ECD に対する政治的支援や民衆の支持を得られるように啓蒙活動を行い、ECD 推進の観点から国家政策の再検討や政策策定を促したり、関係機関間のパートナーシップを推進したり、関連知識の共有や能力開発に努めたりする。WGECD は世界銀行と UNICEF とともに ECD の国際会議も主催し、2002年エリトリアのアスマラで会議を開いた

際には「アスマラ ECD 宣言」を採択し、ECD の意義や基本的提言などをまとめている。

第5節　日本の支援

　本節では、日本の ECD 支援実績を政府開発援助による支援と国内 NGO や特定非営利組織（Non-Profit Organization: NPO）による支援の二点から取り上げる。日本の ODA における ECD 支援の実績は、長年、青年海外協力隊（Japan Overseas Cooperation Volunteers: JOCV）を中心とする保育分野でのボランティア派遣が中心であった。2001年になってセネガルで開始された ECD 分野の開発調査は新たな展開の可能性を匂わせる出来事であったものの、その後、ECD 支援が飛躍的に伸びた形跡も見当たらない。そこで、以下では最初に ODA における ECD の政策的位置づけを探った後で、事業形態別に支援事例を見て、全体像を把握する。国内 NGO/NPO ではカンボジアを中心に ECD 支援を続ける2つの団体を取り上げる。

1. 政府開発援助（ODA）

(1) ECD の政策的位置づけ

　国際的な開発課題が MDGs という目標に集約されている今日、日本も教育や感染症、環境や水と衛生といった分野での取り組みを強化している。たとえば、2002年度には向こう5年間で低所得国に対して2,500億円以上の教育援助を行うことを発表し、同年には「成長のための基礎教育イニシアティブ（Basic Education for Growth Initiative: BEGIN）」を打ち出して、基礎教育分野において支援を実施する際の重点事項をまとめた。このようなわが国 ODA における基礎教育重視の姿勢は、これより以前の1996年 DAC「新開発戦略」や1998年の「TICAD II 東京行動計画」、1999年8月の「政府開発援助に関する中期政策」においても言明されている。

　ECD は基礎教育の一部であるから、以上の戦略に従えば、日本の ODA においても ECD は重視されているものと推察されるが、上述の BEGIN の重

点分野において ECD への直接的言及は見当たらない。重点分野の1つに挙げられたノンフォーマル教育への支援は識字教育推進の観点から触れられたものであり、ECD 支援に関連したものではない。しかしながら、多様なニーズに配慮した学校関連施設の建設や、ジェンダー格差是正のための支援、教員養成研修に関する支援などの重点分野は、ECD にも十分、適応可能と考えられる。さらに重要なことに、支援にあたっての基本理念の部分では、教育開発計画の策定や実施において地域社会の参画を促進し、持続的な教育活動を進めるために保健衛生など他のセクターとの連携を強めて基礎教育を地域社会開発の促進に結びつけることなどが詳言されており、これらはまさにコミュニティ・ベースの ECD の手法や効果に通じる事柄となっている。したがって、日本においても ECD の効果と重要性に対する人々の認識が高まれば、今後、ECD の政策的優先度が上がる可能性も決してゼロではない。

(2) ボランティア派遣事業

　JOCV 事業では、1967年に保育士隊員、1979年に幼稚園教諭隊員の派遣を開始した。2011年3月末現在、旧分類の保育士と幼稚園教諭、新分類の幼児教育隊員を含めた累計で、計736名の派遣実績を有している。これを派遣地域別に見ると、アジア35％、中南米24％、中東19％、アフリカ15％となっており、近年では中東とアフリカ地域の割合が増加傾向にある。国別に派遣者数累計上位10カ国を見てみると、幼稚園教諭の派遣で長い歴史を持つマレーシアとスリランカ、保育士の派遣者数が多いボリビアやエジプトが上位を占めている（**表9-16**）。JOCV に加え、1990年に開始されたシニア海外ボランティア派遣事業でも保育分野の派遣が行われている。

　これらの隊員派遣にはどのような特徴があるのだろうか。第1に、幼稚園や保育所といった施設がすでに存在するところへの派遣が多い点が指摘される。途上国における ECD の普及率の低さに鑑みれば、これは隊員の派遣先が必ずしも貧困層の子どもを対象としていないことを示唆している。勿論、マレーシアではジャングルの入植地に住む貧困層向けの幼稚園や保育所に隊員が長年派遣されてきたし、同様に派遣実績の長いスリランカの幼稚園やボ

表9-16 青年海外協力隊（保育士、幼稚園教諭、幼児教育隊員）派遣実績上位国（1967～2011年3月末累計、派遣中を含む）

派遣先	累計（人）	内訳		
		1967～2007年11月末		2007年12月～
		保育士	幼稚園教諭	幼児教育
マレーシア	74	(20)	(50)	<4>
エジプト	58	(27)	(4)	<27>
ボリビア	51	(38)	(7)	<6>
スリランカ	49	(2)	(37)	<10>
シリア	40	(13)	(11)	<16>
モンゴル	37	(4)	(18)	<15>
ニジェール	37	(0)	(23)	<14>
ホンジュラス	31	(5)	(24)	<2>
中華人民共和国	30	(0)	(26)	<4>
カンボジア	21	(1)	(9)	<11>

注）2007年末以降、保育士と幼稚園教諭はともに幼児教育という職種にまとめられた。
出典）青年海外協力隊事務局提供データより作成。

リビアの保育所も貧困層を対象としている。そのため一般化することは難しいが、近年では日本の幼児教育の紹介や日本との文化交流を主目的とする派遣要請が少なくないこともまた事実である（青年海外協力隊事務局 2002, p.12）。また、アフリカでは既存の公立幼稚園への派遣は継続するが、現地で保育所を新設しようとする場合の派遣は打ち切りになる傾向があると言う。たとえば、後者の事例としてニジェールでは保育所の建設段階から隊員が関わってきたが、後任隊員の赴任中に保護者からの月謝が滞るようになり、所長の管理能力の欠如も相まって保育士のストが続き、結局は閉鎖に追い込まれている（青年海外協力隊事務局 2000, p.13）。同国へは現在も幼稚園教諭の派遣が続いているが、この国のECD普及率が1％でしかないことを考えれば、隊員派遣が幼児教育の質的向上には貢献しても、貧困層へのアクセス拡大には直接寄与しないことが憂慮される。

第2に、隊員は現地の保育士や幼稚園教諭への直接的働きかけを通して、ECDの質的向上に貢献しているという点である。一般的に隊員は、現地での読み書き中心のカリキュラムや一方的な教師中心の指導法の改善を目指して、情操教育や遊びを通した学習の重要性を自らの実践を通して伝えようと

努力する。ECD段階での公用語学習が就学レディネス向上に重要であるようにカリキュラムに何が必要とされるのかは国によって異なるが、教授法や教授態度の改善、現地で調達可能な教材の作成など、隊員の活動が改善のきっかけとなることは多い。とくに、現地の担当者が来日して研修などを受けた場合、そうした効果が上がる傾向が見られる。

　第3に、他の職種の隊員とチーム派遣されるケースが比較的少ないという点である。いうまでもなく、貧困層の子どもを取り巻く状況の改善には保健、栄養、衛生にわたる包括的なアプローチが必要である。

　第4に、国連や国際NGOなど他の援助機関とのプロジェクトと直接的に関連付けて隊員が派遣されることも少ない。ボリビアでは世界銀行のECDプロジェクト（表9-8）において保育士隊員が事前指導や巡回指導を担当した実績が見られる。このプロジェクトは貧困地区での家庭保育所の設置を進めるもので、内容としてはペルーのWawa Wasi（表9-7）に似ている。准教諭候補者は少額の融資で自宅を改良し、もう一人の准教諭とともに周辺の6歳未満児を預かり、必要なケアを施すというものである。

　最後に、隊員は時折マンパワーとして使われることもあり、これは特徴というよりはむしろ問題点として指摘される。ただし、このような傾向は何も幼児教育隊員に限らず、協力隊事業全般に当てはまることであり、これら職種の派遣戦略というよりは事業戦略全般のシステム改善を必要とするものであろう。

　なお、JOCVの職種専門OB会として1992年に「幼児教育ネットワーク」が発足し、隊員間の情報交換を行っている。また、帰国隊員個人が発足させたNGOとして1992年設立の「スランガニ基金」と1994年設立の「イリマニの会」がある。前者はスリランカ農村部でのプレスクール建設に対する資金援助や貧困家庭の子どもの教育費援助などを行っている。後者はボリビアで貧困層を対象とした小規模保育施設4ヶ所を開設し、運営や支援にあたってきたが、近年、その運営は現地に移管された。

(3) 開発調査事業

　開発調査とは、途上国の公共的な事業の開発計画の策定を請け負いつつ、

その過程において途上国への技術移転を行う事業を指している。2001年にセネガルで実施された「子どもの生活環境改善計画調査」は国際協力機構（Japan International Cooperation Agency: JICA）にとってECD分野の開発調査の初の案件であった。2000年にセネガル政府は全国28,000カ所のコミュニティ各地に「子どもセンター（Cases de Tout-Petits: CTP）」と呼ばれるECD施設を設置するという政策目標を掲げ、その開発計画の策定と4つの村におけるプロジェクトの試行と調査を日本政府に要請したことに始まった。CTPは住民参加を通して設置・運営されるコミュニティ・プレスクールである。

本調査では、本書でこれまで見てきたようなECDプロジェクトの特徴、すなわちマルチセクター・アプローチ、コミュニティ・ベース、保護者や家族の役割重視、積極的な住民参加、コミュニティの自立的発展促進などといった特徴がすべて盛り込まれたプロジェクトを試行した。実際、CTPは、住民が設計・建設段階から積極的に参加し、運営・管理も主導して行っており、また定員枠を上回る利用希望者がでるなど、一定の成功を収めている。**表9-17**はその詳細をまとめたものであるが、ここからCTPが子どもの生活環境改善だけでなく、その家族やコミュニティ全体にも裨益していることが容易に見てとれる。

表9-17　JICAによる支援事例——セネガルの「子どもの生活環境改善計画調査」

プロジェクト	セネガル　子どもの生活環境改善計画調査
実施期間	2001年12月～2004年7月
総費用	n.a.
支援スキーム	開発調査
受益者	カオラック州の2村、タンバクンダ州の2村に住む6歳未満児とその家族
カウンターパート機関	就学前教育・子どもセンター省（MPEC）
背景	セネガルでは初等教育純就学率が60％台と低く、医療衛生面でも5歳未満児死亡率が118/1000人と子どもが置かれた状態は劣悪である。そこで、ワット大統領は公約に基づいて2000年にMPECを創設し、現在3％程度にしか過ぎないECD普及率を2008年には30％にまで引き上げることを目標に、全国28,000のコミュニティに最低1ヶ所の6歳未満児を対象とする「子どもセンター（Cases de Tout-Petits）」（ECD施設）を建設すると公約した。日本の対セネガル援助重点領域の1つは基礎生活分野であることから、セネガルの要請にしたがって開発調査を実施することとなった。JICAが担当するカオラック州とタンバクンダ州は他のドナーとの重複を避けて決まったもので、世界銀行担当の5州とルクセンブルグ担当の2州を除いた3州のうちの2つである。

目的／概要	本調査の目的は、対象となる2つの州において教育、保健、栄養などマルチセクターの総合的観点から0～6歳までの子どもの生活環境改善計画マスタープラン（M/P）を策定することと、その実施を通してカウンターパートであるMPECに対し、調査手法や立案計画などに関する技術移転を行うことの二点にある。具体的には、第1段階のM/P策定と第2段階の試行プロジェクトの実施に基づく調査から構成される。試行プロジェクトでは各州で都市部と農村部にそれぞれ1つずつ、計4の子どもセンターを、計画・実施段階を通した住民参加によって建設する。子どもセンターはカオラック州が2002年11月から、タンバクンダ州が2003年1月から稼動を始め、当初は各施設で3～6歳児60名程度の受け入れを想定していたが、就園者数は2003年5月時点で施設平均82名（2～6歳）と予想を上回った。とくに当初対象外であった2歳児はコミュニティからの強い需要に配慮して許可することとなり、2名の身障者の子どもも受け入れている。定員増のためボランティアの母親も補助している。
活動／戦略	本プロジェクトの特徴として以下の4点が指摘される。 1. マルチセクター・アプローチ 　調査・実施段階において子どもの包括的ニーズの観点から分析し、計画・実施に反映させている。 2. 住民参加による試行プロジェクトの実施 　計画・実施段階への住民参加を進めることで地域住民によるプロジェクトのオーナーシップを高め、センターの持続的存続と発展を目指す。具体的には、住民がセンターの設計、建設中の労務提供、センター運営委員会の設立と運営、ECD教諭の選出などに関わっている。また、費用回収のため、センターでは利用者負担を原則として少額の入学金と月謝を徴収し、財源確保のためのイベントなども企画している。 3. 地域住民の生活向上にも資する活動の実施 　母親を中心とする保護者に対し、染色・服飾技術、製粉機利用などの小規模プロジェクトを実施し、そこから得られる収益でセンター運営費を補填している。また、子どもの体重測定や殺虫剤処理済みの蚊帳使用などの保健衛生知識や、子どもの権利や出生登録の重要性に関する各種講習会も実施している。さらに、シネ・バス（移動式映画館）を用いて、子どもの生活改善や子どもの権利、HIV／エイズや家族計画などに関する映画の上映会も各サイトで毎月実施し、毎回300-500名が集まっている。 4. MEPCの積極的参加 　MPECによるプロジェクトへの積極的参加を通してセンター運営などソフト面での技術移転が進んでいる。ECD教諭に対する2ヶ月間の養成研修はCPT省が中心となり、地方で実施された。
これまでの結果	2003年半ばの調査結果によると、以下のような効果が見られる。 1. 受益者のインパクト 　子どもの社会的認知的能力の向上、衛生的習慣など子どものしつけの定着、保護者の育児態度の改善、母親の身体的負担の軽減、女児の出生登録の重要性の理解向上。 2. ECD教諭へのインパクト 　子どもの認知的社会的能力向上に貢献しているという自覚と満足感、新しい知識や技術の習得への意欲向上 3. 運営委員会へのインパクト 　オーナーシップの涵養、住民間での育児活動に関するコミュニケーション増加 4. コミュニティへのインパクト 　結束の強化、女性のエンパワメント、センターに子どもを通わせていない住民からのセンターへの高い評価

出典）コーエイ総合研究所（2003）、KRI International（2003）、JICA Websiteを参照し、作成。

子どもセンターの運営には今後、どのような課題があるのだろうか。第1に、センターの自立的持続的運営に向けて財政面での安定性を高める必要がある。2003年の「第四回進捗状況報告書」によると (KRI International 2003)、各センターでの入学料と月謝料金はそれぞれの社会経済状況に照らして異なっているが、入学金3,500～5,000 CFAフラン、月謝750～2,000 CFAフランを徴収している (1 CFAフラン＝約5円)。このうち、月謝だけでも100%徴収されれば少なくともセンターの人件費[19]を賄えるが、実際の月謝徴収率は都市部で72～87%、農村部で59～67%であり、農村部でより低くなっている。ただし、すべての収入を合わせれば、支出の88～102%をカバーできており、これはとくに製粉機の利用による収益(収入の4割以上を占めた)や運営委員会による各種イベントの開催が功を奏した結果でもある。いずれにせよ、持続性確保のためには月謝徴収率を高める方策が必要とされており、農村部については政府補助金など特別策も必要かもしれない。第2に、ECD教諭は継続的な研修機会を必要としている。センターで追加研修を行っているものの、就学前教育・子どもセンター省 (MPEC) による再訓練システムの確立が待たれるところである。最後に、運営委員会はすべてボランティアで賄われているが、これを今後、地方行政がどのように支援していくのかも課題の1つと考えられる。前掲の「第四回進捗状況報告書」においても運営委員会の活性化には栄誉賞の授与など何らかのインセンティブが必要であるとの提言がある。

(4) 研修員受け入れ

近年のECD支援の新たな形態の1つに、本邦研修、すなわち日本国内に途上国の技術研修員を招いて行う研修の実施がある。2006～08年と2009～11年、JICAはECD分野の人材育成と能力向上を目的に「中西部アフリカ地域幼児教育研修プログラム」を実施し、カメルーン、セネガル、ニジェール、ブルキナファソ、マリの計5ヵ国のECD／幼児教育行政官や指導者を日本に短期間招き、お茶の水女子大学の協力を得て研修を行っている。研修内容は本邦研修を主としながらも、事前・事後プログラムを加え、状況分析や改

善策の策定、現場でのフィードバックが行われるように配慮されている。また、中東地域の幼児教育行政官や指導者を対象とした同様の研修員受け入れも鶴見大学の協力を得て実施されている。

(5) 草の根・人間の安全保障無償資金協力

　草の根・人間の安全保障無償資金協力とは、途上国の地方公共団体や教育・医療機関、または現地NGOや国際的NGOなどが実施する小規模プロジェクト（原則1,000万円以下）に対して、日本の在外公館が窓口となり、資金協力を行うものである。2007年度実績のうち、ECD支援にあたるものとしては、現地NGOのトンガ幼児教育協会による「トンガ幼児教育協会研修センター建設計画」への約920万円の資金供与や、国際的NGOプラン・インターナショナルによる「キブド市児童保育施設建設計画」への約1,000万円の資金供与などがある。支援の優先的領域としては保健医療、基礎教育、民生、環境、そして人間の安全保障の観点からみて重要な分野となっているものの、近年は小・中学校の建設・修復の案件が大半を占め、ECD支援はあまり多く見られない[20]。

(6) UNESCO人的資源開発日本信託基金

　UNESCO人的資源開発日本信託基金は、UNESCOが取り組む「人造り事業」の一環として、とくに途上国の人材育成や能力開発に日本政府が貢献することを主な目的としている。2000年の設立から2007年11月末時点までの拠出総額は約53.5億円に上っている。この基金による支援プロジェクトのなかには、小規模なECD支援が見られることがある。たとえば、「モンゴル放牧業従事者のための包括的移動式教育・文化サービスの提供（2004〜05年）」プロジェクトでは、就学前児童の教育に関する保護者やコミュニティの意識改革を図ることを目的に、モンゴル教育省とUNESCO北京事務所が本基金から20万ドルの資金提供を受け、モンゴル国内の10郡を対象に移動可能な文化的・教育的サービスを提供するものであった[21]。

(7) その他（ECD 支援が部分的に含まれるもの）

　プロジェクトの目的が ECD とは直接関係がない場合でも、ECD の支援内容が観察される事例もある。ニジェールの「住民参画型学校運営改善計画（みんなの学校プロジェクト）」（2004〜10年）は、その一例であろう。これは、コミュニティを学校運営の担い手ととらえ、地域参加型の小学校運営モデルを確立して学校環境の改善を図るプロジェクトであるが、学校運営委員会が機能するようになったコミュニティのなかには、住民の発案によってコミュニティ・プレスクールが設置・運営されるケースが複数出ている。

2. 国内 NGO/NPO

　次に、ECD 支援を行っている日本の NGO/NPO として、社団法人シャンティ国際ボランティア会（Shanti Volunteer Association: SVA）と認定 NPO 法人幼い難民を考える会（Caring for Young Refugees: CYR）を取り上げる。これらは、いずれも 1980 年にカンボジア難民の救済を目的に発足した機関で 1 カ所に長く根を下ろし、長期的な支援を行っている点に共通点がある。

(1) 社団法人シャンティ国際ボランティア会（SVA）

　SVA は、タイのカンボジア難民救済を目的に曹洞宗が1980年に設立した組織で、現在はタイ、カンボジア、ラオス、アフガニスタン、ミャンマーに現地事務所を置き、都市や農村の貧困層の子どもを主な対象に、絵本の配布や図書館活動、学校建設などの教育文化支援事業を展開している。2007年度の歳入総額は6億4,993万円で、寄付金（50%）、公的補助金収入（18%）、事業収入（12%）が主な財源となっている（社団法人シャンティ国際ボランティア会 2008）。SVA による代表的な ECD 支援は、1990年代後半にカンボジアの「アジア子どもの家」事業として幼稚園教諭養成校内に開設されたモデル幼稚園であり、現在は同様のモデル幼稚園をラオスでも開設する計画である。

　「アジア子どもの家」はカンボジアの幼児教育の質的向上を主目的とする事業であった。同国唯一の幼稚園教諭養成校内にモデルとなる附属幼稚園と児童館や宿舎などの付帯施設を建設した後、1997年より附属幼稚園で約100

名以上の3〜5歳児を週5日無料で受け入れ、教員養成課程の実習の場を提供した。児童館内に設置された図書館は幼児を中心に約2万名に利用され、また教材開発センターとしても機能した。さらに、アジア子どもの家を拠点とし、移動図書館の活動を展開して、市内の公立幼稚園や都市部貧困地区での読み聞かせや人形劇などにも着手した。2002年の事業評価では、卒業生が養成校で学んだことをおおむね現場でも実践していることが確認され、関係者との意見交換からもモデル幼稚園は教諭養成のために有効に機能していると結論付けられている（シャンティ国際ボランティア会 2003）。

(2) 認定 NPO 法人幼い難民を考える会（CYR）

CYR もカンボジア難民救済を目的に1980年に設立された。1992年までタイの難民キャンプで保育所を運営していたが、現在はカンボジア国内での保育事業や織物事業が活動の中心で、農村や都市貧困地域の保育所を運営したり、公立幼稚園の巡回研修を行ったりするなどの支援を提供している。2007年度の歳入総額は9,062万円で、支出内訳の海外事業費のうち、保育事業費と保育者・現地職員の人件費を併せると全体の6割を占めている（認定NPO法人幼い難民を考える会 2008）。

注

1 同書では、UNICEF が「支援しないこと」として、就学前教育プログラムのためだけに特別な施設を建設したり、高コストで拡大不可能なプロジェクトを支援したり、ECD 教諭の学歴や訓練の長期化に固執したりしないことなどが挙げられている。
2 英語名は International Child Development Center で、現在は「イノチェンティ研究センター」と呼ばれている。名称和訳はユニセフ年次報告に従った。
3 2002〜05年の MTSP は、「結果ベースの運営」と「人権ベース」という2つのアプローチを計画に採用しており、従来よりも細かく目標値が設定されているのが特徴的である。
4 妊婦の健康は将来生まれてくる子どもにきわめて高い影響を与えることから、UNICEF では受胎期も ECD の一環と見なし、妊産婦に対するケアも統合的 ECD に含めている。
5 緊急人道支援における組織間での協議や調整を行う「機関間常設委員会 (Inter-

Agency Standing Committee)」が、効果的・効率的な支援提供を目指して、2005年より各領域（クラスター）で主導的役割を果たす機関を指定したもので、教育クラスターでは UNICEF と国際的 NGO である Save the Children が主導機関に定められている。UNICEF は教育以外にも、栄養、水と衛生、災害時の保護、緊急通信（データ）の各クラスターの主導機関となっている。

6　たとえば、1989年に UNICEF/WHO/UNESCO で初版が共同発行されて以降、世界各地で活用されている『生存の知識 (Facts for Life)』の活用など。第2版より ECD に関する章が追加された。

7　World Bank ECD HP (http://go.worldbank.org/57K8MKSD90)

8　http://www.ecdvu.org/welcome.php

9　以降は、UNESCO 本部 Early Childhood & Family Education の Assistant Programme Specialist、加賀啓恵氏との電子メールのやり取りを通して得た情報に基づく（2003年10月21日）。

10　http://www.unesco.org/en/early-childhood/unesco-policy-briefs-on-early-childhood/ より入手可。

11　http://www.unesco.org/en/early-childhood/ のサイトの Resources より入手可。

12　Netherlands Ministry of Foreign Affairs の EFA 担当者 Onno Koopman 氏との電話インタビューによる（2003年1月16日）。

13　UNICEF News Note (http://www.unicef.org/media/media_43648.html)

14　2004年1月、CIDA 政策局教育主席顧問 Scott Walters 氏との電子メールのやり取りを通して得た情報。

15　USAID Office of Education, Education Program Specialist, Gregory P. Loos 氏ならびに John Hatch 氏との電子メールのやり取りを通して得た情報に基づく（2003年10月28、29日）。

16　OMEP は1948年に幼児教育の改善に向けた国際協力を進めるためにプラハ市で設立された国際的 NGO で、現在の加盟国は日本を含む世界56カ国となっている。調査研究支援やプロジェクト支援も行い、世界大会を毎年開催している。

17　AKF はさらに大きな「アガ・カーン開発ネットワーク (Aga Khan Development Network)」に属している。アガ・カーン開発ネットワークは経済開発、社会開発、文化の3つの分野から成り、このうち、社会開発分野はアガ・カーン財団のほか、アガ・カーン大学（パキスタン初の私立大学）、中央アジア大学、アガ・カーン教育サービス・ヘルスサービス・計画建築サービスという大きく4つの組織で構成されている。アガ・カーン教育サービスは、途上国で約300校の学校を運営している。

18　http://www.ecdgroup.com/coordinators_notebook.asp より入手可。

19　ECD 教諭の月給は2万円程度で、セネガルの給与水準に照らしても比較的低く設定されている。

20　外務省 HP 草の根・人間の安全保障無償資金協 (http://www.mofa.go.jp/mofaj/gaiko/oda/shimin/oda_ngo/kaigai/human_ah/index.html)

21 外務省 HP UNESCO 人的資源開発日本信託基金（http://www.mofa.go.jp/mofaj/gaiko/ culture/kyoryoku/kikin_0410.html）

参考文献

コーエイ総合研究所（2003）「セネガル国子どもの生活環境改善計画2003年9月」Power Point スライド

シャンティ国際ボランティア会（2003）『カンボジア幼児教育改善事業（アジア子どもの家事業）事業評価報告書』シャンティ国際ボランティア会

社団法人シャンティ国際ボランティア会（2008）『2007年度年次報告2008年度活動計画』シャンティ国際ボランティア会

青年海外協力隊事務局（2000）「西アフリカ／ニジェールの幼児教育座談会」『クロスロード2000年2月号』第36巻第410号　国際協力事業団 青年海外協力隊事務局

青年海外協力隊事務局（2002）『中国幼児教育分野青年海外協力隊員巡回指導調査報告書』国際協力事業団 青年海外協力隊事務局

認定NPO法人幼い難民を考える会（2008）『年次報告2008』幼い難民を考える会

Aga Khan Foundation (2007) *Annual Report 2006*, Aga Khan Foundation: Geneva.

Aga Khan Foundation (2008) *The Madrasa Early Childhood Programme: 25 Years of Experience,* Aga Khan Development Network: Geneva.

Bernard van Leer Foundation (2008) *Annual Report 2007*, Bernard van Leer Foundation: The Hague.

Black, M. (1996) *Children First: The Story of UNICEF, Past and Present*, Oxford University Press: Oxford.

CIDA (2002) *CIDA's Action Plan on Basic Education*, CIDA: Quebec.

CIDA (2009) *CIDA's Aid Effectiveness Action Plan 2009-2012*, CIDA: Quebec.

Christian Children's Fund (2004) *2003 Annual Report*, Christian Children's Fund: Richmond.

ChildFund International (2010) *2010 Annual Report*, ChildFund International: Richmond.

Colletta, N. J. and Reinhold, A. J. (1997) *Review of Early Childhood Policy and Programs in Sub-Saharan Africa*, World Bank Technical Paper No. 327, World Bank: Washington, D.C.

Cueto, S., Guerrero, G., Leon, J., Zevallos, A., and Sugimaru, C. (2007) "Promoting Early Childhood Development through a Public Programme: Wawa Wasi in Peru," Working Paper No.51, Young Lives: Oxford.

KRI International (2003) *The Study on the Improvement of Environment for Early Childhood in the Republic of Senegal, Progress Report (4)*, JICA and Ministry of Preschool Education and CTP, the Republic of Senegal: Dakar.

Ministerio de la Mujer y Desarollo Social (2011) *Programa Nacional Wawa Wasi: Impacto y Logros 2011*, MIMDES: Lima.

Netherlands Ministry of Foreign Affairs (2007a) Our Common Concern: Policy note Dutch Development Cooperation 2007-2011, The Hague, MOFA.

Netherlands Ministry of Foreign Affairs (2007b) *Classroom* No.1, Newsletter on Development in the Education for All Policy of the Netherlands.

OECD International Development Statistics Online Database (www.oecd.org/dac/stats/idsonline)

Save the Children USA (2008) *Rewriting the Future for Children: Annual Report 2007*, Save the Children USA: Westport.

UNESCO (2000) *The Dakar Framework for Action*, UNESCO: Paris.

UNESCO (2008) *Medium-Term Strategy 2008-2013*, 34 C/4, UNESCO: Paris.

UNESCO (2010) *EFA Global Monitoring Report 2010*, UNESCO: Paris.

UNICEF (1987) *UNICEF in Education: A Historical Perspectvie*, UNICEF History Series Monograph IX, UNICEF: New York.

UNICEF (1993) *Towards a Comprehensive Strategy for the Development of the Young Child: An Inter-Agency Policy Review*, UNICEF Edcuation Cluster: New York.

UNICEF (2002a) *Annual Report 2002*（日本ユニセフ協会訳 (2002)『2002年ユニセフ年次報告』財団法人日本ユニセフ協会）

UNICEF (2002b) *Operational Guidance Note for the Medium-Term Strategic Plan 2002-2005*, UNICEF: New York.

UNICEF (2003a) "Early Childhood," May 2003 DOC NYHQ, UNICEF: New York.

UNICEF (2003b) "Early Childhood: Progress Analysis and Achievements in 2002," Programme Division, June 2003, UNICEF: New York.

UNICEF (2005) *Annual Report 2005*, UNICEF: New York.

UNICEF (2010) *Annual Report 2010*, UNICEF: New York.

UNICEF Lima (1994) "SITE VISIT: Peruvian National Day Care Services, Wawa Wasi," *Policy Update*, UNICEF: Lima.

United Nations Economic and Social Council (1984) "Early Childhood Development," E/ICEF/1984/L.1, UNICEF Exectuvie Board, 1984 Session.

United Nations Economic and Social Council (1994) "Medium-Term Plan for the Period 1994-1997," E/ICEF/1994/3, UNICEF Exectuvie Board, Annual Session 1994.

United Nations Economic and Social Council (1998) "Medium-Term Plan for the Period 1998-2001," E/ICEF/1998/13, UNICEF Exectuvie Board, Second Regular Session 1998.

United Nations Economic and Social Council (2001) "Medium-Term Strategic Plan for the Period 2002-2005," E/ICEF/2001/13, UNICEF Executive Board, Second Regular Session 2001.

United Nations Economic and Social Council (2002) "Report of the Executive Director: Progress and Achievements against the Medium-Term Plan 1998-2001," E/ICEF/2002/4 (Part II), Annual Session 2002.

United Nations Economic and Social Council (2005)"Medium-Term Strategic Plan for the period 2006-2009,"E/ICEF/2005/11, United Nations: New York.

United Nations Economic and Social Council (2007)"UNICEF Education Strategy," E/ICEF/2007/10, United Nations: New York.

United Nations Economic and Social Council (2008)"Extension of the Medium-Term Strategic Plan (MTSP) 2006-2009 until the end of 2011: Background Note,"E/ICEF/2008/25, United Nations: New York.

USAID (2001) *Policy Paper: Program Focus within Basic Education*, USAID: Washington, D.C.

USAID (2011) *USAID Education Strategy 2011-2015*, USAID: Washington, D.C.

World Bank (1990) *Primary Education: A World Bank Policy Paper*, World Bank: Washington, D.C.

World Bank (1995) *Priorities and Strategies for Education: A World Bank Review*, World Bank: Washington, D.C.

World Bank (1999) *Education Sector Strategy*, World Bank: Washington, D.C.

World Bank (2001a) *A Directory of Early Child Development Projects in Africa Supported by the World Bank*, World Bank: Washington, D.C.

World Bank (2001b) *A Global Directory of Early Child Development Projects Supported by the World Bank*, World Bank: Washington, D.C.

World Bank (2004) "Implementation Completion Report on a Credit in the Amount of 27.8 Million to the Republic of Kenya for an Early Childhood Development Project," World Bank: Washington, D.C.

World Bank (2005a) "Education Sector Strategy Update, Achieving Education for All, Broadening our Perspective, Maximizing our Effectiveness," World Bank: Washington, D.C.

World Bank (2005b) "Project Appraisal Document on a Proposed Loan in the Amount of US20.0 Million to the Arab Republic of Egypt for an Early Childhood Education Enhancement Project,"World Bank: Washington D.C.

第10章　実践アプローチと立案上の留意点

　本章は、途上国における多様なECDサービス提供のアプローチを体系的に理解することを意図するものである。さまざまなアプローチを類型化し、その長所や短所を探ることによって、より適切な戦略の選択が可能となるからである。以下ではまず、これまで本書の随所に挙げられてきた途上国におけるECDプログラムの成功事例の情報をもとに、不足していると思われるアプローチの事例を追加して、ECDの実践アプローチの類型化を行う。その整理を終えたのち、各アプローチがどのような長所や短所をもっているのかを検討して理解を深める。最後に、ECDプログラムの立案に当たり、留意すべき事柄をまとめる。

第1節　実践アプローチの類型化

　本書では、これまでECDの効果や意義、その実態や援助動向を論じる過程で、途上国におけるさまざまなECDプログラムの事例に触れてきた。そこから、誰が、どこで、誰に対して、どのようなプログラムを、どのように提供するのか、また、それを誰が運営し、費用負担するのかについては、サービスを与える側と受ける側のニーズに応じて多様なアプローチのあることが示された。ここでは、それらのアプローチをより体系的に理解するため、拠点、形態、運営主体の3つの観点から、代表的なアプローチの類型化を試みる。このような整理は、途上国でのECD支援戦略を考量するうえでも有益であろう。

　表10-1はその結果を示したものである。大きくは計7つのアプローチ、細

表10-1　途上国における ECD の実践アプローチの分類

拠点	形態	運営主体	前提条件	事例
施設ベース	ECD 施設	①営利目的の民間企業	ECD への需要が高く、経済水準が比較的高い	(主に都市部の中・上流階層対象)
		②政府機関運営主体型	中央政府が ECD 拡大に政治的意思を示し、かつ地方行政機関がある程度機能している	②a 幼稚園/保育所 ②b 小学校など既存施設併設型 ②c コミュニティ参加型 (主に ECD 教諭を地域住民から選出)：インドの ICDS
		③コミュニティ運営主体型	コミュニティに何らかの組織が存在する、もしくは組織化が可能である	③a 政府機関所管：セネガルの「子どもセンター」、ケニアの「ECD センター」 ③b 財団/NGO 所管：AKF の「マドラサ・プレスクール」
	④自宅開放型	コミュニティ/個人	低利融資が受けられる	政府機関所管：コロンビアの HCB、ペルーの「Wawa Wasi」
	⑤職場併設型	企業/NGO	職場や関連機関からの理解と支援が得られる	タイの BOWT 職場内チャイルドケア・センター
自宅ベース	⑥保護者支援型	政府機関/NGO	保護者の参加意欲が持続する	⑥a 親支援型：チリの「あなたの子どもを良く知ろう」 ⑥b 子ども対子ども型：CFI の「子どもから子どもへ」 ⑥c 家庭訪問型：ホンジュラスの「母親ガイド」
	⑦遠隔教育型	政府機関/NGO	ラジオやテレビの普及率が高い	⑦a ラジオ型：エクアドルの「劇をして遊ぼう」 ⑦b テレビ型：エジプトの「Alam Simsim」

注) 事例は代表的なものを挙げたが、当然これ以外にも多様な手法が存在する。ECD 施設の1つとしてコーラン学校など宗教団体の運営によるものも考えられるが、それらの施設では特定の学習目的を持つため、子どもの発達を多面的に扱う ECD とは異なると考えて上表には含めなかった。
出典) 筆者作成。

かくは計13のアプローチを挙げている。これらを順に見ていこう。まず、ECD の実践アプローチは大きく、施設をベースとするものと、自宅をベースに考えるものに2分される。先に、施設ベースのアプローチの分類から見てみよう。

1. 施設ベースのアプローチ

　施設ベースのアプローチは ECD 施設、自宅開放型、職場併設型の3タイプに分けられる。そのなかの ECD 施設については、さらに運営主体によっ

て、①営利目的の民間企業、②政府機関、③コミュニティの3つに分類される。各アプローチの選択基準については前提条件の項目で示したとおりである。普通、民間企業の経営する ECD 施設は ECD サービスに対する需要が十分にあり、それ相応の利用者負担をいとわない都市部の中・上流階層の子どもを対象とする。一方、教育省など ECD を管轄する省庁の地方行政機関がある程度確実に機能している国や地域では直接、政府機関による ECD 施設の運営が行われる。その場合、比較的経済水準の高い国や地域では②a 幼稚園や保育所といった先進国に似た形態を取るが、そうした施設建設が困難である場合は②b 小学校などの既存施設に併設される場合もある。

中央政府が ECD 拡大に政治的意思を示し、かつ行政組織は地方で機能しているものの、正式な ECD 教諭を雇うほどには財源が十分でない場合は、コミュニティの協力を得て ECD 准教諭となる人物を地域住民から選び、短期の研修期間を経て任務に就くという②c コミュニティ参加型が取られる。このタイプの事例としてはインドの ICDS をすでに第4章第3節で取り上げている。ECD 准教諭を誰が選ぶのか、コミュニティがどの程度運営に関わるのかはプログラムによって異なっている。一方、政府機関が所管となっている場合でも、財源がなく、地方行政能力も未熟なため、コミュニティに施設の自立的運営管理を委ねている場合を③a コミュニティ運営主体型とした。この代表事例としてセネガルとケニアのプログラムが挙げられている。たとえば、後者において政府は教員訓練の費用のみを負担している。また、③b NGO 所管の事例として AKF のマドラサ・プレスクールを挙げた。

施設ベースの別のアプローチに④自宅開放型 ECD 施設がある。これはコロンビアの HCB (第8章)やペルーの Wawa Wasi (第9章)にも見られたアプローチで、コミュニティから選ばれた保護者が自宅の一部を開放して、周辺地域の乳幼児を預かり、保健や栄養の改善、早期発達刺激の促進稼動などを施すものである。自宅の改修が必要な場合には低利融資を受けることができるが、通常そうした融資を行うのは政府機関ではなく、プロジェクトを支援する国際援助機関となっている。

最後に、施設ベースのもう1つの形態として⑤職場併設型 ECD 施設がある。

表10-2 職場併設型の事例—タイの BOWT 職場内チャイルドケア・センター

プロジェクト	タイの BOWT 職場内チャイルドケア・センター
実施期間	1989〜現在
総費用	n.a.
外部の支援	バンコク首都圏庁保健局(発育観察や予防接種)、社会開発・人間の安全保障省(粉末乳や教具教材の提供)、UNICEF(1年間のみ支援)、労働省、スオンドシット教員養成大学
受益者	教職員福利厚生推進委員会事務局の商取引機関(Business Trade Organization of the Office of the Welfare Promotion Commission for Teachers and Educational Personnel: BOWT)の従業員や一般利用者
実施機関	教職員福利厚生推進委員会の管理職と労働組合代表者で構成する運営委員会
背景	BOWT は学校教科書や教具、学習教材の製作・印刷を行っており、従業員約2千人のうち、半数以上が女性である。クルサパ労働組合が民間の保育サービスを利用できない低所得層の女性従業員向けに独自の保育施設の設置を提案した結果、1989年、BOWT の職場内にチャイルドケア・センターが開設された。
目的／概要	従業員向け福利厚生サービスの一環として位置づけられている。
活動／戦略	週末を除く7時半から16時半まで、3か月〜4歳児向けを預かり、昼食と2回の軽食を提供する。収容可能人数は50〜60人である。5名の准教諭の学歴は小卒から中卒までで、専門的知識はないが、センター開設時に70日間の訓練を受けた。センターの運営費は利用者が支払う低額の利用料と BOWT の財源によって賄われている。
結果	現在は新生児7人を含む19人の利用があり、その8割が従業員の子どもとなっている。近年は BOWT 近辺に民間の保育施設が複数設置され、より高い利用料を払ってでもより質の高いサービスを希望する従業員が増加したことや、従業員全体の老齢化傾向などにより、センターの利用者数は減少傾向にある。

出典）Hein and Cassirer (2010), pp. 371-374 より作成。

　これは、幼い子どもを抱える母親を雇用する企業やその他団体が福利厚生の一貫として、または労働者の生産性向上の一対策として実施するものであるが、そのような対策を義務付ける法律が未整備の場合、企業の理解と支援を得ることは非常に困難である。なお、本タイプの事例はこれまでに表出していないため、**表10-2**にタイの事例を取り上げた。

2. 自宅ベースのアプローチ

　自宅ベースの ECD は⑥保護者支援型と⑦遠隔教育型の2種類に分類されている。これらのアプローチは政府機関もしくは NGO によって運営される。保護者支援型には大きく3つの形態が考えられる。1つは母親を中心とする⑥a 親支援型で、事例として挙げたチリの「あなたの子どもを良く知ろう」プログラムは、定期的な保護者同士の会合を通して、育児活動や生活改善に関する議論を行い、そこで得た知識や技術を各家庭で実践するものである(**表

10-3)。近年の評価結果では費用対効果の高いプログラムとして認識されている。

　保護者支援型のもう1つの形は⑥b子ども対子ども型で、これはBvLFが支援するナイジェリアの事例で述べたように、年長の子どもに対して育児活動に関わる重要なメッセージを小学校で伝え、それを子どもが家庭に持ち帰り、家族に伝達して、弟妹の最善の発育に役立てることを意図するものである。この方法はとくに保護者が非識字の場合に有効と考えられている。近年

表10-3　親支援型の事例——チリの「あなたの子どもを良く知ろう」

プロジェクト	チリ　あなたの子どもを良く知ろうプログラム
実施期間	1993～現行
総費用	n.a.
外部の支援	n.a.
受益者	1999年の実績では、274の農村における約3,500人の親と約4,000人の子ども
実施機関	教育省
背景	農村部でECDサービスへのアクセスのない6歳未満児に対して、その保護者の育児支援を行うことで、最善の発育を図ろうとして作られたプログラム。保護者は自分の人格的成長を自ら促すことができるという基本的考えに立っている。
目的／概要	保護者がプログラムの活動を通して適切な育児知識や態度を習得し、その子どもである6歳未満児の身体的心理的社会的発達の促進と、家族関係の質的向上を図ることを目的とする。
活動／戦略	コミュニティから選出された保護者が訓練を受けてプログラムのモニターとなる。モニターは約15名の保護者を対象に、会合を計画し、実施して、進行役を務める。会合は普通、小中学校や母親センターなどを利用して週に一度開かれる。会合で扱われるテーマは次の6つである。 　1) 6歳未満児の特徴 　2) 人間個人と環境の衛生 　3) 子どもの発達における遊びの重要性 　4) 敬意と家族の肯定的な雰囲気に則した躾 　5) 良い食事の重要性 　6) 家族とコミュニティの重要性 1つのテーマを約9回の会合で扱い、保護者同士は自らの経験を共有しながら議論を進め、後に自宅でできる発育促進活動についても学ぶ。全54回の会合がもたれる。上記のテーマに沿った教材、モニター用のガイドも開発されている。
結果	1995～97年に実施されたインパクト調査の結果によれば、プログラム参加者の子どもはそうでない子どもと比較して、2～5歳児の国語能力の平均点、認知能力の水準、小学1年生修了時の成績でより高い水準にあった。参加した母親は自尊心や自立心がより高いことがわかった。結論として、本プログラムは農村部の保護者や乳幼児に好ましい変化を低コストでもたらすもの、つまり費用効果が高いと評された。

　注）このプログラムは教育省が運営しているが、チリの非営利教育調査研究機関CIDEは1970年代より、これに良く似たECDプログラム「親と子ども」を実施している。
　出典）Ministerio de Educación de Chile Websiteより作成。

では UNICEF がこの子ども対子どものアプローチを用いた支援を活発化させつつある（United Nations Economic and Social Council 2007, p.10）。

　保護者支援型の最後に挙げたアプローチは⑥c家庭訪問を通した保護者教育である。これは、集団活動に参加したがらない保護者や孤立した母親などへの歩み寄りの有効な方法とされる。CFI 支援のホンジュラスの母親ガイドでも見たように、通常、家庭訪問を行うのは ECD 教諭ではなく、対象となる地域社会から選ばれた保護者であることが多い。自宅ベースの保護者支援は施設ベースのアプローチの補完的活動として併用して用いられることも多い。

　自宅ベースのもう1つのアプローチはマスメディアを利用した遠隔教育プログラムである。これは通常の ECD サービスが届きにくい農村部僻地の住民に対してとくに有効な手段であるが、ラジオやテレビの普及率が高いことが前提条件となるため、サブサハラアフリカ諸国への適応は難しいかもしれない。⑦bテレビ型の事例は米国開発援助庁支援のセサミストリートの現地版製作を取り上げ、⑦aラジオ型の事例については、**表10-4**でエクアドルのインターアクティブ・プログラムの事例を紹介する。これらのアプローチで

表10-4　遠隔教育型の事例──エクアドルの「劇をして遊ぼう」

プロジェクト	エクアドル　劇をして遊ぼうプログラム（インターアクティブのラジオ番組）
実施期間	1996～97
総費用	n.a.
外部の支援	USAID（5番組の製作費）、PLAN International（10番組の製作費）、INNF（無料のラジオ放送や物品供与）など
受益者	5～7歳児約20万人とその保護者
実施機関	Education Development Center（EDC、米国の教育コンサルタント）
背景	インタラクティブのラジオ番組を15コマ製作し、放映する試行プロジェクト。EDC は過去にも3～6歳児と保護者向けのラジオ番組をボリビア、南アフリカ、ネパール、コロンビアで製作した。
目的／概要	5～7歳児の批判的思考、葛藤回避能力、問題解決能力、情緒的能力を養うようなロールプレイ方式のラジオ番組を製作し、放映して、それらの能力開発を行う。同時に、保護者にどのようにすれば子どもの批判的思考や葛藤回避能力などが培われるのかを番組を通じて伝える。また、エクアドルの課題である環境問題やジェンダーの平等、保健衛生に対する意識の欠如などについて番組の内容に取り込む、など。
活動／戦略	番組作成に当たっては、子どもとその保護者の二種類の聴衆者を想定する。子どもについてはロールプレイだけでなく、ゲームや体操の活動も盛り込む。保護者向けにはどのように学習促進を行えばよいのか、その過程を示すようデザインする。費用は年間子ども一人当たり約1米ドルと低コストである。
結　果	n.a.

出典　Bosch (1997) より作成。

は、利用者の参加意欲の有無がプログラム効果を左右するため、プログラムによってはもっとも近い ECD 施設から教諭が定期的に家庭訪問を行うなど、自宅ベースの他のアプローチとの併用も見られる。

3. 実践アプローチの長所と短所

　以上のような ECD の実践アプローチにはどのような長所、短所があるのだろうか。各アプローチを比較する形で、以下に箇条書きで述べる。

1) ①〜⑤施設ベースのアプローチは一般的にコスト高であり、とくに政府の財政支援がないアプローチでは利用者の費用負担に課題が残る。対照的に、⑥⑦自宅ベースのアプローチは比較的低コストに収まる。
2) 施設ベースのアプローチは子どもを直接扱うので日常的にモニタリング・評価が可能であるが、自宅ベースにおいて子どもの発達のモニタリング・評価は通常、保護者を通して間接的にしか行えない。
3) 施設ベースのアプローチでは母親をはじめとする保護者の就労が可能となる。
4) 3歳以上の子どもの場合、他者との関わりを通した社会化が発達課題の1つであるため①〜⑤施設型がより望ましいが、3歳未満児であれば個別の対応が必要であり、施設型が必ずしも好ましいとは言えない。
5) ② c を除く②政府機関運営主体型では、正式な養成訓練を受けた教諭が視学官の指導を受けながらサービスを提供するため、他のアプローチに比べると、ある程度の質が確保されているものと推察される。
6) 施設ベースのアプローチで③コミュニティ運営主体型と④自宅開放型については、ECD 施設の開設がコミュニティ全体の発展にも資して、プログラムに対する住民のオーナーシップも高まり、持続性が確保されるなど長所は多い。とくに、④では雇用も創出され、施設を運営する母親の自立心や自尊心の向上にもつながる。
7) しかしながら、③④のアプローチにおいて所管の政府機関が十分に機能していない場合は、定期的な視察が行われず、准教諭の訓練期間も短いうえに再訓練の機会も少ないことから、サービスの質的側面に不安が

残る。

8) ⑤職場併設型は実現自体が困難であり、それが最大の短所とも言えるが、いったん実現されれば、仕事の能率向上、ストレス減少、母乳育児可能など利点が多い。ただ、その場合でもとくに都市部においては子どもを連れた通勤の難しさが障害となる。

9) ⑥⑦自宅ベースのアプローチには、施設型のアプローチでは届きにくい母親や農村部奥地に届くこと、保護者が教育者として子どもに24時間関われること、家族全員が裨益の対象となることなど、数多くの長所がある。

10) ⑥⑦自宅アプローチの最大の短所は、保護者に与えられる知識や態度が子どもの発達段階に照らして適切でなければならないが、週1回の会合や遠隔教育による実践ではこの点に対応することが難しい。

11) ⑥a親支援型や⑥c家庭訪問型のアプローチの実践では、参加型で自由に意見交換ができ、相互扶助が可能となるような関係作りが不可欠であり、数回の支援だけでは効果は出ない。

12) ⑥⑦自宅ベースのアプローチでは保護者や子ども自身の参加意欲がプログラム効果に直接的に反映するため、そうした意欲を持続させるような良質のサービス提供が不可欠の課題である。

なお、世界銀行がまとめたECDの立案ガイド本によれば (Evans, Myers and Ilfed 2000)、保護者支援型は有効な方法ではあるが、子どもを直接扱うECDサービスの代替案にはなりえず、あくまでそれを補完する戦略の1つとしてとらえられるべきものと主張している。

第2節　立案上の留意点

表10-1にも明らかなように、中央政府がECD拡大への政治的意思を示し、地方行政機関も機能し、そのうえある程度の財源確保もされていれば、ECDサービス提供のアプローチには広い選択肢がある[1]。しかしながら、低所得水準の途上国や、中所得国であっても国内の貧困地域においては必ずし

もそれに当てはまらないケースが多く、当然その制約によって選択肢の幅も狭くならざるをえない。以下では、「中央政府による政治的意思はあるものの、財源はなく、地方行政機関も十分には機能していない国」を想定し、アクセス拡大のための ECD のプログラム計画段階でどのような点に留意すべきかを考える。

(1) **誰がプログラムの管理運営をするのか**

　通常、途上国の ECD プログラムは、教育省、国内外 NGO をはじめとする援助機関、コミュニティのいずれかによって管理運営されている。表10-1に示したように、政府機関が運営主体となっている幼稚園／保育所 (② a) や既存施設併設 (② b) の ECD 施設の場合、都市部に集中し、受益者も特定の階層に限定されているのが特徴であった。今後は、中央政府に特別な財源がないという状況下で、農村部や都市周辺地域に住む貧困層の子どもに ECD サービスの拡大を図る必要がある。その場合、プログラムの持続的自立的運営を想定すれば、当然コミュニティを管理運営主体に考えるほかはないだろう。むろん、その場合もプログラムの立上げ時には援助機関など外部からの財政・技術支援の注入が必須となる。

　コミュニティによる運営管理を視野に入れれば、プログラムの立案段階からコミュニティの参加を促進し、地域住民のオーナーシップを高めて、現地移管をスムーズに進められるよう配慮することが重要である。そのためにも、事前調査を通してコミュニティの強みは何かを把握し、それを生かすような形で立案に着手する必要があるだろう。たとえば、既存のものを活用するという考え方に基づけば、水利管理組合など既存の住民組織を運営委員会の母体に利用することなどが考えられる。

(2) **誰を受益者とするのか**

　ECD プログラムの受益者を誰にするのか、すなわち、どこのコミュニティの誰を、どのような基準のもとに選択するのかは計画段階でとくに留意すべき点である。なぜなら、本来ならば極貧困層ほど ECD サービスのニーズは

高いが、極貧困の農村では利用者費用負担の原則の適用が難しく、プログラムを実施したところで持続性を保つことは難しいためである。持続性を憂慮すれば、ある程度の利用料負担が可能となるような経済水準のコミュニティを選ばざるをえない。また、選ばれたコミュニティにおいても、ECD 参加の有無は基本的に参加者自身が自ら判断するセルフ・ターゲッティング方式であるため、必ずしもコミュニティ中でのより貧しい階層が受益者に含まれるとは限らない。そのため、こうした状況によく配慮し、可能な限り貧困層が受益者に含まれるよう配慮する必要があるだろう。たとえば、施設ベースのアプローチにおける支援地域の選定に当たっては、事前の社会経済調査を十分に行い、そのうえでなるべく経済水準の低い地域で、かつ持続的運営の見込みが比較的高いところでの折り合いをつける。そのうえで、ECD に参加できない貧困層に対しては自宅ベースのアプローチを用いるなどして、何らかのサービスが届くように配慮することが可能であろう。この点、ニーズ調査を含めた事前調査の重要性はきわめて高い。

⑶ 誰がマルチセクターの調整役を担うのか

　これまでも繰り返し述べてきたように、子どものニーズは教育や保健などのセクター間の枠を越えるものであるから、ECD プログラムを実践するうえでは、教育省だけでなく保健省や水管理の省庁など複数の省庁との関連が出てくる。ここで、それら省庁間の調整役を誰が担うのかという問題が発生する。

　コミュニティが実質的な ECD プログラムの運営管理を行うにしても、それが政府機関所管のプログラムである場合には当然、政府機関内に担当部署が存在している。これには2つのタイプがある。1つは既存の省庁からもっとも関連性の強いところが担当する場合で、多くは教育省であるが、社会福祉関連の省庁が担当するケースもある。もう1つはセネガルの「子どもセンター」の事例に見たように、ECD 担当省としてセクター間を越えた省庁が新たに設置されるケースである。実質的にコミュニティはマルチセクター間の業務調整をこれら行政機関の地方局に頼らなければならない。この場合、

いずれのケースの、どのような形態が効果的調整に結びつくのであろうか。

　UNICEFによれば、ECDのためにマルチセクターを扱う新たな省庁が設置されても、人材、財源、権限が十分に与えられていない場合、既存省庁の間で実質的な調整役を担うことは難しい。そのような省庁は、セネガルの例のように大統領直属となるなど政治的色合いが濃く、政権交代後の持続性にも不安を残す。代替案として、ペルーのWawa Wasiのように、各セクターを担当する省庁や協力機関の代表から成る調整委員会を設置することが考えられる。その場合、プログラムの内容によって、リーダーとなる省庁を定め、各省庁の責任やコスト負担を明確にし、日常的な情報交換を行う必要があるだろう。このような中央省庁間での調整メカニズムが存在すれば、地方レベルでの調整を進めるうえでの確かな一助となる。ただし、地方政府機関が十分に機能していない中での調整になるため、いずれにしても困難が伴うことは否めないだろう。マルチセクターの統合には段階があることを示したが（表9-6）、それぞれの状況に応じて適切な統合のレベルから着手することが重要であろう。

(4) どのようにプログラムを持続させるのか

　ECDプログラムの持続性向上のためには、大きく2つの対策が考えられる。まず、立案段階から住民の参加を促してプログラムに対するオーナーシップを高めることである。たとえば、AKFのマドラサ・プレスクールではパートナーシップ・アプローチを用いて、プログラムの参加決定前から村の指導者にコミュニティの役割を明らかにしたうえで参加有無の判断を住民に委ねていた。

　次に、立案段階から、どのような費用回復手段を通してコミュニティ・レベルでプログラムを持続させていくのかを熟慮する必要がある。その具体策としては、入学金や月謝支払いによる利用者負担、財源確保のための小規模プロジェクトの実施、催し物の開催、AKFのマドラサ・プレスクールで提言されていたようなコミュニティ基金の設置などが考えられるだろう。

　しかしながら、利用者費用負担では、JOCVのニジェールの事例（第9章第5節）

のように、収入減などの理由によって利用者の支払いが滞り、教諭給与などの最低運営経費さえ賄えなくなるケースがよくある。その対策としては、次の4つが考えられるだろう。1つは、運営委員会からの働きかけを通した費用回収努力。次に、現金以外のお米など、代替物での支払いを認めること。さらに、利用者数の増加を図るための努力を怠らないこと。そして最後に、保護者の収入向上につながるような小規模のプロジェクトを実施することである。

利用者数増加のためには、良質のECDサービスを提供することや、まだECDの必要性を十分に理解していない住民を対象に需要喚起の活動を展開することの2つの戦略が考えられる。ただし、質的改善には利用者負担を増加させない程度のコストにおいてという制約がある点に留意を要する。

注
1 たとえば、インドのICDSはすべて国庫で負担している。コロンビアのHCB（第8章参照）も同様に全労働者の給与所得の3％が担当機関の財源に充てられる。

参考文献
Bosch, A. (1997) "Juguemos al Teatro-Interactive Radio Instruction to Promote Critical Thinking Skills, Conflict Prevention and Resolution, and Emotional Development: A Pilot Project in Ecuador," from *Early Childhood Counts CD-ROM*, Consultative Group on Early Childhood Care and Development: Washington, D.C.

Evans, J. L., Myers, R. G. and Ilfeld, E. M. (2000) *Early Childhood Counts: A Programming Guide on Early Childhood Care for Development*, World Bank: Washington, D.C.

Hein, C. and Cassirer, N. (2010) *Workplace Solutions for Childcare*, ILO: Geneva.

Ministerio de Educación de Chile Website (http://www.mineduc.cl)

United Nations Economic and Social Council (2007) "UNICEF Education Strategy," E/ICEF/2007/10, United Nations: New York.

第Ⅳ部
保育分野の国際協力における課題

第11章　国際教育協力の意義と歴史
第12章　国際教育協力の潮流と保育・幼児教育
第13章　日本のECD支援の課題

第11章　国際教育協力の意義と歴史

第1節　保育協力と国際教育協力

　第Ⅳ部では、これまでの議論を踏まえて、保育分野における国際協力の課題を論じたい。これまでの章でも論じてきたように、保育分野はさまざまな部門が関与するが、教育関係部門が重要な役割を果たしていることはいうまでもない。途上国の保育の現場は、多かれ少なかれ、国際教育協力の国際的な動向に影響を受けている。保育協力の場は、現場の学校や幼稚園であったり、教育行政の部局であったり、大学や教員養成校であったり、さまざまであるが、それらの教育現場はいずれも現在の国際教育協力の国際的動向と無関係ではない。また、ECD 支援手法に関する研究においても、幼児教育を中心にその拡充を図ることの重要性が強調されている (Engle et al. 2007)。そこで、本章では、保育分野の国際協力について述べる前に、教育分野の国際協力 (国際教育協力) とはどういうものなのか、それはどのような歴史をたどってきているのか、動向はどのようになっているのか、説明しておきたい。

　教育分野の国際協力のことをここでは国際教育協力とよんでいるが、教育を「人に何かを教えること」と捉えれば、技術協力はすべて国際教育協力ということになってしまう。ただ、これではあまりにも漠然としてしまうので、ある程度限定された定義をする必要がある。かといって、「学校教育分野の援助」に限定してしまうと、職業訓練や学校外教育、保育園などはどうなるのかという疑問がわいてくる。これらの問題を手際よく整理しているのが『開発と教育 分野別援助研究会報告書』(国際協力事業団 1994) である。この報告書では国際教育協力のことを「教育援助」とよんでいるが、そこでは「教

育援助」は次のように定義されている。

①学校教育に関する援助は教育援助とみなす
②識字教育・社会教育に関する援助は教育援助とみなす（識字教育および社会教育は特定の知識を与えるものであるが、全人格的発達の基礎を築くという観点から教育援助とする）
③放送教育は教育援助とみなす（放送教育は学校教育制度を補完し、生徒や市民に知識、技能、価値観を伝達するという観点から教育援助とする）
④職業教育は教育援助とみなす（職業高校等における技術教育、ならびに特定の技能や技術を伝授する公的な職業訓練や専門学校の教育は、個人の才能をはぐくみ国家の発展に必要な人材養成のニーズに応えるという観点から、教育援助とする）
⑤教育機関での研究プロジェクトは教育援助とみなす（大学等の教育機関で行われる研究プロジェクトは、教育機関の育成という観点から、教育援助とする）
⑥教育を手段とするものは教育援助に含めない（普及活動や啓蒙活動といった教育的行為を手段として他の分野の目的達成を図る条件（人口教育プロジェクト等）は、目的とする分野での分類に含めることが適切であるため、除外する）

ここに「①学校教育に関する援助は教育援助とみなす」とあるが、保育についてはどうであろうか。保育は必ずしも学校教育制度の一部をなしているわけではないが、多くの国において、実際に保育現場で教育活動も実施されている。その意味では、保育に関する活動も「教育援助（国際教育協力）」としての性格を有するといえよう。

第2節　国際教育協力の意義

では、国際教育協力にはどのような意義があるのだろうか。教育というものは本来、その国の主権が責任を持って行うべきもので、援助にはなじまないのではと言われたこともある。たしかに、一国の教育というものはその国

自身の責任で発展させていくのが本筋であるという考え方もあろう。そこで、ここでは国際教育協力にはいったいどのような意義があるのか、政府の政策文書などをもとに整理しておきたい。

　近年は国際教育協力そのものを否定するような意見はあまり聞かれなくなった。ただ、「教育という分野で開発援助を実施することにどのような意味があるのか」「なぜそれをするのか」は重要な問いかけであり、それにこたえておく必要はあろう。『ODA白書』によれば、国際教育協力の意義としては次のような点があげられている（外務省2000）。

①教育を受けることは、それ自体が基本的人権の一部である。途上国では、いまだに1億1,300万人以上の子どもたちが基礎教育を受けられず、約8億8,000万人の人々が読み書きできない状況にある。たとえば、1996年における初等教育の就学率は、ブルキナファソで32％、エリトリアで29％であるなど、とくに低所得国、アフリカ諸国における教育の普及の遅れは著しい。また、中途退学者が多いという問題も指摘されている。
②教育を受けることは人口増加の抑制、女性の地位向上、民主主義の基礎ともなる。人造りは国造りの基本であり、基礎教育水準の向上は、途上国の開発に必要な人材育成にとっての鍵である。
③教育分野での協力は、途上国の人造りに結びつくため、他の分野での協力の効率を高めることになる。
④日本語教育、留学生交流を通じて日本の文化に対する関心を深め、相手国との友好関係の促進につながる重要な意義を有する。
⑤国際社会においても、近年、開発の文脈において、途上国における教育、人材育成に大きな関心が寄せられている。国連などの方針によって、全ての国における2015年までの初等教育の普及や2005年までの初・中等教育における男女格差の解消が開発目標として掲げられていることにも表れている。

　また、文部科学省は、次のような点を国際教育協力の意義としてあげてい

る（文部科学省 2002a）。

①教育は、家庭教育、学校教育、社会教育などのさまざまな形において、人間の一生を通じて実現されるべきものであり、人格形成と、人権、環境、経済産業等のあらゆる領域の基盤を形成するものである。とりわけ、最大の課題である貧困に対して教育は、人間の潜在的な能力の開発を促すため、発展途上国が自らの努力によって貧困から脱出し持続的に発展していくための基盤づくりに大きな役割を果たすことができる。さらに、教育は、人々に自ら考える力を与え、対話を通じて他者や他文化を理解する力、国際協調の精神を重んじる態度をはぐくむことができる。

②我が国は、戦後、教育を国づくりの基本とし、「米百俵」の精神をもって復興してきた。国民生活、経済活動のあらゆる領域の基盤となる教育に人的・物的資源を傾注する、このような経験は、発展途上国、そして、世界各地で見られる紛争地域での紛争解決後の国づくりにとっても大いに参考になり得る。

③一方、我が国においては、教育に関して学校や草の根レベルでさまざまな交流が行われている。こうした交流が土台となって、よりきめの細かいODA協力へと発展していく可能性がある。政府のODAで実施されている国際教育協力を、我が国の国民が参画した交流へと結び付け、裾野の広い協力に発展させていくことも考えられる。

　このように、国際教育協力は、あらゆる層で我が国の国民が、発展途上国の国民とつながりを緊密化することを促し、日本とアジアをはじめ発展途上国との共生をより深いレベルで実現していく可能性を有している。

④教員が発展途上国において国際教育協力に従事することによって、コミュニケーション、異文化理解や概念化の能力を身に付け、国際化のための素養を児童・生徒に波及的に広めるならば、「内なる国際化」を促進し、相互理解と相互依存の必要性がますます高まる国際社会に対応できる日本人の形成にも資することができる。

⑤発展途上国と我が国との間では、教育の背景となっている歴史や社会・文化が大きく異なることから、我が国から派遣された教員が、両国の教育経験を比較することにより、我が国の教育の良い点を再認識でき、また、国内の教育に生かせる点を見出すことができる。このため、国際教育協力に参加した教員は帰国後に自身の経験を教育の現場に還元できるようになり、我が国の教育の質を結果的に高めるという効果もある。

⑥このように、国際教育協力において我が国の教育経験を活用することにより、「日本の顔」だけでなく、「日本人の心」が見える協力となる。そして、多くの日本人が協力の有効性を実感できることになる。この点から、国際教育協力は国民によるODA理解を増進していく上でも大きな意義を持つ分野である。

まとめると、国際教育協力の意義は「途上国の人々の潜在的な能力開発を通じた持続的発展」「考える力の育成」「他者や他文化を理解する力、国際協調の精神を重んじる態度の育成」「我が国の経験の貢献」「途上国の人々とのつながりを通じた、途上国との共生の深まり」「内なる国際化」「我が国の教育の質的向上」「国民によるODA理解の増進」にあると表明されていることになる。

このようにみてくると、国際教育協力は、単に途上国の教育発展に貢献するのみならず、わが国の教育の国際化や質的向上をも推進する可能性のあるものであることがわかる。では、幼児教育・保育分野における協力は、日本の幼児教育にとってどのような意味があるのだろうか。文部科学省の調査研究協力者会議による報告では、幼稚園教員の資質向上において研究活動や国際経験などの活用が有効であると指摘されている（文部科学省2002b）。

「研究活動などは、教員の資質向上面で研修と同様の効果が得られる場合もあり、積極的に取り組むことも有効である。また、<u>留学や青年海外協力隊への参加などの国際経験は、外国語を操り、外国文化を理解するだけでなく、言語・文化の違いを踏まえた意思疎通を行う能力や日本と</u>

<u>異なる環境での経験により、自己や自らの社会的背景について客観的な理解が深まり、コミュニケーション能力や国際化時代に対応した幼児教育を進める能力の向上につながる。</u>」(文部科学省2002b)(下線は引用者による)

　また、同報告書には、青年海外協力隊への参加が幼稚園教諭をどのように変えたか、具体的な事例としてモンゴルに派遣されたA先生の活動を紹介している。

　「A先生は、改革期のモンゴルに行き、2年間、幼稚園での実践活動を経験した。
　モンゴルでは就学前教育機関である幼稚園に、おおよそ3歳から7歳までの子どもが通っている。子どもは教員が準備したスケジュールにそって一日約8〜10時間を幼稚園で過ごす。内容は、机に向かい先生の質問に答えるという授業形式がほとんどであった。
　年に一度、教員がそれぞれのテーマにそって教材を準備し、初めて接する子どもに30分間保育をするというコンテストが、区や市単位で開催される。そこで、A先生は、子どもが『遊びながら学ぶ』という日本の幼稚園教育の方式をモンゴルの教員たちに伝え、それに基づいた発表を試みた。コンテストでは、『子どもたちの表情が生き生きとしていてよかった。』という評価と、『日本のやり方は楽しそうだがモンゴルでは通用しない。教えるべきことはきちんと教える必要がある。』という評価を受け、日本の幼稚園のよさを伝えることがある程度できたが、幼稚園教育も国のもつ文化や社会状況を背景に成り立っていること、日本の幼稚園教育がさまざまに評価されうることを知った。
　また、幼稚園の年長の子どもが出場する歌・踊り・体操などの大会がある。子どもたちが練習する様子は、A先生の目から見るととても厳しいものと思えたが、子ども自身が出場に誇りをもつとともに、教員たちは子どもたちの力を信じて、練習を毎日続けていた。その姿が印象に残り、子どもが本来もつ力や可能性をどのように引き出していくか、とい

う幼稚園教育がもつ本来の役割を再考させられ、国により、その方法も異なるということに気付いた。

　このような経験を経て日本に戻ったA先生は、モンゴルで感じた視点を大事にしながら、日本の子どもたちには何が必要か、何を大事にしていかなければならないかをよく見きわめて、日々の保育に努めたいと考えている。」(文部科学省 2002b)

　幼児教育や保育の国際協力に携わることは、日本の保育者の研修として有効なのだろうか。**表11-1**は、青年海外協力隊などの国際経験が幼稚園教諭の研修として有効かどうかを、全国の保育研究者（日本保育学会会員から無作為抽出）を対象にたずねた結果である。

　これを見ると、「とても有効」「ある程度は有効」を合計した数値は79.3%、すなわち、保育研究者の約8割が青年海外協力隊への参加が幼稚園教諭の研修として有効であると考えていることが分かる。幼児教育分野は、隊員経験を国際理解教育や開発教育という形で直接授業に応用することは難しいかもしれない。しかし、多くの帰国隊員が、隊員活動への参加によって「ものの見方の広がり」「柔軟な発想」「最後までやり遂げる根性」が育ったと回答しており（帰国隊員への聞きとり調査より）、日本の幼児教育へのインパクトという点で大きな可能性を持っていると思われる。

表11-1　青年海外協力隊などの国際経験が幼稚園教諭の研修として有効かどうか

	人数	%
とても有効だと思う	56	37.3
ある程度は有効だと思う	63	42.0
どちらともいえない	23	15.3
あまり有効だとは思わない	5	3.3
まったく有効だとは思わない	1	0.7
無回答	2	1.3
合計	150	100.0

出典) 浜野・坪川 (2009)

第3節　BEGINと拠点システム

　ダカール会議を受け、小泉首相（当時）は、カナダのカナナスキスで開催されたサミットで「成長のための基礎教育イニシャティブ(BEGIN)」を発表した。これは、日本政府が打ち出した途上国が行う基礎教育普及のための取り組みを支援するための枠組みである。

　BEGINは表11-2のような内容から構成されるが、このなかでとくに幼児教育分野に関係があるのは、「拠点システム」の構築である。

表11-2　成長のための基礎教育イニシャティブ (BIGIN)

1. 支援に当たっての基本理念
途上国政府のコミットメント重視と自助努力支援． 　文化の多様性への認識・相互理解の推進． 　国際社会との連携・協調（パートナーシップ）に基づく支援． 　地域社会の参画促進と現地リソースの活用． 　他の開発セクターとの連携． 　日本の教育経験の活用．
2. 重点分野
(1) 教育の「機会」の確保に対する支援 　　多様なニーズに配慮した学校関連施設の建設． 　　ジェンダー格差の改善支援（女子教育）． 　　ノン・フォーマル教育への支援（識字教育の推進）． 　　情報通信技術（ICT）の積極的活用． 　(2) 教育の「質」向上への支援 　　理数科教育支援．教員養成・訓練に対する支援． 　(3) 学校の管理・運営能力の向上支援 　　教育の「マネージメント」の改善． 　　教育政策及び教育計画策定への支援の強化． 　　教育行政システム改善への支援．
3. 日本の新たな取り組み
現職教員の活用と国内体制の強化（「拠点システム」の構築）． 　国際機関等との広範囲な連携の推進．UNESCO支援、UNICEF支援． 　世銀ファースト・トラック・イニシアティヴへの配慮． 　アフリカ教育開発協会（ADEA）への参加． 　紛争終結後の国造りにおける教育への支援．

「拠点システム」において、幼児教育の拠点（お茶の水女子大学）も指定された。そして、日本の幼児教育の知見をまとめた『幼児教育ハンドブック』などが作成され、それは、多くの保育・幼児教育協力関係者に利用されている。英語、フランス語、ベトナム語、ラオス語などに翻訳され、教員や幼児教育行政官の研修等にも利用されている。

『幼児教育ハンドブック』は、幼児教育協力において次のような活用のされ方もしている：①現地の教員研修での教科書として。②現地の教員研修での参考資料として。③日本の幼児教育を紹介するときの一例として。④途上国現地に派遣される前の事前（自己）研修のテキストあるいは参考資料として。⑤自分自身の活動を振り返ったり、今後のステップアップのための参考資料として。⑥行政関係者に、幼児教育を理解してもらうための資料として。⑦幼児教育の指導者層（養成校の教員など）に、幼児教育を理解してもらうための資料として。⑧教員養成校の学生に、幼児教育を理解してもらうための資料として。⑨幼稚園教諭に、幼児教育を理解してもらうための資料として。

国際協力は、相互理解に基づくことが基本である。我々が途上国に対して何か協力をしようとするときは、こちらが相手のことをよく理解すると同時に、相手にも日本のことをよくわかってもらうことが大切である。『幼児教育ハンドブック』は、日本の幼児教育について、とくに実践面での知見を集約している。途上国で幼児教育協力活動を展開する際に、相手に日本のことを紹介する際のひとつの材料となるものである。

以下、『幼児教育ハンドブック』に対して保育・幼児教育分野の青年海外協力隊員から実際に寄せられた声を紹介しておきたい。

「日本の情操教育について説明するのはなかなか難しく、……本の中にとてもたくさんの写真が載せられてあったのには助かりました。」
「いろいろな保育のHow to本だけでなく、その教育的意義や子どもたちの疑問に思う心、不思議がる心、失敗を機に新たな発見をしていく過程まで丁寧に書かれていて感動しました。」
「現地の先生たちに、どうしてこのような活動が大切なのかと問われた

ときに、上手く説明できなかったことがハンドブックの中からわかるように説明できると思う。」
「教科書としてそのまま使うのは難しいが、その国の幼児教育の実態に合わせて部分的に活用することは可能である。」
「自分がやりたい活動を言葉で十分に伝えられない時など便利だと思う。ただ日本の園の紹介というだけでは、やり方によっては『日本はお金があるからこんなことができるのだ』いう印象だけを与えかねないので注意が必要だと思います。」

　拠点システム事業は、2006年から「国際協力イニシャティブ」という名称のプロジェクトとして展開した。お茶の水女子大学では、「幼児教育分野における派遣隊員支援と幼児教育協力の質的向上」というテーマを掲げて、幼児教育の分野で派遣される青年海外協力隊員や関連分野での国際協力に携わる方々を対象に支援体制を構築した。その一つの成果が『幼児教育ハンドブック2――国際教育協力とよりよい協力活動のために』(浜野・坪川 2009)である。同書は、幼児教育及びその関連分野の協力隊員が派遣前や派遣後に直面した諸問題について一問一答形式で回答するという内容を含んでいる。協力隊員から実際に寄せられた質問に対し、元隊員や国際協力・幼児教育を専門とする大学教員らが回答を寄せるという形で編集されている。質問の内容は現場での実践から湧き出てきたものであり、その内容自体が途上国のECDの実情をよくあらわしているものでもある。また、寄せられた質問は、幼児教育隊員のみならず、国際教育協力に携わる際に多くの人が直面する悩みも含んでいる。具体的な質問をいくつかピックアップしてみよう。

（派遣前の悩み・相談）
　「現地での幼児教育現場の情報がなくて不安です」
　「任地の大学で保育者養成の授業を要請されているのですが、大学で授業なんかするのは初めてで、何をしていいかわかりません」
（活動の方針についての悩み・相談）

「現在の活動は『個』に対してアプローチしている状況なので、広がりに欠けると感じています。『点』に対する活動を『面』に広げていくにはどうしたらいいでしょうか」

「任国には任国の保育の型があり、その国式の保育にどこまで介入していいかわかりません。活動の方向性を決めるいい方法はあるでしょうか」

「任国の教育を子ども中心主義に向かわせるべきでしょうか」

(現地で、現場で直面する現実についての悩み・相談)

「基本的に現地の先生は子どもと一緒になって遊ぶということをしません。一緒にいても補助をするとか、座って見ていることがほとんどです。トラブルがあっても、教員が『やめなさい』『何をやってるの』といって止めるだけで、原因を聞いたりお互いが納得して仲直りするというところまで持っていかないことも多いです」

「授業では、教科書にしたがい読ませ、書かせ、言わせ、聞くなどしていますが、子どもたちには身についていないようです」

「任国の人が受け身（あるいは怠け者）で困っています。現地の指導主事自身が物事を企画したり提案したりすることもあるのですが、それを私にやらせようというフシがみられます」

「衛生面が悪く、子ども用の手洗い場所がありません」

「うがい、手洗いの習慣がなく、風邪などが一気に伝染してしまいます」

「外で遊んだまま、トイレに行った後も、そのまま食事をするといった様子が見られ、教員も手を洗うということをほとんど教えていません」

「虫歯の子どもがたくさんいます」

「栄養のバランスを考えることがなく、乳児のころからスナック菓子や飴を食べ、大人もそれが食事と思っています」

「音楽教育や絵を描くということがありません」

「絵本の読み聞かせが少ないです」

「外で遊ぶことがほとんどありません」

「現地の先生は子どもの意見を聞きません」

このような悩みは、幼児教育分野の青年海外協力隊のみならず、途上国の子どもの教育や発達・健康に関わる国際支援にあたってよくぶつかる問題である。このように寄せられる悩みや相談こそが、途上国の子どもたちや保育の現場をよく表しているといってもよい。これらの質問・疑問に対して、『幼児教育ハンドブック2』では、青年海外協力隊経験者、大学教員らが回答を寄せるという形で記述されている。青年海外協力隊の支援活動を通して、隊員の活動が深まっていくことが、将来的には日本の幼児教育・ECDへの協力活動の充実につながっていくことが期待されている。

参考文献
外務省（2000）『2000年版　政府開発援助（ODA）白書』
国際協力事業団（1994）『開発と教育 分野別援助研究会報告書』国際協力事業団
浜野隆［監修］・坪川紅美［編］（2009）『幼児教育ハンドブック2—国際教育協力とよりよい協力活動のために』お茶の水女子大学グローバル協力センター
文部科学省（2002a）『国際教育協力懇談会　最終報告書』文部科学省
文部科学省（2002b）『幼稚園教員の資質向上について—自ら学ぶ幼稚園教員のために（幼稚園教員の資質向上に関する調査研究協力者会議報告書）』文部科学省
Engle, P. L. et al. (2007) "Strategies to avoid the loss of developmental potential in more than 200 million children in the developing world", *Lancet*, vol. 369: 229-242

第12章　国際教育協力の潮流と保育・幼児教育

第1節　UNESCO と保育・幼児教育

　本章では、保育に関する国際協力について、国際潮流も目を向ける。UNESCO は、2007年の EFA Global Monitoring Report (EFA-GMR) のテーマとして Early Childhood Care and Education (ECCE) をとりあげ、報告書のタイトルを『ゆるぎない基盤 (Strong Foundation)：乳幼児のケアと教育』としており、誕生から就学前くらいまでの乳幼児に対する適切なケアと教育が、その後に人生における確固たる基盤になることを強調している (UNESCO 2006)。今後、幼児教育は国際教育協力においてこれまでにもまして注目される分野となるものと思われる。

　幼児教育に関しては、ECCE (Early Childhood Care and Education)、ECCD (Early Childhood Care and Development)、ECE (Early Childhood Education)、ECD (Early Childhood Development) など、さまざまな用語が用いられており、これらいずれの用語を用いるかによって重点の置き方が若干異なるが、いずれも「Early Childhood」を対象としている点では共通している。Early Childhood に関する上記の4つの表現のうち、現在、国際的には「ECD」が最も広く使われているが、UNESCO は EFA-GMR において ECCE という表現を用いている。この点を、EFA-GMR チームの代表をつとめたニコラス・バーネット氏に直接尋ねたところ、「国際的に ECD が最も多用されていることは知っているが、この報告書は EFA ダカール目標に対応したものであり、ダカール目標の表現に合わせた」との説明を得た。

　国際的には、国連 MDGs（ミレニアム開発目標）等が初等教育の完全普

及や男女格差の解消などを教育に関する最重要課題として掲げる一方で、UNESCO や世界銀行が ECD に注目する背景には、それだけの理由がある。それは、これまでの研究が一貫して ECD にはさまざまな効果があることを示していることである。ECD の効果についてはすでに第4章で詳述されているが、まとめると、ECD には、①高い収益がえられる、②貧困削減と基礎教育の普遍化という開発課題の達成において有効な手立てとなりうる、③初等中等教育における留年や中途退学を減少させる、④子どもの身体的・知的・情緒的な発達を促進させる、⑤家庭や地域の連携を強化する、⑥母親の就労を促進する、⑦女子の就学を促進する、⑧経済成長を促進する、などの効果があるといえよう。

このように、ECD の効果は、多くの研究がその重要性を支持しており、その必要性は指摘されてはいるものの、現在、発展途上国においては就学前教育が十分に普及しているとはいえない。また、就学前教育の供給は都市部に集中しており、農村部や貧困層においては普及率はさらに低くなっている。また、幼稚園の教員や保育士など、ECD に関わる専門的な人材が不足しており、教材も十分ではない。また、最大の問題は資金不足であり、多くの途上国政府は就学前教育に対して十分な財政的支援をしていないのが現状である。

第2節　EFA Global Monitoring Report 2007 の概要

次に、EFA-GMR 2007 の概要についてまとめておきたい。EFA-GMR 2007 は、ECCE に関する理論的な裏づけと世界の ECCE の最新事情、国際協力の取組と有効なプログラムについて包括的に検討したものであり、その意義は大きい。

EFA-GMR 2007 は、その要約版の序文において次のように就学前の重要性を記述している。

「学習は、子どもが初めて教室のドアを入るずっと前から始まっている。

子どもにとっての就学前数年間の重要性は、2000年にダカールで164ヵ国によって採択された6つのEFAゴールの最初に明示されている。その就学前数年間というのは、非常に影響を受けやすいと同時に大きな可能性を秘めた時期なので、子どもたちの健康と発達の基礎を築くために十分な保護やケア、そして刺激が必要だ。」(UNESCO 2006)

　また、EFA-GMR 2007では、ECCEの重要性の根拠として、1989年に採択された「児童の権利に関する条約」をとりあげる。

　「1989年の国連総会で採択され、今では192ヵ国が批准している『児童の権利に関する条約』は、子どもが生存し、発達し、守られていく権利を守る、画期的な取り決めである。社会経済の急激な変化によって、乳幼児政策とプログラムに対するニーズはいっそう増加している。しかし、発展途上国では、質の高い乳幼児プログラムを利用できる子どもたちは限られている。ほとんどの先進国の子どもたちが、小学校入学前に少なくとも2年間、幼稚園に無料で通っているのとは対照的である。」(UNESCO 2006)

　EFA-GMR 2007では、ECCEの現状がさまざまな角度から紹介されている。世界の約半数の国において、3歳以下の子どもたちに対するフォーマルなプログラムが存在しないなど、幼児に対するケアは軽視されている。OECD諸国の場合、その大半の国は、少なくとも最低2年間の無償の就学前教育を実施しているが、大半の発展途上国において就学率は低い。地域別に見ると、ラテンアメリカ、カリブ諸国および太平洋地域の就学前教育総就学率が最も高い。かなり差は大きいが、東アジア、南・西アジア、アラブ諸国、サブサハラアフリカがそれに続く。中欧や東欧などの移行国では、1990年代に就学前教育の就学者数が激減したものの、徐々に回復しつつある。しかし、中央アジアは依然立ち遅れている (UNESCO 2006)。
　先進国、移行国、そしてラテンアメリカで実施されているECCEの取り

組みは、その大半が公的セクターによるものであるのに対し、サブサハラアフリカ、アラブ諸国、カリブ諸国および東アジアでは民間セクターによる実施が主である。ほとんどの地域の就学前教育において、男女間格差はほとんど存在しないが、国内における格差は大きく、貧困層、農村部および社会的に排除されている世帯（出生証明書がないなど）出身の子どもたちは、富裕層、都市部にある世帯の子どもたちに比べて ECCE へのアクセスが著しく困難になっている。その結果、ECCE プログラムによって恩恵を受ける可能性が高い子どもたち（栄養失調や予防可能な病気にさらされている子どもたち）が、最も ECCE プログラムを受けていない。発展途上国の ECCE スタッフ（教員や保育者など）は概して最小限の教育、教員養成しか受けておらず、大抵の場合、かれらの給与は非常に低い。政府からの支援という点を見ても、就学前教育に対する予算面での優先順位は低く、政府支出額も少ない。また、ドナーに目を向けてみると、ECCE は、大半のドナーにとって最優先事項ではない。ほとんどのドナーにとって、就学前教育への援助額は、初等教育への援助額の10％以下に過ぎず、半分以上のドナーは就学前教育に2％以下の額しかあてていない（UNESCO 2006）。

　ECCE に関してどのようなプログラムが有効かに関しては、栄養、健康、ケア、教育を組み合わせたアプローチ、インクルーシブなプログラム、母語によるプログラムをあげ、うまく設計されたプログラムでは、ジェンダー・ステレオタイプを打破することができるとしている。また、ECCE の質を決定づける最も重要な要因は、子どもとスタッフとの相互作用（ふれあい）であるとし、それが子どものニーズに即したものであることの重要性が強調されている。そして、そのための適切な学級規模やスタッフの就業環境の改善などが重点項目としてあげられている。さらに、就学前教育と初等教育との連続性の確保については、スタッフやカリキュラムの継続性、保護者の協力が大切であるとしている（UNESCO 2006）。

　これらの課題を達成するためには、何よりもハイレベルでの政治的サポート、0歳から8歳の子どもを対象とした国家政策作り、関連する諸セクターや各々の行政レベルにおいて、責任や財政の分担の明確化、各国および国際

的なデータ収集とモニタリング実施のための継続的な努力、関係省庁間を調整するメカニズム、官民の連携、スタッフの水準向上、適切な対象設定、ドナーからのさらなる注目、などが必要であると結論づけている (UNESCO 2006)。

第3節 ECD 分野の国際協力

　上記の EFA-GMR にもみられるように、ECD 分野の国際協力は、その重要性がこれまで数多く指摘されながらも、ドナーにとってはプライオリティが低い領域である。これまでに多くのプロジェクトが実施されてきたわけではないし、初等教育や中等教育、高等教育に比べれば、幼児教育のプロジェクトは案件数も金額も非常に少ないのが現状である。二国間援助では、幼児教育のプロジェクトはほとんど実施されていないし、二国間援助の枠組みで実施されるものも、そのほとんどは国際機関との連携事業として実施されてきた。

　どうして、ECD は、その重要性が指摘されながらもドナーのプライオリティが低いのであろうか。それにはさまざまな理由が考えられるが、次の6点にまとめることができよう：①途上国の国内でいまだ優先順位が高まっていない（途上国の国内でまだやる気が高まっていない領域に、ドナーとしては手を出しにくい）。②国連 MDGs（ミレニアム開発目標）にもみられるように、初等教育の普及が国内的にも国際的にも最優先される。③ ECD のプロジェクトの経験が国際的にもまだ浅く、有効な支援手法が確立されていない。④途上国における ECD の実態に関する調査研究が少なく、実態が十分に把握されていない、⑤途上国における ECD の効果が十分に実証されておらず、大規模な財政支出を可能にするだけのハード・データに乏しい。また、仮にそのようなデータがあったとしても、政策担当者に広く知られていないため、ECD の優先順位が低くなる、⑥ ECD は子ども観や保育観、子育て・育児といった、その国の文化を色濃く反映する領域であり、（たとえば理数科教育のような文化的バイアスが少ないと考えられてきた領域に比べ）、援助に当たって慎重にならざるを得ない領域である。

さて、このような状況下にあって、比較的、ECD のプロジェクトを多く実施してきたのは、世界銀行、UNICEF、NGO などである。UNECSO は、政策分析や教育計画策定などの政策支援活動を中心に行ってきているが、途上国の現場でのプロジェクトについては、主として世界銀行、UNICEF、NGO が実施してきたといえる。これらの国際援助機関・団体によってプロジェクトの内容として主に実施されてきたのは、教員訓練、教材開発、啓蒙活動、施設建設、キャパシティ・ビルディング、モニタリング・評価、等である。また、ECD に関するプロジェクトは、それが単独で実施されるというよりは、より大きなプログラム（たとえば基礎教育や保健医療、母子保健、栄養改善など）の一部として行われることも多い。よって、必然的に、教育以外のセクターや、教育セクター内でも他のサブセクターとの連携が重要になってくる。

参考文献

UNESCO (2006) *EFA Global Monitoring Report 2007*, UNESCO: Paris.

第13章　日本のECD支援の課題

第1節　ECD分野の国際協力における課題

　ECD分野の国際協力における課題としては以下の5点があげられる。第一に、ECDの量的拡大と質的改善、格差是正である。発展途上国における幼児教育は、まだ量的にはそれほど多くの子どもが受けているとはいえない状況にある。就学率等の統計指標で見る限り、幼児教育にアクセスしているのは一握りの富裕層・都市部住民であり、途上国では一般に幼児教育は「贅沢品」である。また、幼児教育の質も、教員養成や教材開発の点で十分とはいえない。よって、幼児教育の課題として第一にあげられるべきは、量的拡大と質的改善、そして、都市部に偏りがちな幼児教育施設をいかに農村部や貧困地域に広げていくかであるといえよう。量的な拡大に当たっては、供給面での拡大の工夫と需要喚起の2つのアプローチがある。供給の拡大のための工夫としては、対象となる子ども、家族、地域社会のニーズ調査、試行プロジェクトの実施などが、需要喚起の手法としては、「子どもや保護者に対し、遊びや学習の楽しさ・重要性を実感する機会を与えること（玩具ライブラリーや読み聞かせ会など）」、「保護者に直接裨益するような活動（保健衛生や栄養知識の講習、縫製や織物などの各種教室）」、「社会マーケティング手法（スローガンや歌などを作る、催し物やコンテスト、宝くじの機会の利用、宗教施設や保健施設、マスメディアからのメッセージの発信）」、「保護者がECDの効果と意義を理解する機会の提供（質の良いECDサービスの提供）」などが考えられる（三輪2004）。

　第二に、ECDの国際協力は、単に教育分野のみの問題ではなく、マルチ

セクター（複数の分野にまたがる）の性格をもつ。すなわち、保育は、教育のみならず、保健医療、栄養、家族、人口、ジェンダー、村落開発など、さまざまなセクターと密接に関係している。そのため、関連する省庁やステークホルダー（利害関係者）が非常に多く、調整に困難が伴うことがしばしばある。たとえば、日本では幼保の連携や一元化をめぐって厚生労働省と文部科学省の間で多くの調整が必要である。また、途上国を見ても、たとえばセネガルでは、幼児教育にかかわる省庁として教育省と子どもセンター庁（CTP庁）があり、その間の調整にさまざまな困難を伴う。国によっては、子ども・家族に関する行政機構が教育や福祉の行政官庁とは別に存在するケースがある。このように、多数の関係機関が保育にかかわっているため、保育はしばしば、政治的にも利害が複雑に絡んでくる。

　ただ、複数のセクターが交差する領域であるということは、必ずしもマイナスの面ばかりではない。見方によっては、多様な専門性が反映され、プロジェクト・プログラムの波及効果が大きくなる可能性があるともいえる。いずれにせよ、ECDにおいては、これらの問題をいかに扱うか、いかにプラスの側面を引き出せるかが重要な課題になる。具体的には、保健医療や村落開発、青少年活動、その他福祉分野に関わる専門家同士の連携を視野に入れることも重要となってくる。BEGIN（成長のための基礎教育イニシャティブ）でも、「基礎教育は広範な経済・社会開発の基礎であり、貧困削減はもとより安全な水の供給、感染症対策を含む保健・衛生等の他の開発セクターとも密接な関係あることから、これらの他のセクターとの連携を強化していくことにより、基礎教育を地域社会開発の促進に向けた包括的な開発努力の中に有機的に結びつけていく」ことが方針として示されている。さらにいえば、教育以外の分野との連携をはかるだけでなく、保育においてはさまざまな関係者との調整をはかっていくことも重要である。とくに、保育に関しては、地域社会や子どもの親、社会組織・住民組織の理解を得ることが重要になる。

　第三に、適切なターゲットの確保である。幼児教育は、その支援対象を間違えば、社会的不平等を拡大させてしまいかねない。というのは、先にも述べたように、幼児教育は多くの途上国においてはいまだ恵まれた階層の子ど

もだけがアクセスできるというのが実態である。そのような場合、幼児教育を支援することは、逆に、社会的不平等を拡大させてしまうことにもなりかねない。また、仮に恵まれた階層がアクセスする幼児教育を対象とする場合でも、それがいかに恵まれない立場の子どもたちに波及するかを検討していかねばならないであろう。また、幼児教育の重要性が行政機関や関係者に十分に理解されていない段階では、行政官に対する啓蒙的なワークショップ・研修なども有効であろう。いずれにせよ、幼児教育の国際協力プロジェクトは、その対象集団をよく検討しなければならない。とくに、幼児教育の質的改善を目標としたプロジェクトなどは、都市部での富裕層を対象とした幼稚園のみで終わってしまうことのないよう、プロジェクトの設計に工夫が必要である。

第四は、「不利な状況にある子どもたち (disadvantage) への教育の保障」である。ECD は、上に述べたように、支援対象によっては富裕層をさらに太らせる結果になりかねないが、一方では、貧困対策として非常に有効な投資であるという研究結果も多い。そのため、不利な状況にある子どもたちへの教育の保障が適切になされれば、それは単に教育改善だけではなく、貧困や健康など、波及効果も大きくなることが期待できる。

第五は、持続性 (sustainability) をどう確保するか、という問題である。国際協力のプロジェクトは、それがプロジェクトである以上、一定期間経過後には終了する。プロジェクトによって始められた試みや取り組みをいかに途上国側が持続、発展させていけるかどうかが鍵である。それは、単に組織的な継続性のみならず、財政的な持続性も含む。持続性確保のために地域住民・大衆組織の参加をどう促進するかも重要な課題となろう。

そこで注目すべき一つの事例は、ニジェールの「みんなの学校」プロジェクト (JICA) における住民参加型でのコミュニティ・プレスクールの設立である。「みんなの学校」プロジェクトとは、世界で最も貧しいとされるニジェールにおいて、地域住民や保護者たちが学校運営に積極的に参加していくことを支援するプロジェクトである (原 2011)。そこでは、住民による無記名投票で選出された委員による学校運営委員会 (COGES) が主体となって、初等教育

のみならず就学前教育の啓発、幼稚園設立などが進められている。「みんなの学校」において重要な点は、住民側のニーズを吸収する主体である学校運営委員会を機能させるところにある。ニジェールの場合は学校運営委員会の透明性を確保し、住民主体性を確立したことが功を奏している。住民参加の主体的な参加をいかに促すかの一つの成功事例として、「みんなの学校」モデルは、他の国や地域にとっても参考になるところが大きい。

第2節　ECD分野への日本の協力：研修員受け入れ事業の事例

　すでに第9章において説明されているように、日本はこれまで、ODAにおいてはボランティア派遣事業、開発調査事業、研修員受け入れ、草の根・人間の安全保障無償資金協力、UNESCO人的資源開発日本信託基金、などの分野でECDへの協力を実施してきている。ここではこのうち、研修員受け入れ事業について事例を紹介したい。

　お茶の水女子大学は、2006年度から中西部アフリカから幼児教育研修を受け入れ、同地域における幼児教育行政官、教員養成校教員、園長らを対象に研修を行っている。この研修コースの目的は、中西部アフリカ諸国からの研修員が、保育やECDに関する専門知識を身に着け、保育分野での指導者としての能力強化を図ることである。次の6つの単元(module)について、知識・技能を高めることを目標としている：

　単元①：所属組織での問題点を発見・整理し、解決すべき課題を抽出する
　単元②：ECDの概念・内容・動向に対する理解を深める
　単元③：幼児教育における格差問題と是正策について理解を深める
　単元④：子どもの発達段階に応じた適切な保育内容・保育方法について理解を深める
　単元⑤：教員養成・研修のシステムに対して理解を深める
　単元⑥：幼児教育における評価について理解を深める

　研修参加国の幼児教育はまだ普及率が低いため、今後発展の余地が大きい。そのため、研修コースも特定の領域に特化したものというよりは、制度や行

政など、マクロな部分と、教授法や心理などミクロな部分とを双方組み込んでいる。

　研修の対象者は、中西部アフリカ各国の幼児教育において現在指導的な立場に立っている（あるいは将来指導的な立場に立つと思われる）行政官（government officials）、視学官（inspector）、教員養成校の教授、である。帰国後、参加者たちは、研修で学んだことを自国の幼児教育関係者たちに伝達したり、それをもとに自国の幼児教育の改善のために新たな試みを行うことになっており、日本での研修終了後およそ6ヶ月後にその進捗報告を行うことが義務付けられている。参加者が日本で得た幼児教育・ECDに関する専門知識・経験を自国に持ち帰り、所属組織及び他関係者へのフィードバックを通して、自国の幼児教育・ECDの改善に貢献することが期待されている。そのため、この研修の評価に当たっては、参加者たちが研修の内容をよく理解したか、それを他者に伝えやすい形で整理されているか、が重要な観点となる。

　研修期間はおよそ3週間半であり、主に講義、視察、ワークショップ（製作を含む）、発表（発表準備も含む）、振り返り、などから構成されている。その配分は、講義が全体のおよそ30％、視察が30％、ワークショップが10％、発表が20％、振り返りが10％といった配分である。近年は、振り返り（reflection）の時間を多くして、それまでの研修内容に関する質疑応答を行ったり、理解が十分できなかった部分に関して補足説明をしたり、講義や視察の内容を整理したり、自国の状況の改善にいかに結びつけるかを考えたりする時間を確保している。また、研修では、東京を離れ、首都圏以外の保育の状況の視察も取り入れている。単元目標ごとのカリキュラムの構成は**表13-1**のようになっている。

　研修では、毎年、日本の幼児教育や保育、幼児に対する支援について、その制度・政策、保育内容・保育方法、人材育成、評価などに関して、講義や視察、ワークショップを実施している。2010年までに50人以上の研修員が学び、その成果を自国に持ち帰り、新たな保育活動を展開している。研修で学んだ内容は、ECDの概念・内容・動向、幼児教育における格差問題とその是正策、子どもの発達に応じた適切な保育内容・保育方法・教材作成、教

表13-1　単元目標ごとのカリキュラム構成

	主要研修項目	研修方法	研修内容	時間数
目標1	所属組織での問題点を発見・整理し、解決すべき課題を抽出する	発表・意見交換	インセプションレポート発表	8.0
		発表・意見交換	インテリムレポート発表	8.0
		講義	研修内容オリエンテーション	0.5
目標2	ECDの概念・内容・動向に対する理解を深める	講義	ECDの概念と国際動向	2.5
		講義	フィリピンECD支援の経験と教訓（講義）	3.0
		講義	セーブ・ザ・チルドレンが実施する幼児教育協力の経験と知見：スリランカの例	2.5
		講義	乳幼児の発達と母子保健・衛生管理	2.5
目標3	幼児教育における格差問題と是正策について理解を深める	講義	日本の幼児教育概要	2.5
		講義	幼児教育の評価手法・評価指標：格差の視点	2.5
		講義	途上国の幼児教育の特徴と課題	2.5
		講義	基礎教育と住民参加	2.5
		視察	障害児の保育	2.5
目標4	子どもの発達段階に応じた適切な保育内容・保育方法について理解を深める	視察	日本の幼児教育の理念と方法（お茶の水女子大学附属幼稚園訪問）	6.0
		視察	異年齢保育、コーナー保育、統合保育、子育て支援（視察）	2.5
		視察	幼児教育と初等教育の連携	2.5
		視察	日本の幼児園と保育所	2.5
		視察	総合活動（電車作り）、子ども中心の保育	2.5
		講義	子どもの発達段階に応じた幼児教育の方法	2.5
		視察	幼稚園との連携、子育て支援	1.5
		視察	子どもが育つ自然環境－連れ出し型（アウトリーチング）の保育	4.0
		ワークショップ・講義	遊びを通して学ぶ	6
		視察ワークショップ	万国共通「遊びのワークショップ」（ワークショップ）	
目標5	教員養成・研修のシステムに対して理解を深める	視察	保育者養成機関の施設	2.5
		視察講義	保育者の養成	2.5
		意見交換	保育者を目指す学生との懇談	1.0
目標6	幼児教育における評価について理解を深める	講義	日本の幼児教育概要	2.5
		講義	幼児教育における評価：子どものQOL	2.5
		講義	幼児教育の評価手法・評価指標：格差の視点	2.5
最終目標	日本での研修成果を自国の幼児教育に活用・反映・普及させる	意見交換	振り返りおよびテキスト作成	7.5
		意見交換	研修のまとめ・ディスカッション	2.5
		執筆	インテリムレポート作成	2.5
		発表	インテリムレポート発表	8.0
		意見交換	総括	1

員養成・研修のシステム、幼児教育における評価など多岐にわたるが、研修員にとっては日本の保育が直接指導型ではなく、子ども中心型が基本になっていることが強く印象に残ったようである。

2009年、2010年の研修では研修後にアンケートを実施したが、研修で掲げた6つの単元目標（①所属組織での問題点の発見・整理、②ECDの概念・内容・動向、③幼児教育における格差問題とその是正策、④子どもの発達に応じた適切な保育内容・保育方法・教材作成、⑤教員養成・研修のシステム、⑥幼児教育における評価）についていずれも高い効果が確認できた（Nonoyama-Tarumi and Hamano 2010, 2011）。

研修員たちは、帰国後の応用や適用を焦るあまり、すぐに使える「既製品」（教材でも教育方法でも）を求める傾向がある。しかし、研修においては、回り道のようにみえても、理論や学説、保育に望む姿勢や態度などを重視している。それは、理論的な理解、態度面での変革がなければ、保育を見直すきっかけを与えられないからである。教育・保育分野の協力においてはまず何よりも対象となる「子ども」を理解し、「子ども」とのかかわりの中で最善の保育を模索する姿勢が大切なのであって、まさに保育の質とは、保育者と子どもとの相互作用の結晶である（UNESCO 2006）。そのため、すぐに利用できる「既製品」の保育内容や方法というのは存在せず、つねに子どもたちとのかかわりの中で作り上げていかねばならないということが研修においては重要なメッセージとなっている。

第3節　日本の協力の可能性

日本の幼児教育をふりかえってみると、日本は、早くから就学前教育を普及させてきたことがわかる。1970年代には就園率が急上昇し、現在では、5歳児はほぼ全員が幼稚園か保育所のどちらかに在籍している。また、日本に最初の幼稚園がつくられたのは1876年であり、日本の幼児教育の実践は130年の伝統を持つ。

むろん、日本の幼児教育が伝統があるといっても、それは日本の文化や歴

史の中で形成されてきたものであり、それをそのまま発展途上国に輸出すればいいというものではない。日本は、言語的にも文化的にも均質であるため、教育を普及させやすいという意味で恵まれた条件にあった。また、日本はどこの国の植民地にもならなかったため、幼児教育においても外国モデルを自由に取捨選択できた。フレーベル式の幼児教育をとりいれると同時に、米国の「子ども中心」の思想を取り入れ、倉橋惣三ら先駆的な保育実践・研究者によって日本独自の幼児教育が形作られていったのである。途上国の人々にとって、日本の保育実践から学ぶところは少なくないと思われる。

　保育・幼児教育の協力はさまざまな分野での可能性があろう。たとえば、不利な立場にある子どもたちに向けての保育活動、農村部や僻地への教育の普及、健康に関する指導、政策的な枠組作り、幼稚園と保育所との連携（教育と社会福祉の連携）、保育者・教員の養成、大学附属幼稚園の機能、住民参加による保育・幼児教育の支援、教育統計データの収集と情報マネジメント、など、カリキュラムの策定とモニタリング・評価など、専門的に日本が貢献できる部分は少なくないはずである。途上国側の実態とニーズを十分にふまえて、適切な協力活動を展開していくことが重要であろう。

　本書で見てきたように、少しずつではあるものの、日本のECDへの協力は進みつつある。また、日本のNGOの中には、幼児教育や保育への協力に積極的なところも多く、これまで着実に実績を上げてきている。今後は、それらの成功事例を積み重ねること、それをモデル化すること、その成功モデルを普及させていくことが課題である。

参考文献

原雅裕（2011）『西アフリカの教育を変えた日本発の技術協力』ダイヤモンド社

三輪千明（2004）『Early Childhood Developmentの支援に関する基礎研究』平成15年度客員研究員報告書、国際協力機構・国際協力総合研修所

Nonoyama-Tarumi, Y. and Hamano, T. (2010), The Evaluation of an International Training Program on Early Childhood Education in Central and West Africa, Proceedings: Science of Human Development for Restructuring the "Gap Widening Society", 09, pp. 37-43, 2010.

Nonoyama-Tarumi, Y. and Hamano, T. (2011) ,The Impact of an International Training

Program on Early Childhood Education in Central and West Africa: Comparisons of 2010 and 2009 Training Proceedings: Science of Human Development for Restructuring the "Gap Widening Society", 13, pp. 27-35.
UNESCO (2006) *EFA Global Monitoring Report 2007*, UNESCO: Paris.

おわりに

1. 学際領域としてのECD・ECE支援

　本書は、発展途上国の保育および途上国の保育に対する国際協力について論じたものである。これまで、日本においては途上国の保育や保育分野の国際協力に関して十分な関心が払われてきたとは言えない。本書で取り上げた内容は、日本の教育学にとっても保育学にとっても、また、国際開発学にとっても新しいテーマであり、今後さらなる理論的・実証的研究を重ねることにより深められていく必要がある。

　本書で取り上げたテーマは学際的なものであり、教育学や保育学のみならず多様な分野からの接近が重要である。医学誌 *Lancet* は、2007年に発展途上国における子どもの発達をテーマに取り上げ、以下の3本の論文を掲載している。

1. Grantham-McGregor, S., Cheung, Y.B., Cueto, S. and the International Child Development Steering Group (2007) Developmental potential in the first 5 years for children in developing countries. *Lancet,* vol. 369: 60-70
2. Susan, P. Walker, Theodore D. Wachs, Julie Meeks Gardner, Betsy Lozoff, Gail A. Wasserman, Ernesto Pollitt, Julie A. Carter, and the International Child Development Steering Group (2007) Child development: risk factors for adverse outcomes in developing countries, *Lancet*, vol. 369: 145-157
3. Patrice, L. Engle, Maureen, M. Black, Jere, R. Behrman, Meena Cabral de Mello, Paul, J. Gertler, Lydia Kapiriri, Reynaldo Martorell, Mary Eming Young, and the International Child Development Steering Group (2007) Strategies to avoid

the loss of developmental potential in more than 200 million children in the developing world, *Lancet*, vol. 369: 229-242

　本書の「Ⅳ. 保育分野の国際協力における課題」においては、ECD がその重要性が指摘されながらもドナーにとってプライオリティが低い理由として、①途上国の国内での優先順位の問題、②国連 MDGs 等による初等教育重視、③ ECD のプロジェクトの経験の浅さ、④途上国における ECD の実態に関する調査研究の少なさ、⑤途上国における ECD の効果検証の不十分さ、⑥ ECD と子育て文化の問題、を指摘した。しかしながら、このうち、③、④、⑤に関しては、少しずつではあるが、変化の兆しがある。上記、*Lancet* の３つの論文を見ても、各論文では次のような論点が提供されている。

　第一論文 (Developmental potential in the first 5 years for children in developing countries) では、発展途上国の５歳未満児の多くは、貧困、栄養不良、健康障害、刺激に乏しい家庭環境など、認知的発達、運動発達ならびに社会情緒的発達に悪影響を及ぼす複数のリスクにさらされていることを指摘したうえで、発展途上国の幼児の発育に関する国家統計がきわめて乏しいことを問題視している。そのうえで、乳幼児の発育不全ならびに絶対的貧困を、発達障害の指標として用い、これら二つの要因と児童の認知発達ならびに学習能力の発達との密接な関連を示している。また、潜在的な発達能力を十分に発揮できていない５歳未満児の数は、これら二つの指標に基づく試算によると２億人以上に上ることを明らかにしている。学業不振は結果的に低所得や多産、ひいては不十分な育児につながることが多いため、貧困が世代間で連鎖していく原因にもなっていると警告している。

　第二論文 (Child development: risk factors for adverse outcomes in developing countries) では、貧困およびそれに関連する健康、栄養ならびに社会的要因が発展途上国に暮らす少なくとも２億人の児童が潜在的な発達可能性を実現できない原因となっていることを指摘し、５歳未満児が直面する生物学的・心理学的リスクと発育不全との関連を裏付けるデータについて検討している。早急に介入が必要とされるリスク要因として、発育不全、不十分な認知刺激、ヨウ素

欠乏症ならびに鉄欠乏症などを特定し、また、マラリア、子宮内発育不全、妊娠中うつ、暴力、重金属摂取に対する介入効果を裏付ける研究も数多く示し、児童の発達を阻害するその他の潜在的リスク要因の解明に向けた研究の必要性についても議論している。リスク要因の拡大およびそうしたリスクが人間の発達や潜在能力にもたらす影響は甚大であり、リスクは累積的に発生することが多いため、最貧困層にはえてして重層的な悪影響がもたらされていることに警告をならしている。

　このように、最初の2つの論文では、発展途上国に暮らす2億人以上の5歳未満児が、それぞれの潜在的な発達可能性を実現できていないことが明らかにされたうえで、発育不全、ヨウ素欠乏症、鉄欠乏性貧血症および不十分な認知刺激という、児童の発達への危険性が十分に実証されている4つのリスク要因 (発育不全、不十分な認知刺激、ヨウ素欠乏症、鉄欠乏症) と並んで、疫学的見地から母親のうつ、暴力被害、環境汚染およびマラリアという4つの潜在的リスク要因が特定されている。

　第三論文 (Strategies to avoid the loss of developmental potential in more than 200 million children in the developing world) では、児童の発達を促し、潜在的な発達可能性の損失を予防するための戦略について検討している。乳幼児を対象とする発達プログラムの中でも、児童および家族に直接的な学習の機会を与えているもの、乳児ならびに恵まれない児童を対象としているもの、実施期間が長く、質が高く、内容が徹底しているもの、および家族支援、健康、栄養ならびに教育制度や教育事業との一体化が図られているものでは、とくに高い効果が得られていることが示されている。しかし、児童の発達への効果が実証されているにもかかわらず、こうしたプログラムの普及率は低いことが問題視されている。国連ミレニアム開発目標 (MDGs) に掲げられている「貧困の削減」と「普遍的な初等教育の達成」を達成するためには、政府ならびに市民社会の両方により、高品質で費用効率が高い乳幼児発達プログラムの拡大が図られる必要があるとして、乳幼児発達プログラムを (とくに3歳未満児では) 保健制度に位置づけて始めること、また、乳幼児発達プログラムを教育制度に統合させて行う方法も有効であることが示唆されている。

このように、医学分野においても、発展途上国の幼児教育・保育制度の拡充は戦略として効果的であることが示されており、途上国における介入研究を始め、科学的なエビデンスも蓄積されつつある。本書では、ドナーのECDに対するプライオリティが低い理由として、「途上国におけるECDの効果が十分に実証されておらず、大規模な財政支出を可能にするだけのハード・データに乏しい」ことをあげたが、これに関しては少しずつ改善がなされつつある。

ECDは狭義の「幼児教育」ではなく、子どもの発達の可能性を開花させる乳幼児期からの総合的なプログラムとそれに対する支援活動を指している。それは、教育、保健、医療、発達心理、児童福祉など多様な分野にまたがる学際的領域であり、今後はそれらを融合させた研究と実践の展開が望まれる。

2. 支援にあたっての注意点

本書では保育・ECDの国際協力についてさまざまな角度から述べてきたが、最後に注意点をあげておきたい。それは、子どもや幼児の発達を支援する国際協力は、「対話」にもとづいた「共同作業」であるということ、そしてその営みは「相互理解」に基づかねばならないということである。

国際協力のモデルとして、田中は「慈善型」「技術移転型」「参加型」の3つをあげ、もともとは慈善型としてスタートした国際協力が、「技術移転」「参加」といった形態に変化していった過程を記述している（田中 2008）。田中はNGOのプロジェクト事例にその過程を記述しているが、これはNGOに限らず、国際開発・協力の分野では、技術移転型、参加型への変化は数多く見てとることができる。

教育分野の協力は、技術移転と参加を組み合わせたものが多くなっているが、幼児教育・ECDはとりわけそれに「対話」を加える必要があろう。本章でも述べたように幼児教育・ECDは当該社会の文化や子ども観を強く反映する分野であり、協力する側、される側が相互に理解を深めなければ、協力の効果があがらない。参加型開発は時流ではあるが、誰が、どのような形で

参加するか、また、参加が当該社会の文脈でどのような意味を持つかを理解した上で協力活動は展開されねばならない。

対話にもとづいて相手を理解しようとする際には、単に話を聞いて知るだけでなく、「相手から学ぶ」くらいの意識があった方がよい。木田 (1997) は、教育の国際協力に望む姿勢として、協力者が相手から学ぶ姿勢も重要であると述べている。

「教育の到達度には、例えば、義務教育の年限、上級学校への進学率、国民の知識水準など、国によりいろいろな違いがあるけれども、それぞれの国が背負っている教育の課題には本質的な違いがないと思う……。

学校教育について見れば、教師が教材を使って児童生徒に一定の知識を持てるように指導する、という構成は同じである。如何にして教師を養成するか、教材をどのように提供してやるか、学習の評価をどのように行うかという問題は、いずこも同じ課題である。校舎がバラックか鉄筋かはそれぞれの国の生活水準の問題であって、校舎が鉄筋であり、ラジオ・テレビがあれば教育水準が高いというものではない。

教育の本質は、……道徳の心を涵養することであり、知識習得の方法をそれぞれの社会の置かれた状況に即して養うことであるとすれば、教育問題の本質に関して、経済水準の差異が影響するとは思えない。わが国の過去を考えてみても、明治の初期の教育より、今日の教育の方が優れているということはできないであろう。そうであるとすれば、カリキュラム、数学教育、理科教育、道徳教育、教員養成等々の問題は、どれをとってみても、日本が優れていて他の国々に指導できるというのは、全くおこがましいのであって、他国の努力に学ぶという姿勢こそ大切である。」(木田 1997)

保育・幼児教育の国際協力に携わる者は、途上国の保育・教育現場に入っていく際、外国人である「よそ者」が、対象国の教育現場に入っていくということに意識的でなければならない。一定の技術水準を持つ (と認められた)

者として現地に行く場合、自身が持っている「技術」を（そのままの形ではないにせよ）何らかのやり方で伝達（技術移転）したいと考えることは多い。ただ、ここで注意しなければならないことは、対象国の教育関係者（教師や教育行政官など）も、それぞれの分野の専門家であり、プロ意識を持っているということである。筆者はこれまで発展途上国の教育現場で多くの教育者と接してきたが、皆、それぞれの専門分野でプロ意識を有しているし、高いプライドを持っている。「日本の幼児教育が進んでおり、（遅れた）途上国にそれを伝達する」という意識は持つべきではない。むしろ、「こちらが向こうから学ぶ」という姿勢を持っていたほうが、対話を超え、「互恵的」な関係にも結びつく可能性が高いものと思われる。

　最後に、本書の出版にあたっては、東信堂の下田勝司氏にたいへんお世話になった。記して感謝の意を表したい。

参考文献
木田宏（1997）「教育の国際協力―忘れえぬ思い出」国立教育研究所『アジア太平洋地域の教育協力―国立教育研究所30年の歩み』71頁
田中治彦（2008）『国際協力と開発教育』明石書店

事項索引

〔あ行〕

愛着	67
亜鉛欠乏症	69
アガ・カーン財団（AKF）	240-242
アクセス	26, 31, 143
アジア	160, 176
アフリカ教育開発協会（ADEA）	152, 233
アフリカ教育開発協会の ECD 作業部会（WGECD）	245
暗記中心	48
育児・母子プログラム	56
一元化	25, 163
一般的意見7号	16, 99
一夫多妻	46
インド	97
インドネシア	164
インドの ICDS	69, 107-110, 204
インフォーマル教育	19
ウェクスラー法	76
ウェステージ（教育損失）	86
内なる国際化	277
運動発達	302
英国	96
栄養改善	55
栄養失調	289
栄養素添加食品	11, 69, 90
栄養不良	32, 34, 35
エクアドルの「劇をして遊ぼう」	265
エジプトの「Alam Simsim」	237
絵本	54
遠隔教育	265
オープン・フレームワーク型	40
オポルトゥニダーデス	181
お茶の水女子大学	252, 282, 295
オランダ	232, 233, 245
音楽教育	284

〔か行〕

ガーナ	151, 155
絵画	54
外国人の子ども	96
階層間格差	29, 30, 186
介入プログラム	57
開発教育	280
開発調査	249, 295
学業成績	74
格差	183
学際	301, 304
学習環境	73
学力	42, 79, 80
学力格差	94
学力向上	79
学力の階層差	45
学級規模	289
学校運営委員会	294
合作社	166
家庭訪問	56, 60
カナダ	234
カナダ国際開発庁（CIDA）	234
カメルーン	147, 154
カリキュラム	39, 50
カロライナ・アベセダリアン・プロジェクト	66, 103
環境	48
完全母乳	8, 9

カンボジア	32, 48, 254, 255	下痢症	11
機会費用	31	言語的働きかけ	32
草の根・人間の安全保障無償資金協力	253	合計特殊出生率	8
技術移転	306	高次認知	148
技術移転型	304	構造調整	150
技術協力	274	高等教育	133
寄生虫感染症	11	購買力平価（PPP）	12
基礎教育	121	国際開発学	301
基礎教育援助	138	国際教育協力	121, 274
基本的人権	276	国際教育到達度評価学会（IEA）	57
キューバ	192	国際協力	202
教育援助	137, 138, 231	国際協力イニシャティブ	283
教育拡大	178, 179	国際協力機構（JICA）	250, 252
教育観	82	国際児童基金（CFI）	243
教育行政	162, 274	国際標準教育分類（ISCED）	17
教育統計	124	国際理解教育	280
教育の質	133, 219	国内格差	146
教育の社会化	174	国民総所得（GNI）	6
教員訓練	291	国連教育科学文化機関（UNESCO）	vii, 226, 229, 230, 286
教員養成	289		
教材開発	291	国連児童基金（UNICEF）	iii, 151, 204-208, 210, 212-217, 235
教師中心	47		
教師一人あたり園児数	144	5歳未満児死亡率	8, 141
教授言語	47, 73	国家開発計画	167
拠点システム	281	子ども・子育て新システム検討会議	15
グローバリゼーション	135	子ども中心型	40, 298
経口補水療法（ORT）	11	子どもと親のセンター・プログラム	70
経済階層	171	子どもの権利	73
経済協力開発機構（OECD）	23, 42, 79, 202, 203, 230, 231	子どもの生存と保健のプログラム基金（CSH）	236
経済成長	97	子どもの保護	71
計算能力	44, 133	コミューン	173
継続教育	130	コミュニティ・スクール	150
啓蒙活動	291	コミュニティ・プレスクール	49, 240
契約教員	173, 175	「米百俵」の精神	277
結核	10	コロンビアのHCB	187-189
ケニアの「ECDプロジェクト」	223		

〔さ行〕

再生産	28, 94, 95, 195
財団	238-242
サブサハラアフリカ	6, 9, 10, 11, 27, 141, 225
参加型	304
3歳未満向けプログラム	146
三種混合	10
算数	54
ザンビア	157
ジェンダーの平等	96, 131
視学官	296
識字	122
識字教育	56, 275
試行プロジェクト	224, 225, 251, 292
施設ベース	56, 108, 111, 261, 262, 266
慈善型	304
持続性	224, 235, 241, 243, 269, 270, 294
自宅ベース	111, 263, 267
指導計画	50
児童の権利に関する条約	16, 98, 288
児童福祉法	14
ジニ係数	178, 179, 181
自発性	48
社会移動	181
社会開発	293
社会関係資本	88
社会教育	275
社会性	43
社会的情緒的発達	67, 190
社団法人シャンティ国際ボランティア会（SVA）	254
自由遊び	44, 48
収益率	90, 91, 103
就学継続率	56
就学準備型	41
就学前教育	15, 18, 26, 100, 186, 194
就学年数	80
就学レディネス	21, 63, 64, 73-75, 216
宗教学校	150
縦断的研究協会	77, 79
縦断的調査	96, 101, 189
収入の向上	83
住民参加	149, 150, 251
住民組織	166
就労機会	98
出産・育児休暇	127
出生証明	289
出生登録	8, 73
需要喚起	292
需要不足	30
主流言語	47
純就学率	125, 128, 143
障害児	153
小学校への移行	20, 73
条件つきの現金給付（CCT）	181
少数民族	122, 219
女性教員比率	134
女性の権利	99
初等教育の発展段階	85, 86
初等教育普遍化（UPE）	85, 139
所得格差	178
所得貧困	93
私立	172, 176
私立在籍者の比率	145
人口家族子ども委員会	163
人口増加	7
人工乳	9
人口保健調査（DHS）	171
身体的発達	68
スタンフォード・ビネー法	76
ステークホルダー	293
生活技能	133
生活基盤型	41

成人識字率	8, 125, 130
成長のための基礎教育イニシアティブ（BEGIN）	246, 281
生徒の学習到達度調査（PISA）	79, 126
青年海外協力隊（JOCV）	54, 247-249, 279, 280, 285
青年識字率	125, 129
政府開発援助（ODA）	v, 137, 230, 231, 246
政府雇用教員	173, 175
政策支援	291
政府支出	90, 289
セーブ・ザ・チルドレン USA	242
世界教育フォーラム	122
世界銀行	iii, 32, 150, 151, 218-221, 223, 225, 226
世界人権宣言	120
世帯調査	170
絶対的貧困	6, 93, 302
セネガル	149, 156
セネガルの「子どもの生活環境改善計画調査」	250, 251
早期教育	16
早期ヘッドスタート・プログラム	107
相互交渉	67
相互作用	298
相互理解	282, 304
総就学率	26, 27, 125, 127, 143, 160
相乗効果	92

〔た行〕

第1回地域比較研究（PERCE）	191, 192
第5学年到達率	125, 134
大衆組織	166
第2回地域比較研究（SERCE）	191, 192, 194
タイの BOWT 職場内チャイルドケア・センター	263
対話	304, 305

ダカール行動枠組み	iii, iv, 122, 228
多言語状況	46
多国間援助機関	202
多様なアプローチ	20
タンザニア	157
男女間平等指数（GPI）	132
男女平等	97
単親家庭	78
地域間格差	147, 169
知識経済	135
中期事業計画（MTSP）	205, 207, 208, 214
中西部アフリカ	296
中西部アフリカ教育研究ネットワーク	152
中退減少	77, 90
中途退学	87, 129
長期的効果	63, 76, 101, 106
直接指導型	42, 298
直接的効果	62-64
直接費用	174
チリ	80, 189
チリの「あなたの子どもを良く知ろう」	264
デイケア・サービス	72
所得階層間格差	30, 34
低出生体重児	8
低身長	32, 34, 35, 141
低体重	9, 11, 141
出稼ぎ	72, 111
鉄欠乏症	69
伝統的な保育	149
ドイモイ	166
統合的 ECD	207, 208, 211-215
東南アジア	163
都市農村間格差	29, 34
途上国	4-8, 11, 27, 28, 31-33, 98, 260, 261

〔な行〕

ナイジェリアの「子どもから子どもへ」	239

事項索引 311

ニーズ調査	292
ニカラグア	72
ニカラグアの PAININ	110-112
二国間援助	290
二国間援助機関	230-232
西アフリカ	149
ニジェール	156, 294
二重従属	176
日本	246, 247, 250, 252, 253
日本語教育	276
乳児死亡率	8, 141
乳幼児期	16, 17
人間開発	iv, 62, 63, 84
人間開発指標 (HDI)	6
人間関係	46
人間の安全保障	iv
認知的発達	31-33, 64-66, 302
認知能力	34, 72, 190
認定 NPO 法人幼い難民を考える会 (CYR)	255
妊婦	9
妊産婦死亡率	8
ネパール	96
脳の発達	65
ノンフォーマル教育	19, 168

〔は行〕

パートナーシップ	214, 220, 230, 233, 244, 245
バイアス	100, 106
波及効果	294
はしか	10, 141
発育環境	8
発育観察	9, 68
発達段階	67
発達の最近接領域	66
犯罪	43

犯罪の減少	82
万人のための教育 (Education for All) 世界会議	120
万人のための教育世界宣言 (ジョムティエン宣言、EFA 宣言)	120, 228
ピーボディ絵画語彙テスト (PPVT)	76
東アフリカ地域の「マドラサ・プレスクール」	241
非行	43
非行の減少	82
非識字	10
ビタミンA欠乏症	69
費用対便益	105
費用便益	102, 103
微量栄養素	69, 90
貧困	4, 94, 172, 183
貧困家庭	4, 7, 31-33, 104, 106
貧困削減	93, 220, 232, 303
貧困削減戦略 (PRSP)	153, 158
貧困層	4, 5, 100, 105, 180, 188, 219, 269
貧困地域	109-111, 190
ファスト・トラック・イニシャティブ (FTI)	153, 168
ファミリー・グループ	165
フィリピン	164
フォーマル教育	19
複数指標クラスター調査 (MICS)	28, 33, 171, 216
不就学	78
不就学児童	128
不平等	26, 28, 31, 34, 35, 180, 183
不平等の是正	94, 95
プライバタイゼーション	145, 149
ブラジル	80, 83
ブルキナファソ	154
プログラム型	40
文化資本	95, 181

分権化	150	南アジア	6, 9, 11
紛争	7	南アフリカ	156
分野横断的	4, 5	ミレニアム開発目標（MDGs）	iii, 127
米国	90, 91, 235, 236, 242	民間団体	28
米国国際開発庁（USAID）	235, 237	みんなの学校	294
米州開発銀行	111	無資格教員	165
米州機構（OAS）	182	虫歯	284
ヘッドスタート・プログラム	iii, 75, 105, 106	モザンビーク	32, 156
		モンゴル	279
ベトナム	34, 161	文部科学省	276

〔や行〕

ベナン	153		
ペリー・プレスクール・プログラム	91, 101-103	有資格教員	170
		養護	13
ペルーの「Wawa Wasi」	217	養護型	42
ベルナルド・ファン・レール財団（BvLF）	238-240	幼児教育	15
		幼児教育ハンドブック	282
保育	13	幼児教育ハンドブック2	283
保育所保育指針	14	幼稚園	24, 25
保育内容	39, 45, 48	幼稚園教育要領	14, 45
保育方法	39, 45, 48	ヨード欠乏症	69
包括的プログラム	57	ヨード添加塩	8
放送教育	275	予防接種	8, 10, 55, 68, 141, 208
保護者支援	71, 264, 265	読み書き能力	44, 133
保護者の意識向上	82		

〔ら行〕

保護者の参加	70, 71		
補償教育	15, 105, 182	ラテンアメリカ	94, 178, 179, 181, 182, 184, 185, 191, 195
母乳育児	9		
ホンジュラスの「母親ガイド」	244	留年	87, 129
		留年減少	77, 90

〔ま行〕

		レジリエンス	81
マダガスカル	158	労働者の質の向上	97

〔わ行〕

マラウイ	155		
マラリア	303	ワークショップ	296
マリ	149, 155		
マルチセクター	20, 31, 35, 69, 92, 108, 211, 251, 269, 270		
マルチレベル分析	88, 193, 194		

事項索引

〔英字〕

Early Childhood	16
Early Childhood Care (ECC)	17, 22
Early Childhood Care for Development (ECCD)	23, 49, 286
ECCD 諮問グループ (CGECCD)	245, 233
Early Childhood Care and Education (ECCE)	18, 22, 123, 126, 161, 227, 229, 230, 286
Early Childhood Development (ECD)	13, 19-22, 30, 31, 62, 64, 66-74, 76-83, 86-90, 92-94, 96, 97, 196, 202, 210, 211, 219-221, 225, 239, 250, 260-267, 270, 271, 286
ECD 支援	203-205, 210, 211, 218-220, 230, 232-236, 238, 240, 242, 243, 246, 247, 252-254, 260
ECD の普及	27, 94
ECD バーチャル大学 (ECDVU)	226, 230
ECD プログラム	34, 55, 90, 107, 110, 207, 268-270
Early Childhood Education (ECE)	22, 234, 286
Early Childhood Education and Care (ECEC)	23
EDI (EFA 開発指数)	136
EFA Global Monitoring Report	123, 287
EFA 閣僚級会合	123
EFA 行動計画	168
EPPE プロジェクト	96
HIV 感染	8, 9, 72
IQ	42, 67, 100
NGO	28, 238, 254
NPO	254
Pre-primary Education	17
Preschool Education	18, 22
SACMEQ	126
TVIP (西語話者向け PPVT)	32, 76, 112
UNESCO 人的資源開発日本信託基金	253
UNICEF 教育戦略	10

人名索引

ヴィゴツキー	66	フィッシュキン	95
エリクソン	67	ブルデュー	95
オーエン	24	フレーベル	24, 299
オーベルラン	24	ヘックマン	91, 92, 102, 103
倉橋惣三	299	ボウルビィ	67
シュウェインハート	102	モンテッソーリ	24
バーンステイン	95	ロクスレイ	87
ハイネマン	87	ワイカート	100
ピアジェ	65, 66, 100		

著者紹介

浜野　隆（はまの　たかし）（3、5、6、7、11、12、13章、おわりに）
お茶の水女子大学大学院人間文化創成科学研究科准教授
[主要著書・論文]
『国際協力論入門－地域と世界の共生－』角川書店、2002年
「ベトナムの初等教育政策と財政的基盤」潮木守一（編著）『ベトナムにおける初等教育の普遍化政策』、明石書店、45-98頁、2008年
「教育格差是正に向けた乳幼児発達支援の実践－発展途上国の教育開発と幼児教育－」『教育社会学研究』第88集、47-64頁、2011年

三輪　千明（みわ　ちあき）（はじめに、1、2、4、8、9、10章）
浜松学院大学現代コミュニケーション学部子どもコミュニケーション学科教授
[主要著書・論文]
『Early Childhood Development の支援に関する基礎研究』平成15年度客員研究員報告書、国際協力機構・国際協力総合研修所、2004年
「チリにおける基礎教育の課題―貧困地域の優良校と問題校の比較分析から」『アジア経済』第48巻第4号、2-23頁、2007年
「カンボジアにおけるコミュニティープレスクールとアクセスの拡大」『基礎教育における住民参加・地域運営の取り組みと国際協力のあり方に関する比較研究　平成19～22年科学研究費助成金基盤研究 (B) 研究代表者浜野隆　成果報告書』3-30頁、2011年

発展途上国の保育と国際協力

2012年2月29日　　初　版第1刷発行

〔検印省略〕
定価はカバーに表示してあります。

著者Ⓒ浜野隆・三輪千明／発行者　下田勝司　　　　　　　印刷・製本／中央精版印刷
東京都文京区向丘1-20-6　　郵便振替 00110-6-37828
〒113-0023　TEL (03) 3818-5521　FAX (03) 3818-5514
　　　　　　発行所 株式会社 東信堂
Published by TOSHINDO PUBLISHING CO., LTD.
1-20-6, Mukougaoka, Bunkyo-ku, Tokyo, 113-0023, Japan
E-mail : tk203444@fsinet.or.jp　http://www.toshindo-pub.com

ISBN978-4-7989-0097-1 C3037

東信堂

国連と地球市民社会の新しい地平	功刀達朗編著	三四〇〇円
社会的責任の時代	功刀孟男編著	三四〇〇円
国際NGOが世界を変える──地球市民社会の黎明	功刀達朗・野村彰男編著	三二〇〇円
環境と開発のためのグローバル秩序	功刀達朗編著	二〇〇〇円
グローバル・ガバナンスの世紀【横浜市立大学叢書】	毛利勝彦編著	三四〇〇円
──国際政治経済学からの接近	毛利勝彦	一五〇〇円
ケースで学ぶ国際開発	山口しのぶ・毛利勝彦・国際開発高等教育機構編	二六〇〇円
国際開発協力の政治過程	小川裕子	四〇〇〇円
──国際規範の制度化とアメリカ対外援助政策の変容		
発展途上国の保育と国際協力	浜野隆・三輪千明編著	三八〇〇円
国際教育開発の再検討	小川啓一・幹子・北村友人編著	二四〇〇円
──途上国の基礎教育普及に向けて		
日本の教育経験──途上国の教育開発を考える	国際協力機構編	二八〇〇円
バイリンガルテキスト現代日本の教育	山村田翼夫・満編著	三八〇〇円
地球市民学を創る──変革のなかで 地球社会の危機に 共生へ	庄司興吉編著	三二〇〇円
国際政治経済システム学──共生への俯瞰	柳田辰雄編著	一八〇〇円
《大転換期と教育社会構造：地域社会変革の社会論的考察》		
第1巻 教育社会史──日本とイタリアと生活者生涯学習の地域的展開	小林甫	七八〇〇円
第2巻 現代的教養I──技術者生涯学習の生成と展望	小林甫	近刊
第3巻 現代的教養II──地域自治と社会構築	小林甫	近刊
第4巻 学習力変革──東アジアと成人学習	小林甫	近刊
社会共生力	小林甫	近刊
ソーシャルキャピタルと生涯学習	J・フィールド 矢野裕俊監訳	三二〇〇円
NPOの公共性と生涯学習のガバナンス	高橋満	二八〇〇円
《アーバン・ソーシャル・プランニングを考える》(全2巻)	橋本和孝・吉原直樹・藤田弘夫編著	
都市社会計画の思想と展開	橋本和孝・吉原直樹・藤田弘夫編著	二三〇〇円
世界の都市社会計画──グローバル時代の都市社会計画	弘夫・吉原直樹編著	二三〇〇円

〒113-0023 東京都文京区向丘1-20-6　TEL 03-3818-5521　FAX03-3818-5514　振替 00110-6-37828
Email tk203444@fsinet.or.jp　URL:http://www.toshindo-pub.com/

※定価：表示価格（本体）＋税

東信堂

比較教育学——越境のレッスン	M・ブレイ編／馬越徹監訳	三六〇〇円
比較教育学——伝統・挑戦・新しいパラダイムを求めて	馬越徹・大塚豊監訳	三八〇〇円
世界の外国人学校	末藤美津子・大塚豊・中村浩一郎編著	三八〇〇円
ヨーロッパの学校における市民的社会性教育の発展——フランス・ドイツ・イギリス	福田誠治編著	三八〇〇円
世界のシティズンシップ教育——グローバル時代の国民／市民形成	嶺井明子編著	二八〇〇円
市民性教育の研究——日本とタイの比較	平田利文編著	四二〇〇円
多様社会カナダの「国語」教育（カナダの教育3）	関口礼子編著	三八〇〇円
国際教育開発の再検討——途上国の基礎教育普及に向けて	浪田克之介編著	二四〇〇円
中国教育の文化的基盤	顧明遠著／小川佳万・牧野篤・竹熊尚夫・大塚豊監訳	二九〇〇円
中国大学入試研究——変貌する国家の人材選抜	大塚豊監訳	三六〇〇円
中国高等教育独学試験制度の展開	大塚豊	三二〇〇円
大学財政——世界の経験と中国の選択	南部広孝訳	三四〇〇円
中国の民営高等教育機関——社会ニーズとの対応	成瀬龍夫監訳	四六〇〇円
「改革・開放」下中国教育の動態	鮑威	五四〇〇円
中国の職業教育拡大政策——背景・実現過程・帰結	阿部洋編著	五〇四八円
中国の後期中等教育の拡大と経済発展パターン——江蘇省と広東省の比較	劉文君	三八二七円
中国高等教育の拡大と教育機会の変容——江蘇省の場合を中心に	呉琦来	三八〇〇円
バングラデシュ農村の初等教育制度受容	王傑	三九〇〇円
オーストラリア学校経営改革の研究——自律的学校経営とアカウンタビリティ	日下部達哉	三六〇〇円
オーストラリアの言語教育政策	佐藤博志	三八〇〇円
マレーシア青年期女性の進路形成——多文化主義における「多様性」と「統一性」の揺らぎと共存	青木麻衣子	三八〇〇円
「郷土」としての台湾——郷土教育の展開にみるアイデンティティの変容	鴨川明子	四七〇〇円
戦後台湾教育とナショナル・アイデンティティ	林初梅	四六〇〇円
	山﨑直也	四〇〇〇円

〒113-0023 東京都文京区向丘1-20-6　TEL 03-3818-5521　FAX 03-3818-5514　振替 00110-6-37828
Email tk203444@fsinet.or.jp　URL:http://www.toshindo-pub.com/

※定価：表示価格（本体）＋税

東信堂

子ども・若者の自己形成空間——教育人間学の視線から	高橋勝編著	二七〇〇円
教育文化人間論——知の逍遙/論の越境	小西正雄	二四〇〇円
グローバルな学びへ——協同と刷新の教育	田中智志編著	二〇〇〇円
教育の共生体へ——ボディ・エデュケーショナルの思想圏	田中智志編	三五〇〇円
人格形成概念の誕生——近代アメリカの教育概念史	田中智志	三六〇〇円
社会性概念の構築——アメリカ進歩主義教育の概念史	田中智志	三八〇〇円
教育の自治・分権と学校法制	結城忠	四六〇〇円
教育による社会的正義の実現——(1945〜1980)	末藤・宮本・佐藤訳 D・ラヴィッチ著	六四〇〇円
国際社会への日本教育の新次元	関根秀和編	一二〇〇円
学校改革抗争の100年——20世紀アメリカ教育史 アメリカの挑戦	末藤美津子訳 D・ラヴィッチ著	五六〇〇円
今、知らねばならないこと	太田美幸編	三二〇〇円
ヨーロッパ近代教育の葛藤——地球社会の求める教育システムへ	関田一喜男編	三二〇〇円
ミッション・スクールと戦争——立教学院のディレンマ	前田一男編	五八〇〇円
多元的宗教教育の成立過程	大森秀子	三六〇〇円
アメリカ教育と成瀬仁蔵の「帰一」の教育 編集代表	茂木一司	二四〇〇円
協同と表現のワークショップ——学びのための環境のデザイン	広瀬綾子	三八〇〇円
演劇教育の理論と実践の研究——自由ヴァルドルフ学校の演劇教育	広瀬綾子	三八〇〇円
教育の平等と正義	大桃敏行・中村雅子・後藤武俊訳 K・ハウ著	三三〇〇円
オフィシャル・ノレッジ批判——保守復権の時代における民主主義教育	野崎・井口・小暮・池田監訳 M・W・アップル著	三八〇〇円
〈シリーズ 日本の教育を問いなおす〉		
拡大する社会格差に挑む教育	西村和雄・大森不二雄・倉元直樹・木村拓也編	二四〇〇円
混迷する評価の時代——教育評価を根底から問う	西村和雄・大森不二雄・倉元直樹・木村拓也編	二四〇〇円
教育における評価とモラル	西戸浦和雄之編	二四〇〇円
〈コメニウス・セレクション〉		
地上の迷宮と心の楽園	藤田輝夫訳 J・コメニウス	三六〇〇円
《現代日本の教育社会構造》(全4巻)		
〈第1巻〉教育社会史——日本とイタリアと	小林甫	七八〇〇円

〒113-0023 東京都文京区向丘1-20-6　TEL 03-3818-5521　FAX 03-3818-5514　振替 00110-6-37828
Email tk203444@fsinet.or.jp　URL:http://www.toshindo-pub.com/

※定価：表示価格（本体）＋税

東信堂

転換期を読み解く——潮木守一時評・書評集	潮木守一	二六〇〇円
大学再生への具体像	潮木守一	二五〇〇円
フンボルト理念の終焉？——現代大学の新次元	潮木守一	二五〇〇円
いくさの響きを聞きながら——横須賀そしてベルリン	潮木守一	二四〇〇円
大学教育の思想——学士課程教育のデザイン	絹川正吉	二八〇〇円
国立大学法人の形成	大崎仁	二六〇〇円
国立大学・法人化の行方——自立と格差のはざまで	天野郁夫	三六〇〇円
転換期日本の大学改革——アメリカと日本	江原武一	三六〇〇円
大学の責務	D・ケネディ／井上比呂子訳著	三八〇〇円
大学の財政と経営	立川明・坂本辰朗	三二〇〇円
私立大学マネジメント	丸山文裕	三二〇〇円
私立大学の経営と拡大・再編——一九八〇年代後半以降の動態	㈳私立大学連盟編	四七〇〇円
ドラッカーの警鐘を超えて	両角亜希子	四二〇〇円
大学のイノベーション——経営学と企業改革から学んだこと	坂本和一	二五〇〇円
30年後を展望する中規模大学	坂本和一	二六〇〇円
大学行政政策論——マネジメント・学習支援・連携	市川太一	二五〇〇円
改めて「大学制度とは何か」を問う	舘昭	二三〇〇円
原点に立ち返っての大学改革	舘昭	一〇〇〇円
戦後日本産業界の大学教育要求	飯吉弘子	五四〇〇円
韓国大学改革のダイナミズム——経済団体の教育言説と現代の教養論	馬越徹	二七〇〇円
現代アメリカの教育アセスメント行政の展開——ワールドクラス〈WCU〉への挑戦	北野秋男編	四八〇〇円
現代アメリカにおける学力形成論の展開——マサチューセッツ州（MCASテスト）を中心に	石井英真	四二〇〇円
アメリカの現代教育改革——スタンダードに基づくカリキュラムの設計	松尾知明	二七〇〇円
アメリカの現代教育改革——スタンダードとアカウンタビリティの光と影	高野篤子	三三〇〇円
アメリカ大学管理運営職の養成	犬塚典子	三八〇〇円
アメリカ連邦政府による大学生経済支援政策	ホーン川嶋瑤子	三六〇〇円
大学教育とジェンダー——ジェンダーはアメリカの大学をどう変革したか		

〒113-0023 東京都文京区向丘1-20-6
TEL 03-3818-5521 FAX 03-3818-5514 振替 00110-6-37828
Email tk203444@fsinet.or.jp URL:http://www.toshindo-pub.com/

※定価：表示価格（本体）＋税

東信堂

スレブレニツァ——あるジェノサイドをめぐる考察	長有紀枝	三八〇〇円
2008年アメリカ大統領選挙——オバマの勝利は何を意味するのか	吉野孝・前嶋和弘編著	二〇〇〇円
オバマ政権はアメリカをどのように変えたのか——支持連合・政策成果・中間選挙	吉野孝・前嶋和弘編著	二六〇〇円
政治学入門	内田満	一八〇〇円
政治の品位——日本政治の新しい夜明けはいつ来るか	内田満	二〇〇〇円
日本ガバナンス——「改革」と「先送り」の政治と経済	曽根泰教	二八〇〇円
「帝国」の国際政治学——冷戦後の国際システムとアメリカ	山本吉宣	四七〇〇円
国際開発協力の政治過程——国際規範の制度化とアメリカ対外援助政策の変容	小川裕子	四五〇〇円
アメリカ介入政策と米州秩序——複雑システムとしての国際政治	草野大希	五四〇〇円
解説 赤十字の基本原則——人道機関の理念と行動規範（第2版）	J・ピクテ／井上忠男訳	一〇〇〇円
赤十字標章ハンドブック	井上忠男編訳	六五〇〇円
医師・看護師の有事行動マニュアル（第2版）——医療関係者の役割と権利義務	井上忠男	一二〇〇円
社会的責任の時代	功刀達朗	三三〇〇円
国際NGOが世界を変える	功刀達朗・野村彰男編著	二〇〇〇円
国連と地球市民社会の新しい地平	毛利勝彦編著 地球市民社会が証明	三四〇〇円
実践 ザ・ローカル・マニフェスト	功刀達朗・内田孟男編著	二三八〇円
実践 マニフェスト改革	松沢成文	二三〇〇円
受動喫煙防止条例	松沢成文	一八〇〇円
〈現代臨床政治学シリーズ〉		
リーダーシップの政治学	石井貫太郎	一六〇〇円
アジアと日本の未来秩序	伊藤重行	一八〇〇円
象徴君主制憲法の20世紀的展開	下條芳明	二〇〇〇円
ネブラスカ州における一院制議会	藤本一美	一六〇〇円
ルソーの政治思想	根本俊雄	二〇〇〇円
海外直接投資の誘致政策——インディアナ州の地域経済開発	邊牟木廣海	一八〇〇円
ティーパーティー運動——現代米国政治分析	末次俊之・藤本一美	二〇〇〇円

〒113-0023 東京都文京区向丘1-20-6
TEL 03-3818-5521 FAX 03-3818-5514 振替 00110-6-37828
Email tk203444@fsinet.or.jp URL:http://www.toshindo-pub.com/

※定価：表示価格（本体）＋税

東信堂

国際法新講〔上〕〔下〕	田畑茂二郎	〔上〕二九〇〇円 〔下〕二七〇〇円
ベーシック条約集（二〇一二年版）	編集代表 田中・薬師寺・坂元	二六〇〇円
ハンディ条約集	編集代表 田中・薬師寺・坂元	一六〇〇円
国際人権条約・宣言集〔第3版〕	編集代表 松井芳郎	三八〇〇円
国際経済条約・法令集〔第2版〕	編集代表 松井・薬師寺・坂元・小畑・徳川	三九〇〇円
国際機構条約・資料集〔第2版〕	編集代表 香山・山手・小寺・小原・須之夫	三二〇〇円
判例国際法〔第2版〕	編集代表 松井芳郎	三八〇〇円
国際環境法の基本原則	松井芳郎	三八〇〇円
国際民事訴訟法・国際私法論集	高桑昭	六五〇〇円
国際機構法の研究	中村道	八六〇〇円
条約法の理論と実際	坂元茂樹	四六〇〇円
21世紀の国際法秩序──ポスト・ウェストファリアの展望	村瀬信也	六八〇〇円
国際立法──国際法の法源論	Ｎ・Ｒ・フォーク 川崎孝子訳	三八〇〇円
宗教と人権──国際法の視点から	レルナ 百合子訳	三八〇〇円
ワークアウト国際人権法──人権を理解するために	Ｗ・ベネデック編 東澤・徳川編訳	三〇〇〇円
難民問題と『連帯』──EUのダブリン・システムと地域保護プログラム	中坂恵美子	二八〇〇円
国際法から世界を見る──市民のための国際法入門〔第3版〕	松井芳郎	二九〇〇円
国際法／はじめて学ぶ人のための〔新訂版〕	浅田正彦編著	三六〇〇円
国際法学の地平──歴史、理論、実証	大沼保昭	一二〇〇〇円
国際法と共に歩んだ六〇年──学者として裁判官として	小田滋	六八〇〇円
国際法研究余滴	小田滋	四七〇〇円
21世紀の国際機構──課題と展望	中村道・安藤仁介・位田隆一編	七一四〇円
グローバル化する世界と法の課題〔上・下巻〕	薬師寺・松井・木棚・山形編	八二〇〇円
国際社会の法構造──その歴史と現状	石本泰雄	四六〇〇円
現代国際法における人権と平和の保障〔21世紀国際社会における人権と平和〕	編集代表 山手治之・香西茂	五七〇〇円
		六三〇〇円

〒113-0023 東京都文京区向丘1-20-6
TEL 03-3818-5521 FAX 03-3818-5514 振替 00110-6-37828
Email tk203444@fsinet.or.jp URL:http://www.toshindo-pub.com/

※定価：表示価格（本体）＋税

東信堂

《未来を拓く人文・社会科学シリーズ》〈全17冊・別巻2〉

科学技術ガバナンス	城山英明編	一六〇〇円
ボトムアップな人間関係―心理・教育・福祉・環境・社会の12の現場から	サトウタツヤ編	一六〇〇円
高齢社会を生きる―老いる人／看取るシステム	清水哲郎編	一八〇〇円
家族のデザイン	小長谷有紀編	一八〇〇円
水をめぐるガバナンス―日本、アジア、中東、ヨーロッパの現場から	蔵治光一郎編	一八〇〇円
生活者がつくる市場社会	久米郁夫編	一八〇〇円
グローバル・ガバナンスの最前線―現在と過去のあいだ	遠藤乾編	二二〇〇円
資源を見る眼―現場からの分配論	佐藤仁編	二〇〇〇円
これからの教養教育―「カタ」の効用	鈴木佳秀編 葛西康徳	二〇〇〇円
「対テロ戦争」の時代の平和構築―過去からの視点、未来への展望	黒木英充編	一八〇〇円
企業の錯誤／教育の迷走―人材育成の「失われた一〇年」	青島矢一編	一八〇〇円
日本文化の空間学	木下直之編	二〇〇〇円
千年持続学の構築	沼野充義編	一八〇〇円
多元的共生を求めて―〈市民の社会〉をつくる	宇田川妙子編	一八〇〇円
芸術は何を超えていくのか？	木村武史編	一八〇〇円
芸術の生まれる場	桑子敏雄編	二二〇〇円
文学・芸術は何のためにあるのか？	吉岡暁生編	二〇〇〇円
紛争現場からの平和構築―国際刑事司法の役割と課題	遠藤貢・石田勇治編	二八〇〇円
〈境界〉の今を生きる	荒川歩・内藤順子・谷川竜一・川喜田敦子・柴田晃芳編	一八〇〇円
日本の未来社会―エネルギー・環境と技術・政策	城山英明・鈴木達治郎・角和昌浩編	二三〇〇円

〒113-0023 東京都文京区向丘1-20-6
TEL 03-3818-5521　FAX 03-3818-5514　振替 00110-6-37828
Email tk203444@fsinet.or.jp　URL:http://www.toshindo-pub.com/

※定価：表示価格（本体）＋税